供应链管理：理论、方法与实训

主　编　杜文意　靳荣利

副主编　洪定军　范建昌

参　编　秦小辉　周艳春　何　波　孙　晖

洪树权　李印坤　豆佳梅

机械工业出版社

本书以客户价值创造、传递和实现为供应链运营管理目标，以产品属性与供应链类型匹配战略为主线，以制造商、分销商、零售商和物流商主导的供应链为切入点，以供应链认知、供应链构建、供应链运营、供应链协同、供应链优化为视角，对传统的“供应链管理”课程进行了基于工作过程系统化的项目化探索。

本书共包括七章、二十八节、十四个实训任务。首先，介绍了供应链与供应链运营管理的基本概念、管理战略及发展历程；接着，介绍了以供应链的四个角色（制造商、分销商、零售商和物流商）分别为主导的供应链运营管理理论；最后，为了增强学生对供应链一体化管理的认识，提高供应链整体操作技能，从整条供应链的角度介绍了供应链协同运营管理和供应链运营管理优化等内容。每章后面都有两个基于 ITP 一体化教学管理平台实践方案设计及实施操作的实训任务。

本书可作为供应链管理、物流管理等专业普通本科和高职本科学生的教材，也可作为其他相关专业研究生、MBA、会计学专业研究生教材，以及从事物流管理、信息管理和企业管理等管理工作人员的参考用书。

图书在版编目（CIP）数据

供应链管理：理论、方法与实训/杜文意，靳荣利主编. —北京：机械工业出版社，2022.8（2025.1 重印）

ISBN 978-7-111-71343-2

Ⅰ.①供…　Ⅱ.①杜…②靳…　Ⅲ.①供应链管理-高等学校-教材
Ⅳ.①F252.1

中国版本图书馆 CIP 数据核字（2022）第 138768 号

机械工业出版社（北京市百万庄大街 22 号　邮政编码 100037）
策划编辑：常爱艳　　　　责任编辑：常爱艳　何　洋
责任校对：肖　琳　贾立萍　封面设计：鞠　杨
责任印制：张　博
北京建宏印刷有限公司印刷
2025 年 1 月第 1 版第 2 次印刷
184mm×260mm · 18.75 印张 · 462 千字
标准书号：ISBN 978-7-111-71343-2
定价：59.80 元

电话服务　　　　　　　　　网络服务
客服电话：010-88361066　　机　工　官　网：www.cmpbook.com
　　　　　010-88379833　　机　工　官　博：weibo.com/cmp1952
　　　　　010-68326294　　金　　书　　网：www.golden-book.com
封底无防伪标均为盗版　　机工教育服务网：www.cmpedu.com

前言

供应链的概念最早来源于彼得·德鲁克（Peter F. Drucker）提出的“经济链”，后经迈克尔·波特（Michael E. Porter）发展成为“价值链”，最终演变为“供应链”。供应链是以客户需求为导向，以提高质量和效率为目标，以整合资源为手段，实现产品设计、采购、生产、销售、服务等全过程高效协同的组织形态。然而，随着全球政治、经济、社会环境发生变化，客户消费价值观也发生了显著变化，众多企业参与到国际竞争中，高新技术提高了产品生产率，缩短了产品更新换代周期，使得资源在全球充分配置。英国著名供应链管理专家马丁·克里斯托弗（Martin Christopher）指出，21世纪的竞争不再是企业和企业之间的竞争，而是供应链和供应链之间的竞争。

我国目前正处于从“高成本、高增长”向“低成本、中高速增长”转变的关键阶段，环境、资源约束，土地、劳动、资金生产要素的成本也在上升。企业一方面要投入研发，进行产品升级，另一方面也要积极应对市场变化、满足需求，但又不得不面对传统流通领域低效、高成本的分销现状，快速消费品领域分销渠道成本长期维持在30%~50%。信息技术的发展，使得供应链已经发展到与互联网、物联网深度融合的智慧供应链发展新阶段。为加快供应链创新与应用，促进产业组织方式、商业模式和政府治理方式创新，推进供给侧结构性改革，2017年10月5日，国务院办公厅发布了《关于积极推进供应链创新与应用的指导意见》（国办发〔2017〕84号，以下简称《指导意见》）。《指导意见》中指出，供应链具有创新、协同、共赢、开放、绿色等特征，推进供应链创新发展，有利于加速产业融合、深化社会分工、提高集成创新能力，有利于建立供应链上下游企业合作共赢的协同发展机制，有利于建立覆盖设计、生产、流通、消费、回收等各环节的绿色产业体系，在促进降本增效、供需匹配和产品升级中的作用显著增强，成为供给侧结构性改革的重要支撑。

要把供应链运营管理好，把供应链上的企业协同好，通过资源整合和流程优化，促进产业跨界和协同发展，有利于加强从生产到消费等各环节的有效对接，降低企业的经营和交易成本，促进供需精准匹配和产业转型升级，全面提高产品和服务质量，进而发挥供应链的价值效能，促进供应链的协同化、服务化和智能化。针对“供应链管理”课程的教学，我们一直困惑于如何把供应链运营管理的理论知识加以形象化、实体化，不仅体现出供应链运营管理的流程，又能让学生感受到现实的供应链运营管理全过程。恰逢国家支持企业深度融合高等教育，探索“产教研学”的高校教育模式，在“产教融合，协同育人”的背景下，上海百蝶教育科技有限公司刘华荣总经理联合国内几所高等院校具有丰富一线教学经验的教师共同开发了本书。

本书是在“产教融合，协同育人”的背景下，为满足高等院校培养“新商科”实践创新型人才的需要，以企业的实际应用为视角，以业务操作为主线，为配合“供应链管理”

课程的理论教学和指导学生学习虚拟仿真化供应链运营管理系统的教学需要而编写。目前，高等院校正在对经济管理类专业的课程体系、课程内容和实验实训教学进行改革，“供应链管理”是高等院校供应链管理专业和物流管理专业的核心课程，也是其他经济管理类专业的选修课程，在我国高等院校经济管理类专业中普遍开设。随着我国物流市场的完善和市场规模的扩大，企业和社会需要更多高素质和高技能的创新实践型供应链管理人才，本书也是基于这方面的社会需要编写而成的。

在本书的编写过程中，我们主要注重以下三个方面的特色：

（1）坚持理论与实践相结合。本书中的每一个 ITP 一体化教学管理平台实践操作，都是在一个实际生活中的引例下进行的，接着给出相应的知识链接，介绍相应的理论知识，详细阐述了制造商、分销商、零售商和物流商在企业构建等方面的基本信息系统录入及教学管理平台供应链的方案设计、修正和实践操作。

（2）融入多所高校的教师和企业专家共同探讨的成果。为增强本书的专业性、实用性和可操作性，江苏师范大学、南京财经大学、九江学院等多所高校的教师，以及上海百蝶教育科技有限公司的刘华荣总经理共同参与本书的大纲安排和模板设计等方面的多次讨论，提高了本书的编写质量。

（3）注重学生动手操作、协同管理和实践创新等能力的培养。本书将教学管理平台化、教学载体虚拟化、教学内容项目化、教学模式理实一体化、能力训练任务化、考核评价成果化，注重在“供应链管理”课程授课中进行全程实时转化，以此逐步实现提升学生动手操作、协同管理和实践创新等能力的教学目标。

本书作为基于 ITP 一体化教学管理平台的供应链管理（ISCM 系统）虚拟仿真软件的配套教材，适合高等院校供应链管理专业、物流管理专业及其他相关专业的学生使用。本书的配套教学管理平台及虚拟仿真软件可以向合作企业上海百蝶教育科技有限公司购买或以学校名义申请试用。本书提供完整的配套课程教学资源，其中供学生学习使用的教学资源可在 ITP 平台中获取，供教师使用的教学资源可向机械工业出版社申请获取。

本书由杜文意、靳荣利担任主编，由洪定军、范建昌担任副主编，参编人员有秦小辉、周艳春、何波、孙晖、洪树权、李印坤、豆佳梅。具体编写分工为秦小辉负责第一章的编写，范建昌负责第二章的编写，周艳春负责第三章的编写，何波负责第四章的编写，孙晖负责第五章的编写，洪树权负责第六章的编写，洪定军负责第七章的编写，靳荣利负责所有章节的实训任务编写，李印坤负责案例的编写，杜文意负责全书的策划和统稿。

本书在编写过程中，参考了大量的文献，编者已经尽可能在参考文献中详细列出，在此对这些前辈、同行、专家、作者表示深深的谢意。引证材料可能有疏漏而没有列出，在这里深表歉意。本书承蒙上海百蝶教育科技有限公司刘华荣总经理提供各方面的鼎力支持，公司的豆佳梅对全书的数据处理和测试做了大量工作，在此谨表示衷心的谢意，同时对参与和支持本书出版的所有人员深表谢意。

由于时间仓促，加之编者水平有限，书中难免有不妥之处，敬请读者批评指正。

本书配有电子课件、教学大纲、课后习题答案。凡使用本书作为授课教材的教师，可登录机工教育服务网（www.cmpedu.com）注册后下载。

关于本书中的教学软件问题，订书单位可以咨询上海百蝶教育科技有限公司刘华荣总经理，联系电话 021-62157970。

编　者

目录

前言

第一章　供应链与供应链管理……1

第一节　供应链概述……2
第二节　供应链管理……10
第三节　供应链管理模式及效益……15
实训任务一　供应链企业运营管理调研方案设计……19
实训任务二　供应链企业运营管理调研方案实施……19

第二章　供应链环境下制造商运营管理……24

第一节　供应链环境下制造商的需求预测……25
第二节　供应链环境下制造商的采购管理与库存控制……32
第三节　供应链环境下制造商的生产管理……46
第四节　供应链环境下制造商的物流管理……58
实训任务一　供应链制造商运营管理方案设计……68
实训任务二　供应链制造商运营管理方案实施……69

第三章　供应链环境下分销商运营管理……78

第一节　供应链环境下分销商的网络结构设计……79
第二节　供应链环境下分销商的渠道管理……89
第三节　供应链环境下分销商的定价管理……93
第四节　供应链环境下分销商的物流管理……97
实训任务一　供应链分销商运营管理方案设计……105
实训任务二　供应链分销商运营管理方案实施……106

第四章　供应链环境下零售商运营管理……113

第一节　供应链环境下零售商的商品计划管理……114
第二节　供应链环境下零售商的采购与存货管理……121
第三节　供应链环境下零售商的定价管理……126
第四节　供应链环境下零售商的物流服务管理……138

实训任务一　供应链零售商运营管理方案设计…… 141
实训任务二　供应链零售商运营管理方案实施…… 142

第五章　供应链环境下物流商运营管理 …… 148

第一节　供应链环境下物流商的网络规划…… 149
第二节　供应链环境下物流商的运输管理…… 157
第三节　供应链环境下物流商的仓储管理…… 163
第四节　供应链环境下物流商的服务管理…… 170
实训任务一　供应链物流商运营管理方案设计…… 176
实训任务二　供应链物流商运营管理方案实施…… 177

第六章　供应链协同运营管理 …… 186

第一节　供应链协同运营概述…… 187
第二节　供应链协同运营的基本模式…… 195
第三节　供应链协同运营管理策略…… 198
实训任务一　供应链协同运营管理方案设计…… 214
实训任务二　供应链协同运营管理方案实施…… 215

第七章　供应链运营管理优化 …… 218

第一节　供应链企业角色分析…… 219
第二节　供应链战略规划与构建…… 224
第三节　供应链合作伙伴的选择…… 237
第四节　供应链网络设计与优化…… 248
第五节　供应链绩效评价…… 262
第六节　供应链风险与防范…… 276
实训任务一　供应链运营管理优化方案设计…… 287
实训任务二　供应链运营管理优化方案实施…… 289

参考文献 …… 292

第一章

供应链与供应链管理

学习目标

【知识目标】

1. 熟悉供应链的概念、结构、特征及类型。
2. 掌握供应链管理的概念、特点及作用。
3. 掌握供应链管理的目标、要素、流程及运营机制。
4. 了解供应链管理模式的产生及发展。

【技能目标】

1. 能够依据方案设计任务书的要求设计完整的供应链运营管理调研方案。
2. 能够依据方案设计任务书的要求对供应链管理系统进行实际调研。
3. 能够规范撰写供应链管理系统调研报告。

【素质目标】

1. 树立严谨认真的工作态度。
2. 培养吃苦耐劳的工作精神。

案例引入

AA 集团是美国一家集制造、分销、零售、物流为一体的综合化冰箱“产、销、运”企业，产品主要在美国、加拿大、墨西哥、南美洲和欧洲销售。目前，AA 集团想开发中国市场，希望通过先进的技术、设备和管理理念在中国开展新的业务。AA 集团高层管理者经研究决定，在中国建立自己的制造、分销、零售和物流分公司。于是，AA 集团派出由杨阳领导的项目团队前往中国进行前期调研，包括中国目前的冰箱市场现状、未来的市场需求等相关情况。调研结果显示该项目可行。AA 集团现决定让杨阳带领他的项目团队前往中国进行此项目的开发。

随后，杨阳和他的项目团队来到中国进行该项目开发，他们将这个大项目分成了五个子项目来执行：供应链企业运营管理调研方案设计与实施、供应链制造商运营方案设计与实施、供应链分销商运营方案设计与实施、供应链零售商运营方案设计与实施、供应链物流商运营方案设计与实施。

俗话说得好："不打无准备之仗。""知己知彼，百战不殆。"杨阳和他的项目团队来到中国的第一件事情就是对中国冰箱市场做一次尽可能详尽的调研。杨阳对项目组成员的分工做了详尽的安排：

"维尼，你去调研中国冰箱市场往年的供需情况以及各城市的需求量占比情况。"

"皮特，你去调研冰箱制造企业各种规模工厂参数以及生产线类型。"

"丽萨，你去调研冰箱分销企业各种规模工厂参数以及它们的产品制造商信息。"

"奥利，你去调研冰箱零售企业各种规模工厂参数以及它们的产品分销商信息。"

"普拉，你去调研冰箱物流企业各种规模工厂参数、仓库和车辆的购买及使用费用。"

"琳达，你去调研冰箱产品及原材料的货物基础信息和中国市场目前冰箱产品原材料供应商信息。"

"安娜，你去调研中国冰箱产品的 BOM 关系组成以及各个城市地价信息。"

"好了，大家开始工作吧！"

如果你是项目组成员，你应该如何开展这一系列工作呢？

第一节　供应链概述

20 世纪 90 年代以来，随着科学技术的飞速进步和经济全球化的快速发展，人们的消费水平不断提高，企业间竞争加剧，政治、经济、社会环境发生巨大变化，使得市场需求的不确定性大大增加，企业面临着缩短交货期、提高产品质量、降低成本和改进服务的多重压力。所有这些变化都要求企业能对市场做出快速反应，源源不断地开发出能够满足用户需求的、定制化的产品去占领市场，以赢得竞争。新的竞争环境对企业的管理模式产生了深刻的影响，企业不得不从传统的"纵向一体化"管理模式向"横向一体化"管理模式转变，即充分利用企业外部资源快速响应市场需求，本企业只集中精力做自己的核心业务，而将非核心业务外包给专业的合作伙伴企业。例如，美国福特汽车公司的嘉年华（Fiesta）就是由福特公司自行设计，日本马自达公司生产发动机，再由韩国的制造厂生产其他零配件和组装，最后在美国市场上销售。由此，"横向一体化"形成了一条从供应商到制造商再到分销商、零售商的贯穿所有企业的"链"。由于相邻节点企业之间是一种需求与供应的关系，当把所有相邻企业彼此连接起来时，便形成了供应链。

一、供应链的概念

供应链的概念最早出现于 20 世纪 80 年代，此后，国内外许多研究人员从不同角度给出了不同的定义，到目前为止还没有形成统一的定义。

首先，供应链是一个系统，是从最初的原材生产、零部件加工、产品装配、分销、零售到最终用户的过程，将生产、流通、交易、消费环节连接起来，就形成了一个完整的供应链系统，如图 1-1 所示。

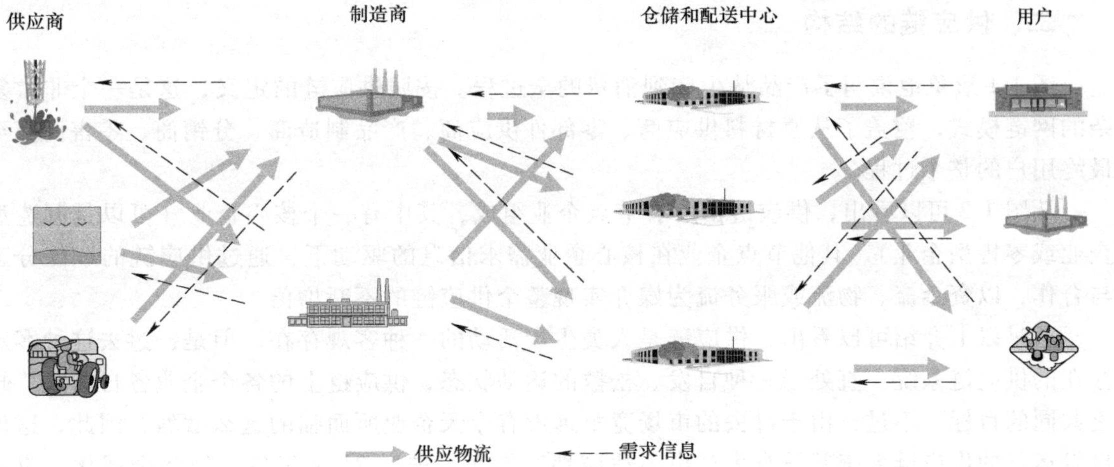

图 1-1　供应链结构示意图

早期的供应链概念侧重制造企业的内部生产过程，即企业将从外部采购的原材料和零部件，通过生产转换成产品，并通过销售等活动传递到零售商和最终用户的过程。由于局限于企业内部操作层面，因此，其关注的重点是企业自身资源的利用。有些学者把供应链的概念与采购、供应管理相联系，用来表示与供应商之间的关系。但这是一种仅仅局限于制造商和供应商之间的关系，而且供应链中各企业独立运作，忽略了与外部供应链成员之间的联系，往往会造成企业之间目标的冲突。

其后发展起来的供应链概念注意到供应链企业的外部环境，认为它应该是一个“通过链中不同企业的制造、组装、分销、零售等过程将原材料转换成产品，再到最终用户的转换过程”。例如，美国学者史迪文斯（Stevens）认为：“通过增值过程和分销渠道控制从供应商的供应商到用户的用户的流动就是供应链，它开始于供应的起点，结束于消费的终点。”美国学者伊文斯（Evens）认为：“供应链是通过前馈的信息流和反馈的物料流及信息流，将供应商、制造商、分销商、零售商直到最终用户连成一个整体的结构模式。”这些定义都强调了供应链的完整性，注意到供应链所有成员企业操作的一致性。

最近，供应链的概念更加注重围绕核心企业的网链关系，如核心企业与供应商、供应商的供应商及一切前向关系，以及核心企业与用户、用户的用户及一切后向关系。由此，对供应链的认识形成了网的概念。例如，丰田、福特、麦当劳和苹果等公司的供应链管理都是从网链的角度来理解和实施的。哈里森（Harrison）进而将供应链定义为：“供应链是执行采购原材料，将它们转换为中间产品和成品，并且将成品销售到用户的功能网。”国内学者马士华认为：“供应链是围绕核心企业，通过对商流、信息流、物流、资金流的控制，从采购原材料开始，到制成中间产品及最终产品，最后由销售网络把产品送到消费者手中的一个由供应商、制造商、分销商、零售商等直到最终用户所连成的整体功能网链结构。”这些概念同时强调了供应链的战略伙伴关系问题。

2021 年 8 月 20 日，我国发布了 GB/T 18354—2021《物流术语》，并于 2021 年 12 月 1

日正式实施。该标准将供应链的定义进一步简化为："生产及流通过程中，围绕核心企业的核心产品或服务，由所涉及的原材料供应商、制造商、分销商、零售商直到最终用户等形成的网链结构。"

二、供应链的结构

图 1-1 形象地说明了产品从生产到消费的全过程。按照供应链的定义，这是一个非常复杂的网链模式，覆盖了从原材料供应商、零部件供应商、产品制造商、分销商、零售商直至最终用户的整个过程。

从图 1-2 可以看出，供应链由所有节点企业组成，其中有一个核心企业（可以是制造型企业或零售型企业），其他节点企业在核心企业需求信息的驱动下，通过供应链的职能分工与合作，以资金流、物流或服务流为媒介实现整个供应链的不断增值。

通过以上介绍可以看出，供应链是人类生产活动的一种客观存在。但是，过去这种客观存在的供应链系统一直处于一种自发、松散的运动状态，供应链上的各个企业各自为政，缺乏共同的目标。不过，由于过去的市场竞争远没有今天企业所面临的这么激烈，因此，这种自发运行的供应链系统并没有表现出不适应性。然而，进入 21 世纪后，经济全球化、市场竞争全球化的浪潮一浪高过一浪，消费者的个性化需求越来越突出、市场响应的时间越来越短，这种自发供应链所存在的种种弊端开始凸显，企业必须寻找更有效的方法，才能在新形势下生存和发展。因此，人们发现，必须对供应链这一复杂系统进行有效的协调和管理，才能取得更好的绩效，才能从整体上降低产品（服务）成本。

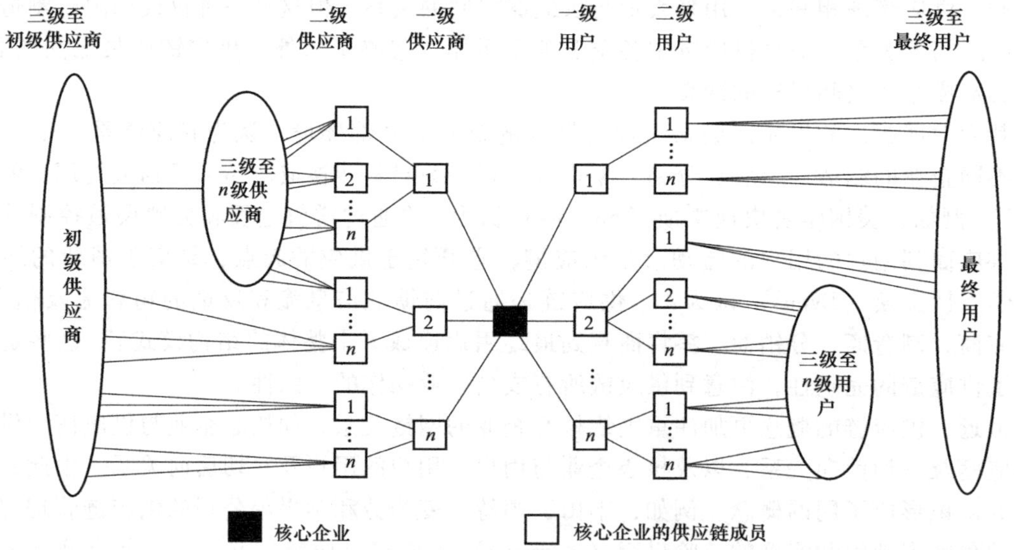

图 1-2　供应链系统的分层结构

为了深入理解供应链系统的详细结构组成情况，有必要了解供应链中各节点企业之间业务流程连接的类型。识别供应链成员之间不同类型业务流程的连接类型，有助于对供应链上不同业务流程中稀缺资源的有效配置。供应链中有四种类型的业务流程连接，分别是管理型的业务流程连接、监控型的业务流程连接、非管理型的业务流程连接和非成员型的业务流程连接，如图 1-3 所示。

管理型的业务流程连接，如图 1-3 黑体直线表示的连接，是指核心企业与重要合作伙伴之间的业务流程连接。核心企业将整合与管理所有在第一层上的供应商和分销商之间的流程连接关系；同时，核心企业还需要识别一级供应商之外的关键连接。

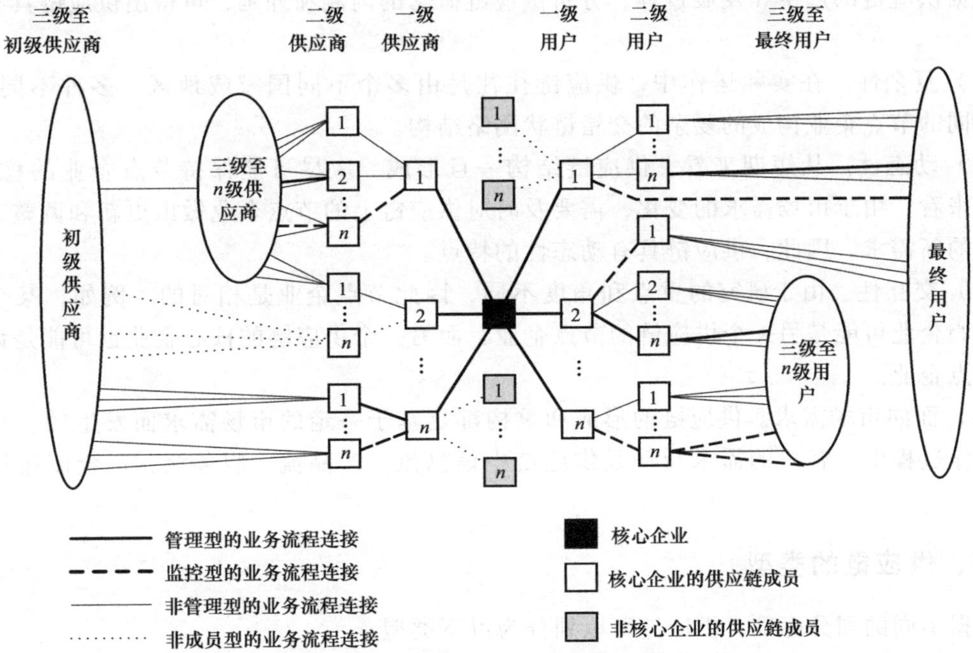

图 1-3　公司之间业务连接的类型

监控型的业务流程连接，如图 1-3 中黑体虚线表示的连接。这是并不十分关键的流程，但是恰当地整合和管理与其他企业成员之间的这些关系，对核心企业来讲是重要的。因此，核心企业有必要简要监测和检查这些业务流程是如何连接和管理的，如图 1-4 中的方案 2。

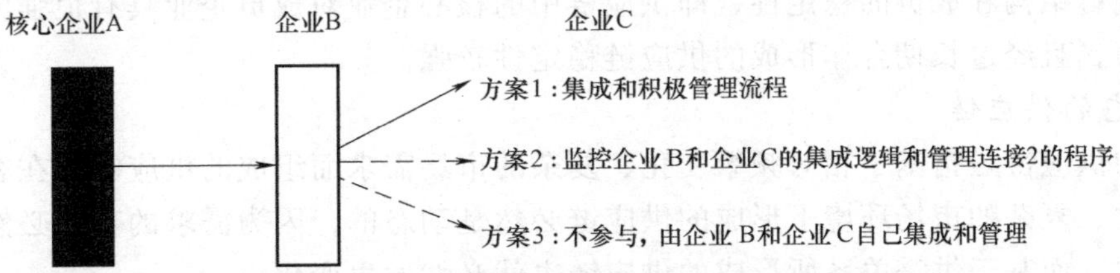

图 1-4　连接方案

非管理型的业务流程连接，如图 1-3 中细实线表示的连接，是指核心企业没有直接参与进去的连接，它们也没有重要到需要花费资源监控的程度。核心企业完全信任这些企业，让它们妥善管理这些业务流程连接；或者由于资源所限，核心企业把这些业务流程连接外包给其他企业管理，如图 1-4 中的方案 3 所示。

非成员型的业务流程连接，如图 1-3 中的细虚线表示的连接。研究表明，供应链管理者已经意识到自己的供应链会受到其他供应链决策的影响。例如，核心企业的一个供应商也是一个主要竞争对手的供应商。非成员型的业务流程连接是供应链核心企业与非供应链成员之间的连接。尽管核心企业不参与和监控非成员型的业务流程连接，但是它们能影响核心企业的运作，因此需要了解其他供应链成员和非成员之间的流程连接。

三、供应链的特征

根据供应链的产生和发展过程，分析供应链概念的内涵和外延，可得出供应链具有以下特征：

（1）复杂性。在实际运作中，供应链往往是由多个不同国家或地区、多种不同类型、实力不同的节点企业构成的复杂的交错链状网络结构。

（2）动态性。从短期来看，供应链结构一旦形成，应尽可能保持节点企业的稳定性；从长期来看，由于市场需求的变化，需要及时对供应链上的节点企业做出更新和调整，以适应市场的新需求。因此，供应链具有动态性的特点。

（3）交互性。由于研究的重点和角度不同，因此节点企业是相对的。例如，某个供应链的核心企业可能是另一个供应链的节点企业，而另一个供应链的核心企业也可能是该供应链的节点企业。

（4）面向市场需求。供应链的形成和重构都是基于一定的市场需求而发生的。在供应链的运作过程中，客户的需求拉动是供应链中信息流、产品流、服务流、资金流运作的驱动源。

四、供应链的类型

根据不同的划分标准，供应链可以划分为以下类型：

（一）按照供应链的稳定性划分

根据供应链在市场环境中的运作特点，供应链可以分为稳定的供应链和动态的供应链。

1. 稳定的供应链

稳定的供应链是指基于相对稳定、单一的市场需求而组成的供应链。稳定性一方面取决于市场需求的稳定性，即市场需求相对稳定的环境下所形成的供应链稳定性较强；另一方面取决于供应链结构和成员的稳定性，即供应链中的核心企业对成员企业具有很强的辐射能力和吸引能力，且经过长期合作形成的供应链稳定性较强。

2. 动态的供应链

动态的供应链是指基于相对频繁变化、复杂的市场需求而组成的供应链。在客观上，需求频繁变化、复杂的市场环境下形成的供应链必然是动态的，因为需求的变化必然导致供需关系的变化，而基于供需关系所形成的供应链也就必然发生变化。

（二）按照供应链的均衡性划分

根据供应链综合能力和用户需求的关系，供应链可以分为平衡的供应链和失衡的供应链。

1. 平衡的供应链

每一条供应链在一定时期、相对稳定的生产技术和管理水平下，由所有节点企业，包括供应商、制造商、分销商、零售商、物流商等形成一定的设备容量和生产能力。当供应链的综合能力能满足用户需求时，供应链处于平衡状态。

2. 失衡的供应链

当市场需求变化加剧时，供应链企业不是在最优状态下运作，造成供应链成本增加、库存增加、浪费增加等现象，则供应链处于失衡状态。

平衡的供应链可以实现各主要职能，如采购追求低采购成本、生产追求规模效益、分销追求低运输成本、市场追求产品多样性和财务追求资金周转快之间的均衡；而失衡的供应链则会使这些职能及其绩效水平恶化。

（三）按照供应链的功能性划分

根据不同属性的产品对供应链功能的要求不同，供应链可以分为效率型供应链和响应型供应链。

1. 效率型供应链

效率型供应链也称为实用性供应链，主要体现在供应链的物料转换功能，即以最低的成本将原材料转化为零部件、半成品、成品，以及在供应链中的运输等。

2. 响应型供应链

响应型供应链也称为创新型供应链，主要体现供应链对市场需求的响应功能，即把产品分配到满足用户需求的市场，对未预知的需求做出快速反应等。

两种类型供应链的对比如表 1-1 所示。

表 1-1　效率型供应链与响应型供应链的对比

比较项目	效率型供应链	响应型供应链
主要目标	需求的不可预测性，最低生产成本的有效需求	快速响应不可预测的需求，减少过期库存产品的降价损失
制造过程的重点	维持高平均利用率	消除多余的缓冲能力
库存战略	追求高回报，使供应链上的库存最小	消除大量的零部件和产品缓冲库存
提前期	在不增加成本的前提下缩短提前期	采取主动措施缩短提前期
选择供应商的方法	选择的重点是成本和质量	选择的重点是速度、柔性和质量
产品设计战略	绩效最大、成本最低	使用模块化设计，尽量减少产品差异化

（四）按照供应链的主体性划分

根据供应链中核心企业的行业性质，供应链可分为以制造商为主导的供应链、以分销商为主导的供应链、以零售商为主导的供应链和以集成物流服务商为主导的供应链。

1. 以制造商为主导的供应链

作为供应链的核心企业，在制造商实力比较强或者中间商实力比较弱的情况下，制造商为了控制销售渠道或严格控制原有的渠道成员，逐渐形成其主导的供应链。其结构模型如图 1-5 所示。奇瑞汽车股份有限公司就是这种供应链模式的典型案例。

2. 以分销商为主导的供应链

作为供应链中的核心企业，分销商是供应链的信息中心和资源整合中心，它所具有的品牌、产品开发与设计、物流服务能力及渠道资源等核心能力与资源代表了整个供应链的竞争优势，在供应链中具有不可替代的作用。以分销商为主导的供应链结构一般取决于商品的特征、生产商所选择的渠道、消费者的购买渠道等。其结构模型如图 1-6 所示。

3. 以零售商为主导的供应链

由于制造商远离消费者，无法及时、准确地了解消费者的需求，因此，随着消费者地位的提高，作为供应链的核心企业，零售商，特别是大型连锁零售商，凭借其贴近消费者和在

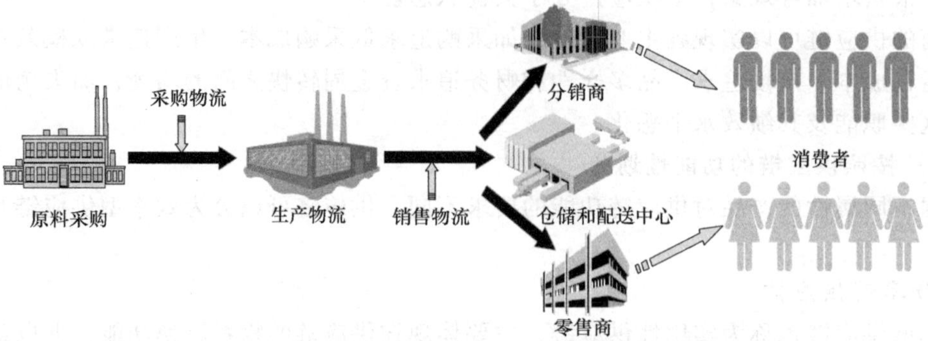

图 1-5　以制造商为主导的供应链

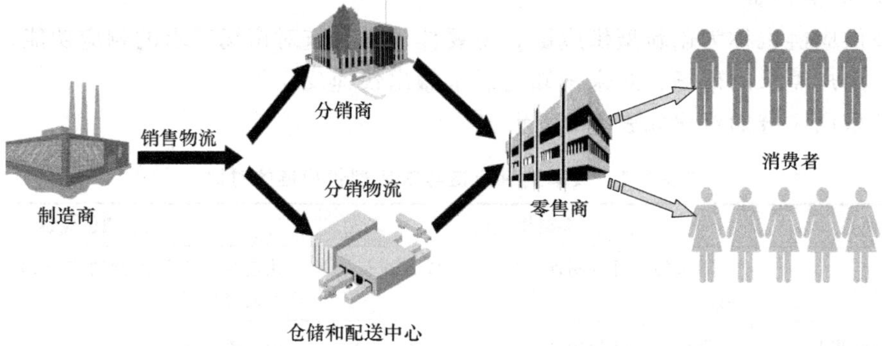

图 1-6　以分销商为主导的供应链

品牌、资金、信息、渠道等方面的优势，对整个供应链的运营和管理拥有主导权，成为整个供应链网络的协调中心。其结构模型如图 1-7 所示。沃尔玛、家乐福都是这种供应链模式的典型代表。

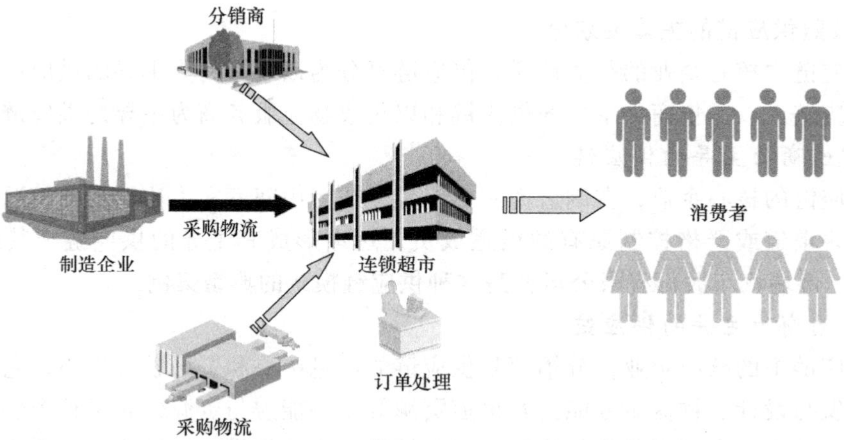

图 1-7　以零售商为主导的供应链

4. 以集成物流服务商为主导的供应链

随着物流专业化、社会化程度的不断提高，物流服务商，尤其是综合性的第三方物流企业，通过对整个供应链物流服务业务的集成和资源整合，为客户提供“商流、物流、信息流、资金流”四位一体的综合物流解决方案，与供应链各角色企业之间结成优势互补、风险共担、合作共赢的战略联盟，逐渐形成以集成物流服务商为主导的供应链模式。其结构模型如图 1-8 所示。

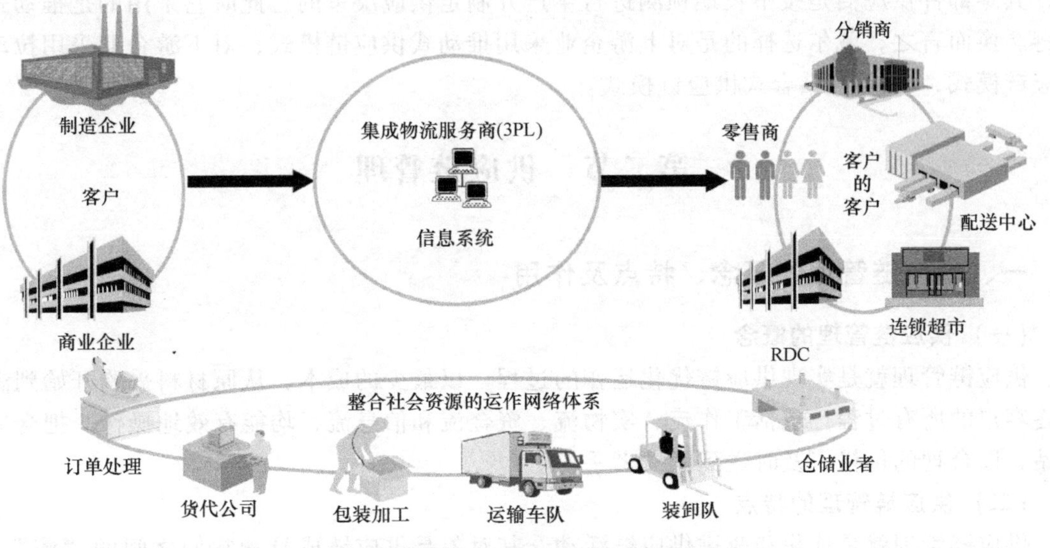

图 1-8　以集成物流服务商为主导的供应链

（五）按照供应链驱动力来源划分

根据供应链驱动力来源，供应链可分为推动式供应链、拉动式供应链及推-拉结合式供应链。

1. 推动式供应链

推动式供应链以制造商为核心，产品生产出来后从分销商逐级推向客户，分销商和零售商处于被动接受的地位，各个企业之间的集成度较低，通常采取提高安全库存量的办法应对需求的变动。因此，整个供应链的库存量较高，对需求变动的相应能力较差。这种运作方式适用于产品或市场变动较小的供应链管理初级阶段。

2. 拉动式供应链

拉动式供应链的驱动力产生于最终客户，整个供应链的集成度较高，信息交换迅速，能有效降低库存，并可根据客户的需求实现定制化服务，为客户提供更大的价值。采取这种运作方式的供应链系统库存量低、响应市场的速度快，但对供应链运作的要求较高。拉动式供应链适用于客户需求不断变化、供大于求的市场环境。

3. 推-拉结合式供应链

现实中，一般很难见到单纯的推动式供应链或者单纯的拉动式供应链，而供应链结构类型多是推-拉结合的形式。供应链面向市场的一端主要以客户需求为驱动力，因此是拉动式的；而供应链的上游供应商一端更多的是预测驱动生产和供应，因此是推动式的；推动式供应链与拉动式供应链的接口处被称为推-拉结合的分界线，如图 1-9 所示。

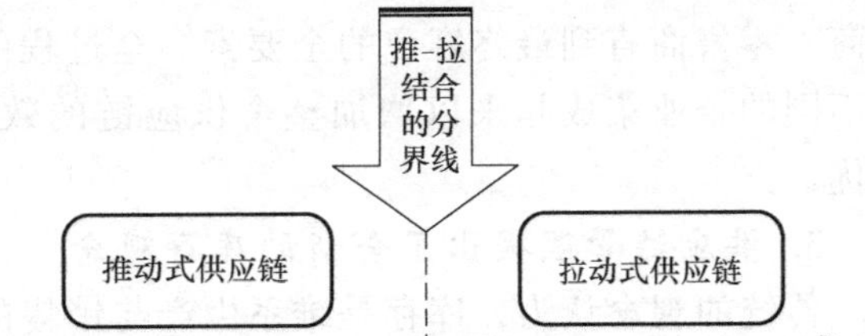

图 1-9　推-拉结合的分界线

戴尔计算机就是一个典型的例子。虽然其需求具有较高的不确定性，规模效益也不十分突出，理论上应当采用拉动式供应链，但实际上戴尔计算机并没有完全采用拉动式供应链。戴尔计算机的组装完全是根据最终客户的订单进行的，此时它的运作是典型的拉动式供应链；其零部件供应商是按中长期预测进行生产并制定供应决策的，此时它采用的是推动式供应链。换而言之，戴尔选择的是对上游企业采用推动式供应链模式，对下游企业采用拉动式供应链模式，即推-拉结合式供应链模式。

第二节　供应链管理

一、供应链管理的概念、特点及作用

（一）供应链管理的概念

供应链管理就是实现供应链优化运作的过程，以最少的成本，从原材料采购开始到满足最终客户的所有过程，包括工作流、实物流、资金流和信息流，均能有效地操作，把合适的产品、以合理的价格，及时送到消费者手上。

（二）供应链管理的特点

供应链管理就是优化和改进供应链活动，其对象是供应链成员和它们之间的“流”，应用的方法是集成和协同；目标是以最小的成本来满足消费者的需求，最终提高供应链的整体竞争能力。供应链管理是一种先进的管理理念，它的先进性体现在是以最终客户和消费者为导向，以满足最终客户和消费者的期望来运作。供应链管理具有以下几种特点：

1. 供应链管理实现了对节点企业整体的全过程战略管理

传统的管理模式往往以企业的职能部门为基础，由于各企业之间以及企业内部职能部门之间的性质、目标不同，造成了相互之间的利益冲突，各企业之间以及企业内部职能部门之间无法完全发挥其职能效率，因而很难实现整体目标优化。

供应链是由供应商、制造商、分销商、零售商、客户和服务商组成的链状结构。链中各环节不是彼此分割的，而是环环相扣的一个有机整体。供应链管理把物流、信息流、资金流、业务流和价值流的管理贯穿于供应链的全过程。它覆盖了整个物流，从原材料和零部件的采购与供应、产品制造、运输与仓储到销售各种职能领域。它要求各节点企业之间实现信息共享、风险共担、利益共存，并从战略的高度来认识供应链管理的重要性和必要性，从而真正实现整体的有效管理。

2. 供应链管理是一种集成化的管理模式

供应链管理的关键是采用集成的思想和方法。它是一种从供应商开始，经由制造商、分销商、零售商直到最终客户的全要素、全过程的集成化管理模式，是一种新的管理策略。它把不同的企业集成起来以增加整个供应链的效率，注重企业之间的协同合作，以达到整体最优。

3. 供应链管理提出了全新的库存观念

传统的观念认为，库存是维系生产与销售的必要措施，是一种必要的成本。而供应链管理使核心企业与其上下游企业之间在不同的市场环境下实现了库存的转移，降低了企业的库存成本。这也要求供应链上的各个成员企业建立战略合作关系，通过快速反应降低库存总成本。

4. 供应链管理始终坚持以客户为中心

无论构成供应链的节点企业数量有多少，也无论供应链节点企业的类型如何，供应链的形成都是以最终客户和消费者的需求为导向的。正是由于有了最终客户和消费者的需求，才有了供应链的存在，只有满足了最终客户和消费者的需求，才能体现供应链的价值。

（三）供应链管理的作用

供应链管理的作用包括以下几点：

1. 降低成本

供应链管理可以有效地减少成员之间的重复工作，剔除流程的多余步骤，使供应链流程低成本、高效化。建立公共的电子数据交换系统，既可以减少因信息交换不充分带来的信息扭曲，又可使成员之间实现全流程无缝作业，大大提高工作效率。有效的供应链管理能使降价处理的损失减少 40%~50%，使库存下降 10%~15%，资源利用率提高 10%~20%。

2. 改善客户服务水平

分析供应链中的不确定性因素，确定合理的库存量，制定合适的订货策略，优化投资方案，评价供应链运行中库存和服务政策的不同影响，通过协调提高整体效益。有效的供应链管理可改进交付可靠性 99%~99.9%，缩短交付时间 10%~20%。

3. 加快资金周转

供应链管理强调企业通过与其上下游企业之间建立战略伙伴关系，发挥每个企业自身的优势，可加快资金周转，达到“共赢”的目的。有效的供应链管理可以使资金周转时间缩短 40%~60%。

4. 增加市场占有率

供应链管理通过企业内外部之间的协调与合作，大大缩短了产品的生产周期，把适销对路的产品及时送到消费者手中；供应链管理还使物流服务系列化，在储存、运输、流通加工等服务的基础上，增加了市场调查与预测、配送、物流咨询、教育培训等新内容。快速优质的服务可以塑造良好的企业形象，提高消费者的满意度，从而增加产品的市场占有率。

5. 实现供需的良好结合

供应链管理把供应商、制造商、零售商紧密结合在一起，并对它们进行协调、优化。企业与企业之间形成和谐的关系，产品、信息的流通渠道最短，进而可以使消费者的需求信息沿供应链逆向迅速、准确地反馈到零售商、制造商、供应商。它们可以据此做出正确的决策，保证供求的良好结合。

综上所述，供应链管理使企业与其相关企业形成了一个融会贯通的网络整体，加速了产品从生产到消费的过程，缩短了产销周期，使企业可以对市场需求变化做出快速反应，大大增强了供应链企业的市场竞争能力。

二、供应链管理的目标、要素、流程及运营机制

（一）供应链管理的目标

供应链管理的目标即通过调和总成本最低化、客户服务最优化、总库存最小化、总周期最短化及物流质量最优化等目标之间的冲突，实现供应链绩效最大化。

1. 总成本最低化

众所周知，采购成本、制造成本、运输成本、库存成本以及供应链物流的其他成本费用都是相互联系的。为了实现有效的供应链管理，必须将各成员作为一个有机整体来考虑，使实体供应物流、制造装配物流与实体分销物流之间达到高度均衡。从这一意义出发，总成本最低化目标并不是指运输费用或库存成本或其他任何供应链物流运作与管理活动的成本最低，而是整个供应链的运作与管理的所有成本总和最低。

2. 客户服务最优化

在激烈的市场竞争时代，许多企业都能在价格和质量等方面提供相类似的产品，因此，优质的客户服务能带给企业独特的竞争优势。企业提供的客户服务水平直接影响到它的市场份额和运作总成本，最终影响其整体利润。供应链管理的实施目标之一就是通过上下游企业协调一致的运作，达到客户满意的服务水平，吸引并保留客户，最终实现企业价值的最大化。

3. 总库存最小化

传统的管理思想认为，库存是维系生产与销售的必要措施，因而企业与其上下游企业在不同的市场环境下只是实现了库存的转移，整个社会库存总量并未减少。按照准时制（Just in Time，JIT）管理思想，库存是不确定性的产物，任何库存都是浪费，因此要将整个供应链的库存控制在最低的程度。“零库存”反映的即是这一目标的理想状态。所以，总库存最小化目标的达成，有赖于实现对整个供应链的库存水平与库存变化的最优控制，而不只是单个成员企业库存水平的最低。

4. 总周期最短化

人们通常认为，大多数物流活动的过程是以时间为衡量的。对于同样一件货物的物流活动，人们往往认为花费时间较少或者速度较快的方案就是最优的。这样一个方案与另一个方案的竞争实质上就是时间的竞争，哪个方案花费的时间最少，它就最容易被客户接受，或者能够使客户快速做出反应。因此，供应链与供应链之间的竞争实质上也就是时间的竞争，看哪条供应链最先感受到、服务到终端客户，即实现快速有效的客户反应，最大限度地缩短从客户发出订单到获取满意交货的整个供应链的总周期。

5. 物流质量最优化

物流质量不仅是现代企业根据物流运作规律所确定的物流工作的量优标准，而且应该体现物流服务的客户期望满足程度的高度。结合供应链管理的思想和目标，此处物流质量往往是物流服务质量。因为供应链管理达到并保持物流服务质量水平，也是供应链管理的重要目标。而这一目标的实现，必须从原材料、零部件供应的零缺陷开始，直至供应链管理全过程、全方位质量的最优化。

（二）供应链管理的要素

相关的理论研究结果显示，供应链管理覆盖了从供应商的供应商到客户的客户的全部过程，主要涉及需求管理、计划、订单交付、物流管理、供应、回流六大领域。由图 1-10 可见，供应链管理是以同步化、集成化生产计划为指导，以各种技术为支持，尤其以信息技术和网络技术为依托，围绕需求管理、采购供应、生产作业、物流支持、订单交付来实施的，其目标在于提高客户服务水平和降低总成本，并寻求二者之间的平衡。

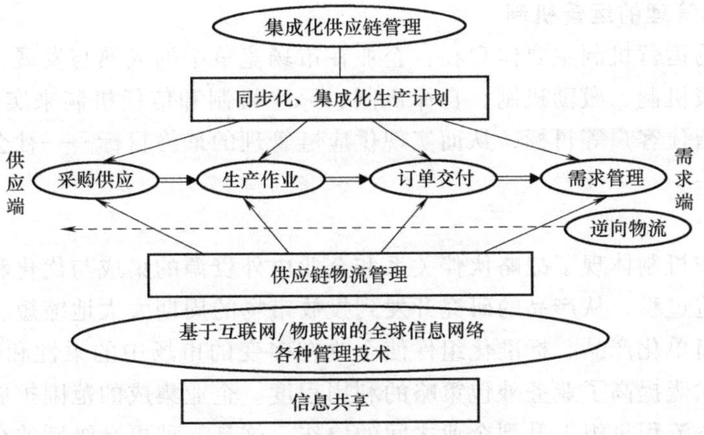

图 1-10　供应链管理的要素

（三）供应链管理的流程

美国俄亥俄州立大学兰伯特（Lambert）教授及其研究小组提出供应链管理的三个基本组成部分：供应链网络结构、供应链业务流程和供应链管理要素。其具体内容是：

（1）供应链网络结构主要包括工厂选址与优化、物流中心选址与优化、供应链网络机构设计与优化。

（2）供应链业务流程主要包括客户关系管理、客户服务管理、需求管理、订单配送管理、制造流程管理、供应商关系管理、产品开发与商业化、回收物流管理。

（3）供应链管理要素主要包括运作计划与控制、工作结构设计、组织结构、产品流的形成结构、信息流及其平台结构、权力和领导结构、风险分担与利益共享、文化与态度。

图 1-11 是一个综合了供应链网络结构、供应链业务流程和供应链管理要素三项内容的供应链流程。

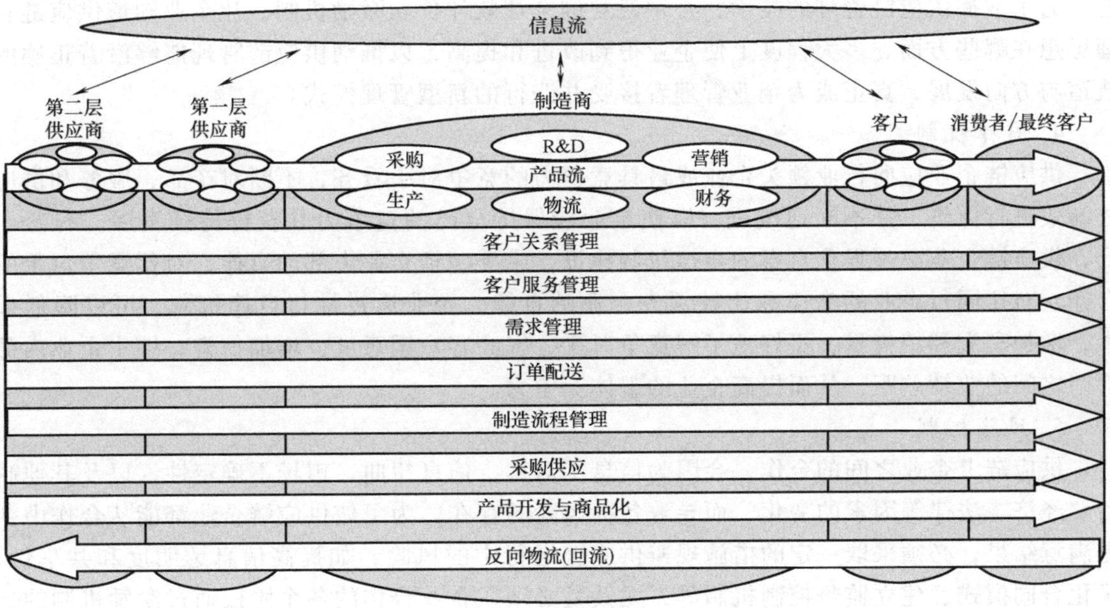

图 1-11　供应链管理流程

（四）供应链管理的运营机制

供应链管理的运营机制主要体现在：企业在市场竞争中的成熟与发展，通过供应链管理的合作机制、决策机制、激励机制、自律机制、风险机制和信任机制来实现满足客户需求、使客户满意以及留住客户等目标，从而实现供应链管理的最终目标——社会目标、经济目标和环境目标的合一。

1. 合作机制

供应链的合作机制体现了战略伙伴关系和企业内外资源的集成与优化利用。基于这种企业环境的产品制造过程，从产品的研究开发到投放市场的周期大大地缩短，而且定制化程度更高，模块化、简单化产品、标准化组件使企业在多变的市场中的柔性和敏捷性显著增强，虚拟制造与动态联盟提高了业务外包策略的利用程度。企业集成的范围扩展了，从原来的中低层次的内部业务流程重组上升到企业之间的协作，这是一种更高级别的企业集成模式。在这种企业关系中，市场竞争策略最明显的变化就是基于时间的竞争和价值链的价值让渡系统管理，或基于价值的供应链管理。

2. 决策机制

由于供应链企业决策信息的来源不再仅限于一个企业内部，而是在开放的信息网络环境下，需要不断进行信息交换和共享，达到供应链企业同步化、集成化计划与控制的目的。而且，随着互联网发展成为新的企业决策支持的信息平台，企业的决策机制将会发生很大的变化。因此，处于供应链中的任何企业决策机制应该是基于互联网的开放性信息环境下的群体决策。

3. 激励机制

归根结底，供应链管理和任何其他管理思想一样，都是要使企业在21世纪的竞争中能够在反应速度、产品质量、服务水平、成本控制及应变能力等方面有卓越的表现。缺乏均衡一致的供应链管理业绩评价指标和评价方法，是导致供应链管理实践效率不高的一个主要问题。为了掌握供应链管理的技术，必须建立健全绩效评价和激励机制，让企业知道供应链管理思想在哪些方面、多大程度上使企业得到改进和提高，以推动供应链管理能够沿着正确的轨道与方向发展，真正成为企业管理者接受并践行的新型管理模式。

4. 自律机制

供应链企业应向行业领头企业或最具竞争力的竞争对手看齐，不断对产品、服务和供应链绩效进行评价，并不断地改进，以使企业能保持自己的竞争力并获得持续发展。有鉴于此，供应链企业必须强化自身的自律机制建设，主要包括企业内部的自律、对比竞争对手的自律、对比同行企业的自律和比较领先企业的自律。企业通过推行自律机制，可以降低成本，增加利润和销售量，更好地了解竞争对手，提高客户满意度，增加信誉，缩小企业内部部门之间的业绩差距，从而提高企业的整体竞争力。

5. 风险机制

供应链上企业之间的合作，会因为信息不对称、信息扭曲、市场不确定性，以及其他政治、经济、法律等因素的变化，而导致各种风险的存在。为了使供应链企业都能从合作中获得满意结果，必须采取一定的措施规避供应链运行中的风险，如提高信息透明度和共享性、优化合同模式、建立监督控制机制等，尤其是必须在企业合作的各个阶段通过激励机制的运行，采用各种手段实施激励，以使供应链企业之间的合作更加卓有成效。

6. 信任机制

信任是供应链企业之间合作的基础和关键，在供应链管理实践中具有不可替代的重要作用。供应链管理的目的就在于加强节点企业的核心竞争力，快速响应市场需求，进而提高整个供应链的市场竞争力。为此，加强供应链节点企业之间的合作是供应链管理的关键，而在合作过程中，信任是基础，也是核心，没有企业间的相互信任，任何合作、伙伴关系、利益共享等都只能成为一种良好的愿望。因此，建立供应链企业之间的信任机制至关重要。

第三节 供应链管理模式及效益

随着世界经济与技术的发展，影响企业在市场上获取竞争优势的主要因素也在发生深刻的变化，精准洞察全球市场竞争的主要特点，对企业管理者把握市场机遇、直面竞争挑战以获取更大竞争优势具有非常重要的现实意义。

1. 企业经营环境进入不确定时代

纵观当今世界，企业经营环境正在发生四大结构性变化：一是全球经济一体化；二是全球投资泛滥化；三是产能过剩长期化；四是买方市场常态化。这些变化共同促成了企业竞争激烈程度的大幅提升，从而使企业经营环境进入不确定时代。

2. 企业经营面临新的竞争挑战

随着互联网、物联网、大数据及人工智能技术的发展与应用，供应链全球化趋势明显，企业市场竞争面临新挑战：一是产品生命周期越来越短；二是用户对订单响应速度的要求越来越高；三是企业运营驱动模式从生产者驱动模式转换为消费者驱动模式；四是用户对产品和服务的期望越来越高。

一、供应链管理模式的产生及发展

20 世纪 80 年代以前，企业出于获取和控制生产资源的目的，主要采取“纵向一体化”管理模式，具有竞争优势的核心企业通过投资自建、投资控股或兼并等方式来扩大企业经营规模，实现多元化经营。然而，“纵向一体化”管理模式导致了企业规模过大、资源配置效率低、管理效率下降、企业对市场反应迟钝等问题。进入 20 世纪 90 年代后，越来越多的企业认识到“纵向一体化”管理模式的弊端，为了节约投资，提高资源的利用效率，转而采取了专注于发展核心业务的“横向一体化”管理模式，即形成了一条从供应商到制造商再到分销商、零售商的贯穿所有企业的“链”。由于相邻节点企业表现出一种需求与供给的关系，当把所有相邻企业彼此连接起来，便形成了供应链。这条链上的节点企业必须达到同步协调运行，才有可能使链上的所有企业都受益。供应链管理的概念把企业资源的范畴从过去的单个企业扩大到了整个社会，企业之间为了共同的利益目标而结成战略联盟。正如英国著名管理学家克里斯托弗（Christopher）所说：“21 世纪的竞争不是企业之间的竞争，而是供应链之间的竞争。”供应链管理的发展历程大致可分为以下几个阶段：

（一）传统供应链管理

1980 年—1989 年是供应链管理的萌芽阶段，即传统供应链（见图 1-12）管理阶段。此时供应链上各节点企业之间的竞争是产品数量和质量上的竞争，本着“为库存而生产”的理念，在企业内部也是实施各自独立的职能化管理。传统供应链管理采取的是一种层级式的、静态的、信息不透明的管理模式，虽然有了供应链管理的雏形，但仍然存在不少缺陷。供应链管理是20世纪80年代末在美国哈佛大学教授迈克尔·波特（Michael E. Porter）提出的“价值链”理论基础上形成和发展起来的。此时的供应链管理还处于企业内部供应链管理阶段，缺乏对企业与上游企业和下游用户之间关系的管理。

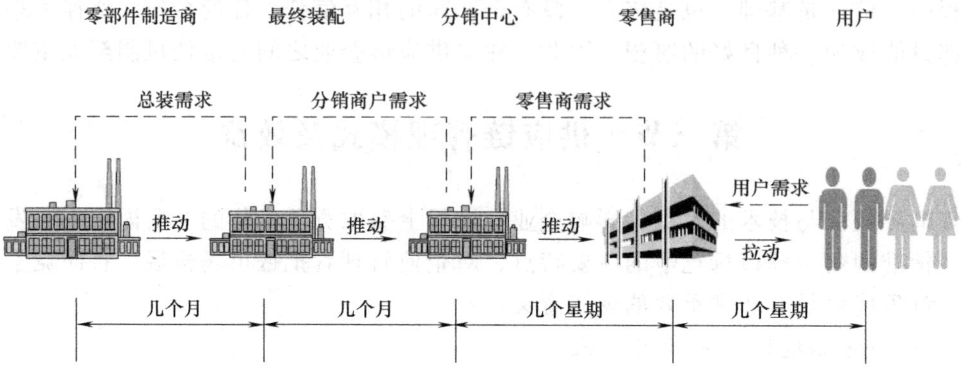

图 1-12 传统供应链

（二）精细供应链管理

进入20世纪90年代，随着市场竞争的加剧，企业的竞争动力从“产品制造推动”转向“用户需求拉动”，从原材料生产制造到销售，整条供应链上的企业活动都由最终用户需求拉动，包括采购订单、生产计划、库存运输、人力资源、财务和销售服务等。1990年—1995年是供应链管理的初步形成阶段，即精细供应链（见图1-13）管理阶段。精细供应链的出现大大减少了不确定性对供应链的负面影响，使供应链的生产和经营过程更加透明，生产周期得以缩短。在这个阶段，由于计算机的广泛应用和信息技术的发展，企业有了更好的管理工具，如精益生产系统、敏捷制造系统、柔性制造系统及计算机集成制造系统等。在这种管理模式下，企业集中资源进行优势生产，并利用社会分工将非核心业务外包给协作企业完成。这种对企业外部资源的充分利用减少了由于市场波动带来的不确定性，使企业能快速响应市场需求。随着基于物料需求计划发展起来的制造资源计划及20世纪90年代形成的企业资源计划软件系统在制造企业的广泛应用，企业生产过程各环节的连接，从物料供应、生产制造逐步扩展到企业各部门甚至企业外部资源的连接。

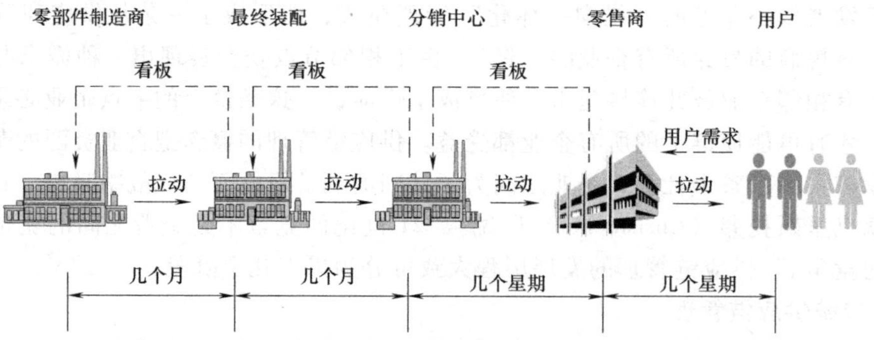

图 1-13 精细供应链

在精细供应链管理阶段，供应链上各个企业的经营仍然以自身利益最大化为目标，各相关企业/部门之间时有利益冲突，从而导致供应链管理的整体效率不高，无法从系统的高度出发来实现供应链整体的竞争优势。此外，信息流不能在供应链中得以有效传递，也给提高整体供应链绩效造成了阻碍。

（三）集成化敏捷供应链管理

1996 年—2000 年是集成化敏捷供应链（见图 1-14）管理阶段。在经济一体化竞争环境下，供应链管理也在逐步发展和完善。20 世纪 90 年代以来，企业竞争的内涵已经从产量的竞争、成本的竞争、质量的竞争发展到时间的竞争。为了寻找新的利润源，进一步挖掘降低产品成本和满足用户需要的潜力，人们开始从企业内部生产过程的管理转向产品生命周期中整个供应链系统的管理。不少学者研究指出，产品在其生命周期中供应环节的费用（包括储存和运输费用）在总成本中所占的比例越来越大，因此，企业通过有效的供应链管理能够大幅度降低成本、增加收益。由此，集成化敏捷供应链管理便应运而生。它将供应商、制造商、分销商、零售商及最终用户整合到一个统一的、联系紧密的功能网链中，使其形成了一个极具竞争力的战略联盟，以在优化整合企业内外部资源的基础上快速响应多样化的用户需求。

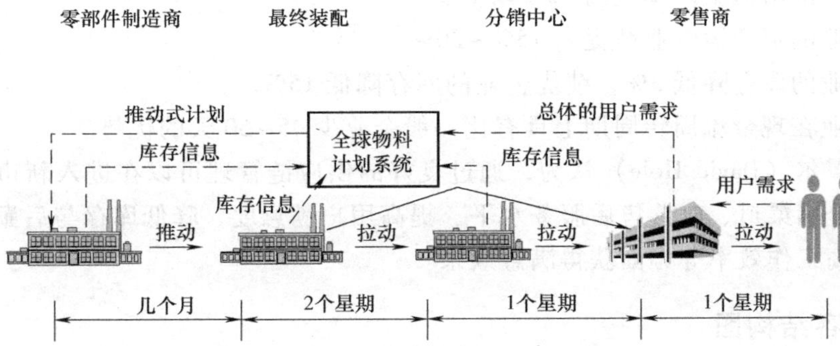

图 1-14　集成化敏捷供应链

（四）用户化敏捷供应链管理

进入 21 世纪，在以供应链竞争为主的经济环境中，为了寻找新的竞争优势，企业本着“为订单生产”的理念，将用户化生产和供应链管理融为一体，通过用户化供应链管理来提升供应链的市场应变能力和整体竞争力。在这个阶段，企业开始关注如何做好与供应链成员之间的协同，特别是与下游成员业务之间的协同。企业通过与供应商和用户协同运作，能更准确地把握“要从供应商那里得到什么”以及“要为用户提供什么”等。用户化敏捷供应链（见图 1-15）管理强调在敏捷供应链的基础上，更大限度地满足用户的个性化需求。供应链的上游为通用化过程，按照推动式供应链模式组织通用模块或部件的生产、包装和配送，供应链的下游为用户个性化需求体现过程，从事产品的差异化生产，以拉动式供应链模式对产品定制单元进行生产、装配和运送等。

二、实施供应链管理的效益

1997 年 PRTM（Pittiglio Rabin Todd & Mcgrath）公司进行的一项关于集成化供应链管理调查（调查涉及 6 个行业的 165 个企业，其中化工 25%、计算机电子设备 25%、通信 16%、服务 15%、工业 13%、半导体 6%）表明，通过实施供应链管理，企业可以实现以下多方面

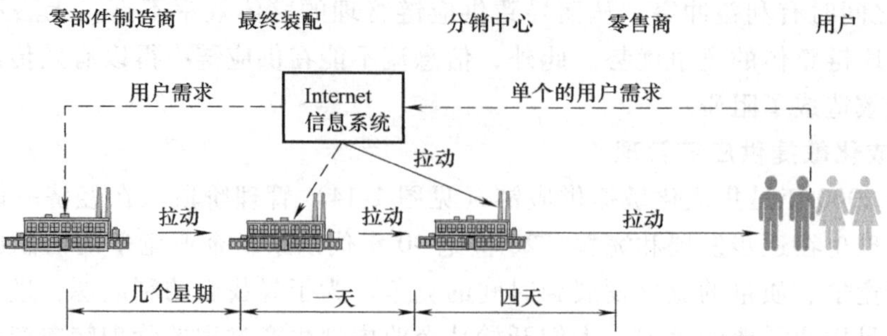

图 1-15 用户化敏捷供应链

的效益：

(1) 供应链管理成本（占收入的百分比）降低 10%以上。

(2) 中型企业的准时交货率提高 15%。

(3) 订单满足提前期缩短 25%~35%。

(4) 中型企业的增值生产率提高 10%以上。

(5) 绩优企业的资产运营业绩提高 15%~20%。

(6) 中型企业的库存降低 3%，绩优企业的库存降低 15%。

(7) 绩优企业在现金流周转周期上具有比一般企业少 45~60 天的优势。

而戴维德·霍尔（David Hole）认为，通过良好的供应链管理可以在进入新市场、开发新产品、开发新分销渠道、改善售后服务水平、提高用户满意度、降低库存与后勤成本及单位制造成本、提高工作效率等方面获得满意效果。

本章内容结构图

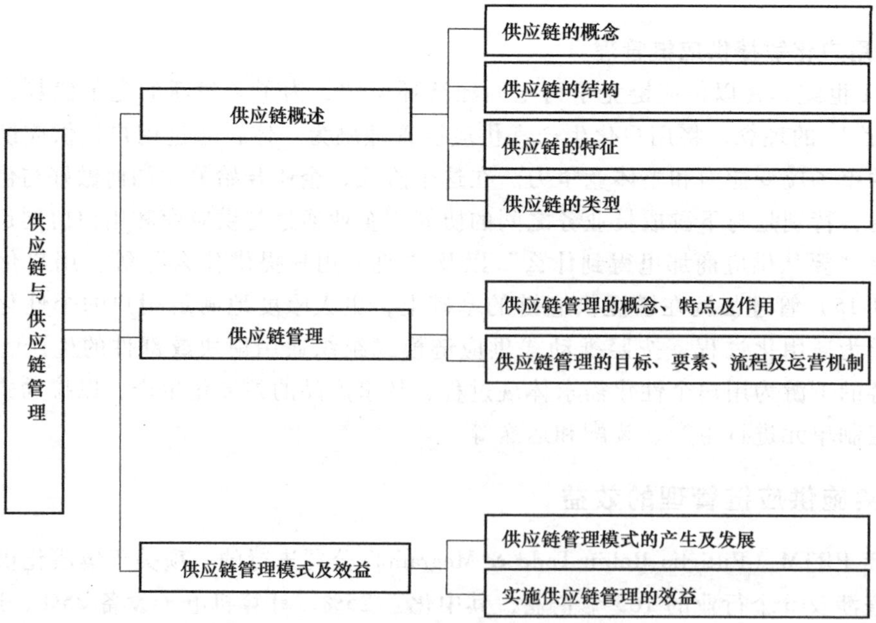

本章重点概念

供应链　供应链管理　供应链运营　效率型供应链　响应型供应链　供应链管理模式　精细供应链管理　用户化敏捷型供应链管理

课后习题

1. 如何理解供应链的特征和类型?
2. 供应链管理的特点和作用有哪些?
3. 供应链管理的运营机制有哪些?
4. 供应链管理模式是如何产生和发展的?

本章实训任务

具体见后面的实训任务一和实训任务二。

实训任务一　供应链企业运营管理调研方案设计

供应链企业运营管理调研方案设计任务书	
任务目标	借助智慧供应链运营平台(ISCM),对供应链企业的运营生态环境进行调研,了解 ISCM 的产品市场结构以及供应链成员企业组成,熟悉供应链各成员企业的业务模块及其流程和设施设备配置与相关参数
任务成果	供应链企业运营管理调研方案
任务要求	调研背景:通过对供应链企业的运营生态环境进行调研,即对供应链企业的行业与规模选择、细分市场、供需预测、产品定位、采购过程、制造过程、分销过程、物流过程等进行调研与分析,为后续的供应链企业运营方案设计奠定基础 调研目的:进入 ISCM 系统进行调研,通过观察和查询了解智慧供应链运营平台搭建的虚拟商业生态环境由哪些城市组成,提供哪些行业企业进行模拟经营,每个行业企业的具体业务模块,提供哪些产品类型选择,冰箱产品对应的物料清单(BOM)组成以及历史供需情况等,为后续的供应链企业运营方案设计奠定基础 调研方法:观察法和查询法(在 ISCM 系统中观察调研) 调研内容: 1. 调研冰箱产品 2017 年 1~12 月的历史供需情况 2. 调研冰箱产品 2017 年全国 34 个城市的需求占比情况 3. 调研供应链各角色企业规模及相关参数(制造商、分销商、零售商、物流商) 4. 调研冰箱产品生产线类型及相关参数(制造商) 5. 调研冰箱产品及原材料的货物基础信息及原材料供应商信息 6. 调研冰箱产品的 BOM 组成 调研结果:分析调研数据,根据调研结果撰写调研报告

实训任务二　供应链企业运营管理调研方案实施

一、任务选择

双击桌面ITP图标进入用户登录界面,输入用户账号和密码(系统默认账号与密码一致），单击【登录】按钮，登录 ITP 一体化教学管理平台，如图 1-16 所示。在【我的课程】模块单击【“供应链管理”理实一体化课程】→【项目一 供应链企业运营管理】→【子项目一 供应链企业运营管理调研】→【任务一 供应链企业运营管理调研方案设计与实施】，并在右侧单击【供应链企业运营管理调研方案实施】，单击【进入任务】按钮，如图 1-17 所示。

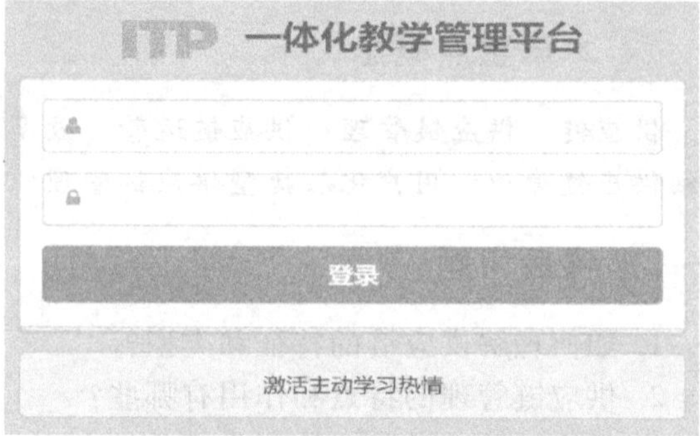

图 1-16 登录界面

图 1-17 任务选择

二、软件操作

进入 3D 虚拟仿真环境，基本操作包括如下按键（所有按键操作均需在英文输入法状态下操作才有效）：

（1）按“W”“S”“A”“D”键分别可以进行前、后、左、右移动。

（2）按住鼠标右键进行旋转可以转换方向。

（3）滚动鼠标滚轮可以扩大或缩小视野范围。

（4）鼠标指针放置在按钮名称上 3s 后出现示意。

三、调研实施

1. 调研冰箱产品2017年1~12月份的历史供需情况

（1）企业名称申请。输入企业名称，选择“企业logo”和“图标颜色”，单击【下一步】按钮，如图1-18所示。

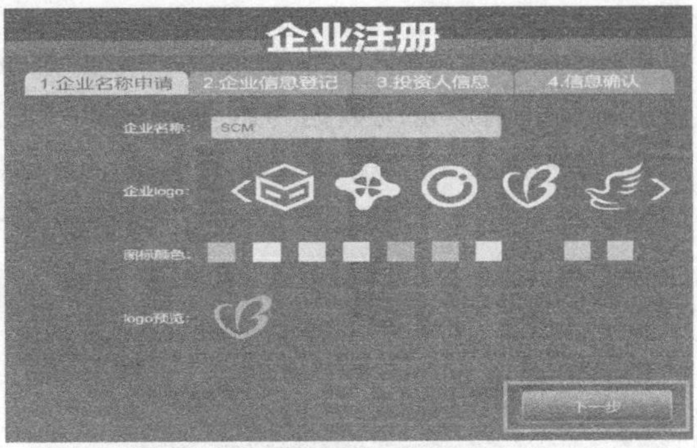

图1-18　企业名称申请

（2）企业信息登记。选择企业类型，填写主营业务、经营理念等信息，单击【下一步】按钮，如图1-19所示。

（3）投资人信息。选择投资人类型，输入投资人名称、证件类型、证件号码等基本信息（证件信息正确性无强制要求），单击【下一步】按钮，如图1-20所示。

（4）信息确认。企业注册信息检查确认，如有错误，可单击【上一步】按钮回去修改；无错误，则单击【创建】，如图1-21和图1-22所示。

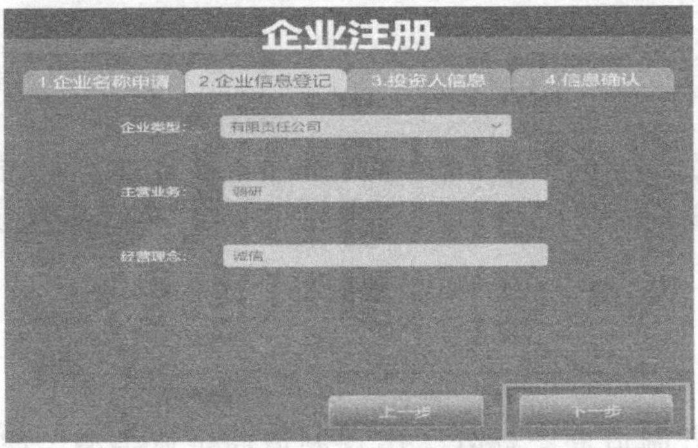

图1-19　企业信息登记

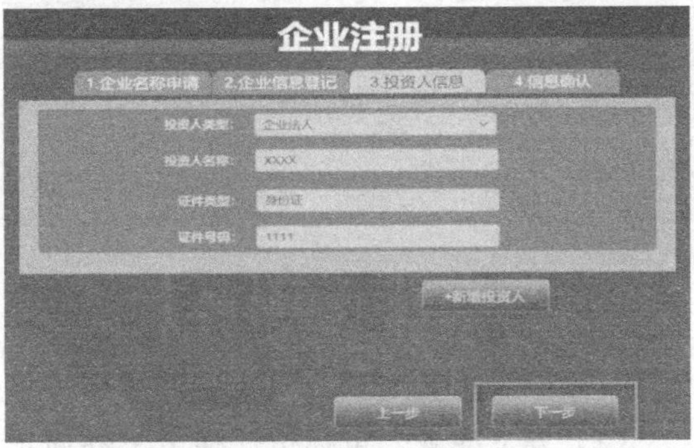

图1-20　投资人信息

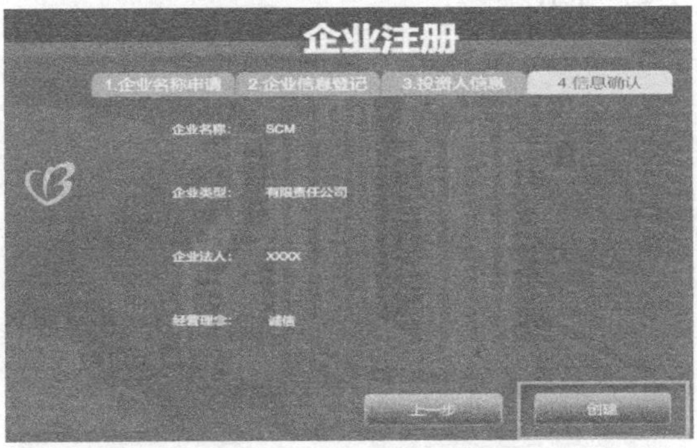

图1-21　企业注册信息确认

图1-22　创建企业

（5）进入仿真环境。加载就绪，单击【启动】按钮，进入3D虚拟仿真环境主界面（系统默认初始城市为上海），如图1-23所示。

备注：项目一任务中无法切换城市。

（6）查看冰箱产品 2017 年在我国 34 个城市的需求占比情况。单击【市场信息】→【产品供需信息】→【产品名称：冰箱】，如图 1-24 和图 1-25 所示。

备注：市场需求曲线数据可能会根据系统人数做出调整，请以系统数据为准。

2. 调研企业工厂规模及相关参数（制造商）

图 1-23 3D 虚拟仿真环境主界面

调研企业工厂规模参数，需定位企业角色，选择企业类型（Ⅰ型、Ⅱ型、Ⅲ型制造商），并建立企业工厂。这里以Ⅰ型制造商工厂为例。Ⅱ型、Ⅲ型制造商企业的工厂规模相关参数依据同样的流程调研。

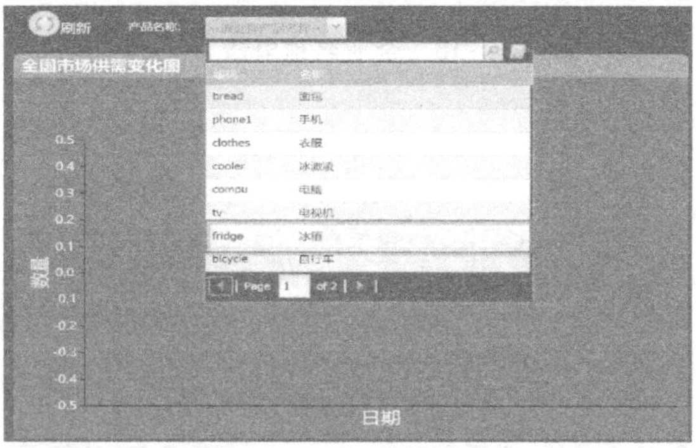

图 1-24 产品供需信息

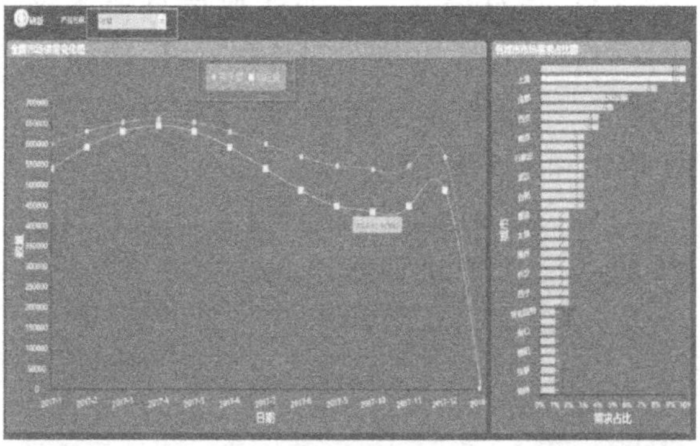

图 1-25 冰箱产品在我国 34 个城市的需求占比

具体步骤如下：

（1）建立企业。鼠标指针移至主界面正下方制造商图标处，出现制造商企业类型，如图 1-26 所示。按住鼠标左键的同时，拖动Ⅰ型制造商至城市空白土地处，待完全放置后，释放鼠标左键，单击“√”（对号）按钮，如图 1-27 所示。

图 1-26 制造商企业类型

图 1-27 制造商企业建立

（2）企业相关参数调研。鼠标右键单击已经建立的企业工厂，即可查看规模及相关参数，如图 1-28 所示。

3. 调研冰箱产品生产线类型及相关参数（制造商）

建立Ⅰ型制造商，鼠标右键单击工厂建筑物，选择【进入】，进入制造商界面，此时制造商工厂空白，单击【生产】→【生产线类型：冰箱生产线】，单击【确定】按钮，如图1-29所示。

图1-28　制造商企业工厂参数

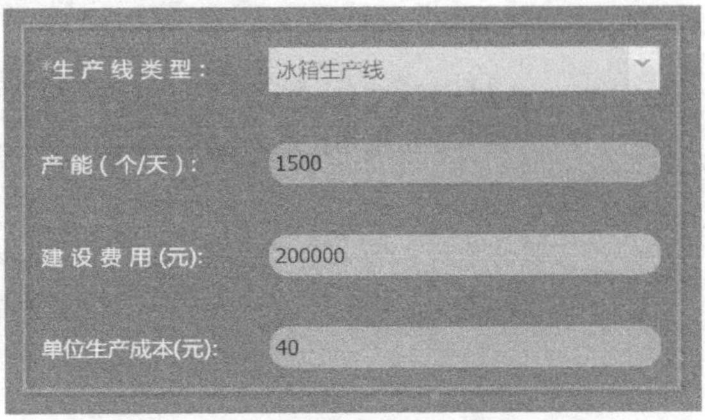

图1-29　Ⅰ型制造商冰箱产品生产线

4. 调研冰箱产品及原材料的货物基础信息及原材料供应商信息

（1）冰箱基础信息。单击【市场信息】→【产品基础信息】→【产品种类：成品】，单击【查询】按钮，如图1-30所示。

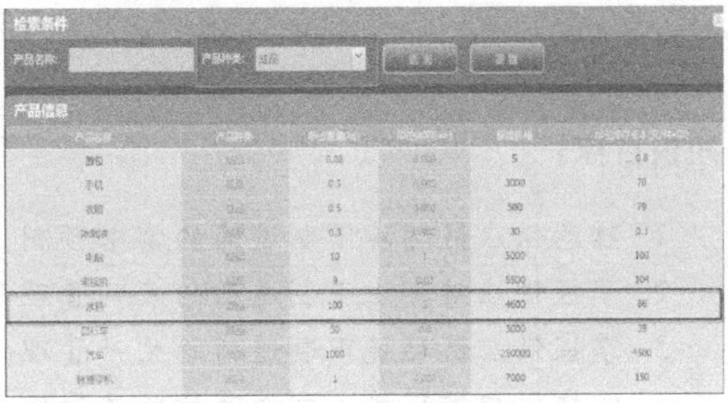

图1-30　冰箱基础信息

（2）原材料货物基础信息。冰箱产品由压缩机、箱胆、箱壳、塑料和钢材五种原材料组成。这里以“钢材”为例。单击【市场信息】→【供应商信息】→【产品名称：钢材】，单击【查询】按钮，如图1-31所示。

5. 调研冰箱的产品组成

单击【市场信息】→【生产指导】→【产品名称：冰箱】，单击【查询】按钮，如图1-32所示。

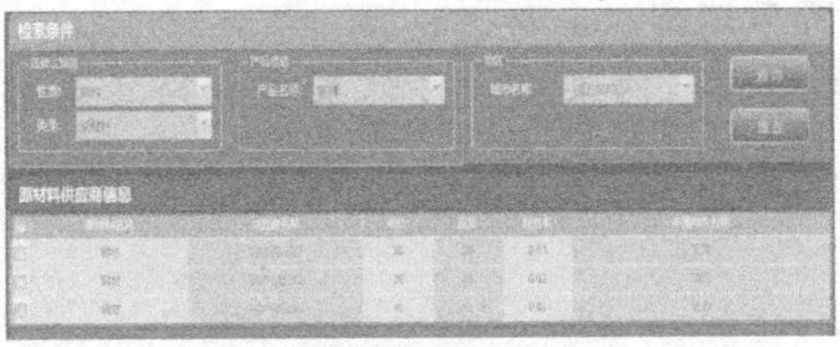

图1-31　原材料货物基础信息

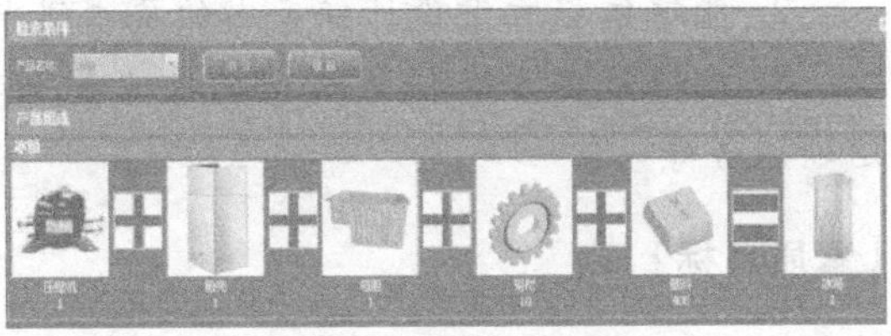

图1-32　冰箱的产品组成

第二章

供应链环境下制造商运营管理

学习目标

【知识目标】

1. 熟悉供应链环境下制造商的需求预测。
2. 掌握供应链环境下制造商的采购管理与库存控制。
3. 掌握供应链环境下制造商的生产管理。
4. 掌握供应链环境下制造商的物流管理。

【技能目标】

1. 能够依据方案设计任务书的要求设计完整的供应链制造商运营管理方案。
2. 能够依据方案设计任务书的要求进行市场需求预测。
3. 能够依据方案任务书中的要求做好生产策略、采购策略、存储策略、销售策略、运输服务等。

【素质目标】

1. 树立严谨认真的工作态度。
2. 培养吃苦耐劳的工作精神。

案例引入

杨阳和他的项目团队通过对冰箱产品进行市场调研后，对市场有了详细的了解。他们决定首先在上海建立自己的冰箱制造工厂。

为此，杨阳专门召开了部门会议讨论相关问题，首先让大家把自己想到的即将面临的问题提出来。

皮特说：“这个冰箱制造工厂要建多大规模？是建在市中心还是郊区？生产线需要多大规模？”

普拉说：“原材料仓库和成品仓库多少够用？”

维尼说：“上海地区冰箱制造市场未来的需求量是多少？往年上海冰箱制造市场的供应量是多少？未来未满足的冰箱制造市场需求是多少？”

琳达说：“采用什么样的生产方式？原材料的采购计划和策略是什么？产成品采用什么样的定价方式？运输服务商的选择策略是什么？”

“看来大家对该项目存在的问题都思考得很到位，接下来请大家针对这些问题做一份详细的方案并实施”，杨阳满意地说道。

如果你是项目组成员，你应该如何开展这一系列工作呢？

第一节　供应链环境下制造商的需求预测

一、需求预测的特点

需求预测是指企业根据历史数据或经验，采用合适的科学分析方法对企业未来产品与服务的需求数量和需求金额进行预测，从而为企业的计划和控制决策提供依据。企业和供应链管理者应当了解需求预测具有如下特点：

（1）预测总是不精确的。预测通常包括预测的期望值和预测误差的测量两方面的内容。为了说明预测误差的重要性，在此举例说明。现有两家汽车经销商，其中一家经销商预计销售量在100~1900辆，而另一家经销商预计销售量在900~1100辆。虽然两家经销商预测的平均销售量都是1000辆，但由于预测精度不同，两个经销商的采购策略必然大不相同。因此，对于大多数供应链决策来说，预测误差（或需求的不确定性）都是一个关键输入信息。

（2）长期预测的精度往往比短期低。长期预测的标准差相对于均值而言，比短期预测要大些。日本7-11便利店正是利用预测的这种性质来改善其运作绩效的，该公司实施的补货流程能在数小时内对订单进行响应。

（3）综合预测往往比分解预测更精确。因为相对均值而言，综合预测的标准差较小。例如，在2%的误差范围内预测我国一年的国内生产总值并不困难，然而在2%的误差范围内预测一家企业的年收入就困难得多，而在相同精度下预测某一具体产品的收益就更困难了。这三种预测的关键不同点就在于预测的综合程度。国内生产总值是所有企业收入的总和，企业收入又是企业所有产品线收入的总和。所以，综合性越高，预测的精度也就越高。

（4）企业离客户越远，接收的信息失真就越大。这方面的一个经典例子就是牛鞭效应，即供应链的上游，离最终客户越远，订货量的波动幅度越大。因此，企业越处于供应链的上游，预测误差也就越大。因此，基于最终客户的实际需求进行协作预测能够帮助上游企业降低预测误差。

二、需求预测的步骤

有效的需求预测有五个基本步骤：理解预测目标；整合整个供应链的需求计划和预测；

识别影响需求预测的主要因素；以合适的综合水平进行预测；建立预测绩效和误差衡量标准。

1. 理解预测目标

所有预测都支持以预测为基础的决策，所以重要的第一步就是明确识别这些决策。这些决策包括特定产品的产能决策、库存量决策和订购量决策等。所有受供应链决策影响的各方都必须意识到决策与预测之间的关系。例如，如果沃尔玛计划在7月对洗涤剂进行打折促销，那么洗涤剂生产商、承运人和其他有关各方必须分享此信息，因为他们都必须做出一些受需求预测影响的决策。所有各方应当就促销量达成一个共同的预测，并以此为基础制定一个共同的行动方案。否则，将会导致供应链各环节拥有过多或过少的产品。

2. 整合整个供应链的需求计划和预测

企业应当将其预测与整个供应链中的所有计划联系起来，如产能计划、生产计划、采购计划和促销计划等。下面这种尴尬的局面可能很常见：零售商基于促销活动进行预测，然而制造商并不知道这个促销活动，仅根据历史订单对其生产计划做出了完全不同的预测。其结果将是供求不匹配，客户服务水平低下。为了更好地进行整合，企业最好组建一支跨职能的团队进行预测工作，团队的成员来自受预测影响的不同职能部门。当然，更好的方法是组织供应链中不同企业的人员一起进行预测。

3. 识别影响需求预测的主要因素

在需求方面，企业必须弄清楚需求是增长、衰退，还是遵循一种季节性波动模式。这些判断都必须基于需求而不是销售数据。例如，一家超市在2021年7月对某种品牌的麦片进行促销，于是7月这个品牌的麦片需求较高，而其他品牌的麦片需求低迷。但超市不能以2021年的销售数据就做出2022年7月该品牌麦片需求较高的预测。在进行预测时，超市必须了解在不进行促销时需求如何，以及促销活动和竞争者的活动会如何影响需求。只有了解了这些综合信息，超市才能考虑进行促销活动并对2022年7月的需求做出预测。

在供给方面，企业必须考虑可以利用的供应源来决定所需要的预测精度。如果存在供货期更短的可替代供应源，高度精确的预测就显得不那么重要了；相反，如果只有一个供应源且供货提前期较长，精确的预测就非常有价值。

在产品方面，企业必须了解其销售的变型产品的数量，以及这些变型产品是否可以相互补充或替代。如果一个产品的需求影响另一个产品的需求，那么最好对这两类产品一起进行预测。例如，如果一家企业对已有产品进行改良后并投入市场，那么客户会购买改良后的产品，原有产品的需求很可能会减少。虽然历史数据无法反映出原有产品的需求下降，但企业仍然可以用历史数据来预测这两种不同产品的总需求。显然，对这两种产品的需求应该一起进行预测。

4. 以合适的综合水平进行预测

既然综合预测比分解预测更为精确，那么在进行预测时选择合适的综合水平就变得非常重要。下面来看一家连锁零售店的采购员是如何确定衬衫的订购量的。一种方法是要求每家门店的经理提交所需衬衫的精确数量，全部汇总后再向供应商下达订单。这种方法的优点是可以充分利用每家门店经理所了解的有关本地市场信息的情报。但是，由于预测的时点远提前于需求实际发生的时点，因此门店经理进行的分散预测不可能十分精确。更好的方法可能是在向供应商订货时采取综合预测，仅在向各个门店分拨所订衬衫时再要求每家门店的经理进行预测。在这种情况下，对提前期长的预测（采购订单）采用集中预测，这样可以降低预测误差。而分散的门店水平的预测时点更接近实际热卖季节，此时进行预测可以更有效地利用门店经理拥有的有关本地市场状况的信息。

5. 建立预测绩效和误差衡量标准

企业必须确定明确的绩效衡量标准以评价预测的准确性和时效性。这些衡量标准应该与企业在预测基础上制定的商业决策目标密切相关。下面来看一家滑雪衫生产商通过预测向上游供应商下达订单的例子。供应商需用两个月的时间履行订单，正是因为需要两个月的补货提前期，因此该滑雪衫生产商的预测应至少提前于热销季节开始前两个月完成。在销售季末，该滑雪衫生产商必须对实际销售量与预测值做比较以评估预测的精度，然后采取适当的方案降低未来的预测误差或对观测到的预测误差做出响应。

三、需求预测的方法

需求预测的方法可分为以下四大类。

1. 定性预测法

定性预测法主要依赖于人的主观判断。定性预测的结果与预测者对事物的熟悉程度、经验丰富程度以及分析判断能力密切相关。当可供参考的历史数据很少或专家拥有影响预测的关键市场信息时，采用定性预测法最合适。常见的定性预测法有德尔菲法、主观概率法、业务主管人员意见综合预测法和销售人员意见综合预测法。

2. 时间序列预测法

时间序列预测法运用历史数据对未来需求进行预测。它依赖于这样一个假设——过去的需求数据是预测未来需求的良好参照指标。时间序列预测法尤其适用于每年基本需求模式变化不大的情况。

3. 因果关系预测法

因果关系预测法假定需求预测与某些环境因素（经济状况、利率等）高度相关，利用这些环境因素与需求之间的关联性，通过预测这些外界因素的变化来预测未来的需求。例如，产品定价与市场需求是高度相关的，企业可以利用因果关系预测法确定价格促销对需求造成的影响。

4. 仿真预测法

仿真预测法通过模拟消费者的选择来预测需求。通过仿真分析，企业可以综合运用时间序列预测法和因果关系预测法来回答此类问题：价格促销会带来什么影响？竞争对手在附近开设一家新的门店又会带来什么影响？

企业通常很难决定到底用哪一种预测方法最合适。实际上，研究表明，多种预测方法结合使用得到的综合预测值将比单独使用一种预测方法更为可靠。

四、时间序列预测法

当未来需求与历史需求、增长模式和季节性变化相关时，最适合使用时间序列预测法。无论采用哪一种预测方法，都存在一些不能用过去的需求模式解释的随机因素。因此，任何观测到的需求都可以分解成系统成分和随机成分。计算公式为

$$\text{观测到的需求}(O)=\text{系统成分}(S)+\text{随机成分}(R)$$

系统成分是指需求的期望值。它由以下几部分组成：需求水平，是剔除季节性因素影响后的当前需求；需求趋势，是需求在下一期增长或下降的比率；季节系数，是可预测需求的季节性波动。

随机成分就是在预测中偏离系统需求的那一部分。企业不能也不应预测随机成分的偏离方向，企业能够预测的是随机成分的大小和变化，并以此估计预测误差的大小。预测的目的就在于剔除随机成分，并对系统成分进行估计。

任何预测方法的目标都是对需求的系统成分进行预测，并对随机成分进行估计。就其一般形式而言，需求数据的系统成分包含需求水平、需求趋势和季节系数。计算系统成分的公式有如下形式：

（1）乘法型：系统成分=需求水平×需求趋势×季节系数。

（2）加法型：系统成分=需求水平+需求趋势+季节系数。

（3）混合型：系统成分=(需求水平+需求趋势)×季节系数。

适用于某一特定预测的系统成分的具体表示形式，取决于需求的特性。

1. 移动平均法

当需求没有观测到明显的趋势或季节性时，可以采用移动平均法进行需求预测。在这种情况下：

需求的系统成分=需求水平

在移动平均法中，将最近 N 个时期需求的平均值作为第 t 期需求水平的预测值，也就是 N 个时期移动平均。具体计算方法如下：

$$L_t=(D_t+D_{t-1}+\cdots+D_{t-N+1})/N \tag{2-1}$$

当前对所有未来时期的预测都是相同的，并且都基于对需求水平的当前预测。预测值如下：

$$F_{t+1}=L_t$$
$$F_{t+n}=L_t \tag{2-2}$$

在观测到第 $t+1$ 期的实际需求后，可以对预测值进行修正如下：

$$L_{t+1}=(D_{t+1}+D_t+\cdots+D_{t-N+2})/N$$
$$F_{t+2}=L_{t+1}$$

要计算新的移动平均值，只要加入最新观测值而舍弃最早的观测数据就可以了。修正后的移动平均值则用于对下一时期的预测。在进行预测时，移动平均法赋予最近 N 个时期的数据同样的权重，同时不考虑那些较早的数据。当增加移动平均采取的时期 N 时，所得移动平均值对最近观测到的需求数据的响应性就会变差。下面举例说明移动平均法的具体应用。

【例 2-1】 一家超市在过去 4 周的牛奶需求（以 L 为单位）分别为 $D_1=200$，$D_2=225$，$D_3=190$，$D_4=215$，应用 4 期移动平均法对第 5 周的需求进行预测。如果第 5 周的实际需求数据为 210，那么预测误差为多少？

解析：由于在第 4 周期末对第 5 周的需求进行预测，所以当前期为 $t=4$。根据式（2-1），当 $N=4$ 时，第 4 期的需求水平为

$$L_4=(D_1+D_2+D_3+D_4)/4=(200+225+190+215)/4=207.5$$

则根据式（2-2），第 5 期的需求水平为

$$F_5=L_4=207.5$$

由题目已知，第 5 期的实际需求数据为 210，所以第 5 期的预测误差为

$$E_5=F_5-D_5=210-207.5=2.5$$

于是，对第 5 期的需求水平预测值进行修正得到

$$L_5=(D_5+D_4+D_3+D_2)/4=(207.5+215+190+225)/4=209.38$$

2. 简单指数平滑法

当需求没有可观测到的趋势和季节性时，采用简单指数平滑法最合适。在这种情况下：

需求的系统成分=需求水平

因为没有明显的趋势和季节性，所以可将所有历史数据的平均值作为需求水平的初始值 L_0。如果给定从第 1 期到第 n 期的实际需求数据，可以得到

$$L_0=\frac{1}{n}\sum_{i=1}^{n}D_i \tag{2-3}$$

当前对所有未来时期的预测值都等于对需求水平的当前预测值，公式如下：

$$F_{t+1}=L_t$$
$$F_{t+n}=L_t \tag{2-4}$$

在观测到第 $t+1$ 期的实际需求数据 D_{t+1} 后，对需求书品的预测值进行修正如下：

$$L_{t+1}=\alpha D_{t+1}+(1-\alpha)L_t \tag{2-5}$$

式中，α 是需求水平的平滑指数，$0<\alpha<1$。

修正后的需求水平是观测到的第 $t+1$ 期的需求数据（D_{t+1}）和第 t 期原来的需求水平预测值（L_t）的加权平均。根据式（2-5），可以把一个给定时期的需求水平表示为当前需求水平和前一期需求水平的函数。因此，式（2-5）也可以写成

$$L_{t+1}=\sum_{i=0}^{t-1}\alpha(1-\alpha)^nD_{t+1-n}+(1-\alpha)^tD_1$$

需求水平的当前预测值是所有历史需求实际观测数据的加权平均，其中近期实际数据的权重大，远期实际数据的权重小。α 取值越大，预测对实际需求数据的响应性越好；相反，α 取值越小，对应的预测结果稳定性越好，而对最近观测到的实际需求数据的响应性越差。下面举例说明简单指数平滑法的具体应用。

【例 2-2】　一家超市在过去 4 周的牛奶需求（以 L 为单位）分别为 $D_1=200$，$D_2=225$，$D_3=190$，$D_4=215$，用简单指数平滑法预测第 5 周需求，其中 $\alpha=0.1$。

解析：根据式（2-3），需求水平的初始值为

$$L_0=\frac{1}{4}\sum_{i=1}^{4}D_i=207.5$$

于是根据式（2-4），第 1 期的预测值为

$$F_1=L_0=207.5$$

第 1 期的实际观测值为 $D_1=200$，所以第 1 期的预测误差为

$$E_1=F_1-D_1=207.5-200=7.5$$

当 $\alpha=0.1$ 时，利用式（2-5），可得第 1 期需求水平的修正值为

$$L_1=\alpha D_1+(1-\alpha)L_0=0.1\times200+0.9\times207.5=206.75$$

因为第 1 期的实际需求数据小于第 1 期的预测值，因此第 1 期的需求水平预测值小于第 0 期的需求水平预测值。所以，可以得到 $F_2=L_1=206.75$，已知 $D_2=225$，可以求得 $L_2=$

0. 1×225+0. 9×206. 75 = 208. 58，同理，可以求得 L_3 = 0. 1×190+0. 9×208. 58 = 206. 72，L_4 = 0. 1×215+0. 9×206. 72 = 207. 55，此时，$F_5 = L_4$ = 207. 55。

3. 趋势调整的指数平滑法（Holt 模型）

在需求的系统成分中仅包括需求水平和需求趋势，而不存在季节系数的情况下，使用趋势调整的指数平滑法（Holt 模型）最适合。在这种情况下：

需求的系统成分=需求水平+需求趋势

对需求 D_t 和时期 t 进行线性回归，可以得到对需求水平和需求趋势的初始预测值，如下所示：

$$D_t = \alpha t + b$$

因为已经假定有需求趋势，但不存在季节系数，所以对需求和时间进行线性回归是合适的。这样，需求和时间的基本关系是线性的。式中，常量 b 衡量的是 $t=0$ 时的需求预测值，也就是需求水平的初始预测值 L_0；斜率 α 衡量的是每个时期的需求变化率，也就是需求趋势的初始预测值 T_0。

在第 t 期，如果事先给定需求水平预测值 L_t 和需求趋势预测值 T_t，那么未来时期的预测值可以表示如下：

$$F_{t+1} = L_t + T_t$$
$$F_{t+n} = L_t + nT_t \tag{2-6}$$

在观测到第 t 期的实际需求后，对需求水平和需求趋势的预测值进行如下修正：

$$L_{t+1} = \alpha D_{t+1} + (1-\alpha)(L_t + T_t) \tag{2-7}$$
$$T_{t+1} = \beta(L_{t+1} - L_t) + (1-\beta)T_t \tag{2-8}$$

式中，α 为需求水平的平滑指数，$0<\alpha<1$；β 为需求趋势的平滑指数，$0<\beta<1$。

可以观察到，无论是需求水平修正还是需求趋势修正，修正后的预测值都是实际观测值和以前观测值的加权平均。下面举例说明 Holt 模型的具体应用。

【例 2-3】 一家电子制造商观测到在过去的 6 个月中它的最新款 MP3 播放器的需求一直保持增长，观测到的实际需求数据（以台为单位）分别为 D_1 = 8415，D_2 = 8732，D_3 = 9014，D_4 = 9808，D_5 = 10413，D_6 = 11961，请用趋势调整的指数平滑法预测第 7 期的需求。其中 α = 0. 1，β = 0. 2。

解析：第一步是运用线性回归求得需求水平和需求趋势的初始预测值。首先，对需求和时间进行线性回归，可得

$$L_0 = 7367$$
$$T_0 = 673$$

根据式（2-6），可得第 1 期的预测值为

$$F_1 = L_0 + T_0 = 7367 + 673 = 8040$$

第 1 期的实际需求观测值为 D_1 = 8415，则第 1 期的预测误差为

$$E_1 = F_1 - D_1 = 8040 - 8415 = -375$$

当 α = 0. 1，β = 0. 2 时，根据式（2-7）和式（2-8）可对第 1 期的需求水平和需求趋势的预测值进行修正，即

$$L_1 = \alpha D_1 + (1-\alpha)(L_0 + T_0) = 0.1 \times 8415 + 0.9 \times 8040 = 8078$$
$$T_1 = \beta(L_1 - L_0) + (1-\beta)T_0 = 0.2 \times (8078 - 7367) + 0.8 \times 673 = 681$$

由于第 1 期需求的初始预测值过低，所以修正过程把第 1 期的需求水平预测值从 8040 提高到 8078，需求趋势预测值从 673 提高到 681，根据式（2-6），可以求得第 2 期的预测值为

$$F_2=L_1+T_1=8078+681=8759$$

同样的方法可得

$$L_2=8755,\ T_2=680;\ L_3=9393,\ T_3=672;\ L_4=10039,\ T_4=666;$$
$$L_5=10676,\ T_5=661;\ L_6=11399,\ T_6=673$$

从而得到第 7 期的预测值为

$$F_7=L_6+T_6=11399+673=12072$$

4. 趋势和季节调整的指数平滑法（Winter 模型）

当需求的系统成分包括需求水平、需求趋势和季节系数时，Winter 模型最适用。在这种情况下：

需求的系统成分=(需求水平+需求趋势)×季节系数

假定每次季节性循环包含的期数为 p。首先，要对需求的初始水平（L_0）、需求的初始趋势（T_0）和季节系数（S_1，S_2，…，S_p）进行预测。在第 t 期，事先给定需求水平为 L_t，需求趋势为 T_t，季节系数为 S_1，S_2，…，S_{t+p-1}，那么未来时期的预测值计算如下：

$$F_{t+1}=(L_t+T_t)S_{t+1}$$
$$F_{t+l}=(L_t+lT_t)S_{t+l} \tag{2-9}$$

在观测到第 $t+1$ 期的需求后，可对需求水平、需求趋势和季节系数的预测值进行修正。

$$L_{t+1}=\alpha(D_{t+1}/S_{t+1})+(1-\alpha)(L_t+T_t) \tag{2-10}$$
$$T_{t+1}=\beta(L_{t+1}-L_t)+(1-\beta)T_t \tag{2-11}$$
$$S_{t+p+1}=\gamma(D_{t+1}/L_{t+1})+(1-\gamma)S_{t+1} \tag{2-12}$$

式中，α 为需求水平的平滑指数，$0<\alpha<1$；β 为需求趋势的平滑指数，$0<\beta<1$；γ 为季节系数的平滑指数，$0<\gamma<1$。

可以观察到，无论是需求水平修正还是需求趋势修正、季节系数修正，修正后的预测值都是实际观测值和以前预测值的加权平均值。

5. 预测误差的评价

误差是指实际值与预测值之间的差异。当预测值大于实际值时，误差为正；反之，误差为负。预测模型最好的是无偏模型，即正、负误差的出现概率大致相等。常用的预测误差评价指标有平均绝对偏差、平均预测误差和平均绝对百分误差。

（1）平均绝对偏差（MAD）。平均绝对偏差是预测期内每一预测值与实际值的绝对偏差的平均值。其计算公式为

$$\mathrm{MAD}=\frac{1}{n}\sum_{i=1}^{n}|A_t-F_t| \tag{2-13}$$

式中，A_t 是时段 t 的实际值；F_t 是时段 t 的预测值；n 是整个预测期内预测的次数。

MAD 能很好地衡量预测的精度，但是不易衡量预测的无偏程度。

（2）平均预测误差（MFE）指标。平均预测误差是预测误差的和的平均值。其计算公式为

$$\text{MFE} = \frac{1}{n}\sum_{t=1}^{n}(A_t - F) \tag{2-14}$$

式中，$\sum_{t=1}^{n}(A_t - F)$ 也被称作预测误差滚动和（RSFE）。

如果预测模型是无偏的，RSFE 应接近 0，相应地，MFE 也接近 0。因此，MFE 可以很好地衡量预测模型的无偏性，但它不能衡量预测的精度。

（3）平均绝对百分误差（MAPE）。平均绝对百分误差是绝对百分比误差的平均值。其计算公式为

$$\text{MAPE} = \frac{100}{n}\sum_{i=1}^{n}\left|\frac{A_i - F}{A_i}\right| \tag{2-15}$$

MAD、MFE 和 MAPE 都是常见的预测误差评价指标，但任何一种指标都很难全面地评价一个预测模型，因此应将它们结合起来使用。

第二节　供应链环境下制造商的采购管理与库存控制

采购过程在供应链中起到连接制造商和供应商的纽带作用。制造商根据客户订单制订出生产计划，然后根据生产计划制订物料需求计划，再根据物料需求计划制订采购计划。采购部门根据这些计划，开始准备报价单、选择供应商、订货、接收等一系列活动。这些活动将供应商行为与制造商的需求紧密联系起来。

一、采购管理与库存控制概述

（一）采购与采购管理的定义

1. 采购的定义

采购是一个复杂的过程，目前还没有统一的定义，根据环境的不同可分为狭义采购和广义采购。狭义采购是指企业购买产品或服务的行为；广义采购是指企业取得产品或服务的过程。但是，采购的过程并不仅仅是各种活动的机械叠加，而是一系列跨越组织边界活动的成功实施。因此，可以将采购定义为：为取得与自身需求相吻合的产品和服务而必须进行的所有活动。

2. 采购管理的定义

采购管理是指企业为实现运营目标，在评价和优选的基础上，从合适的供应商处，在适当的时间，以适当的价格，购入具有适当质量和数量的所需物品所采取的计划、组织、指挥、协调和控制等一系列管理活动。

（二）采购管理的目标

采购管理就是实现对整个企业的物资供应，其最终目的是使企业生产运营活动的总资金量最小，以促使企业更好地发展。在企业的实际操作中，采购管理一般具有以下目标：

（1）适时适量为企业提供所需的物料。

（2）保证并提高产品或服务质量。

（3）节省采购费用以降低成本。

（4）提高供应链效率和企业敏捷性。

（三）采购管理的作用

供应链管理体系描述了物流在供应商、制造商、分销商、零售商和消费者之间移动，最终目标是商品从供应商到消费者实现其价值，而采购是这一链条中的起点，因此采购管理在供应链中发挥着重要作用。主要体现在以下四个方面：

（1）实现信息共享，降低采购成本。

（2）建立供应链伙伴关系，提高物流运作效率。

（3）降低采购风险。

（4）使采购过程不断细分，促进供应链体系的稳定性和精细化。

（四）库存的产生及其原因

1. 库存的产生

在供应链中，由于存在需求预测不准，不一定按预测的需求量和品类实施采购，计划和到货时间不一致，生产的终端产品与预测需求、最终需求之间存在差异等现象，从而导致库存的产生。

2. 库存产生的原因

在供应链中，导致库存产生的原因有三个因素：一是差异性因素，即由于在需求、采购、供应及销售过程中存在数量差、品类差及时间差等一系列差异而形成库存；二是成本因素，即由于大规模生产带来的成本降低导致以低生产成本为主导形成原材料和产成品双重库存，同时大规模采购带来的成本降低导致以采购价格为主导形成库存；三是竞争性因素，即受供应链响应性的影响，需求由于时效性和可获得性得到满足形成库存。其中，差异性因素是导致库存产生的根本性原因。

（五）库存的含义及分类

1. 库存的含义

库存是指储存作为今后按预定的目的使用而处于备用或非生产状态的物品（GB/T 18354—2021）。从狭义上讲，库存就是仓库里存放的东西，是储存作为今后按预定的目的使用而处于闲置或非生产状态的物品。从广义上讲，库存是为了满足未来的需要而暂时闲置的资源，广义的库存还包括处于制造加工状态和运输状态的物品（GB/T 18354—2021）。

2. 库存的分类

在供应链中，不同的节点企业持有的库存有不同形式。首先，按照库存在物流过程中所处的状态，分类为原材料库存、在制品库存、维护/维修库存、产成品库存。其次，按照库存时空存在性，分类为周转库存、安全库存、在途库存。最后，按照用户对库存的需求特性，分类为独立需求库存和相关需求库存。其中，独立需求库存是指某种物料的需求量是由外部市场决定的，与其他物料无直接的对应关系，表现出对这种库存需求的独立性；相关需求库存也称为非独立需求库存，是指某种物料的需求量与其他物料有直接的匹配关系，当其他物料的需求量确定以后，就可以直接推算出这种物料的需求量。

（六）库存的作用及合理化

1. 库存的作用

在供应链中，库存发挥着不可替代的重要作用。

（1）维持生产的稳定。

（2）平衡企业物流。

（3）平衡流通资金的占用。

（4）为企业节约大量资金。

2. 库存合理化的内容

在供应链中，库存合理化包含以下几方面内容：

（1）库存数量合理化。

（2）库存地点合理化。

（3）库存结构合理化。

（4）库存时间合理化。

3. 库存合理化的目标

在供应链中，通过对库存数量、地点、结构及时间的调整与优化，可以实现以下目标：

（1）降低库存成本。

（2）提高客户服务水平。

（七）采购管理与库存控制的关系

在供应链环境下，采购管理与库存控制是调节生产和满足需求的关键环节。在供应链中，采购管理是库存控制的手段，库存控制是采购管理的基础，二者之间相互依存、相互制约，但均以降低成本、提高效率为目标，统一于整个供应链管理系统中。采购管理与库存控制的源头是需求，目标是使得围绕物品产生的所有企业活动的总资金量最小化。

在供应链中，需求是拉动采购与库存的基本要素，库存则是调节采购与需求的“缓冲池”。要想对库存进行控制，必须通过采购和需求两端入手。但需求往往是不稳定的，因此任何一种库存控制方法，其实质都是在满足一定服务水平的前提下，对采购与库存进行平衡决策的过程。

二、采购管理的模型

采购管理是供应链管理的重要一环，是实施有效供应链管理的基础。供应链环境下采购管理的模型如图 2-1 所示。

其框架内容如下：

（1）采购部门负责对整个采购过程进行组织、控制、协调。

（2）生产和技术部门通过企业内部的管理信息系统根据订单编制生产计划和物资需求计划。

（3）供应商通过信息交流，处理来自企业的信息，预测企业需求以便备货，当订单到达时按时发货，货物质量由供应商自己控制。

（4）模型的要点是以信息交流来实现降低库存，以降低库存来推动管理优化，而畅通的信息流是实现这个模型的必要条件。

（5）实现此模型的关键是畅通无阻的信息流和企业与供应商签订的长期合作契约。

三、采购管理的特点

在供应链环境下，采购管理的范围不断扩大，其作用也日益凸显。因此，加强供应链采购管理有助于提升企业的运作效率，实现供应链系统的无缝连接。供应链环境为采购管理赋

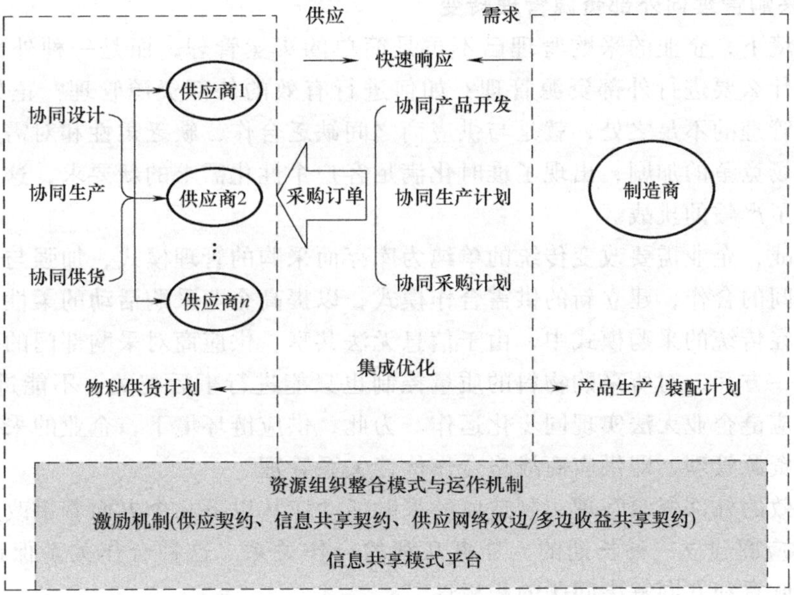

图 2-1　供应链环境下采购管理的模型

予了新的内涵，并且呈现出以下特点：

（一）从为库存而采购向为订单而采购转变

在传统的采购模式中，采购的目的是补充库存。采购部门并不关心企业的生产过程，不了解生产进度和产品需求变化，因此采购过程缺乏主动性，采购部门制订的采购计划很难适应制造需求的变化。在供应链环境下，采购活动是以订单驱动方式进行的，制造订单是在用户需求订单的驱动下产生的；然后，制造订单驱动采购订单，采购订单再驱动供应商。这种准时化的订单驱动模式，使供应链系统得以及时响应用户的需求，从而降低了库存成本，提高了物流速度和库存周转率。

订单驱动的采购方式有以下特点：

（1）由于供应商与制造商建立了战略合作伙伴关系，签订供应合同的手续大大简化，不再需要双方询盘和报盘的反复协商，交易成本也因此大大降低。

（2）在同步化供应链计划的协调下，制造计划、采购计划、供应计划能够并行，缩短了用户响应时间，实现了供应链的同步化运作。采购与供应的重点在于协调各种计划的执行，使制造计划、采购计划、销售计划保持同步。

（3）采购物资直接进入制造部门，减少采购部门的工作压力和不增加价值的活动过程，实现供应链精细化运作。

（4）信息传递方式发生了变化。在传统采购方式中，供应商对制造过程的信息不了解，也无须关心制造商的生产活动。但在供应链环境下，供应商能共享制造部门的信息，提高了供应商的应变能力，减少了信息失真。同时，在订货过程中不断进行信息反馈，修正订货计划，使订货与需求保持同步。

（5）实现了面向过程的作业管理模式的转变。订单驱动的采购方式简化了采购工作流程，采购部门的作用主要是沟通供应商与制造部门之间的联系，协调供应与制造的关系，为实现精细采购提供基础保障。

（二）从采购管理向外部资源管理转变

供应链环境下，企业的采购管理已不再是简单的买卖管理，而是一种外部资源整合管理。那么，为什么要进行外部资源管理？如何进行有效的外部资源管理？正如前面所指出的，传统采购管理的不足之处，就是与供应商之间缺乏合作，缺乏柔性和对需求快速响应的能力。随着市场竞争的加剧，出现了准时化满足客户个性化需求的新要求，这无疑对企业的采购物流提出了严峻的挑战。

为应对挑战，企业需要改变传统的单纯为库存而采购的管理模式，加强与供应商的信息联系和相互之间的合作，建立新的供需合作模式，以提高企业采购活动的柔性和市场响应能力。一方面，在传统的采购模式中，由于信息无法共享，供应商对采购部门的要求不能得到实时响应；另一方面，对所采购物料的质量控制也只能进行事后把关，不能进行实时控制。这些问题使供应链企业无法实现同步化运作。为此，供应链环境下，企业的采购管理就要实施有效的外部资源管理，即供应商战略合作伙伴关系管理。

要实现有效的外部资源管理，制造商的采购活动应从以下几个方面着手改进：

（1）与供应商建立一种长期的、互惠互利的合作关系。这种合作关系保证了供需双方能够有合作的诚意和共同解决问题的积极性。

（2）提供信息反馈和教育培训支持，使供应商改善品质、确保质量。在定制化时代到来的今天，产品的质量是由客户的要求决定的。质量管理的工作需要下游企业提供相关质量要求的同时，应及时把供应商的产品质量问题及时反馈给供应商，以便其及时改进。对个性化产品的质量要提供有关技术培训，使供应商能够按照要求提供合格的产品和服务。

（3）供应商参与产品设计和产品质量控制过程。制造商应该积极引导供应商参与到产品设计和质量控制过程中来，共同设计产品、共同制定有关产品质量标准等，使最终客户的需求信息在产品开发和生产组织的早期就能让供应商及时了解。

（4）协调供应商的计划。下游企业的采购部门应主动参与供应商的计划协调。在资源可能出现冲突的情况下，保证供应商不至于因为资源紧张而对本企业产生影响，保证供应链的正常运行，维护企业的利益。

（5）建立一种新的有不同层次的供应商网络，并通过逐步减少供应商的数量，致力于与供应商建立合作伙伴关系。企业的产品对零部件或原材料的需求是多样的，因此不同企业的供应商数目不同。企业应该根据自己的实际情况选择适当数量的供应商，建立供应商网络，并逐步减少供应商的数量，致力于与少数供应商建立战略伙伴关系。

（三）从一般买卖关系向战略协作伙伴关系转变

在传统的采购模式中，制造商与供应商之间是一种简单的买卖关系，因此无法解决一些涉及全局性、战略性的供应链问题，而基于战略伙伴关系的采购方式为解决这些问题创造了条件。这些问题包括：

（1）库存问题。在传统的采购模式中，供应链的各级企业无法共享库存信息，各级节点企业都独立地采用订货点技术进行库存决策，会不可避免地产生需求信息的扭曲，因此供应链的整体效率得不到提高。

（2）风险问题。供需双方通过战略性合作关系，可以降低由于不可预测的需求变化带来的风险，如运输过程中的风险、信用风险、产品质量风险等。

（3）合作问题。建立战略合作伙伴关系可以为双方共同解决问题提供便利的条件，合作双方可以为制订战略性的采购供应计划共同协商，而不必要为日常琐事消耗时间与精力。

(4) 采购成本问题。通过合作伙伴关系，供需双方都从降低交易成本中获得好处。信息的共享避免了信息不对称决策可能造成的成本损失。

(5) 组织障碍问题。战略合作伙伴关系消除了供应过程的组织障碍，为实现准时化采购创造了条件。

四、采购管理的流程

在供应链环境下，企业采购管理的流程如下：

(一) 采购需求分析

企业采购部门通过分析弄清需求部门究竟需要什么、需要多少、什么时候需要的问题，从而明确应当采购什么、采购多少、什么时候采购以及怎样采购的问题，得到一份切实可靠、科学合理的采购任务清单。这个环节的工作就称作采购需求分析。

需求分析是采购工作的第一步，是制订采购计划的基础和前提。进行采购需求分析有多种方法，既可以通过采购申请进行需求分析，也可以通过物料需求计划、物资消耗定额、需求预测等进行需求分析。

(二) 生成采购需求计划

通过采购需求分析，把所有采购需求分成独立需求和相关需求两种类型。例如，汽车与零部件的关系。汽车产品的零部件与物料就具备相关需求，因为任意时刻所需零部件与原材料的总量都是汽车生产量的函数。相反，产成品汽车的需求则是独立需求——汽车并非其他任何东西的组成元件。

独立需求与其他产品或零部件的需求无关，它来自企业外部，其需求量和需求时间由企业外部需求来决定，如客户订购的产品、售后用的备品备件等。其需求计划一般通过预测和订单来确定，可按订货点方法处理。

相关需求发生在制造过程中，如原材料、毛坯、零件、部件的需求。物料需求计划(MRP) 处理的正是这类相关需求。MRP 是根据市场需求预测和客户订单制订产品的生产计划，然后基于产品生成进度计划，组成产品的材料结构表和库存状况，通过计算机计算所需物资的需求量和需求时间，从而确定材料的加工进度和订货日程的一种制订采购需求计划的实用技术。

(三) 制订采购订货计划

采购计划是指根据生产部门或其他使用部门的需求计划制订的包括采购物料、采购数量、需求日期等内容的计划表格。企业管理人员通常根据生产计划和产品物料清单(BOM)、物料消耗定额，确定物料采购品种及其数量，根据采购提前期确定采购时间。

(四) 评估与选择供应商

充分利用大数据和数据分析技术对线上及线下供应商的信息资源进行收集、整理和分析，在供应市场中识别出所有能满足客户需求的供应商作为备选对象。依据采购方制定的供应商评价标准和选择方法，通过初次评估和再次评估，选择出可以满足需求的少数几家有实力的、优秀的供应商。

(五) 商务谈判及签订合同

面向选出的供应商，供需双方就采购物品的数量、质量、交货期、可靠性、服务水平、价格等方面进行商务谈判并达成共识，最后签订采购订货合同，完成采购的交易过程。

（六）实施采购

供需双方依据采购订货合同的要求进入交付过程，主要包括进货、到货、货物检验、不合格物品退货、货物入库及结算等活动环节。

（七）采购绩效评价

采购活动一经完成之后，应对供应商的供应工作进行及时评价，以确定其是否真正满足本企业及客户的需求，即要对供应商进行管理与控制。如果供应商的供应工作不能满足客户的需求，需及时确定发生偏差的原因，并及时进行适当的修正。

以上所述的供应链企业采购管理流程，不仅适用于供应链制造商，也适用于分销商和零售商等供应链企业，并且这些活动在实施过程中会受到采购人员控制范围以外因素的影响。这些影响可以决定每一项活动执行的效率，包括企业之间、企业内部因素及政府等外部影响因素。

五、准时化采购策略

（一）准时化采购的基本思想

准时化采购也称 JIT 采购，是一种先进的采购模式。它的基本思想是：在恰当的时间、恰当的地点，以恰当的数量、恰当的质量提供恰当的物品。它是从准时制生产发展而来的，是为了消除库存和不必要的浪费而进行持续改进。要进行准时制生产必须有准时的供应，因此准时化采购是准时制生产管理模式的必然要求。它与传统的采购方法在质量控制、供需关系、供应商选择、交货期管理等方面有许多不同，其中供应商选择和质量控制是其核心内容。

准时化采购包括供应商的支持与合作，以及制造过程、货物运输系统等一系列的内容。准时化采购不仅可以减少库存，还可以加快库存周转、缩短提前期、提高购物质量、获得满意交货等效果。

（二）准时化采购对供应链管理的意义

准时化采购对供应链管理思想的贯彻实施有重要的意义。由于订单驱动使供应与需求双方都围绕订单运作，也就实现了准时化、同步化运作。要实现同步化运作，采购与供应活动必须是并行的，当采购部门产生一个订单时，供应商即开始着手物品的准备工作。与此同时，采购部门编制详细的采购计划，制造部门也进行生产的准备过程，当采购部门把详细的采购订单提供给供应商时，供应商就能在较短时间内将物资交给客户。当客户需求发生变化时，制造订单又驱动采购订单发生变化。这样一种快速的改变过程，如果没有准时化采购方法，供应链企业将很难适应。因此，准时化采购增加了供应链的柔性和敏捷性。综上所述，准时化采购策略体现了供应链管理的协调性、同步性和集成性，供应链管理需要准时化采购来保证供应链的整体同步化运作。

（三）准时化采购的特点

从表 2-1 中可以看出，准时化采购与传统采购有许多不同之处。

（1）采用较少的供应商，甚至单源供应。传统的采购模式一般是多源采购，供应商数量相对较多。从理论上讲，采用单供应源，一方面，供应商管理比较方便，也有利于降低采购成本；另一方面，有利于供需双方之间建立长期稳定的合作关系，质量上比较有保证。但是，采用单一的供应源也有风险，如供应商因意外情况中断交货、供应商缺乏竞争意识等。

表 2-1　准时化采购与传统采购的区别

项目	准时化采购	传统采购
采购批量	小批量，送货频率高	大批量，送货频率低
供应商选择	长期合作，单源供应	短期合作，多源供应
供应商评价	质量、交货期、价格	质量、价格、交货期
检查工作	逐渐减少，最后消除	收货、点货、质量验收
协商内容	长期合作关系、质量和合理价格	获得最低价格
运输	准时送货，买方负责安排	较低成本，卖方负责安排
文书工作	文书工作少，需要的是有能力改变交货时间和数量	文书工作量大，改变交货期和数量的采购单多
产品说明	供应商革新，强调性能宽松要求	买方关心设计，供应商没有创新
包装	小、标准化容器包装	普通包装，没有特别说明
信息交流	快速、可靠	一般要求

（2）对供应商的选择标准不同。在传统采购模式中，供应商是通过价格竞争来选择的，供应商与客户的关系是短期的合作关系。但在准时化采购模式中，由于供应商和客户是长期的合作关系，供应商的合作能力将影响企业的长期经济利益，因此对供应商的要求就比较高。在选择供应商时，价格不是主要的因素，质量是最重要的标准。这种质量不仅是指产品的质量，还包括工作质量、交货质量、技术质量等内容。高质量的供应商有利于建立长期的合作关系。

（3）对交货准时性的要求不同。准时化采购的一个重要特点是要求交货准时，这是实施精细生产的前提条件。交货准时取决于供应商的生产和运输条件。对于供应商来说，为使交货准时，要不断改进企业的生产条件，提高生产的可靠性和稳定性，减少由于生产过程的不稳定导致的延迟交货或误点现象。作为准时化供应链管理的一部分，供应商同样应该采用准时制生产管理模式，以提高生产过程的准时性。

（4）对信息交流的需求不同。准时化采购要求供需双方信息高度共享，保证供应与需求信息的准确性和实时性。由于双方是战略合作伙伴关系，在生产计划、库存、质量等方面的信息都可以及时进行交流，以便出现问题时能够及时处理。

（5）制定采购批量的策略不同。小批量采购是准时化采购的一个基本特征。准时化采购和传统采购的一个重要的不同之处在于，准时制生产需要减少生产批量，直至实现“一个流生产”，因此，采购物资也应采用小批量办法。当然，小批量采购自然会增加运输次数和成本，对供应商来说，实施准时化采购的难度就很大。解决的办法有采取混合运输、代理运输等方式，或尽量使供应商在地理位置上靠近客户等。

（四）准时化采购实施的影响因素

1. 关键因素

（1）选择最佳供应商并对供应商进行有效的管理是准时化采购成功的基石。

（2）供应商与客户的紧密合作是准时化采购成功的钥匙。

（3）卓有成效的采购过程质量控制是准时化采购成功的保证。

2. 其他因素

（1）地理距离越近越好。供应商和客户的地理距离越近越好。如果距离太远，操作不方便，无法发挥准时化采购的优越性，很难实现零库存。

（2）制造商与供应商建立战略伙伴关系。准时化采购策略的推行，有赖于制造商与供应商之间建立起长期的、互利合作的新型关系，相互信任、相互支持、共同获益。

（3）注重基础设施的建设。良好的交通运输和通信条件是实施准时化采购策略的重要保证，企业间通用标准的基础设施建设对准时化采购的推行也至关重要。要想成功实施准时化采购策略，制造商和供应商都应注重基础设施的建设。

（4）强调供应商的参与。准时化采购不只是企业采购部门的事，也离不开供应商的积极参与。供应商的参与，不仅体现在准时、按质按量供应制造商所需的原材料和外购件上，而且体现在积极参与制造商的产品开发设计过程中。

（5）建立实施准时化采购策略的组织。企业领导必须从战略高度来认识准时化采购的意义，并建立相应的组织来保证该采购策略的成功实施。这一组织的构成，不仅应有企业的采购部门，还应包括产品设计部门、生产部门、质量部门、财务部门等。

（6）制造商向供应商提供综合的、稳定的生产计划和作业数据。综合的、稳定的生产计划和作业数据可以使供应商及早准备，精心安排其生产，以确保准时、按质按量交货。否则，供应商不得不求助于缓冲库存，从而增加供货成本。

（7）注重教育与培训。通过教育和培训，制造商和供应商可以充分认识到实施准时化采购的意义，并掌握准时化采购的技术和标准，以便对准时化采购进行不断的改进。

（8）加强信息技术的应用。准时化采购是建立在有效信息交换的基础上的，信息技术的应用可以保证制造商和供应商之间的信息交换。制造商和供应商都必须加强对信息技术，特别是电子数据交换技术的应用投资，以更加有效地推行准时化采购策略。

（五）准时化采购实施的步骤

在供应链环境下，有效实施准时化采购的主要步骤包括：

（1）创建准时化采购团队。专业化的高素质采购队伍对实施准时化采购至关重要。应成立专门处理供应商事务的团队和专门负责消除采购中浪费的团队。前者的任务是认定和评估供应商的信誉和能力，或与供应商谈判签订准时化订货合同、向供应商发放免检签证等，同时要负责供应商的教育与培训；后者的任务是充分了解和掌握准时化采购的方法，必要时进行培训。如果团队成员对准时化采购的认识和了解不彻底，就无法与供应商进行合作。

（2）确定供应商。根据采购物品的分类，选择价值高、体积大的主要原材料及零部件，结合与供应商的关系，优先选择伙伴型供应商进行准时化采购可行性分析，确定实施供应商。

（3）设定目标。针对供应商目前的供应状态，提出改进目标。改进目标包括供货周期、供货频次、库存等，改进目标应有时间要求。

（4）制订实施计划。计划要明确主要的行动点、行动负责人、完成时间、进度检查方法及时间、进度考核指标等。

（5）改进行动实施。改进行动实施的前提是供应原材料的质量改进和保障，同时为改善供应，要考虑采用标准、循环使用的包装、周转材料与器具，以缩短送货的装卸、出入库时间。改进实施的主要环节是将原来的独立开具固定订单改成滚动下单，并将订单与预测结合起来。

（6）绩效衡量。衡量准时化采购的实施绩效要定期检查进度，以绩效指标（目标的具体化指标）来控制实施过程。

六、供应商管理

（一）供应商的选择

1. 供应商选择的原则

（1）目标定位原则：供应商的选择应符合企业供应链战略目标的要求，并与企业的供应链战略定位相匹配，以便所选供应商能够最大限度地服务于企业的战略目标和战略定位，使企业获得更大的竞争优势。

（2）优势互补原则：供应商应当在经营理念、经营方向和技术能力方面符合企业预期的要求，在某些领域应具有比企业更大的优势，在配合中能在一定程度上优势互补。

（3）择优录用原则：在报价相同及交货承诺相同的情况下，应首先选择那些企业形象好的供应商。如果某家供应商曾经给某些品牌企业提供过产品，并得到这些品牌企业的认可，则应成为做选择时的最佳参考。

（4）共同发展原则：要经营好一家企业，已经不仅仅是企业自身努力就可以实现的，还需要全方位多因素的配合，其中包括供应商的配合。如果供应商不能以全力配合企业的发展计划，企业在实际运作中必然会受到影响。

2. 供应商选择的影响因素

（1）产品质量：原材料供应商必须具有良好和稳定的货物生产过程和标准，并配置质量控制体系保证其连续性。

（2）产品价格：原材料的价格会影响到最终产品的成本，是选择供应商的主要因素。

（3）供货能力：供应商提供所需物资的质量和数量的能力。

（4）服务能力：供应商能否持续、稳定地提供服务的能力。

（5）地理位置：地理位置是构成采购成本的直接因素。供应商所处的位置对送货时间、运输成本、紧急订货与加急服务的响应时间等都有影响。

（6）企业信誉：供应商信誉关系到企业本身的风险承担问题。

（7）供应商内部的组织和管理：供应商内部的组织和管理关系到供应商的服务质量。

3. 供应商选择的标准

在供应链中，供应商选择的标准可分为短期标准和长期标准两个部分。短期标准主要包括合适的商品质量、较低的成本、交货及时性和可靠性、整体服务水平好（如安装、维护、技术支持服务等）、履行合同的承诺与能力；长期标准主要包括：供应商内部组织与管理是否完善，供应商质量体系是否健全，供应商机器设备是否先进、保养情况如何，供应商的财务状况是否稳定等。

4. 供应商选择的方法

在供应链中，供应商选择的方法主要有以下几种：

（1）直观判断法：通过调查、征询意见、综合分析和判断来选择供应商的一种方法，有较强的主观性。

（2）考核选择法：通过调查确定合格供应商，在进行供应商试运行阶段考察，最后根据单项指标考核成绩得到综合评估，择优选择。

（3）招标选择法：当采购物资数量大、供应市场竞争激烈时，可以采取招标选择法。

（4）协商选择法：当可选择的供应商较多、采购单位难以抉择，或者采购时间紧迫、订购物资规格和技术条件复杂时，可采取协商选择法。

（5）加权评分法：给每个准则分配一个权重，每个供应商的定量选择结果作为该供应商各项准则的得分与相应准则权重的乘积之和，对定量分析结果进行比较分析。

（6）采购成本比较法：对质量和交货期都能满足要求的合作伙伴，通过计算和分析各个供应商的采购成本，从而选择采购成本比较低的供应商的一种方法。

上述方法中，前四种属于定性选择方法，后两种属于定量选择方法，每一种方法都有其优点和缺点及使用范围，如表 2-2 所示。

表 2-2 供应商选择方法比较

选择方法分类	选择方法	优点	缺点	适应范围
定性分析选择方法	直观判断法	直接、简便、快捷	主观性较强，容易导致选择结果的不公正	适用于非主要原材料的供应商选择
	考核选择法	实地调研、数字支撑	过程复杂、耗时较长，人力资源占用较大	供应商数量较少时的选择
	招标选择法	公平、公正、公开；充分竞争，优中选优；提高质量，降低成本	手续复杂、时间长，不能适应紧急采购的需要，机动性差	采购数量大、合作伙伴竞争激烈
	协商选择法	采购双方可充分协商，能够有效保证货物质量和交货期	选择范围有限，不一定能够得到价格最合理、供应条件最有利的供应商	采购时间紧、投标单位少、竞争程度小、订购货物规格和技术条件复杂
定量分析选择方法	加权评分法	根据各衡量项目的重要程度，加上不同权重，可体现企业的各自需求；对所有供应商一视同仁	依据衡量项目的重要程度，科学、合理地设置不同的权重	必须以历史统计资料为基础
	采购成本比较法	在质量和交货期均得到满足的前提下，选择的供应商成本最低	需要分别计算各个不同供应商的采购成本	所有被选择供应商的质量和交货期均相同

（二）供应商关系管理

1. 供应商的类型

在供应链中，根据采购业务对本企业和供应商的重要程度不同，可将供应商分为以下四类型：

（1）伙伴型供应商：采购业务对本企业和供应商来说都非常重要。

（2）重点型供应商：采购业务对本企业来说非常重要，但对供应商来说无关紧要。

（3）优先型供应商：采购业务对本企业来说一般重要，但对供应商来说非常重要。

（4）普通型供应商：采购业务对本企业和供应商来说都无关紧要。

2. 供应商绩效考核的目的

在供应链中，定期开展对供应商的绩效考核可以确保供应商供应的质量，促进供应商改善其绩效；同时，对供应商的绩效结果进行比较，有利于同优秀的供应商继续合作，淘汰绩效差的供应商。

3. 供应商绩效考核的基本原则

在供应链中，对供应商的绩效考核应遵循以下原则：

（1）持续性原则：供应商的绩效考核必须持续进行，定期检查目标达成的程度。

（2）整体性原则：供应商的绩效考核要从供应商和企业自身各自的整体运作方面来进行评估，确定整体目标。

（3）系统性原则：供应商的绩效考核要考虑外在因素带来的影响，不能仅仅衡量绩效。

4. 供应商绩效考核的指标体系

（1）质量指标：来料批次合格率、来料抽检缺陷率、来料在线报废率、供应商来料免检率等。

（2）供应指标：准时交货率、交货周期、订单变化接受率等。

（3）经济指标：价格、成本、付款等。

（4）支持、配合与服务指标：反应与沟通、表现合作态度、参与本企业的改进与开发项目、售后服务等。

5. 供应商的激励机制

在供应链中，为了发挥供应商绩效考核的作用，应建立供应商激励机制，依据绩效考核结果对供应商进行以下几个方面的激励：价格激励、订单激励、商誉激励、信息激励、淘汰激励、新产品/新技术的共同开发、组织激励。

七、库存控制策略

（一）库存控制的基本思想

在供应链中，由于库存主要是用来平衡需求与采购的“缓冲器”，因此库存控制应从采购和需求两个方面着手。同时，由于需求本身是外在的、变化的、不确定的，因此库存控制的核心是从采购过程入手，即在保证客户需求的情况下，通过对订货和进货过程的控制（批量和频次），达到控制库存的目的。通常采购订货策略的基本内容包括订货时机、订货数量及订货操作方法三个方面。因此，如何制定合适的采购订货策略，即针对各种具体的经营模式，考虑各种具体情况和约束条件，求出使经营总费用最省的订货参数方案，是对整个库存水平进行有效控制的关键。为此，需要考虑的问题包括需求者的需求类型分析、经营者的经营模式分析及选择合适的库存控制方法三个方面。

（二）库存控制的基本方法

在供应链环境下，库存控制流程如图 2-2 所示。

按照库存控制流程，当市场需求产生后，首先，要判断库存是否充足，能否满足市场需求，并对需求进行分析。若库存满足，市场需求就是销售需求；若不满足，库存量就是销售需求。分析需求者的需求类别、需求性质及需求分布情况。第一，分析需求属于什么类别，是独立需求，还是相关需求？一般来说，相关需求更多是围绕着生产而产生的，独立需求则更多是围绕着消费而产生的，二者有着本质区别。第二，分析需求属于什么性质，是属于确定型需求，还是随机型需求？如果已经有了生产或销售订单，则需求是确定的；反之，需求就是随机的、不确定的。在现实中，大多数需求都是不确定的。第三，分析需求属于什么分布，是属于正态分布，还是其他分布？随着科学技术的飞速发展，许多产品的生命周期都特别短，于是这些产品的需求可能就不再是正态分布，而是其他分布形态。

其次，分析经营者的经营方式与进货方式的组合情况。在供应链企业中，通常存在不允许缺货、可以缺货及实行补货三种经营方式，与之相匹配的有瞬时到货和持时到货两种进货

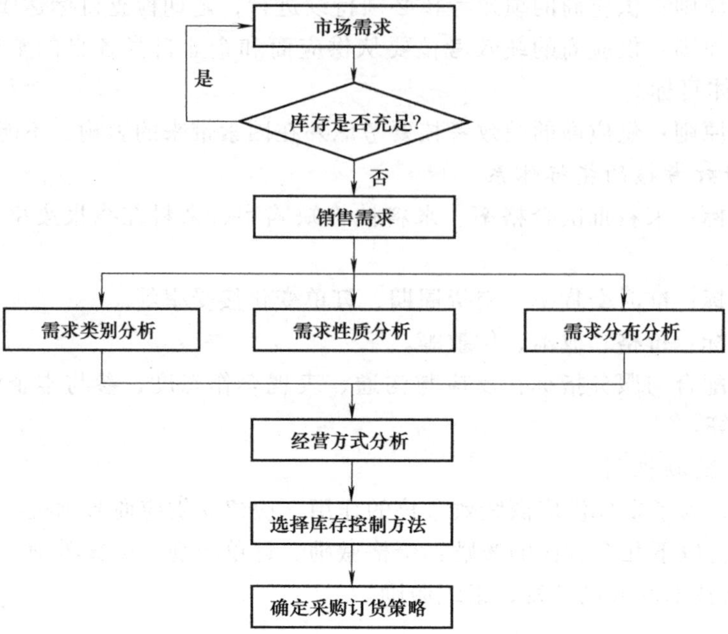

图 2-2　库存控制流程

方式，这两者之间可以形成多种组合方式，而这些组合方式对库存分析具有重要的作用。在上述分析的基础上，形成了如图 2-3 所示的库存控制基本方法。

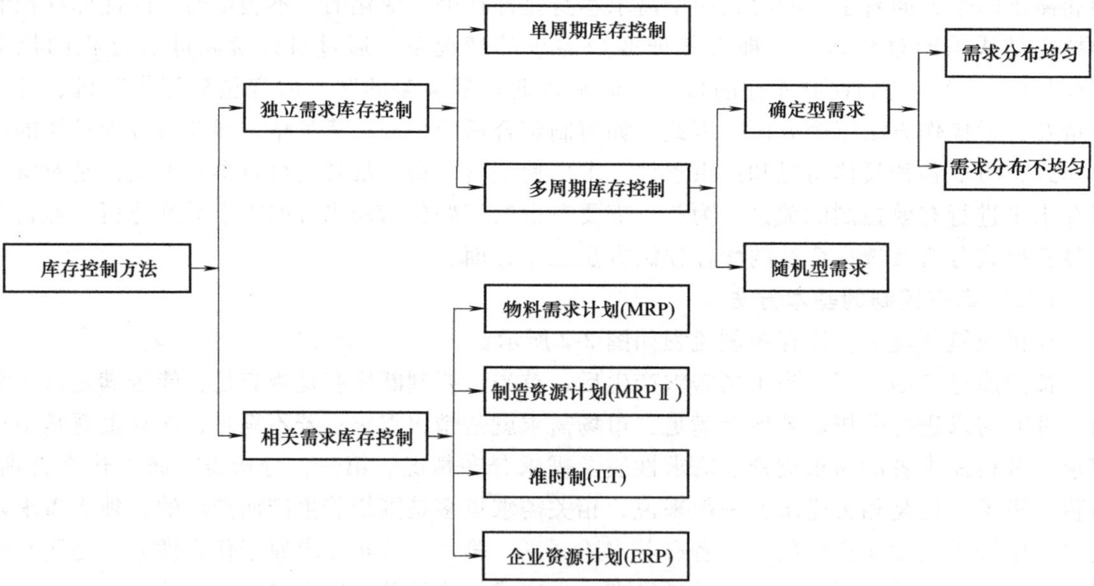

图 2-3　库存控制基本方法

（三）库存控制的基本策略

1. 定期订货策略

定期订货是指按预先确定的订货间隔期进行库存补充的一种订货方式。企业根据过去的经验或经营目标预先确定一个订货间隔期，每经过一个订货间隔期就进行一次订货，每次订货数量都不同。在定期订货时，库存只在特定的时间进行盘点，如每周一次或每月一次。

定期订货时，不同时期的订购量不尽相同，订购量的大小主要取决于各个时期的使用率，一般比定量订货要求更高的安全库存。标准的定期订货模型是仅在盘点期进行库存盘点。这就有可能在刚订完货时，由于大批量的需求使库存降至零，这种情况只有在下一个盘点期才被发现，而新的订货需要一段时间才能到达。这样，有可能在整个盘点期和提前期发生缺货。所以，安全库存应当保证在盘点期和提前期内不发生缺货。

定期订货的优点是：由于订货间隔期确定，因而多种货物可同时进行订货，这样不仅可以降低订单处理成本，还可降低运输成本；这种方式不需要经常检查和盘点库存，可节省这方面的费用。

定期订货的缺点是：由于不经常检查和盘点库存，对商品的库存动态不能及时掌握，遇到突发性的大量需要，容易造成缺货带来的损失。因而超市为了应对订货间隔期间内需要的突然变动，往往库存水平较高。定期订货方式适用于品种数量大、占用资金较少的商品。

定期订货方式中订货量的确定方法如下：

订货量=最高库存量-现有库存量-订货未到量+客户延迟购买量

2. 定量订货策略

定量订货是指当库存量下降到预定的最低库存数量（订货点）时，按规定数量（一般以经济批量 EOQ 为标准）进行库存补充的一种订货方式。

定量订货方式的基本原理是当订货量下降到订货点 R 时，即按预先确定的订购量 Q 发出订货单，经过交货周期（订货至到货间隔时间）LT，库存量继续下降，到达安全库存量 S 时，收到订货 Q，库存水平上升。

该方法主要依靠控制订货点 R 和订货批量 Q 两个参数来控制订货，以达到既最好地满足库存需求，又能使总费用最低的目的。订货量的确定依据条件不同，可以有多种确定方法，通常使用经济订货批量。

经济订货批量是一种简单、理想的状态。通常订货点的确定主要取决于需要量和订货交货周期两个因素。在需求固定均匀、订货交货周期不变的情况下，不需要设安全库存。这时订货点库存量的计算公式为

$$R=\mathrm{LT}\times\frac{D}{365} \tag{2-16}$$

式中，R 是订货点的库存量；LT 是交货周期，即从发出订单至该批货物入库间隔的时间；D 是该商品的年需求量。

但在实际工作中，常常会遇到各种波动的情况，如需求量发生变化，交货周期因某种原因而延长等，因此必须设置安全库存 S。这时订货点库存量的计算公式为

$$R=\mathrm{LT}\times\frac{D}{365}+S \tag{2-17}$$

式中，S 是安全库存量。

订货批量 Q 依据经济批量（EOQ）方法来确定，即总库存成本最小时的每次订货数量。通常，年总库存成本的计算公式为

年总库存成本=年购置成本+年订货成本+年保管成本+缺货成本

假设不允许缺货的条件下，年总库存成本=年购置成本+年订货成本+年保管成本，即

$$TC=DP+\frac{DC}{Q}+\frac{QH}{2}$$

式中，TC 是年总库存成本；D 是年需求总量；P 是单位商品的购置成本；C 是每次订货成本（元/次）；H 是单位商品年保管成本（元/年），$H=PF$，F 为年仓储保管费用率；Q 是批量或订货量。

经济订货批量就是使库存总成本达到最低时的订货数量，通过平衡订货成本和保管成本两方面计算得到。其计算公式为

$$EOQ=\sqrt{\frac{2CD}{H}}=\sqrt{\frac{2CD}{PF}} \tag{2-18}$$

此时的最低年总库存成本为

$$TC=DP+H(EOQ) \tag{2-19}$$

年订货次数

$$N=\frac{D}{EOQ}=\sqrt{\frac{DH}{2C}} \tag{2-20}$$

平均订货间隔周期

$$T=\frac{365}{N}=\frac{365EOQ}{D} \tag{2-21}$$

【例 2-4】 G 公司某种商品年需求量为 30000 个，单位商品的购买价格为 20 元，每次订货成本为 240 元，单位商品的年保管费为 10 元。求该商品的经济订购批量（EOQ）、最低年总库存成本（TC）、年订货次数（N）及平均订货间隔周期（T）。

解：

$$EOQ=\sqrt{\frac{2\times240\text{ 元}\times30000\text{ 个}}{10\text{ 元}}}=1200\text{ 个}$$

$$TC=30000\times20\text{ 元}+10\text{ 元}\times1200=612000\text{ 元}$$

$$N=30000\div1200\text{ 次}=25\text{ 次}$$

$$T=365\div25\text{ 天}=14.6\text{ 天}$$

第三节　供应链环境下制造商的生产管理

一、制造商的生产设施选址

在供应链环境下，制造商的选址问题是在系统的基础上加以优化的。因此制造商不仅要关注本企业的业务流程，而且要考虑整个供应链系统，选址的含义范围已扩展到整个供应链上的合作伙伴。一个企业的竞争力将直接受到其地理位置和环境的影响。对于制造业企业，地理布局决定着某些直接成本的高低。选址情况还会影响员工的情绪、相互之间的关系以及公共关系等。

（一）选址决策的基本内容

1. 选址决策的基本概念

设施选址就是企业为实现战略目标，综合平衡各种因素，确定在何处建立生产设施的过程。设施选址不仅关系到设施建设的投资和建设的速度，而且在很大程度上决定了所提供的产品和服务的成本，从而影响到企业的生产管理活动和经济效益。

2. 选址决策与物流系统

供应链企业的选址决策，与供应商、消费者及其他相关因素有密切关系。理想情况下，企业做出的选址决策应使企业的利润最大化，至少应使物流处于控制之中。从物流系统出发，就是要综合考虑所有的因素，使物流链上的每一个节点都能达到最优。

3. 选址决策的影响因素

供应链企业在选址时需要考虑的因素很多，大致可体现在企业内部和外部两个方面。其中，内部因素是指与企业本身密切相关的因素；外部因素是指社会环境及自然条件对企业选址所施加的影响因素。

（1）内部因素。内部因素主要包括企业性质、企业战略、项目和产品三个方面。

企业性质是指企业所在的行业是属于制造业还是服务业。一般来讲，制造企业的设施选址注重成本最小化；零售业以及专业服务企业的设施选址注重收入最大化；物流企业的设施选址注重成本最小化以及产品配送速度。

企业不同的战略考虑决定了企业应该特别重视哪些影响选址的因素。例如，企业的战略目标是扩大再生产，则着重考察人力成本和目标地点的物流效率等因素；企业的战略目标是进入新的市场，则着重考察目标市场的潜力。

对于不同的项目和产品，设施选址需要区别对待。例如，对消耗原料多的项目，应选择靠近原材料产地；对耗电量大的项目，应考虑在动力基地附近建厂；对属于劳动密集型、资金有机构成低、人力成本在产品成本中占绝大部分的项目，应在劳动力供应充足的地区建设；对知识密集型、技术密集型项目，应考虑技术协作条件，靠近科技中心建设，等等。

（2）外部因素。外部因素主要包括自然资源条件和社会环境条件两个方面。

自然资源条件主要包括：①土地资源，如土地的地理位置、面积、地质条件、地价等因素；②气候条件，如温度、湿度、风向、风力等因素；③水资源，如水资源数量、质量及价格等因素；④物产资源，如原材料资源的特定性、资源产地的依赖性等因素。

社会环境条件主要包括：①基础设施条件，主要是煤、电、水的供应是否充足，通信设施是否便捷，交通运输是否方便等；②人力资源条件，主要是劳动力的可得性、劳动力的素质及劳动力成本等；③市场可接近性，对许多企业来说，尤其是制造企业，选址靠近消费者十分重要，特别是随着 JIT 生产方式的盛行，供应商也希望将设施布置在客户附近以提高配送效率；④供应商的靠近程度，如企业的原材料或产品具备易腐性、运输成本高昂、运输不便等，则企业倾向于将设施布置在靠近供应商的地点；⑤可持续发展因素，如邻近的生活资源和环境状况、所在地的基本生活条件等。

4. 选址决策的原则

供应链企业的设施选址，除了考虑内、外部因素的影响外，在选址决策时还应遵循以下原则：

（1）战略性原则。企业选址是一项带有战略性的经营管理活动，因此要有战略意识。选址决策要考虑企业生产力的合理布局，要考虑市场的开拓，要有利于获得新技术、新思想。

（2）经济性原则。企业首先是经济实体，经济利益对于企业无论何时都是重要的。建设初期的固定费用、投入运行后的变动费用、产品出售以后的年收入，都与选址有关。

（3）适应性原则。企业选址必须与国家及区域的产业政策相适应，与产业资源分布和市场需求分布相适应，与国民经济和社会发展相适应。

（4）协调性原则。企业选址应将自身所处行业的国际及国内供应链网络作为一个大系统协调考虑，使自身与上下游合作企业在设施网络布局、原材料供给、产成品分销、服务便利性等方面相互协调。

（二）选址决策的一般步骤

供应链企业的设施选址包括两个层次：第一是选位；第二是定址。选址决策的一般步骤为：

（1）选位：根据上述选址决策的影响因素和原则，确定设施所处的国家和地区。

（2）择点：在同一地区选择若干适当的地点，作为候选地址。

（3）定址：对所有候选地点进行详细比较，确定最终地址。

设施选位定址的部分影响因素如表 2-3 所示。

表 2-3 设施选位定址的部分影响因素

选址类别		影响因素
选位	国家	政局的稳定性
		政府政策与鼓励措施
		经济与文化、宗教信仰
		汇率
	地区或城市	地区政策
		目标市场
		原材料供应地
		运输条件
		与协作厂家的相对位置
		劳动力资源
		气候条件
		基础设施条件
定址		场所大小和成本
		可扩展条件
		地质条件
		周边环境

（三）选址决策的主要方法

1. 量本利分析法

任何选址方案都有一定的固定成本和变动成本。图 2-4 表示两个不同选址方案的成本和收入随产量变化的情况。假定无论厂址选在何处，其产品的售价是相同的，因此，收入曲线相同。对制造业来说，厂址不影响其销售量，只要销售量大于 V_0，两个选址方案都盈利。但是，由于厂址 1 的总成本较低，在销售量相同的情况下，其盈利较高。然而，并不能得出总成本最低的选址方案盈利最高的结论。因为，以上结论只有在售价和销售量都相同的假设下才成立。对服务业来说，如零售店，不同选址方案的销售量不同。如图 2-4 所示，选址 1 的销售量为 V_1，选址 2 的销售量为 V_2。可能会出现这种情况：选址 2 的总成本虽然比选址 1 的总成本高，但由于选址 2 的销售额高，因而选址 2 的盈利高（$P_2>P_1$）。

量本利分析法也可用于多个选址方案的比较，成本曲线和收入曲线也不一定像本例那样为直线。

2. 评分法

量本利分析法只是从经济上进行比较。如前所述，选址涉及多方面因素，有些因素是无形的、难以量化的。全面比较不同选址方案，是一个多目标或多准则的决策问题。由于不同目标对选址决策的重要程度不同，因此对不同的目标分配不同的权重。权重通过分配给不同目标以不同的最高分数来体现。表 2-4 为评分法示例。有三个候选厂址 A、B 和 C，它们的经济因素相当。现按 7 个难以量化的因素对它们进行进一步比较。这 7 个因素对选址的重要程度不同，这种不同从表 2-4 中第 2 列“最高分数”中可以看出。通过专家估计每个方案的分数，得出第 3~5 列中的数字。比较这些数字可以看出，厂址 C 的每项分数都没有超过厂址 B 的分数，而厂址 B 与厂址 A 都有优于对方的因素，因此，可以不考虑厂址 C。厂址 B 的总分数为 900，厂址 A 的总分数为 840，所以可以优先选择厂址 B。

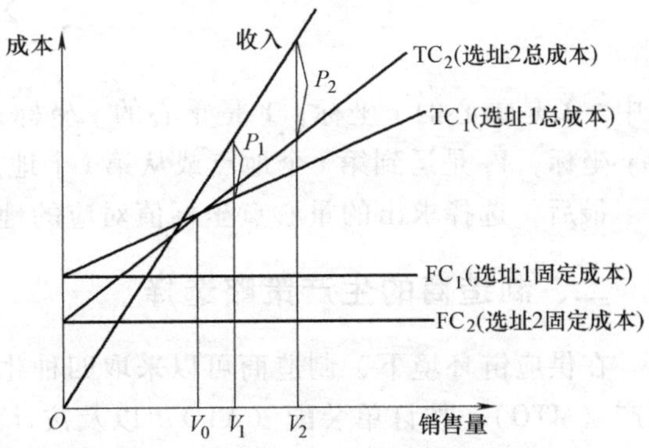

图 2-4 两个选址方案的比较

表 2-4 评分法示例

选址因素	最高分数	候选厂址		
		A 厂址得分	B 厂址得分	C 厂址得分
未来燃料可获性	300	200	250	220
水源供应的充足程度	100	80	90	80
劳动力供应情况	250	220	200	200
生活条件	150	120	120	100
运输的灵活性及前景	200	160	160	140
环境污染法规	50	30	40	30
税收稳定性	50	30	40	30
共计	1100	840	900	800

3. 重心法

重心法是一种用于单个设施选址的方法，它要考虑现有设施之间的距离和运输的货物量。这种方法假设运入和运出成本是相等的，并未考虑在不满载的情况下增加的特殊运输费用。首先，在坐标系中标出各个地点的位置，目的在于确定各点的相对距离。坐标系可以随意建立。在选址中，经常采用经度和纬度建立坐标。其次，根据各点在坐标系中的横纵坐标值求出成本运输最低的位置坐标 X 和 Y。

重心法的计算公式为

$$X=\frac{\sum D_{ix}V_i}{\sum V_i}$$

$$Y=\frac{\sum D_{iy}V_i}{\sum V_i}$$

式中，X 是重心的 x 坐标；Y 是重心的 y 坐标；D_{ix} 是第 i 个地点的 x 坐标；D_{iy} 是第 i 个地点的 y 坐标；V_i 是运到第 i 个地点或从第 i 个地点运出的货物量。

最后，选择求出的重心点坐标值对应的地点作为设施选址的地点。

二、制造商的生产策略选择

在供应链环境下，制造商可以采取四种生产策略，分别是按订单设计（ETO）、按订单生产（MTO）、按订单装配（ATO）以及按计划生产（MTP）。通常也将 MTP 称为备货生产（MTS）。不同的生产策略在满足单个客户具体产品规格需求的能力方面存在较大的差异，也将对用户的订单交付总时间产生影响。

（一）按订单设计

按订单设计是指接到客户订单后按客户的订单要求进行产品设计和组织生产的方式，一般适用于复杂结构或个性化要求较高的产品的生产（GB/T 25109.1—2010《企业资源计划　第 1 部分：ERP 术语》）。

在采用按单设计生产策略时，由于产品是独特的，所以制造商应根据单个客户的具体需求进行深度的个性化定制。按订单设计的产品包括定制房屋、游艇、专业工业设备等，甚至还包括定制生产的比赛用自行车等。由于每一个按订单设计的产品都需要完全重新设计，因而，尽管有的企业可能会根据产品需求的预期购进一些原材料，但库存中往往没有生产所需的物料。按订单设计的产品通常采用单件生产方式，有时也会根据客户订单指定的数量进行批量生产。

（二）按订单生产

按订单生产是指一种产品或服务在客户订单到达后进行生产或实施的生产方式。最终产品通常是标准件和客户设计的满足客户特殊要求的部件的组合（GB/T 25109.1—2010）。

按订单生产策略与按订单设计策略非常相似，二者都是以客户订单作为生产进程开始的起点。但是与按订单设计策略相比，在按订单生产策略中，客户通常是根据标准化产品设计下订单，而这种设计多少具有一些定制化的特征，能够满足特定的客户需求。按订单生产的例子包括民航客机、定制家具以及其他许多高端消费产品。生产企业很难维持按订单生产产品的库存，因为这些产品主要用于客户定制化要求。但是，生产企业对按订单生产产品的一些原材料及部件可以持有一定库存。与按订单设计产品一样，按订单生产的制造商的竞争基础是满足某一产品特定客户要求的能力，但是由于使用了标准化设计，准确满足客户要求的能力有所降低。按订单生产与按订单设计的差异主要在于制造商的工程技术能力。出售按订单设计产品的企业必须能清晰地理解、抓住单个客户的独特需求并就此进行沟通；而按订单生产产品是为更广泛的客户群提供设计，因此客户不需要等待产品设计的完成过程。这两种策略的另一个相似之处是，按订单生产策略同样依赖于单件生产或批量生产过程。

（三）按订单装配

按订单装配是指在收到客户订单后装配产品或服务的生产方式。用于装配和完工过程的关键部件（散件、半成品、中间产品、组件、加工件、采购件、包装等）根据预期客户订单进行计划并存储，接到订单后开始定制化产品的装配。该策略在大量最终产品（基于可选件和附件的选择）可由通用部件组装时有效（GB/T 25109.1—2010）。

按订单装配，企业对未来的客户需求情况进行预测，据此提前生产出基本产品和部件。然而要注意的是，只有在客户下达了订单之后，企业才会生产出成品。这种最后阶段的组装反映了制造或物流延迟策略。通过延迟最后阶段的组装运作，制造商不用持有大量、各种各样的制成品。物流运作能力对于按订单装配的实施来说非常关键。事实上，越来越多的按订单装配产品的最后装配工序是在物流分销仓库内完成的。因此，企业要想有效施行按订单装配，必须将库存运作也转换为一种增值过程，从而完成客户化的生产和装配工作。按订单装配的吸引力在于，它能够将流水线生产的规模经济性与单件生产及批量生产的柔性相结合。但是，这也意味着客户在制造循环的组装环节必须等待。因此，制造商要想有效实施按订单装配，必须尽可能缩短其组装时间。

（四）按计划生产

按计划生产是指一种产品可以而且经常在收到客户订单之前就已经完成的生产方式。客户订单一般用已有库存来提供，而生产订单则用于补充这些库存（GB/T 25109.1—2010）。

一般而言，按计划生产的特点是通过长期的流水线生产或持续性生产来实现规模经济。事实上，按计划生产是自工业革命开始以来占据主导地位的生产策略。企业完全依赖于对用户需求的预测，通常是根据对未来客户订单的预测来生产大量的成品库存。产品定制化程度受限于与市场细分及产品差异化相关的市场战略。任何产品类别可能包括集中满足细分市场需求的多种可选版本，但每一种都经过单独预测，并根据预测确定生产数量。如果按计划生产，企业就要具备分类储存成品库存的能力，并能根据用户的特定要求完成产品的分配工作。此外，客户期望能够随时买到多样化的产品，通常不愿意长时间地等待订单交付。

生产策略显然会影响客户订货的提前期，图 2-5 总结了这一影响。选择 MTO、ATO、MTP 取决于用户接受的等待成本，即采购周期、生产支持周期、客户服务周期三个运作周期中的一个或多个运作周期占用的时间。采用 MTP 模式生产的产品，如快速消费品，客户需要等待的时间（订货提前期）实际上只是客户服务周期的时间——从下订单到供应商交货的时间；在 ATO 模式中，订货提前期还包括产品按照订单要求进行组装生产的时间；在 MTO 模式中，订货提前期一般还包括制造商购买用于生产客户订购产品所必需的组件和原材料的时间；ETO 模式则要求客户等待各方面加工就绪。

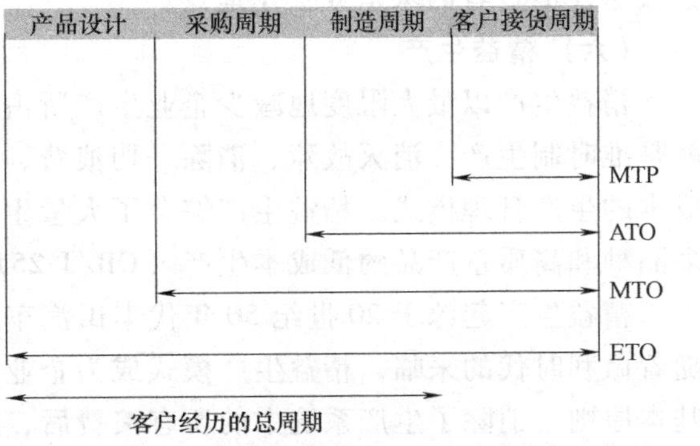

图 2-5　生产策略与循环周期

表 2-5 概括了不同生产流程的特点以及与之相适应的生产策略。对四种生产流程从产品多样化程度和批量大小两个方面进行比较，同时比较了相应的不同生产策略的订货提前期。

随着时代的发展和技术的进步，客户对产品的需求日益呈现出个性化、多样化和及时化的特点。因此，为了更好地满足客户对产品的新要求，供应链企业不断探索出新的制造理论及相应的生产策略，主要有大规模定制生产、精益生产、敏捷制造等。

表 2-5 生产流程的特点及生产策略

生产流程	产品多样化程度	产品批量	生产策略	订货提前期
单件生产	很高	很小	ETO/MTO	很长
批量生产	高	小	ETO/MTO/ATO	长
流水线生产	低	大	ATO/MTP	短
连续性生产	很低	很大	MTP	很短

（五）大规模定制生产

大规模定制生产是指对定制的产品和服务进行个别的大批量生产。它是通过把大规模生产和定制生产这两种生产模式的优势有机结合起来，在不牺牲企业经济效益的前提下，了解并满足单个客户的需要。大规模定制生产具有产品设计模块化、产品制造专业化、生产组织和管理网络化、企业间合作关系伙伴化的主要特点。

大规模定制生产的实施要求制造企业必须具备制造系统模块化、动态组合的布局方式、柔性物流系统、动态响应的控制结构、减少生产准备工作等关键技术。同时，大规模定制化生产的实施要求制造企业必须具备柔性化和快速响应能力，并且这些关键技术和能力的实现是以低成本和满足质量要求为约束条件的。

有的公司在大规模定制生产的应用方面取得了较大的成功，玛氏公司就是一个典型的例子。玛氏公司采用持续性生产方式生产、包装标准化的 M&M′s 糖果，分销到食品杂货店以及其他零售渠道。2005 年，玛氏公司的工程师在印刷技术上取得了突破，从而能够生产个性化的 M&M′s 糖果。现在，根据特殊订单要求，消费者可以把自己的形象或个性化的信息印到 M&M′s 糖果上。定制的糖果首先以同样的持续化生产流程进行生产，之后在印刷环节把消费者选择的特定颜色或形象印刷在糖果上。然后，M&M′s 糖果会被装入六种包装之一，直接送往消费者的家里或工作地点。

（六）精益生产

精益生产以最大限度地减少企业生产所占用的资源和降低企业管理和运营成本为目标，就是准时制生产、消灭故障、消除一切浪费、全员参与改善活动，追求零缺陷、零库存、低成本的生产管理模式。精益生产综合了大量生产与单件生产方式的优点，在大量生产中实现多品种和高质量产品的低成本生产（GB/T 25109.1—2010）。

精益生产起源于 20 世纪 50 年代丰田汽车公司，而在 80 年代中期被欧美企业纷纷采用。随着微利时代的来临，精益生产模式成为企业竞争的有力武器。消除浪费是精益生产的一个基本原则。消除了生产系统中的所有浪费后，精益生产系统将大幅度降低工人、原材料、能源消耗成本。精益生产同时也强调，只在客户需要的时间生产某种其需要的产品。实现了精益生产的企业不仅能应对更小批量的生产任务，而且可以对客户需求的变化做出更加敏捷的反应。

（七）敏捷制造

敏捷制造是指企业为了在无法预测、持续且快速变化的市场环境中保持并不断提高竞争能力，迅速响应市场和客户的需求，利用协同设计、虚拟制造等信息和通信技术手段，采用扁平化、虚拟企业等灵活的动态组织形式，应用并行工程、柔性制造等先进制造技术，集成企业内部和外部不同企业的资源和能力，力求在最短的时间内以最小的投资完成产品的设计制造过程，并快速把产品推向市场的新型制造模式（GB/T 25109.1—2010）。

敏捷制造的实质是提高企业的应变能力。制造企业采用现代通信手段，通过快速配置各种资源（包括技术、管理和人），以有效和协调的方式响应客户需求，实现制造的敏捷性。敏捷制造以满足客户需求、获得利润为目标，以提高竞争能力和信誉为依据，选择组成动态联盟企业的合作伙伴，通过相互信任、分工协作和共同努力来增强企业的整体实力。其最基本的特征是智能和快速。

三、制造商的生产方式选择

（一）推动式生产方式

推动式生产（也称推式生产）是指计划部门根据市场需求，按照产品构成清单对所需的零部件规格和数量进行计算，得出每种零部件的需要量和各生产阶段的生产前置时间，确定每个零部件的投入产出计划，按计划发出生产和订货的指令。每一生产车间都按计划生产零部件，将实际完成情况反馈给生产计划部门，并将加工完的零部件送到下一道工序或下游生产车间，而无视下一道工序或下游生产车间当前是否需要。在此种方式中，物流和信息流基本是分开的，整个过程相当于从前工序向后工序推动，因此这种方式被称为推动式生产方式。实行推动式生产方式的生产系统称为推动式生产系统，如图 2-6 所示。

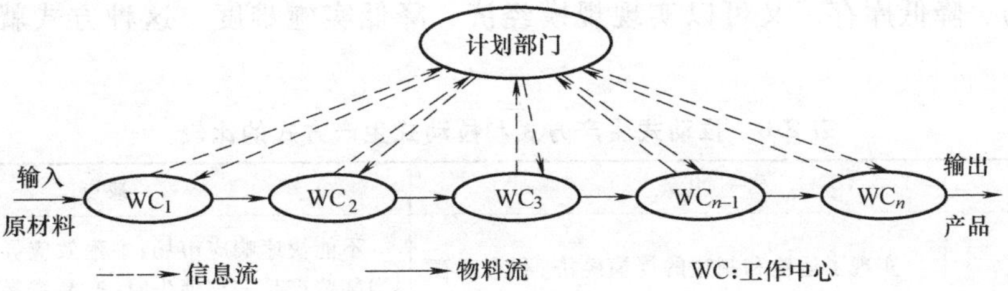

图 2-6　推动式生产系统

推动式生产方式的实质就是“以产定销”，即先将产品生产出来，再进行销售。在推动式生产方式下，生产控制就是要保证按生产作业计划的要求按时、按质、按量完成任务，每一工序的员工注重的是自己所在工序的生产效率。在推动式生产系统中，各个工序之间相互独立，在制品存货量较大。第一，如果采用推动式生产方式，同时要保证能够将所有产品准时交货，那么就必须对所有产品以及产品分解的零部件生产的交货期进行完全的精确计算。这就需要引入大量的数据，如设备更换模具的时间、每个零部件的精确生产时间。这种计算本身就需要投入大量的人力和物力，而且，如果出现异常状况，则要对整个计划进行修正调整，如安排紧急订货或者加班等，以保证能够按时完成任务。但是，这些调整措施的代价也都是高昂的。第二，由于推动式生产方式的复杂性，以及各种不确定因素，如次品、设备损坏等的影响，企业为了保证按时交货，必须保有相当水平的安全库存。

（二）拉动式生产方式

拉动式生产（也称拉式生产）是指从市场需求出发，由市场需求信息决定产品组装，再由产品组装拉动零件加工。每道工序、每个车间都按照当时的需要向前一道工序、上游车间提出需求，发出工作指令，上游工序、车间完全按这些指令进行生产。在此种方式中，物流和信息流是结合在一起的，整个过程相当于从后（后工序）向前（前工序）拉动，因此这种方式被称为拉动式生产方式。在生产线上，这意味着后道工序每消耗一个零部件，就向前道工序发出制造指令。精益生产方式下采用的就是拉动式生产系统，如图 2-7 所示。

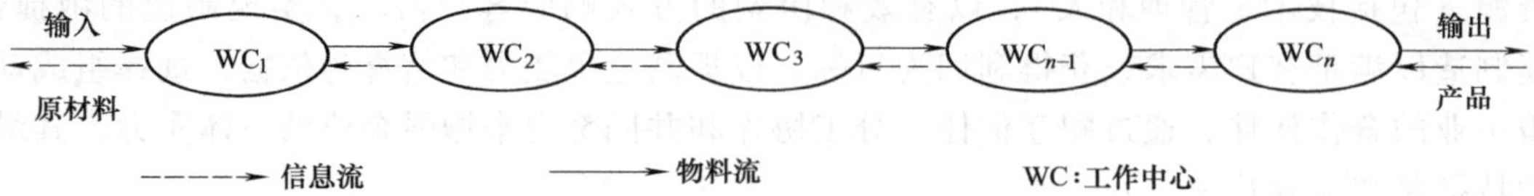

图 2-7 拉动式生产系统

拉动式生产方式的实质就是“以销定产”，即按照客户订单要求组织生产。因此，采用拉动式生产方式可以真正实现按需生产。生产计划部门制订主生产计划，其他车间及工序根据主生产计划，按下游工序、车间的需求来制订生产计划。如果每道工序都按其紧后工序的要求，在需要的时间，按需要的品种和数量生产，就不会发生不需要的零部件被生产出来的情况，也就解决了过量生产的问题。

（三）推-拉混合式生产方式

推动式生产方式和拉动式生产方式各有优缺点，并且两者的优缺点之间存在着相当大的互补关系，如表 2-6 所示。如拉动式生产方式难以实现制造和运输的互补关系，而推动式生产方式则可以实现。因此，将推动式和拉动式结合起来更为有效，这样可以扬长避短，既能有效响应市场、降低库存，又可以实现规模经济、降低实施难度。这种方式就称作推-拉混合式生产方式。

表 2-6 推动式生产方式和拉动式生产方式的比较

生产方式	优点	缺点
推动式生产方式	实现了运输和制造的规模经济；利用库存来平衡供需之间的不平衡，增加了系统产出，提高了设备利用率	不能快速响应市场；牛鞭效应导致库存量较大，当某些产品需求消失时，产品容易过时；生产批量更大且更容易变动；企业间信息沟通少、协调差、服务水平较低
拉动式生产方式	更好地满足客户个性化的需求；有效地缩短提前期；制造商的库存降低；系统成本降低	实施难度相对较大；难以实现制造和运输的规模经济；设备利用率不高，管理复杂

四、制造商的生产计划与控制

供应链环境下的生产计划是根据需求预测和优化决策，对企业的产出品种、产出质量、产出速度、产出时间、劳动力和设备的配置及库存水平等问题预先进行的考虑和安排，将企业的生产任务同各生产要素进行反复的综合平衡，从时间和空间上对生产任务做出总体安排，并进一步对生产任务层层分解，落实到车间、班组，以保证计划任务的实现，如图 2-8 所示。

作为供应链的整体，以主导企业为龙头，把各个参与供应链的企业有效地组织起来，优化整个供应链的资源，以最低的成本和最快的速度生产最好的产品，最快地满足客户需求，以达到快速响应市场和客户需求的目的。这是供应链企业计划最根本的目的和要求。

（一）生产计划的特点

在供应链环境下，企业的生产计划具有以下特点：

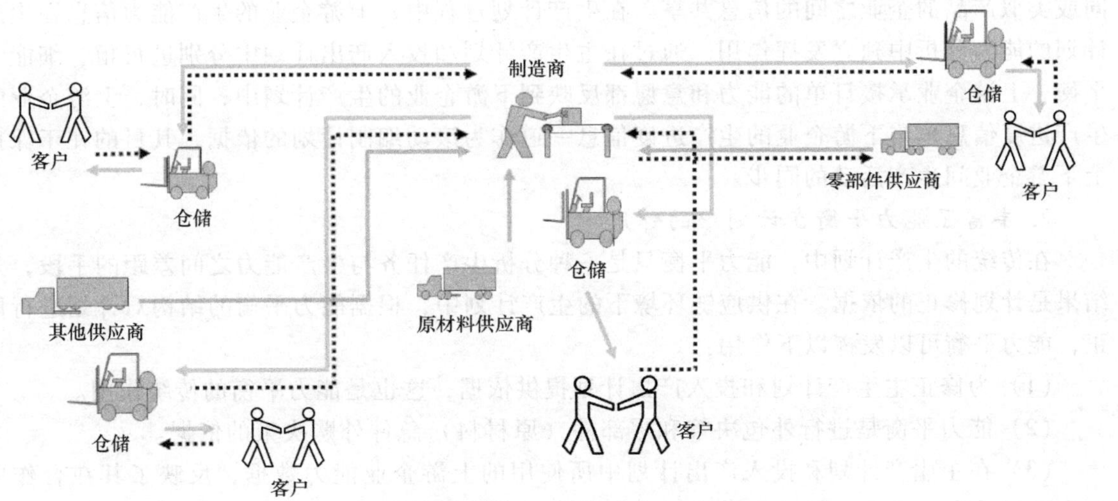

图 2-8 供应链环境下的生产计划

1. 开放性

经济全球化使企业进入全球开放市场，不管是基于虚拟企业的供应链还是基于供应链的虚拟企业，开放性是当今企业组织发展的趋势。供应链作为一种网络化组织，其生产计划的信息已跨越了组织的边界，形成开放性的信息系统。决策的信息资源来自企业的内部和外部，并与供应链上下游的其他组织共享。

2. 动态性

供应链环境下生产计划的信息具有动态的特征，是经济发展的必然。为了适应不断变化的客户需求，使企业具有敏捷性和柔性，生产计划的信息随市场需求的更新而变化，模糊的提前期和需求量要求生产计划具有更大的柔性和敏捷性。

3. 集成性

供应链是集成的企业，是扩展的企业模型，因此供应链环境下生产计划的信息是不同信息源的信息集成，集成了供应商、分销商，甚至客户和竞争对手的信息。

4. 群体性

供应链环境下生产计划的决策过程具有群体性特征，因为供应链是分布式的网络化组织，具有网络化管理的特征。供应链企业的生产计划决策过程是一个群体协商过程，企业在制订生产计划时，不仅要考虑自身的能力和利益，还要考虑合作企业的需求和利益，是群体协商决策的过程。

5. 分布性

供应链企业的信息来源在地理上是分散的，信息资源跨越部门和企业，甚至全球化。通过 Internet/Intranet、电子数据交换（EDI）等通信和交流工具，企业能够把分布在不同区域、不同组织的信息进行有机集成与协调，使供应链活动同步进行。

（二）生产计划的编制

在供应链环境下，企业生产计划的编制过程在原有生产计划制订过程的基础上具有以下新特点：

1. 具有纵向和横向的信息集成过程

这里的纵向信息集成是指供应链自下游向上游的信息集成；而横向信息集成是指生产相

同或类似产品的企业之间的信息共享。在生产计划过程中，上游企业的生产能力信息在生产计划的能力分析中独立发挥作用，通过在主生产计划和投入产出计划中分别进行粗、细能力平衡，上游企业承接订单的能力和意愿都反映到下游企业的生产计划中；同时，上游企业的生产进度信息也与下游企业的生产进度信息一道作为滚动编制计划的依据，其目的在于保持上下游企业间生产活动的同步。

2. 丰富了能力平衡在计划中的作用

在传统的生产计划中，能力平衡只是一种分析生产任务与生产能力之间差距的手段，其结果是计划修正的依据。在供应链环境下的生产计划中，根据能力平衡的结构对计划进行修正，能力平衡可以发挥以下作用：

（1）为修正主生产计划和投入产出计划提供依据，这也是能力平衡的传统作用。

（2）能力平衡是进行外包决策和零部件（原材料）急件外购决策的依据。

（3）在主生产计划和投入产出计划中所使用的上游企业能力数据，反映了其在合作中愿意承担的生产负荷，可以为供应链管理的高效运作提供保证。

（4）在信息技术的支持下，对本企业和上游企业能力状态的实时更新使生产计划具有较高的可行性。

3. 计划的循环过程突破了企业的界限

在供应链环境下，生产计划的信息流跨越了企业：

（1）主生产计划——供应链企业粗能力平衡——主生产计划。

（2）主生产计划——外包计划——外包工程进度——主生产计划。

（3）外包计划——主生产计划——供应链企业生产能力平衡——外包计划。

（4）投入出产计划——供应链企业能力需求分析（细能力平衡）——投入出产计划。

（5）投入出产计划——上游企业生产进度分析——投入出产计划。

（6）投入出产计划——车间作业计划——生产进度状态——投入出产计划。

需要说明的是，以上各循环中的信息流都只是各自循环所必需的信息流的一部分，但可对计划的某个方面起决定性作用。

（三）生产计划的制订步骤

1. 以销定产，建立主生产计划

主生产计划是连接企业销售计划和生产日程计划的纽带。主生产计划要将销售计划具体化，是以产品数量和日期表示的生产计划。它把产品的市场需求转化为对企业生产的实际需求，实现销售计划与生产计划的同步，做到以销定产。主生产计划的对象是最终销售产品和相关需求的产品。

根据销售计划计算出主生产计划的数量以后，需要根据主生产计划的历史数据和销售统计数据来判断该计划是否合理，并提出初步意见，然后根据供应链分厂的资源情况进行粗能力平衡，同时对供应链配套厂家的配套系统进行相应的平衡和协调，以避免出现盲目生产的现象。

企业进行粗能力平衡后，要进行外包决策，并制订外包工程计划，在执行过程中对外包生产进度要进行分析和控制。企业在编制主生产计划时所面临的订单，在两种情况下可能转向外包：一是企业本身或其上游企业的生产能力无法承受需求波动所带来的负荷；二是所承接的订单通过外包所获得的利润大于企业自己进行生产的利润。无论在何种情况下，都要以承接外包的企业的基本数据来支持企业的获利分析，以确定是否外包。

2. 编制日装配计划，将生产任务细化到日

日装配计划主要是用来保证企业每月均衡生产、零部件按日配套而设立的。日装配计划是根据装配线生产能力将主生产计划分解到日。在编制日装配计划时，需要考虑装配线的生产能力及配套件生产的衔接，还要考虑上游配套企业承接订单的能力及生产进度，并进行生产进度分析，然后将上下游企业的生产进度信息作为滚动编制计划的依据，以保证产品装配之前有所需的零部件、配套件。

3. 制订物料需求计划、保证零部件装配

企业根据产品装配计划和物料库存进行企业能力需求分析，生成物料需求计划，即零部件配套计划，并以订单的形式下达各分厂及配套厂家。另外，为了保证零部件按优先级供应、配套及时到位、装配供应协调，可以在各分厂仓库设立监控点，控制上游分厂、零部件供应部门和配套厂家按物料需求，按时按量向下游分厂仓库送料。这样既保证了整个供应链网络的正常生成，又保证了供应链各分厂、配套厂家适时适量按需生产。

4. 计划修正

物料需求计划是在经过企业能力平衡的前提下制订的，在生成物料需求计划后，需要将供应链订单下发到各个分厂、采购部门和配套厂家征求意见，计划部门根据各个分厂、采购部门和配套厂家的反馈意见对主生产计划、装配计划、物流需求计划进行调整。在各个分厂，采购部门和配套厂家根据自己的能力都能保证按时按量交货后，计划就正式开始执行。

（四）生产计划的控制

供应链环境下的企业生产控制和传统的企业生产控制模式不同，它需要更多的协调机制（企业内部和企业之间的协调），体现了供应链的战略伙伴关系原则。供应链环境下的生产控制包括以下内容：

1. 生产进度控制

生产进度控制的目的在于依据生产作业计划，检查零部件的投入和产出数量、时间及配套性，保证产品能准时装配出厂。供应链环境下，因为许多产品是协作生产或转包的业务，其进度控制难度较大，必须建立一种有效的跟踪机制进行生产进度信息的跟踪和反馈。供应链管理在生产进度控制中有重要作用，依靠建立的供应链 Internet/Intranet 网络平台和制定的信息录入制度，通过供应链管理系统实现供应链企业之间的信息跟踪机制和快速反应机制。

2. 供应链的生产节奏控制

供应链的同步化计划需要解决供应链企业之间的生产同步化问题，只有各供应链企业之间以及企业内部各部门之间保持步调一致，才能实现供应链同步化。供应链形成的准时制生产系统，要求上游企业准时为下游企业提供生产必需的零部件，如果供应链中任何一个企业不能准时交货，都会使供应链不稳定或中断，进而导致供应链对客户的响应性下降。因此，严格控制供应链的生产节奏对提高供应链的敏捷性是十分重要的。

3. 提前期管理

基于时间的竞争是 20 世纪 90 年代出现的一种新型竞争策略，具体到企业运作层面，主要体现为对提前期的管理，这是实现快速反应（QR）和有效客户响应（ECR）策略的重要内容。供应链环境下生产计划的控制中，提前期管理是实现快速响应客户需求的有效途径。

缩短提前期、提高交货期的准时性是保证供应链获得柔性和敏捷性的关键。缺乏对供应商不确定性的有效控制是供应链提前期管理中的一大难点。因此，建立有效的提前期管理模式和交货期设置系统是供应链提前期管理中值得研究的问题。

4. 库存控制

库存在应对需求不确定性时有其积极作用，但它又是一种资源浪费。在供应链环境下，通过实施多级、多点、多方管理库存的策略，对提高供应链企业的库存管理水平、降低制造成本有着重要意义。因此，运用诸如 JIT 供应与采购等方法和手段，建立供应链环境下的库存控制体系和运作模式，对提高整个供应链的库存管理水平具有重要作用，是供应链企业生产计划控制的重要手段。

第四节　供应链环境下制造商的物流管理

一、制造商的物流运作模式

在供应链环境下，制造商在物流运作模式上主要有企业内部物流管理部门的自营物流和委托给专业第三方物流企业的物流外包两种常见模式。

（一）自营物流模式

自营物流模式就是企业自己组建物流系统，设置专门的管理部门负责本企业的物流管理，如图 2-9 所示。自营物流模式的优点是：可以加强对本企业物流活动的全程管理，保证客户订单交付等任务的完成，可以取得比较好的物流服务质量，对提高企业的品牌影响力具有重要意义。但是，自营物流模式也有比较明显的不足，就是物流运作成本较高。因为企业开展物流业务所需的相应物流设施设备必须先行投入，还需要配备足够的储运人员，这些都要占用大量流动资金。

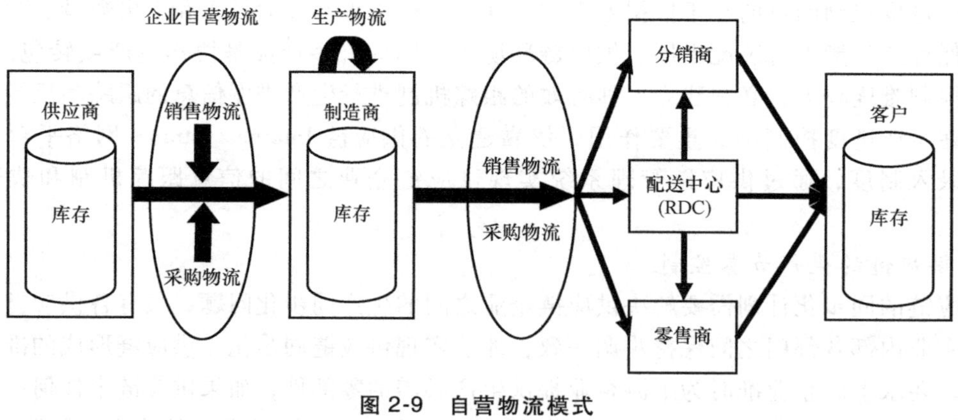

图 2-9　自营物流模式

（二）物流外包模式

物流外包就是供应链中从事生产或销售等企业为增强核心竞争能力，集中精力于核心业务，而将其物流业务以合同的方式委托给专业物流公司。外包是一种长期的、战略的、相互渗透的、互惠互利的业务委托和合约执行方式。一般来说，物流外包具体有三种模式：功能性物流外包模式、第三方物流模式和第四方物流模式。

1. 功能性物流外包模式

功能性物流外包是指供应链企业将其物流业务中运输、仓储、物料采购、物料处理及库存管理等领域中的一个或多个运作环节外包给专业化的功能性物流企业，如图 2-10 所示。功能性物流企业也称作单一物流企业，它仅仅承担和完成某一项或几项物流功能。按照其主要从事的物流功能，可将其进一步分为运输企业、仓储企业、流通加工企业等。该模式一般适用于供应链企业的物流需求比较单一，自主满足物流需求需要较大的人、财、物投入，且运作成本较高的情况，以便通过高效的协调和整合达到以较小投入获得较大收益的目的。

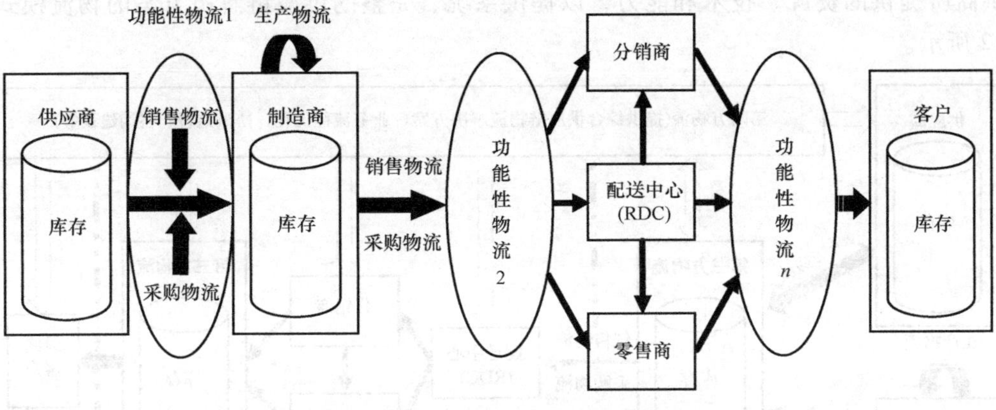

图 2-10 功能性物流外包模式

2. 第三方物流模式

第三方物流是指由独立于物流服务供需双方之外且以物流服务为主营业务的组织提供物流服务的模式（GB/T 18354—2021《物流术语》），如图 2-11 所示。从接受委托物流活动的形式来看，第三方物流有三种形式：①企业自身从事物流系统设计等宏观性的规划与管理活动，将运输、仓储、配送等具体的物流运作活动委托给第三方物流企业；②企业自己承担

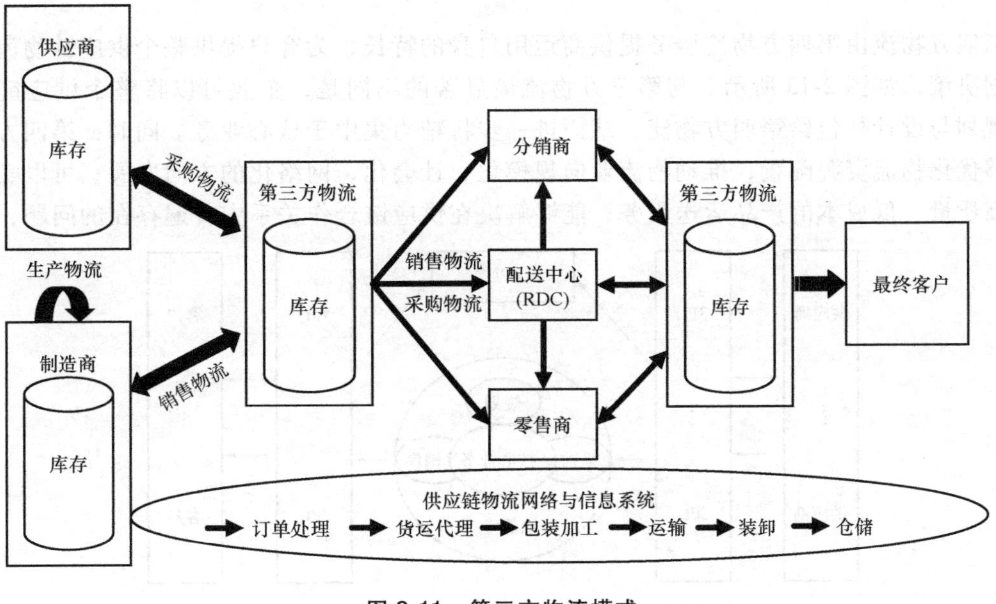

图 2-11 第三方物流模式

物流运作活动，而将物流系统规划设计委托给第三方物流企业；③企业将物流系统规划设计和物流运作活动等都委托给第三方物流企业，由受托方对整个物流系统的运营负责，并对委托企业负责。第三方物流系统是一种实现供应链物流集成的有效方法和策略。供应链企业通过将物流业务外包给第三方物流服务提供商，能够把时间和精力放在自己的核心业务上，因而有助于提高供应链的运作效率。

3. 第四方物流模式

第四方物流（4PL）是一个集成服务商通过整合、组织、管理自身拥有的以及互补性服务提供商所提供的资源、技术和能力，以提供系统、完整的供应链解决方案的物流模式，如图 2-12 所示。

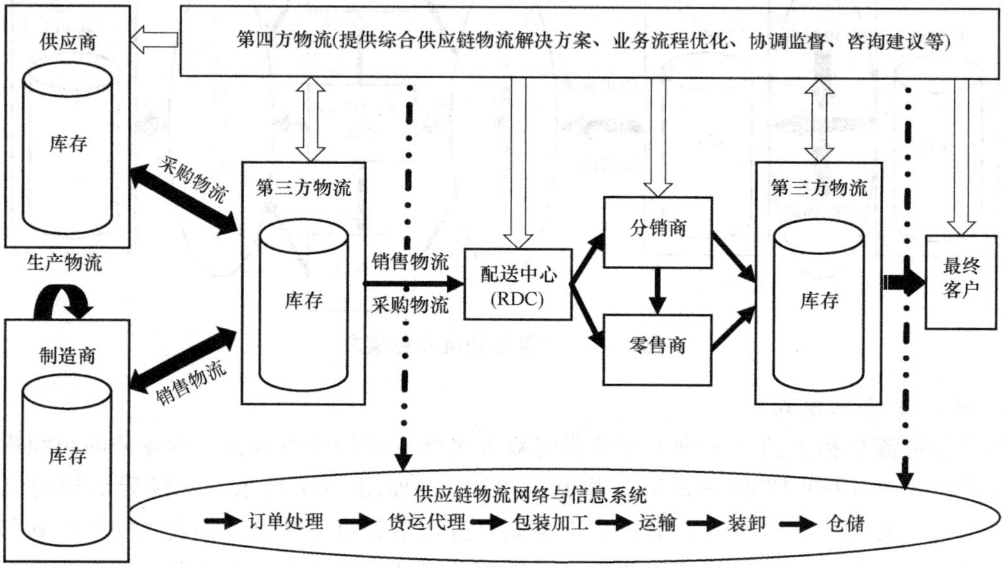

图 2-12　第四方物流模式

第四方物流由第四方物流服务提供商运用自身的特长，为客户提供整个供应链物流系统的规划决策，如图 2-13 所示。与第三方物流最显著的不同是，企业可以将整个供应链和物流的规划与设计外包给第四方物流，从而进一步将精力集中于核心业务。同时，第四方物流还能够优化物流资源配置，推动物流业向规模化、社会化、网络化的方向发展；可以实现快速、高质量、低成本的产品运送服务；能够解决在供应链合作关系中普遍存在的问题，使合

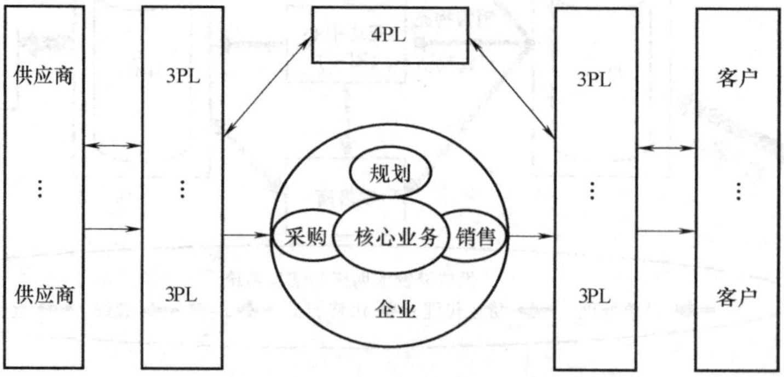

图 2-13　第四方物流的物流规划决策

作双方能够彼此信任；能解决整个社会物流的主要问题，使整个社会的物流资源得以整合。

（三）自营物流模式与物流外包模式的比较

表 2-7 对自营物流模式和物流外包模式（包括功能性物流外包模式、第三方物流模式和第四方物流模式）从管理主体、适用范围、重点功能、主要优缺点及未来的发展方向等方面进行了详细的比较。

表 2-7　几种物流模式的比较

比较项目	自营物流模式	功能性物流外包模式	第三方物流模式	第四方物流模式
管理主体	供需双方自身	功能性外包第三方	独立的第三方物流	分化的第三方服务商
适用范围	物流经营能力强的企业	没有物流能力的中小型制造企业或需要跨地区的远程运输、仓储、加工等的企业	物流为非核心能力的制造商或分销商等供应链环节	快速响应的供应链、需要进行国际物流运作的供应链、整个社会供应链
重点功能	供需双方为销售、采购而利用自身物流能力进行的物流活动；侧重于事务处理	物流服务商仅仅完成企业物流过程中的运输、仓储、包装等业务操作；侧重于事务处理	负责从供货商开始的运输、仓储、库存等一系列个性化、专业化的物流活动，提供综合的物流服务；侧重于决策优化与供应链的无缝衔接	提供综合的供应链解决方案整合、调配、优化供应链资源，各种物流规划咨询以及各层次物流人才培训等增值性服务；侧重于分布协调、决策/优化
主要优点	减少物流的外包风险，获取物流环节的利润；利用第二方物流通过采购订单而不采购库存的模式改进，降低运费	提供低价的一般性增值服务，利用专用的运输、仓储等工具维护货物的畅通流动，通常提供的工具功能性较强，便于远程物流运作	降低物流成本，提高客户满意度，回避物流风险，减低物流管理难度，提升竞争力；提供信息交流平台，实现知识与信息共享，改善价值链；实现诸如多式联运的高效协作与物流运作的规模效应	优化流程和运作，重视信息技术的应用；解决物流信息共享、社会物流资源充分利用等问题；解决“同时到达、在前控制”的问题；充分利用自身与其他服务提供商、客户等的能力，提供使客户价值最大化的增值服务
主要缺点	增加资源占用与投入，物流运作成本较高（除非自身具有极强的物流运作能力），物流运作风险较大	缺少沟通的信息平台，没有实现资源更大范围的优化，难以形成规模效应；易造成盲目生产、运力浪费或不足、库存结构不合理	难以实现资源更大范围的优化与彼此协调利益；无法解决新的物流瓶颈，不能充分利用社会资源	较难建立供应链成员间的信任体系，较难保持权威性、公正性，需要资深的专业人才，难以保持独立的第四方立场/走中间路线
发展方向	将物流资产重组，由成本费用中心转为利润中心	向专业化的第三方物流发展，解决某特殊领域内的物流运作活动	通过扩张改造、兼并联合等方式建造综合、集中、高效的物流服务体系	建立独立、公正的权威机构，逐渐与第三方物流融合，提供一体化供应链物流服务

二、制造商的物流外包决策分析

（一）企业物流外包的优势分析

传统上，每个商业组织都在积极寻求降低物流成本、提高竞争力的方法。如今越来越多的供应链企业意识到，它们可以利用一些专业化的公司来对部分的物流环节或者全部的物流运作进行管理，以便于自己可以专心致志地致力于核心业务。

在当今竞争日趋激化和社会分工日益精细化的大背景下，将物流外包给专业的第三方物流供应商，可以有效降低物流成本，提高企业的核心竞争力。具体来说，将物流业务外包能够给供应链企业带来以下优势：

（1）解决资源有限的问题，使企业更专注于核心业务的发展。

（2）灵活运用新技术，实现以信息换库存，降低成本。

（3）减少固定资产投资，加速资金周转。

（4）企业得到更加专业化的服务，从而降低运营成本，提高服务质量。

（5）可以与合作伙伴分担风险。

（6）可以提高企业的运作柔性。

（二）企业物流外包失败的原因

物流外包作为一种提高物流速度、节省物流费用和减少在途资金积压的有效手段，确实能够给供需双方带来较多的收益，尽管供需双方均有信心和诚意，但在实践过程中，物流外包又举步维艰，常常出现合作中断，甚至失败。导致外包失败的原因主要有以下几个方面：

（1）抵制变化。

（2）害怕失去控制。

（3）3PL 缺乏合格的、专业的物流顾问。

（4）工作范围（即物流服务要求明细）不明确。

如果要确保物流外包成功，企业在寻找合作伙伴时，第一，要克服思想和观念的阻碍，并积极了解受托物流企业是否拥有可以满足外包项目所需要的实力；第二，要与供应商签订必要的法律文件，讨论全部服务项目细节、拟定工作范围，以保证物流外包的顺利进行。

三、制造商的物流模式选择

供应链企业在进行物流模式决策时，应根据自己的需要和资源条件，综合考虑各种因素慎重选择，以提高企业的市场竞争力。

（一）企业物流模式选择的影响因素

1. 物流对企业成功的重要性和企业对物流的管理能力

物流对企业成功的重要性和企业对物流的管理能力，是影响企业物流采取自营模式还是外包模式的最重要的因素。其决策状态如图 2-14 所示。

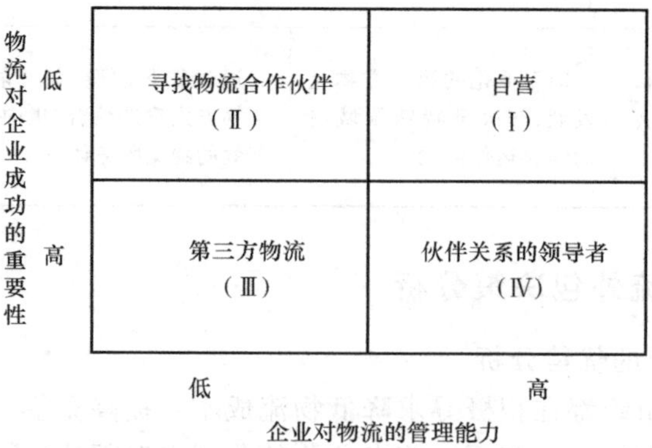

图 2-14　物流自营/外包决策状态

如果物流在企业战略中起关键作用，但自身物流管理水平却较低，对这类企业（处于Ⅱ区间）来说，组建物流联盟将会在物流设施、运输能力、专业管理技能上收益极大；对于物流在其战略中不占关键地位，但其物流水平很高的企业（处于Ⅳ区间）来说，可以寻找伙伴共享物流资源，通过增大物流量获得规模效应，降低成本。

如果企业有很高的客户服务需求标准，物流成本占总成本的比重极大，且自身物流管理能力强，这类企业（处于Ⅰ区间）一般不会选择外包物流服务，而是采取自营的方式。对于那些物流在其战略中的地位并不很重要、自身物流管理能力也不强的企业（处于Ⅲ区间）来说，采用第三方物流模式是最佳选择，因为这样能大幅度降低物流成本，提高服务水平。

2. 企业对物流控制力的要求

越是竞争激烈的产业，企业越要强化对供应和分销渠道的控制，此时企业应该自营物流。一般来说，主机厂或最终产品制造商对渠道或供应链过程的控制力比较强，往往选择自营物流，即作为龙头企业来组织全过程的物流活动和制定物流服务标准。

3. 企业产品自身的物流特点

对于大宗工业品原料的回运或鲜活产品的分销，应利用相对固定的专业物流服务供应商和短渠道物流；对于全球市场的分销，宜采用地区性的专业物流企业提供支持；对于产品线单一或为主机厂配套生产的企业，应在龙头企业的统一领导下自营物流；对于技术性较强的物流服务，如口岸物流服务的企业，应采用委托代理的方式；对于非标准设备的制造商来说，虽然企业自营有利可图，但还是应该外包给专业物流服务企业。

4. 企业规模和实力

一般来说，大中型企业由于实力较雄厚，有能力建立自己的物流系统，制订合适的物流需求计划，保证物流服务的质量；还可以利用过剩的物流网络资源拓展外部业务，为其他企业提供物流服务。而小企业受人员、资金和管理等资源限制，物流管理效率难以提高。此时，企业为把资源用于核心业务，适宜把物流管理外包给第三方专业物流公司。

5. 物流系统的总成本

在选择是自营还是外包物流时，必须弄清两种模式下物流系统的总成本。其计算公式为

$$D=T+S+L+\mathrm{FW}+\mathrm{VW}+P+C$$

式中，D 为物流系统总成本；T 为该系统的总运输成本；S 为库存维持费用，包括库存管理费用、包装费用以及返工费；L 为批量成本，包括物流加工费和采购费；FW 为该系统的总固定仓储费用；VW 为该系统的总变动仓储费用；P 为订单处理和信息费用，即在订单处理和物流活动中的广泛交流等所发生的费用；C 为客户服务费用，包括缺货损失费用、降价损失费用和丧失潜在客户的机会成本。

这些成本之间存在着二律背反[㊀]现象：减少仓库数量时，可以降低保管费用，但会带来运输距离和次数的增加，从而导致运输费用增加。如果运输费用的增加部分超过了保管费用的减少部分，总的物流成本反而增大。所以，在选择和设计物流系统时，要对物流系统的总

㊀ 二律背反是指规律中的矛盾，在相互联系的两种力量的运动规律之间存在的相互排斥现象。自然界存在的两种运动力量之间呈此消彼长、相背相反的作用。

成本加以论证，最后选择成本最小的物流系统。

6. 第三方物流企业的客户服务能力

在选择物流模式时，尽管考虑成本很重要，但第三方物流企业为本企业及其客户提供服务的能力也是至关重要的。也就是说，第三方物流企业满足企业对原材料及时需求的能力和可靠性，对企业的零售商和最终客户不断变化的需求的反应能力等方面应该作为首要因素来考虑。

7. 自有资产第三方物流企业和非自有资产第三方物流企业的选择

自有资产第三方物流企业是指拥有自己的运输工具和仓库，确实从事物流操作的专业物流企业。它们有较大的规模、雄厚的客户基础、到位的系统，物流专业化程度较高，但灵活性受到一定限制。非自有资产第三方物流企业是指不拥有硬件设施或只租赁运输工具等少量资产，主要从事物流系统设计、库存管理和物流信息管理等活动，而货物运输和仓储保管等具体作业活动由其他物流企业承担，但对系统运营承担责任的物流管理企业。这类企业运作灵活，能定制服务内容，可以自由混合、调配供应商，管理费用较低。企业应根据自己的需要对两种第三方物流企业加以选择和利用。

（二）企业物流模式选择的程序

供应链企业在进行物流模式的选择时，应从物流在企业中的战略地位出发，在考虑企业物流能力的基础上，充分比较各方面的约束因素，进行成本评价。企业物流模式选择的程序如图 2-15 所示。

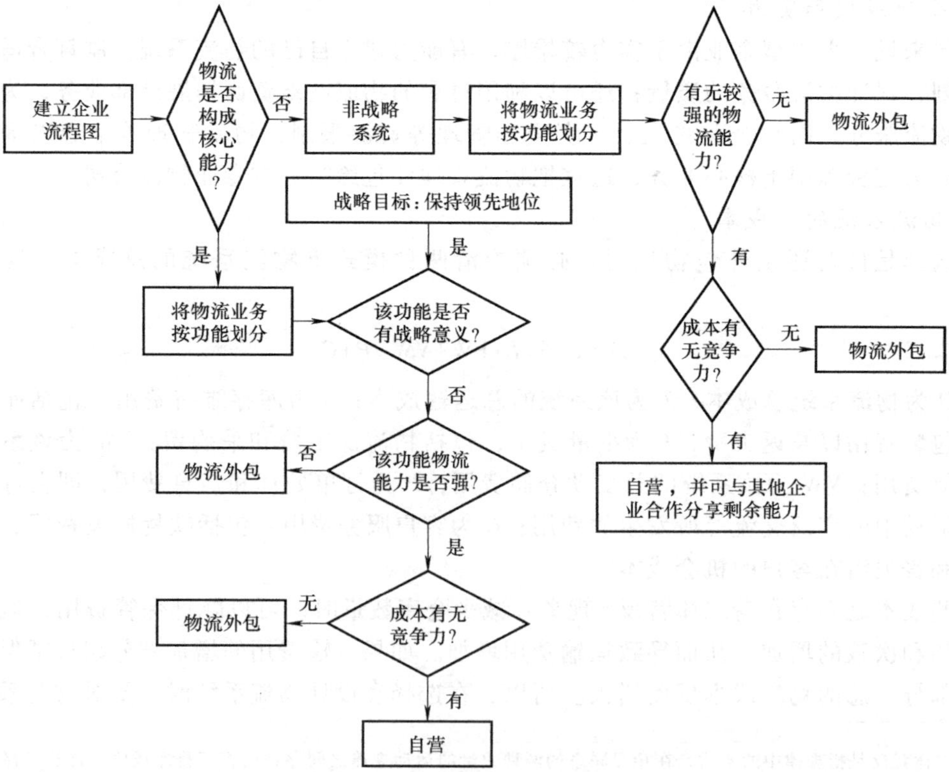

图 2-15 企业物流模式选择的程序

四、制造商的物流运作管理

图 2-16 中的阴影部分表明了一体化物流的内部运作过程。当客户信息从客户端流出后，以销售行为、供应链协同预测及订单等形式在企业中流动。企业从中提取关键信息，组织相应的制造、销售以及采购活动。当产品和物料的采购活动完成之后，企业开始管理具有增值作用的库存流，并最终将成品的所有权转移给客户。因此，可以从相互联系的库存流和信息流两个角度来分析物流过程。内部流程的一体化对企业的成功固然有着重要影响，但同时企业也必须对供应链进行一体化管理。为了在当今激烈竞争环境中取胜，企业必须扩充一体化管理的范围，将客户和供应商也囊括到一体化管理中来。这种协作式扩展反映了物流在广义供应链管理中的重要地位。

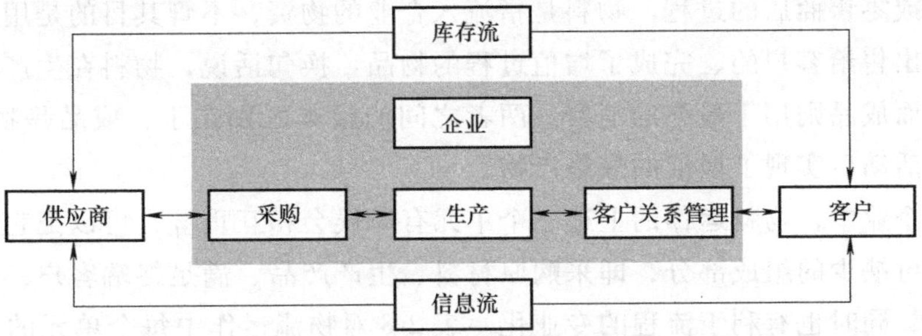

图 2-16　物流运作的一体化

（一）库存流

在流动过程中，库存通常表现为原材料、在制品或产成品。物流运作的起点是从供应商处购买原材料或零部件，终点是将经过加工或制造后的产品配送到客户手中，从而实现价值的增加。

为了辅助生产活动，企业必须对在制品库存进行妥善管理。每种原材料或零部件的成本及其在供应链中的运动都是增值活动的组成部分。为了便于理解，将物流运作分成三个部分：客户关系管理、生产和采购。这些部分组成了企业物流运作单元。

1. 客户关系管理

物流的最终目的是将产品运送到客户手中，客户指定的运输地点就是供应链的最终目的地。产品的可得性是所有渠道参与者从事市场营销的关键，如果无法做到在恰当的时间将分拣过的产品高效地配送到正确的地点，那么就会妨碍企业市场营销活动的开展。处理客户服务各方面事宜的过程通常被称为客户关系管理（CRM）。正是通过客户关系管理，企业才实现了库存在时间和空间上的配置，使其真正成为市场营销运作中必不可少的组成部分。在高度商业化的国家有多种市场营销模式，为了支持这些模式，相应地产生了许多不同的客户服务系统。但是，所有的客户服务系统都有一个共同的特点，即它们将制造商、批发商和零售商连接到供应链运作中，从而确保了产品的可得性。

2. 生产

生产的重点是管理在各个生产环节之间流动的在制品库存。对生产而言，其最主要的物流职责是参与制订主生产计划，并通过适时地提供原材料、零部件以及在制品库存来完成主生产计划。因此，生产所关心的不是如何进行生产，而是产品将于何时何地、以何种方式生产。

生产与客户关系管理有很大的区别。客户关系管理试图为客户提供所需的服务，因此必须适应需求的不确定性；生产则是在制造企业的控制下，对物料的移动进行合理安排。由于客户随机订货所导致的不确定性在生产过程中并不多见，同时，在客户服务中屡见不鲜的不确定需求在生产中也很少见，因此，从整体计划的角度来看，将生产从客户关系管理和采购活动中分离出来，有助于提高生产效率，同时为实现其专业化发展提供了有利条件。

3. 采购

采购包括购买物料和零部件，以及安排物料、零部件、成品库存从供应商流向制造/加工工厂、仓库或零售商店的过程。物料是指流入企业的物资，不管其目的是用于销售还是加工；成品是指出售给客户的、完成了增值过程的物品。换句话说，物料在生产过程中实现了价值的增加，而成品则用于最终的消费。两者之间的根本区别在于，成品是物料经过生产、拣选、装配等活动后实现了增值的最终产物。

在典型的企业中，物料运作的上述三个单元有时候会相互重叠，可以把它们看成是所有增值流程中不可缺少的组成部分，即采购原材料、生产产品、满足终端客户，实现从原材料到产品的增值，同时也有利于流程的专业化。表 2-8 对物流运作中每个单元的日常工作给出了更为准确的定义。供应链面临的挑战在于如何有效地整合各个节点企业的物流过程，从而提高整体的运作效率。

表 2-8 物流运作中客户关系管理、生产及采购的具体事宜

物流运作单元	具体事宜
客户关系管理	有关客户关系管理的活动。客户关系管理在供应链中执行订单的接收和处理、库存调配、储存和物料处理、运输货物等活动，主要包括协助市场营销计划部门制定价格、支持促销活动、维持客户服务水平、确定发货标准、处理退货商品及提供产品生命周期支持等。它从战略的角度出发，以最低的总成本提供较高的客户服务水平，满足主要客户的需求，从而创造利润和价值
生产	有关规划、计划以及支持生产运作的行为活动。生产主要包括制订主生产计划表，执行在制品的存储、物料处理、运输、分拣、排序等运作以及对零部件按时间进行分段管理。它在生产地存储产品，协调生产和客户服务之间的装配延迟活动，具有非常大的灵活性
采购	从外部供应商处获取产品和物料的行为活动。采购主要包括制订采购计划、组织货源、谈判、下达采购订单、运输、接收、检测、储存和物料处理以及质量保证工作等。它与供应商在计划安排、供应连续性、套头交易等方面进行协同合作，并且与供应商一起从事新项目和新产品的研发工作。采购的主要目标是以最低的总成本实现及时采购，从而支持企业的生产或者转售业务

（二）信息流

信息流反映了物流系统中特定环节上的需求情况。在单个物流环节中，根据订单大小、库存的可得性及紧急程度的不同，需求情况也会有所不同。信息流管理的主要目标是调和不同需求之间的差异，从而提高供应链的整体绩效。需要强调的一点是，信息流与客户关系管理、生产以及采购这些实际工作是平行的，它实现了计划与日常操作控制两者之间的协调，如果缺少了准确的信息，物流系统中的所有工作都无法正常进行。

本章内容结构图

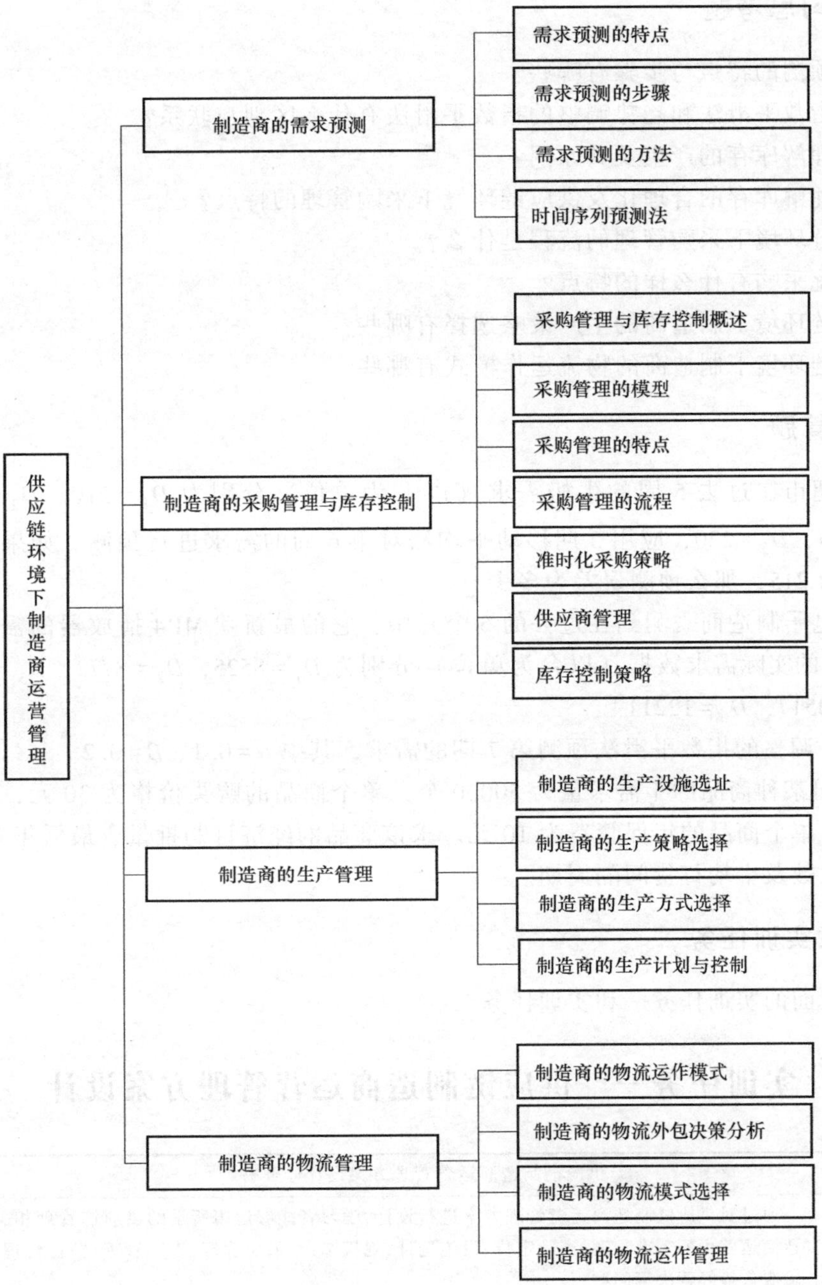

本章重点概念

需求预测　时间序列预测法　因果关系预测法　移动平均法　简单指数平滑法　采购　采购管理　库存　库存合理化　准时化采购　供应商选择　供应商关系管理　定期订货　定量订货　设施选址　精益生产　自营物流模式　物流外包模式

课后习题

一、复习思考题

1. 需求预测的特点与步骤有哪些？
2. 简单指数平滑法和趋势调整的指数平滑法有什么区别与联系？
3. 如何理解库存的产生及其原因？
4. 如何理解库存的合理化及供应链环境下采购管理的特点？
5. 供应链环境下采购管理的流程是什么？
6. 准时化采购有什么样的特点？
7. 供应链环境下制造商的生产策略选择有哪些？
8. 供应链环境下制造商的物流运作模式有哪些？

二、计算题

1. 一家超市在过去 5 周的牛奶需求（以 L 为单位）分别为 $D_1=210$，$D_2=215$，$D_3=195$，$D_4=215$，$D_5=220$，应用 5 期移动平均法对第 6 周的需求进行预测。如果第 6 周的实际需求数据为 215，那么预测误差为多少？

2. 一家电子制造商观测到在过去的 6 个月中，它的最新款 MP4 播放器的需求一直保持增长，观测到的实际需求数据（以台为单位）分别为 $D_1=8525$，$D_2=8772$，$D_3=9214$，$D_4=9917$，$D_5=10517$，$D_6=12211$。

请用趋势调整的指数平滑法预测第 7 期的需求，其中 $\alpha=0.1$，$\beta=0.2$。

3. G 公司某种商品的年需求量为 50000 个，单个商品的购买价格为 30 元，每次订货成本为 300 元，单个商品的年保管费为 10 元。求该商品的经济订购批量、最低年总库存成本、每年的订货次数及平均订货间隔周期。

本章实训任务

具体见后面的实训任务一和实训任务二。

实训任务一　供应链制造商运营管理方案设计

供应链制造商运营管理方案设计任务书	
任务目标	通过对供应链制造商运营管理方案进行设计，学习者能够运用所学的供应链管理相关知识，解决制造商运营中的需求预测、产品定位、设施选址、规模选择、采购管理、生产管理、销售管理、库存控制、运输服务等经营决策问题
任务成果	供应链制造商运营管理方案
任务要求 （人机对抗模式）	近年来，随着生活水平的不断提升，人们对生活质量的追求也日益提高。随着家电行业步入智能化时代，像冰箱这样的传统白色家电产品开始重新焕发生机，智能冰箱成为现代家庭中不可或缺的标配用品。这也使得冰箱产品的市场竞争日益激烈。为此，作为一家位于上海的智能冰箱制造企业的经营者，你将如何把握商业机会并有效地利用资源开展业务，以期在激烈的市场竞争环境下取得良好的经营绩效呢？

（续）

供应链制造商运营管理方案设计任务书	
任务要求 （人机对抗模式）	任务要求： 1. 市场需求预测：根据供需市场相关调研数据，选择合适的预测方法进行需求预测（竞争对手 NPC 数量为 1） 2. 产品定位：识别并确定商业机会——智能冰箱 3. 企业定位：根据市场中竞争对手的数量和需求预测结果，选择合理的企业规模和生产设施位置，并进行相应的固定资产投资 4. 生产方式选择：推动式生产方式、拉动式生产方式、推-拉混合式生产方式 5. 生产计划制订：根据需求预测结果及市场竞争状况，合理设置产能，编制生产计划 6. 采购计划制订：依据产品生产计划，编制原材料采购计划 7. 供应商选择：根据产品定位和产能安排，合理选择各类原材料供应商 8. 采购策略制定：定期订货采购策略、定量订货采购策略 9. 库存控制策略制定：对原材料进行 ABC 分类，确定订货点、订货提前期、订货周期、安全库存等 10. 销售渠道设计：依据产品定位和产能安排，合理设计销售渠道（线上、线下） 11. 产品销售决策：产品定价和价格调整决策 12. 订单管理：订单接受和执行（运输服务选择） 13. 风险预案制订：针对供应商供货不足、库存堆积、客户合同超期等运营风险制订相应防范预案
任务要求 （人人对抗模式）	近年来，随着生活水平的不断提升，人们对生活质量的追求也日益提高。随着家电行业步入智能化时代，像冰箱这样的传统白色家电产品开始重新焕发生机，智能冰箱成为现代家庭中不可或缺的标配用品。这也使得冰箱产品的市场竞争日益激烈。为此，作为一家位于上海的智能冰箱制造企业的经营者，你将如何把握商业机会并有效地利用资源开展业务，以期在激烈的市场竞争环境下取得良好的经营绩效呢？ 任务要求： 1. 市场需求预测：根据供需市场相关调研数据，选择合适的预测方法进行需求预测（竞争对手数量为进入本任务的人员数量） 2. 产品定位：识别并确定商业机会——智能冰箱 3. 企业定位：根据市场中竞争对手的数量和需求预测结果，选择合理的企业规模和生产设施位置，并进行相应固定资产投资 4. 生产方式选择：推动式生产方式、拉动式生产方式、推-拉混合式生产方式 5. 生产计划制订：根据需求预测结果及市场竞争状况，合理设置产能，编制生产计划 6. 采购计划制订：依据产品生产计划，编制原材料采购计划 7. 供应商选择：根据产品定位和产能安排，合理选择各类原材料供应商 8. 采购策略制定：定期订货采购策略、定量订货采购策略 9. 库存控制策略制定：对原材料进行 ABC 分类，确定订货点、订货提前期、订货周期、安全库存等 10. 销售渠道设计：依据产品定位和产能安排，合理设计销售渠道（线上、线下） 11. 产品销售决策：产品定价和价格调整决策 12. 订单管理：订单接受和执行（运输服务选择） 13. 风险预案制订：针对供应商供货不足、库存堆积、客户合同超期等运营风险制订相应防范预案

实训任务二　供应链制造商运营管理方案实施

一、任务选择

双击桌面ITP图标进入用户登录界面，输入用户账号和密码（默认密码与账号一致），单击【登录】按钮，登录 ITP 一体化教学管理平台，如图 2-17 所示。在【我的课程】模块单击【“供应链管理”理实一体化课程】→【项目一 供应链企业运营管理】→【子项目二 供应链制造商企业运营管理】→【任务二 供应链制造商企业运营方案设计与实施】，并在右侧单击【供应链制造商企业运营管理方案实施（单人）】，单击【进入任务】按钮，如图 2-18 所示。

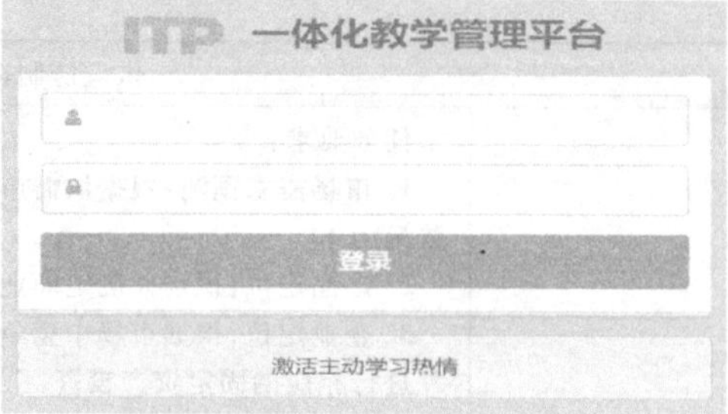

图 2-17 登录界面

二、任务实施

1. 集团企业注册

集团企业注册，具体操作方法参考第一章“实训任务二 供应链企业运营管理调研方案实施”，这里不再赘述。

图 2-18 任务选择

2. 冰箱市场需求预测

市场需求预测是供应链制造商经营战略决策的关键。依据“冰箱”产品的历史时间点和时间段供应量和需求量数据，运用合适的方法对冰箱的未来需求进行预测。

备注：市场需求曲线数据可能会根据系统人数做出调整，请以系统数据为准。

单击【市场信息】→【产品供需信息】→【产品名称：冰箱】，如图 2-19 所示。

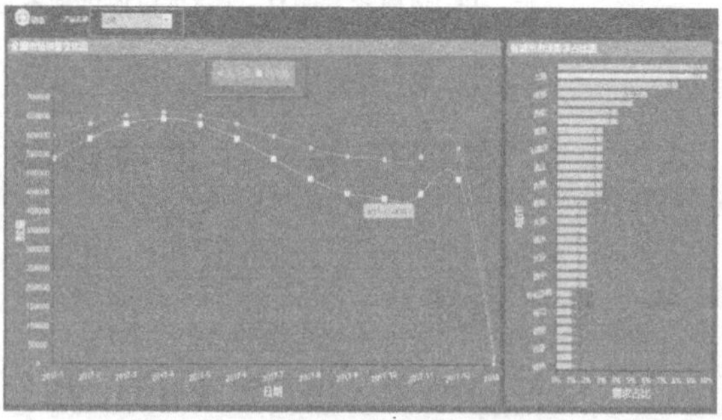

图 2-19 冰箱市场需求预测

3. 冰箱生产指导

单击【市场信息】→【生产指导】→【产品名称：冰箱】，单击【查询】按钮，查看“冰箱”的产品组成，如图 2-20 所示。

4. 原材料供应商信息

系统设定冰箱由压缩机、箱壳、箱胆、钢材和塑料五种原材料组成。这里以“压缩机”为例。其他原材料的供应商信息依据同样流程查看。

单击【市场信息】→【供应商信息】→【产品名称：压缩机】，单击【查询】按钮，查看市场上压缩机供应商的相关信息，如图 2-21 所示。

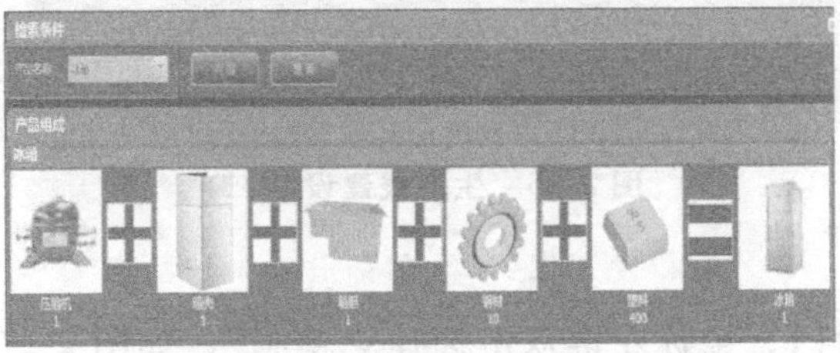

图 2-20　冰箱生产指导

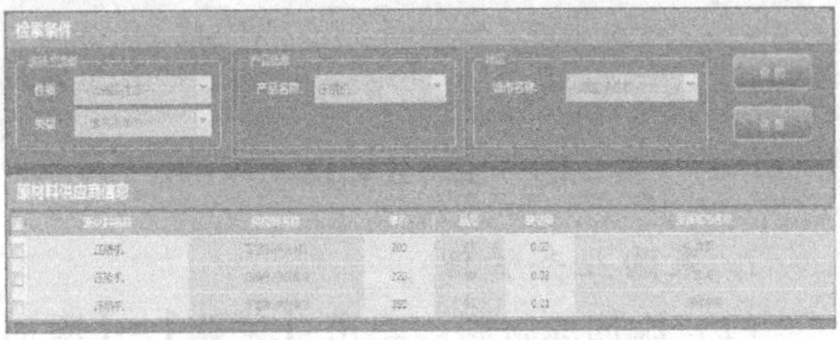

图 2-21　原材料供应商信息

5. 建立企业

（1）根据冰箱市场需求预测情况和制造商各类型工厂所需资金，进行企业战略规划、规模规划、选址规划等。这里以“Ⅰ型制造商”为例，如图 2-22 所示。（默认已进行市场需求预测，定位Ⅰ型制造商，选择 1 环建立企业）

“项目一”中，不同地段，土地使用成本不尽相同。地段的环数越靠前，市场需求相对越大，与之相对应的土地使用成本越高。请根据企业战略选择合适的区域建设企业。

（2）查看企业。鼠标右键单击制造商企业工厂建筑物，单击【进入】按钮，进入工厂内部，如图 2-23 所示。

图 2-22　建立企业

图 2-23　查看企业

6. 生产业务管理

（1）生产线建设。单击【生产】→【生产线类型：冰箱生产线】，单击【确定】按钮，如图 2-24 和图 2-25 所示。

（2）生产策略选择。系统支持推式生产策略和拉式生产策略，这里以“推式生产策略”为例。设定推式生产策略的“日产能”（这里设定 100），单击【保存】按钮，如图 2-26

所示。

注意：不可超出当前生产线的最大产能范围。

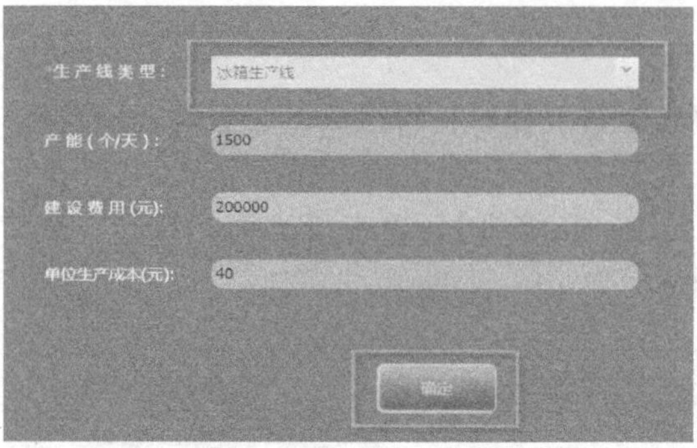

图 2-24　生产线建设（一）

图 2-25　生产线建设（二）

7. 采购业务管理

（1）添加原材料。单击【采购】→【添加原料】，鼠标左键双击选择“箱胆”，如图 2-27 所示。

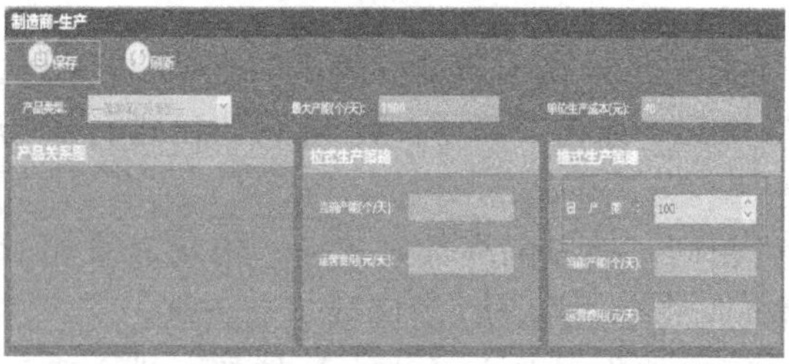

图 2-26　推式生产策略

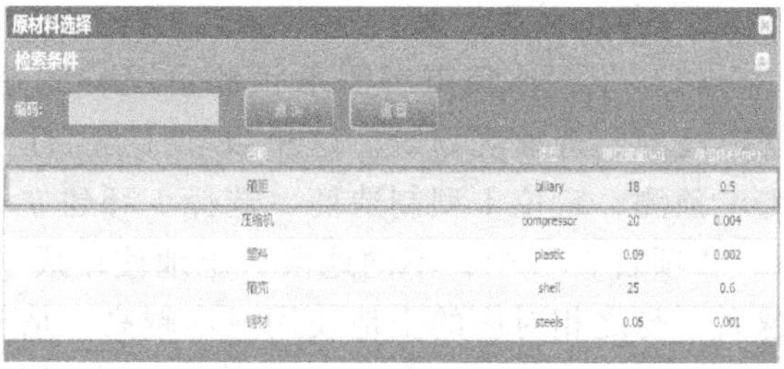

图 2-27　添加原材料

（2）原材料供应商选择。根据制造商企业产品定位和原材料供应商所在城市、原材料的品质及价格，选择供应商。这里定位高端产品，以选择“箱胆供应商 3”供应商为例。单击【箱胆】→【选择供应商】，双击“箱胆供应商 3”，如图 2-28～图 2-30 所示。其他原材料供应商依据同样流程添加。

图 2-28　原材料供应商选择（一）

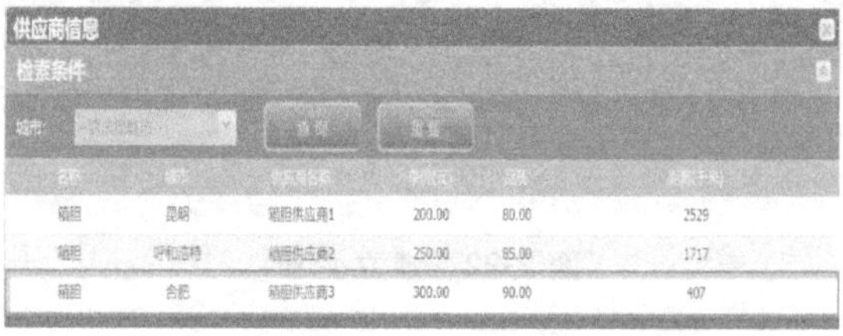

图 2-29　原材料供应商选择（二）

（3）采购策略制定。选择原材料供应商后，制定采购策略。系统支持两类采购策略，分别为自动采购和手动采购，自动采购又分为定量采购、定期采购和供应商库存管理（VMI）。这里以定量采购为例。假设订货数量为 200，订货点为 100，安全库存为 50，勾选

“定量订货法”，输入订货数量、订货点、安全库存（此处数值需在查阅和理解定量采购的基础上，依据企业生产经营规模设定），单击【设定】按钮，如图 2-31 所示。其他原材料采购策略依据同样流程和冰箱的产品组成制定。

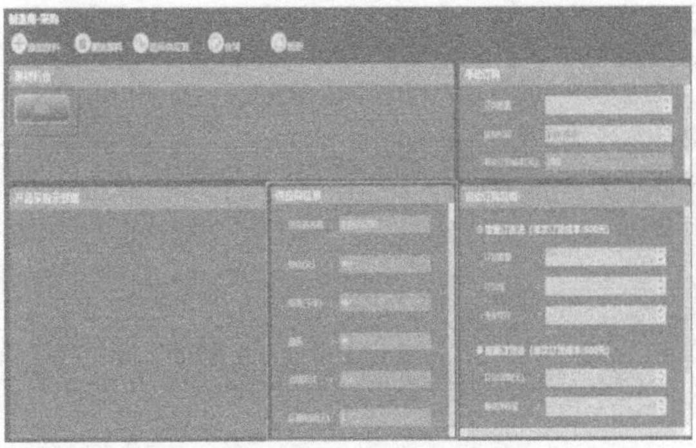

图 2-30　原材料供应商选择（三）

（4）采购协议合同签署。制定采购策略后，签署采购协议。单击【签约】按钮，选择“合作时长”和“订单首付比例”，单击【下一页】按钮，设定“合同开始日期”，根据经营策略决定是否勾选“接受提前送货”和设置“违约金”，单击【签署】按钮。这里举例合作时长为 1 年，订单首付比例为 5%，合同开始日期为 2018 年 1 月 5 日，不接受提前送货，不设置违约金，如图 2-32 和图 2-33 所示。其他原材料采购协议依据同样流程签署。

注意：不同属性和价值的原材料，在签署原材料采购协议时，合作时长、订单首付比例、合同开始日期、接受提前送货、违约金等项目根据生产经营策略有的放矢、灵活设定。

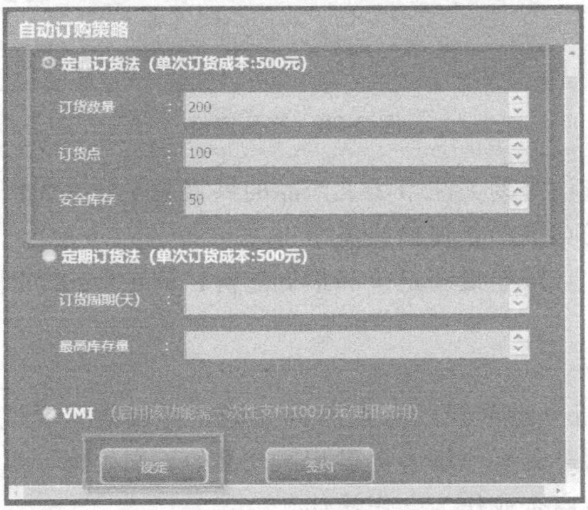

图 2-31　定量采购

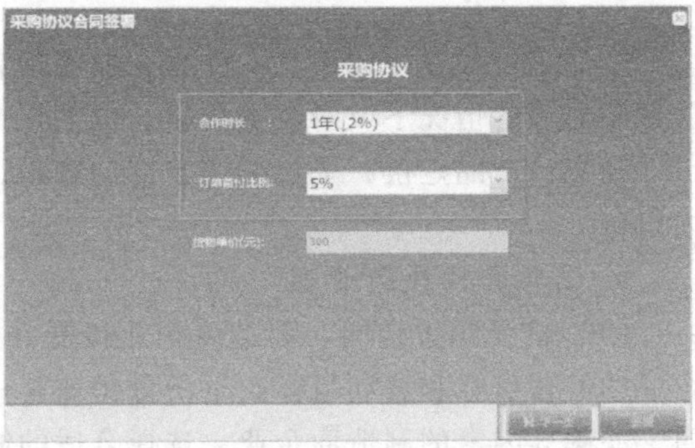

图 2-32　采购协议合同签署（一）

完成原材料箱胆采购业务，运输业务默认由系统完成，系统时间到达合同开始日期后，按照采购策略将相应数量的箱胆运输储存至原材料仓库。

（5）查看生产。一切准备就绪，系统自动执行生产策略。单击【生产】按钮，查看生产情况，如图 2-34 和图 2-35 所示。

8. 销售业务管理

根据冰箱生产成本、企业盈利目标对冰箱产品进行不同销售渠道的定价。单击【销售】→成品库【冰箱（SCM 制造商）】，设定合同客户（线下企业客户）报价和电子商城（线上电商消费者）报价，单击【保存】按钮，如图 2-36 所示。这里举例合同客户报价为 4000 元，电子商城报价为 5000 元。

注意：根据销售策略进行电子商城报价，无强制性要求。

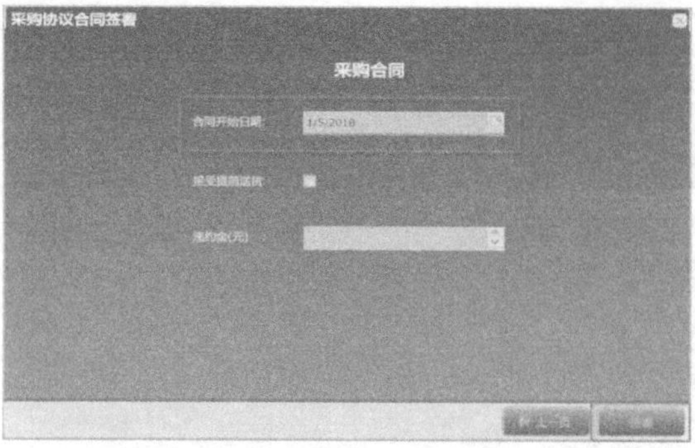

图 2-33 采购协议合同签署（二）

图 2-34 查看生产（一）

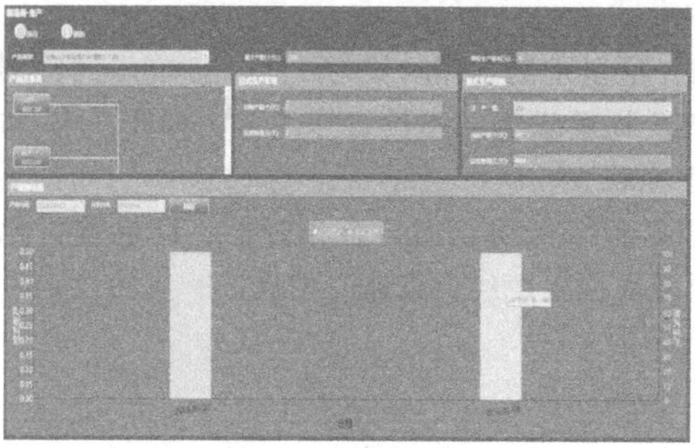

图 2-35 查看生产（二）

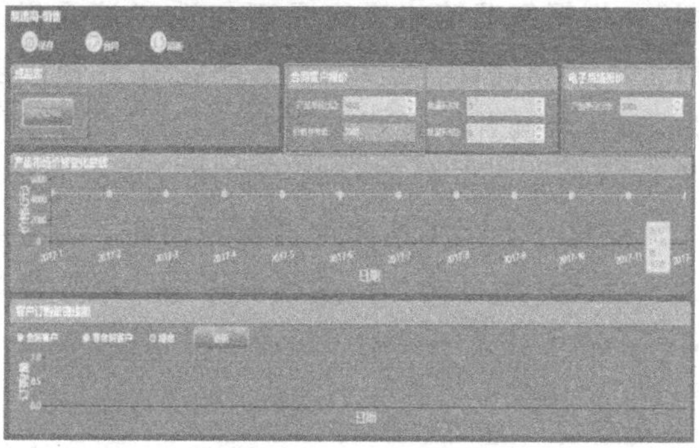

图 2-36 产品定价

产品定价并非一成不变，作为企业管理者应该时刻关注市场上产品的供需关系，在供需关系不对等的情况下及时调整价格，以期在市场竞争中获得价格竞争力。

注意：产品定价，受市场监督部门管制，并且限定最高定价和最低定价，请在合理范围内定价。

9. 销售合同执行管理

（1）接受销售合同。制造商企业接受并执行下游客户的采购合同才能获得收益，实现企业的经营目标和盈利目标。下游分销商客户通过分析市场上提供相同产品的不同价格、品质、品牌等因素的制造商企业，选择合适的制造商企业作为合作伙伴。

这里以制造商与分销商的采购合同执行过程为例。

下游客户“EE 分销商”发来一份冰箱采购合同，合同内容包含产品价格、订购数量、交货期等相关信息。通过分析合同相关要求，选择接受或拒绝合同。这里以接受合同为例，单击【接受】按钮，如图 2-37 所示。接受合同后单击【销售】→【合同】，查看合同明细，如图 2-38 和图 2-39 所示。

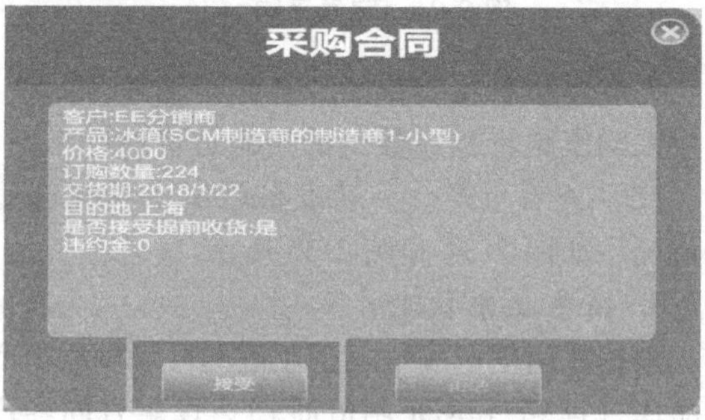

图 2-37 接受合同

（2）选择第三方物流服务商。制造商企业将运输业务外包，一方面可以集中资源发展生产业务，另一方面也能发挥第三方物流服务商的专业优势。

勾选合同，单击【选择物流】按钮，选择“BB 物流商”，勾选“当日达”，单击【确定】按钮，如图 2-40 和图 2-41 所示。

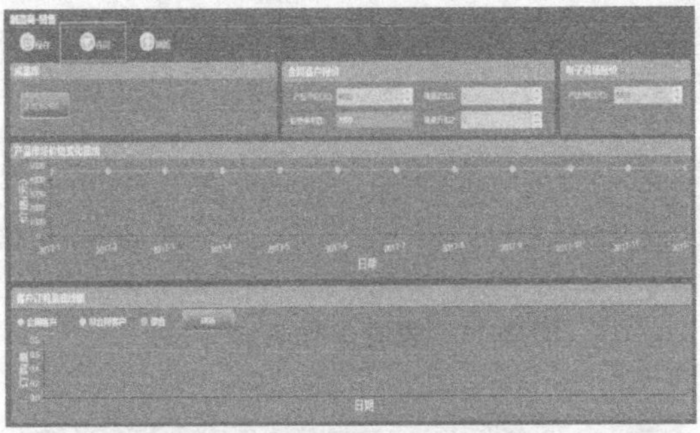

图 2-38　查看合同（一）

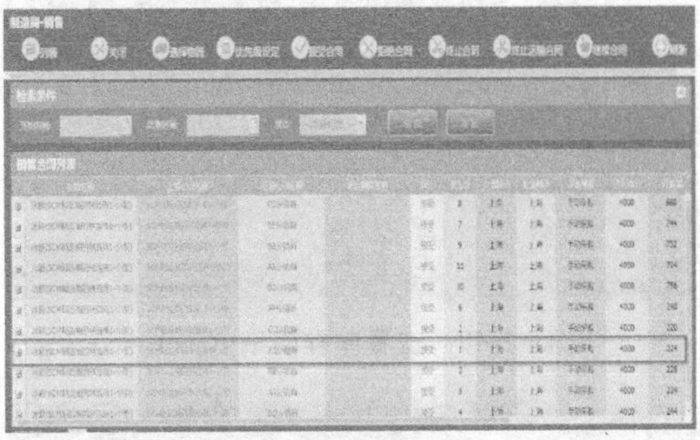

图 2-39　查看合同（二）

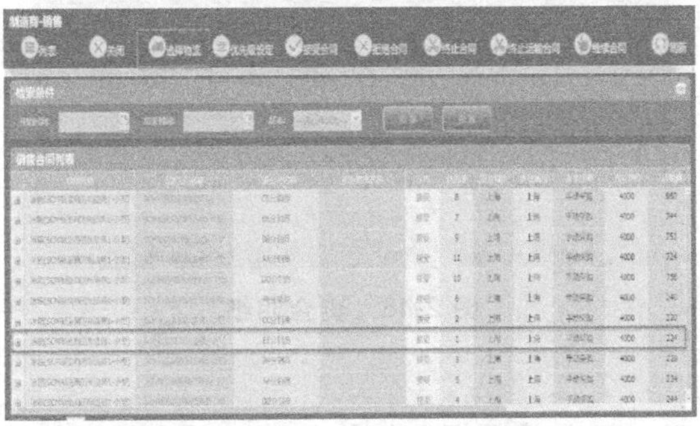

图 2-40　选择第三方物流服务商（一）

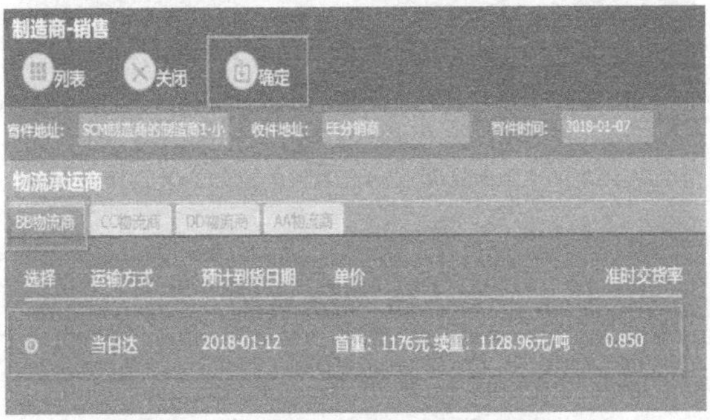

图 2-41　选择第三方物流服务商（二）

该合同状态由“接受”更新为“有效”，即表明该物流服务商已收到运输请求，正在准备执行运输。

此时制造商与分销商的采购合同执行过程已经完成，只需等待第三方物流服务商完成承运任务。

10. 库存业务管理

（1）安全库存设定。单击【库存】→成品库【冰箱（SCM 制造商）】→【安全库存设定】→【设定库存】，如图 2-42 所示。

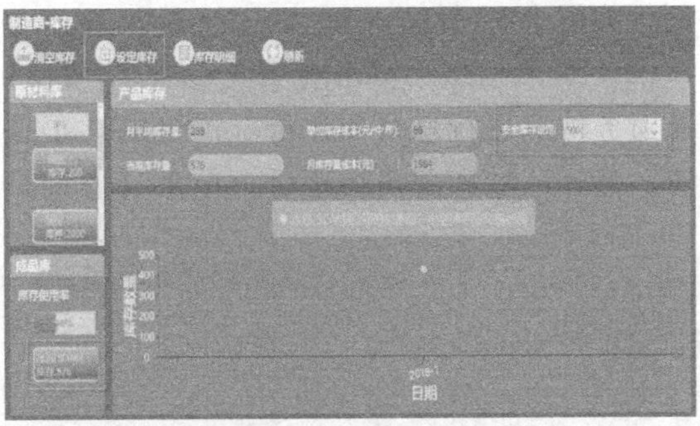

图 2-42　安全库存设定

（2）查看库存明细。单击【库存】→成品库【冰箱（SCM 制造商）】→【库存明细】→【选择日期】，如图 2-43 和图 2-44 所示。

11. 财务业务管理

（1）财务明细。单击【财务】→【财务明细】→【选择日期】，即可查看特定日期的财务明细，如图 2-45 所示。

（2）资金明细。单击【财务】→【资金明细】，即可查看每笔经营业务的资金明细，如图 2-46 所示。

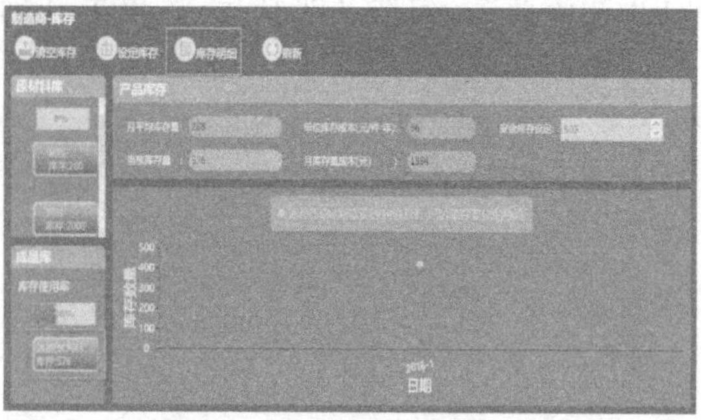

图 2-43　查看库存明细（一）

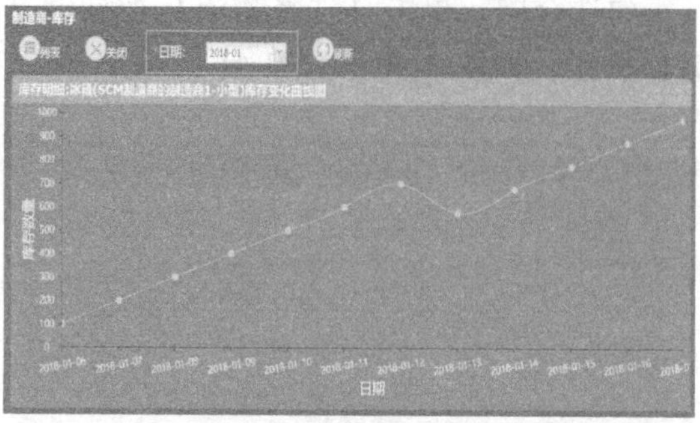

图 2-44　查看库存明细（二）

图 2-45　财务明细

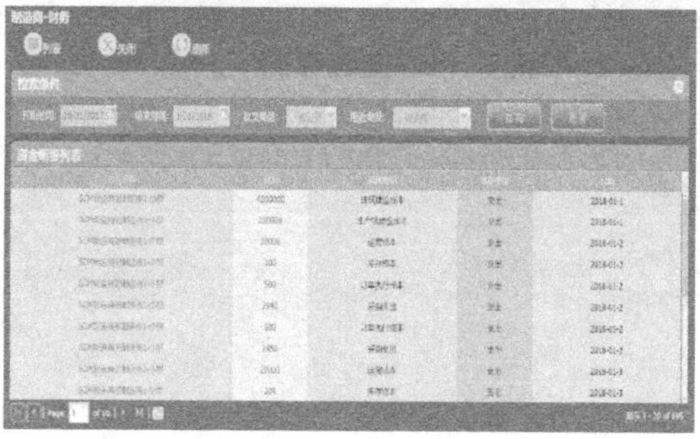

图 2-46　资金明细

12. 供应链绩效管理

（1）数据分析。返回 3D 虚拟仿真环境主界面，单击【数据分析】按钮，单击任意数据分析指标，根据数据反馈，对企业经营情况进行总结和评价。这里以“市场占有率”指标为例，如图 2-47 所示。

（2）资产信息。单击【资产信息】按钮，单击任意资产信息指标，根据数据反馈，对企业财务情况进行总结和评价。这里以“子公司信息”指标为例说明。单击【子公司信息】按钮，选择区域和公司类型后，单击【查询】按钮，如图 2-48 所示。

图 2-47　数据分析

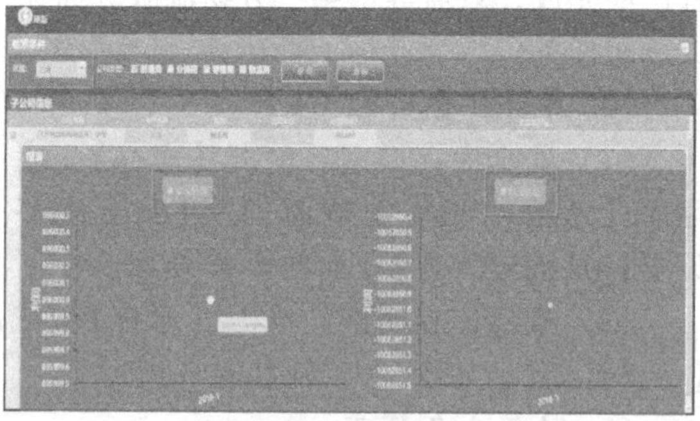

图 2-48　资产信息

三、任务帮助

单击主界面右上角“选项”按钮 ，在窗口中单击【帮助】按钮，即可查看制造商运营的常见问题及解决方法，如图 2-49 所示。

图 2-49　任务帮助

第三章

供应链环境下分销商运营管理

学习目标

【知识目标】

1. 熟悉供应链环境下分销商的网络设计。
2. 掌握供应链环境下分销商的渠道管理。
3. 掌握供应链环境下分销商的定价管理。
4. 掌握供应链环境下分销商的物流管理。

【技能目标】

1. 能够针对特定产品进行分销网络设计。
2. 能够根据项目任务书的要求设计完整的供应链分销商运营管理方案。
3. 能够正确实施供应链分销商运营管理方案。
4. 能够达成供应链管理系统的运营目标。

【素质目标】

1. 树立严谨认真的工作态度。
2. 培养吃苦耐劳的工作精神。

案例引入

杨阳和他的项目团队通过在上海建立自己的冰箱制造工厂，生产出了成本低廉、质量过硬的冰箱产品。他们现在想在上海建立自己的冰箱分销公司。

杨阳在会议上对之前参与冰箱制造工厂建立项目的成员进行了表扬与奖励。除此之外，他想对建立冰箱分销公司的项目进行讨论，希望大家提出对这个项目可能存在的问题的思考。

丽萨说："这个冰箱分销公司要建多大规模？是建在市中心还是郊区？"

普拉说："仓库多大够用？"

维尼说："上海冰箱分销市场未来的需求量是多少？往年上海冰箱分销市场的供应量是多少？未来未满足的冰箱分销市场需求量是多少？"

琳达说："采购计划和策略是什么？冰箱产品采用什么样的定价方式？"

丽萨接着说："分销渠道怎样设计？如何选择运输服务商？"

如果你是项目组成员，你应该如何开展这一系列工作呢？

第一节　供应链环境下分销商的网络结构设计

一、供应链中的分销商及分销的作用

（一）分销商概述

在国内，分销商经常被称为经销商；而在国外的一些商业、财经类文章中，可能会看到它们被称作批发分销商、零售分销商。为什么会出现这些不同的称呼呢？它们有什么区别吗？首先，要了解一点，即上面说到的是狭义的分销商，是指一个供应链环节中的这个特定角色，即它是厂家授权的分销商，是代替厂家完成仓储、销售、营销等职能的角色。

随着供应链的发展，分销商出现了广义的概念。广义的分销商是从供应链的分销渠道演化过来的。举个常见例子，欧美市场的供应链一般是品牌商/制造商→分销商→批发商→零售商→消费者。可以看到这样一个供应分销流程：品牌商/制造商将货物供应给授权分销商，然后分销商再把货卖给批发商，批发商卖给零售商，最终零售商卖给终端消费者。

只要参与了零售分销，包括一些商店、杂货铺，都可以称作零售分销商；而参与了产品的批发环节，称作批发分销商。首先，分销商是产品制造商或生产商和零售商之间的一个中间实体，是代表委托人在当地出售商品的个体、实体；其次，分销商在一个特定地区被赋予独家分销权，以自己的名义购买商品，然后再自行设定一个价格转售，把商品卖出去。

（二）分销的作用

分销是指供应链中客户价值的有效传递过程，即将产品从供应商到客户的移动或存储所采取的措施或步骤。分销发生在供应链的每两个环节之间。原材料和零部件从供应商运送到制造商，而产成品则从制造商运送到最终顾客。分销是决定企业整体盈利性的一个关键因素，因为它既直接影响供应链的成本，又直接影响客户的价值。例如，在服装零售行业，分销影响了大约35%的收入（包括其对降价和失去销售机会的影响）。

设计一个分销网络的过程可分为两大阶段：第一阶段是构想供应链网络的总体结构，这个阶段决定了供应链中的环节数量以及每个环节的作用；第二阶段则是将总体结构转换为具体的选址，并分析这些选址的潜能、产能和需求分配。

二、分销网络结构设计

（一）分销网络结构设计的条件及标准

1. 分销网络结构设计的条件

（1）信息：掌握企业自身、市场、渠道、市场上的卖点等各种信息。

（2）手段：比较。

（3）检验：仿真模拟。

目前绝大多数绝大部分的分销网络是天然形成的，而在一些新兴行业，如IT、电信等行业，很多网络则是由设计来完成的。传统的网络可能需要历经几年时间才能铺向全国，但如果采用了先进的分销设计方式，就能在短短几个月内就快速铺向全国。所以，分销网络结构设计是保证网络健康和网络建设成本最低的唯一有效的工具。

2. 分销网络结构设计的标准

（1）最强的销售网络。

（2）透明的网络结构与政策。

（3）最短的配送路径。

（4）实时的信息系统。

（5）最佳的资源配置。

分销网络结构实际上很难同时达到五个标准建立分销网络就是要找出各个集团利益的平衡点，其中信息和资源配置是最重要的。

（二）分销网络结构设计组织及结构

分销网络结构设计组织是指企业内部的分销组织，即在进行分销网络结构设计时，需要建立一个项目小组，要请相关的部门参加。例如，由渠道部门或分销部门负责整家公司分销网络结构的建设和维护，在建立分销网络结构设计组织时，还需要市场、财务等部门，甚至外部顾问参与并承担相应的调研、设计工作。公司的最高决策层需要确定合作部门之间的关系。在这个例子中，渠道部门是产品部门、市场部门、财务部门和其他部门的客户，只有确定了这种准确的服务与被服务的关系，项目才能顺利进行。在设计过程中，由渠道部门提出要求，各个相关部门讨论得出最后的分销网络结构。

分销网络结构主要有三种：树形、星形和矩形（见表3-1）。树形结构的应用占市场的80%以上；星形结构一般应用于服务行业，例如麦当劳加盟店都采用星形结构；矩形结构通常适合于有多条产品生产线，而且这些产品生产线是用不同的渠道来完成的企业。

表3-1　分销网络结构

分销网络结构	应用	特点
树形	企业用得比较多，占市场的80%以上	覆盖面最大
星形	一般用于服务行业，例如加盟店	效率最高
矩形	多条产品生产线，这些产品生产线是用不同的渠道来完成的	最能够充分利用企业的资源

这三种结构中没有最好的，只有最合适的。企业可以采用单一模式或混合模式，这需要在设计过程中逐步探讨。

三、影响分销网络结构设计的因素

在企业的最高层面，影响分销网络结构设计的因素应该从两个方面评估：分销网络提供给客户的价值和分销网络满足客户需求的成本。因此，一个企业在比较不同的分销网络结构选项时，必须评估其对客户服务及成本的影响。被满足的客户需求直接影响着企业的收入，连同成本一起决定着分销网络的盈利能力。

（一）影响分销网络中客户价值的因素

在分销网络中，客户价值的影响因素主要包括响应时间、产品多样性、产品可得性、顾客体验、面市时间、订单可视性、可退货性。

响应时间是指客户收到订货所需的时间；产品多样性是指分销网络能提供的不同产品或配置的数目；产品可得性是指当客户订单到达时，产品有现货的概率；客户体验是指客户下达和接收订单的容易程度，以及这种体验的客户化程度，其中也包括纯粹的体验，如得到一杯咖啡款待的可能性及销售人员提供的帮助等；面市时间是指将一个新产品推向市场所需的时间；订单可视性是指客户从下单到交付的过程中跟踪其订单的能力；可退货性是指客户退回不满意商品的难易程度，以及分销网络处理这种退货的能力。

企业最初可能会认为客户在这些影响因素上都想得到最好的满足，然而在现实中并非如此。例如，在亚马逊订书的客户通常比那些驾车到附近书店购买同一本书的客户愿意等更长的时间；另一方面，比起在附近书店里可选择的书的种类，亚马逊能够为客户提供更多的种类。所以，亚马逊的客户舍弃了快速的响应时间，而更愿意得到高水平的多样性。

有些企业能够将专注点放在增强每个店铺的能力上，有些定位于在乎响应时间的客户的企业则需要将服务设施靠近客户。后者必须拥有很多设施，每个设施的能力相对较低。所以，提高对客户的响应速度（即减少要求的响应时间）将导致网络所需的设施数量增加。响应时间与设施数量之间的关系如图 3-1 所示。

（二）影响分销网络满足客户需求的成本因素

在分销网络中，影响满足客户需求的成本因素主要包括库存成本、运输成本和设施成本。

随着供应链分销网络中设施数量的增加，所需的库存也增加。企业为了提高库存周转效率、降低库存成本，通常会合并和限制供应链分销网络中的设施数量。设施数量与库存成本之间的关系如图 3-2 所示。

图 3-1　响应时间与设施数量之间的关系

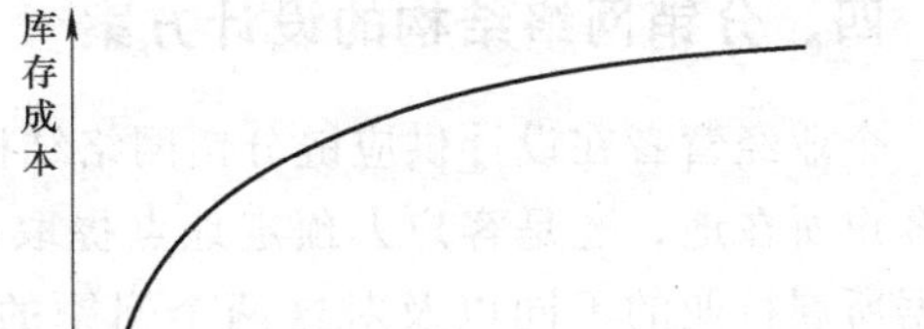

图 3-2　设施数量与库存成本之间的关系

内向运输成本是指将物料送进一个设施所发生的成本；外向运输成本是指将物料从一个设施发出所发生的成本。一般来说，单位外向运输成本会高于内向运输成本，因为内向运输的批量通常比较大。只要能够保持内向运输的规模经济，增加设施的数量就可以降低总运输成本。设施数量与运输成本之间的关系如图 3-3 所示。然而，当设施的数量增加到某个点时，内向运输批量过小会导致内向运输的规模效应显著丧失，此时如果继续增加设施数量，将会使总运输成本增加。

通常，设施成本随着设施数量的减少而降低，如图 3-4 所示，因为设施的合并可以使企业发掘规模经济效应。

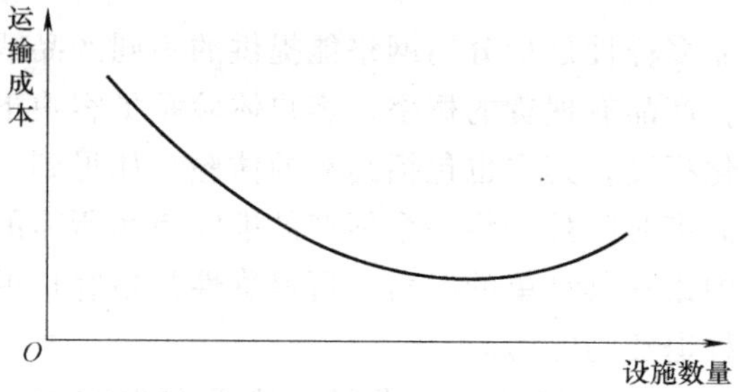

图 3-3　设施数量与运输成本之间的关系

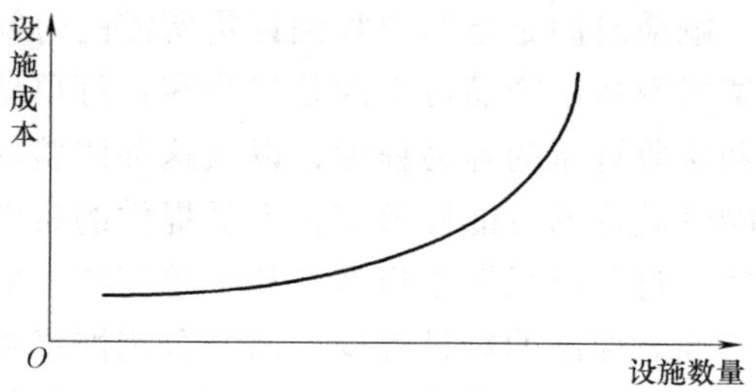

图 3-4　设施数量与设施成本之间的关系

供应链分销网络的总物流成本是库存成本、运输成本和设施成本的总和。随着设施数量的增加，总物流成本先降低后增加，如图 3-5 所示。每个企业至少拥有使总物流成本最小化的设施数量。亚马逊拥有一个以上的仓库主要是为了减少物流成本以及缩短响应时间。如果一个企业想进一步缩短其对客户的响应时间，可能不得不增加设施数量，从而超过总物流成本最小化的点。只有当经营者确信由于缩短响应时间带来的收益大于因增加设施数量导致的成本上升时，才会增加设施数量，并突破总物流成本最小化。

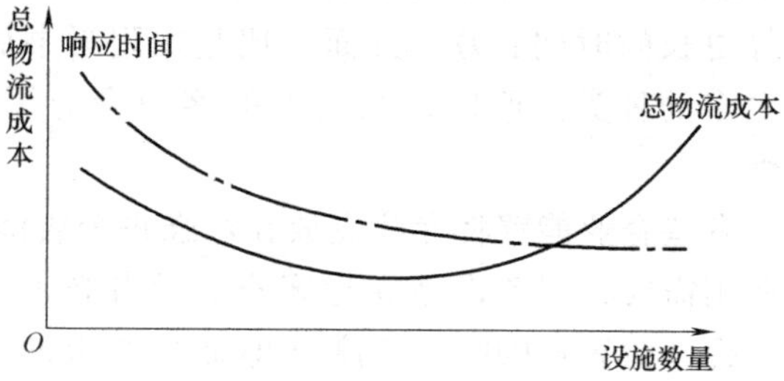

图 3-5　总物流成本、响应时间与设施数量之间的关系

以上所列的客户服务与成本因素是评估不同供应链分销网络结构设计的基本指标。一般来说没有哪种供应链分销网络在所有指标上都好于另一种分销网络的所有指标。所以，重要的是保证供应链分销网络的能力与企业的战略定位相匹配。

四、分销网络结构的设计方案

企业经营者在设计供应链分销网络结构时，必须制定两个关键决策：第一，产品是交付到客户所在地，还是客户去预定地点提取；第二，产品是否需要经过中介（或中间场所）。根据所属行业的不同以及对这两个问题的回答，企业可以在制造商存货+直送、制造商存货+直送和在途并货、分销商存货+由承运人交付、分销商存货+到户交付、制造商或分销商存货+客户自提、零售商存货+客户自提六种分销网络结构设计模式中择其一来实现产品从工厂到客户的移动。

（一）制造商存货+直送

在这种模式中，产品直接从制造商发送给最终客户，而绕过零售商（零售商在这里的角色是接收订单和启动交付的请求）。这种模式也简称为直送，零售商没有库存。信息从客户经零售商流到制造商，而产品则直接由制造商发送给客户，如图 3-6 所示。

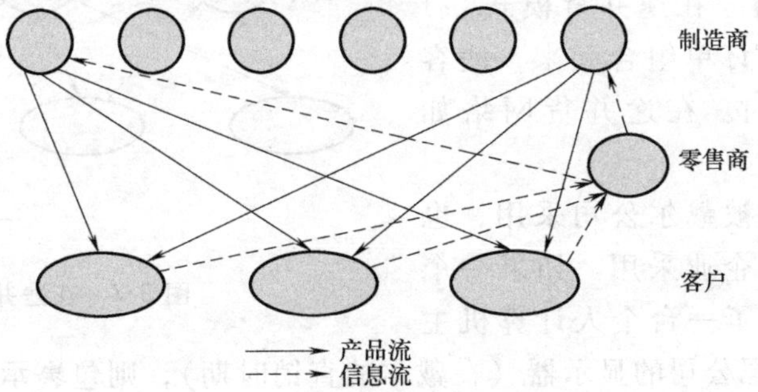

图 3-6 制造商存货+直送网络

这种模式的一个关键问题是制造商处库存的所有权结构。如果制造商处的库存已被明确划归每个零售商，那么库存即使在物理上是整合的，也几乎没有整合效益了。只有制造商能够将至少一部分库存按一种应需的方式在零售商之间进行分配，整合才有效益。对于那些高价值、低需求且需求不可预测的商品，集中管理带来的效益最大；对于那些需求可预测，低价值的产品来说，库存整合的效益不大。

表 3-2 总结了制造商存货+直送模式的绩效特征。针对这些绩效特征，制造商存货+直送模式适用于多品种、低需求、高价值的产品，同时客户也愿意等待交付并接受多次部分发货。

表 3-2 制造商存货+直送模式的绩效特征

成本因素	绩效特征
库存	因为进行了整合，所以库存成本较低。整合对于低需求、高价值产品而言效益最大。如果制造商可以延迟产品客户化定制，效益将非常大
运输	因为距离增加和分开发运，所以运输成本较高
设施和搬运	因为进行了整合，所以设施成本较低。如果制造商能管理好小批量发货或能直接从生产线发货，则能节省一些搬运成本
信息	在信息基础设施上需要相当大的投资以使制造商和零售商整合起来
服务因素	**绩效特征**
响应时间	因为距离增加并且订单处理涉及两个环节，所以相应时间为一两周。响应时间会随产品而变化，所以收货复杂
产品多样性	容易提供高水平的产品多样性
产品可得性	因为在制造商处整合，所以容易提供高水平的产品可得性
客户体验	在交付方面客户体验较好，但如果订单涉及几个制造商且分开发货，客户体验就会较差
面市时间	快，产品一经生产就能在市场上供应
订单可视性	较困难，但从客户服务的角度而言又较重要
可退货性	实施起来较困难，费用高

（二）制造商存货+直送和在途并货

纯粹的直送模式是将订单包含的每个产品都直接从它的制造商发送给最终客户，与之不同的是，制造商存货+直送和在途并货模式（以下简称为“在途并货模式”）是将来自不同地点的订单组合起来，使客户只需接收一次交付。在途并货网络如图 3-7 所示。

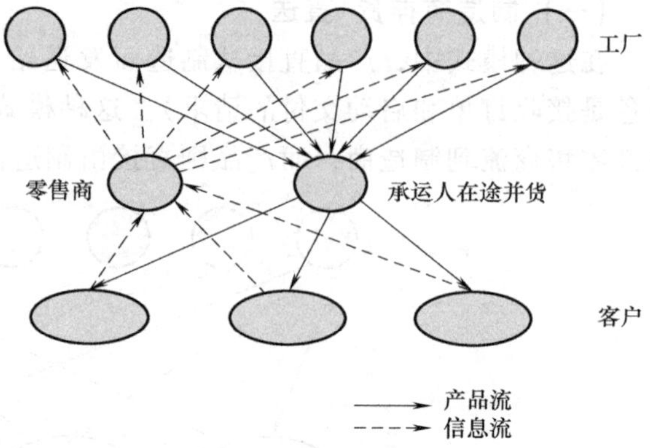

图 3-7　在途并货网络

在途并货模式已被戴尔公司采用，也会被实施直送模式的企业采用。如果一个客户从戴尔公司订购了一台个人计算机主机，同时需要一个索尼公司的显示器（在戴尔的直销时期），则包裹承运人将从戴尔公司的工厂提取个人计算机主机，从索尼公司的工厂提取显示器，然后在一个枢纽中心将两个产品组合，最后统一一次性交付给客户。

与直送模式一样，库存整合和延迟产品客户化定制的能力是在途并货模式的一个显著优势。表 3-3 总结了在途并货模式的绩效特征。与直送模式相比，在途并货模式的主要优势在于运输成本较低，客户体验得到改善；主要的劣势是增加了合并过程的额外付出。针对其绩效特征，在途并货模式适用于低到中等需求、高价值，且是零售商从有限数量的制造商处采购的产品。与直送模式相比，在途并货模式要求来自每个制造商的需求更高。当存在太多的供应商时，在途并货的协调和实施会很困难。如果供货点不多于五个，在途并货模式的实施效果较好。

表 3-3　在途并货模式的绩效特征

成本因素	绩效特征
库存	与直送模式类似
运输	与直送模式相比，运输成本稍低
设施和搬运	承运人的搬运成本较直送模式高，客户的收货成本较低
信息	与直送模式相比，投资稍高
服务因素	**绩效特征**
响应时间	与直送模式类似，可能稍微长一点
产品多样性	与直送模式类似
产品可得性	与直送模式类似
客户体验	因为客户只接收一次交付，所以比直送模式体验要好
面市时间	与直送模式类似
订单可视性	与直送模式类似
可退货性	与直送模式类似

（三）分销商存货+由承运人交付

在这种模式下，库存不是由制造商存放在工厂，而是由分销商或零售商存放在中间仓库，并使用包裹承运人将产品从中间仓库运送给最终客户。分销商存货+由承运人交付网络如图 3-8 所示。

与前两种模式相比，分销商存货+由承运人交付模式整合度降低，其仓库设施成本稍高，信息基础设施较简单；分销商存货+由承运人交付模式的搬运和处理成本与前两种模式相当，除非工厂能直接从生产线向最终客户发货，否则分销商存货+由承运人交付模式的处理成本较高。

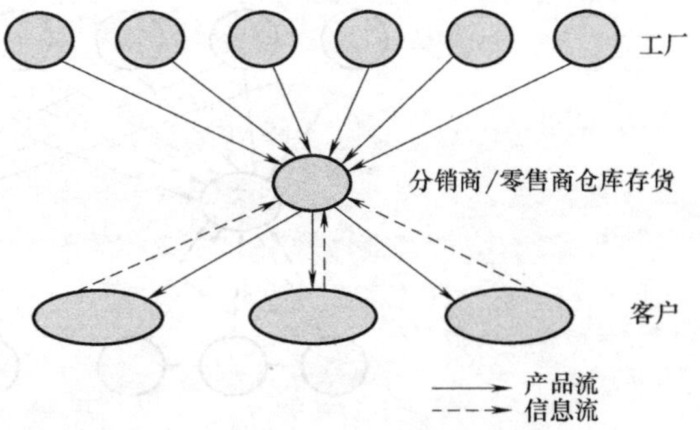

图 3-8　分销商存货+由承运人交付网络

表 3-4 总结了分销商存货+由承运人交付模式的绩效特征。分销商存货+由承运人交付模式适用于慢销和畅销的产品。在客户需要比前两种模式更快的交付，但不需要立即交付的情形下，分销商存货+由承运人交付模式也是有意义的。与前两种模式相比，分销商存货+由承运人交付模式能应对的产品多样性较低，但比零售商存货模式高很多。

表 3-4　分销商存货+由承运人交付模式的绩效特征

成本因素	绩效特征
库存	比制造商存货+直送/制造商存货+直送和在途并货模式高。对于畅销产品其差别不大，但对于滞销产品差别则非常大
运输	比制造商存货+直送/制造商存货+直送和在途并货模式低。对于畅销产品降低幅度最大
设施和搬运	比制造商存货+直送/制造商存货+直送和在途并货模式稍高。对于滞销产品差别则很大
信息	相对于制造商存货+直送/制造商存货+直送和在途并货模式，信息基础设施较简单
服务因素	绩效特征
响应时间	比制造商存货+直送/制造商存货+直送和在途并货模式短
产品多样性	比制造商存货+直送/制造商存货+直送和在途并货模式低
产品可得性	要提供与制造商存货+直送/制造商存货+直送和在途并货模式相同水平的产品可得性，需要更多的成本
客户体验	比制造商存货+直送/制造商存货+直送和在途并货模式好
面市时间	比制造商存货+直送/制造商存货+直送和在途并货模式长
订单可视性	比制造商存货+直送/制造商存货+直送和在途并货模式好
可退货性	比制造商存货+直送/制造商存货+直送和在途并货模式容易

（四）分销商存货+到户交付

分销商有货+到户交付是指分销商或零售商不通过包裹承运人而直接将产品送到客户家里。与承运人交付模式不同，分销商存货+到户交付模式要求分销商仓库更靠近客户。由于分销商存货+到户交付模式下所能服务的范围有限，与分销商存货+由承运人交付模式相比，其需要更多的仓库。分销商存货+到户交付网络如图 3-9 所示。

分销商存货+到户交付模式比其他模式（除了零售商存货+客户自提模式）的库存水平高，因为它整合的层次更低。表 3-5 总结了分销商存货+到户交付模式的绩效特征。在人工成本高的地区，从效率或增加利润的角度很难证明对个人消费者而言，分销商存货+到户交付模式是适当的。如果客户的订单大到足够产生相当的规模经济，而且客户愿意为这种便利

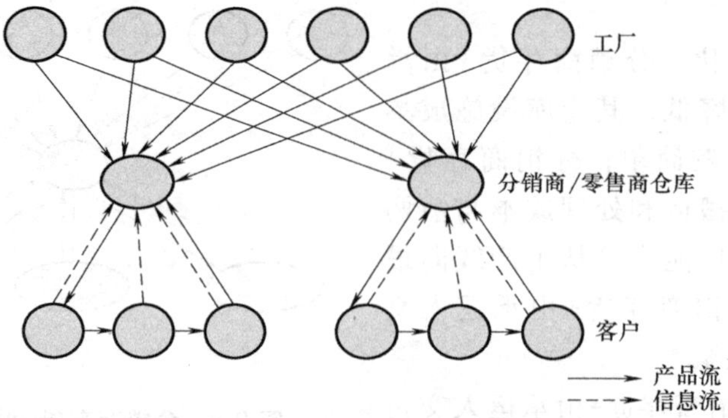

图 3-9　分销商存货+到户交付网络

付费，则分销商存货+到户交付模式可能是适当的。当客户（如汽车经销商）的采购量比较大时，则很容易证明分销商存货+到户交付模式是适当的。

表 3-5　分销商存货+到户交付模式的绩效特征

成本因素	绩效特征
库存	比分销商存货+由承运人交付模式高
运输	成本非常高，因为规模经济效益最小。比其他任何一种分销模式高
设施和搬运	设施成本比制造商存货+直送/制造商存货+直送和在途并货模式或分销商存货+由承运人交付模式高，比零售商存货+客户自提模式低
信息	与分销商存货+由承运人交付模式类似
服务因素	**绩效特征**
响应时间	非常快，当日或次日交付
产品多样性	比分销商存货+由承运人交付模式稍低，但比零售商存货+客户自提模式高
产品可得性	提供产品可得性的成本比零售商存货+客户自提模式之外的其他任何模式都高
客户体验	非常好，尤其是对于体积大的产品
面市时间	比分销商存货+由承运人交付模式略高
订单可视性	难度小，比制造商存货+直送/制造商存货+直送和在途并货模式或分销商存货+由承运人交付模式容易实施
可退货性	比其他模式更容易实施，但比制造商存货+直送/制造商存货+直送和在途并货模式困难，费用高

（五）制造商或分销商存货+客户自提

在这种模式下，存货储存在制造商或分销商的仓库，而客户通过在线或电话下订单，然后到指定的提货点领取商品。在需要的时候，订货会从存货处发运到提货点。制造商或分销商存货+客户自提网络如图 3-10 所示。

采用这种模式通过制造商或分销商存货的整合可使库存成本降低，表 3-6 总结了制造商或分销商存货+客户自提模式的绩效特征。一个具有客户提货点的网络，其主要优势是能够降低交付成本，扩展所销售的产品以及在线所服务的客户的范畴；劣势是在提货点增加了搬运成本和复杂性。这样一个网络如果能利用已有的零售点作为提货点，则是非常有效的，因为这种网络能提高已有基础设施的使用效率。尤其是对于 7-11 便利店和沃尔玛这样的企业则会更有效，它们既有商店网络，也有在线业务。但遗憾的是，这些零售点通常只设计成允

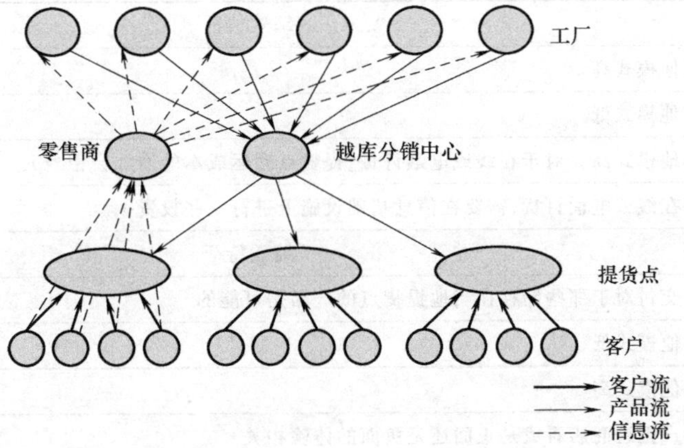

图 3-10 制造商或分销商存货+客户自提网络

许客户来取货，还需要进一步开发采集客户定制化订单的能力。

表 3-6 制造商或分销商存货+客户自提模式的绩效特征

成本因素	绩效特征
库存	与其他模式相比，取决于库存的位置
运输	比分销商存货+由承运人交付模式低，尤其是在能利用一个已有的交付网络时
设施和搬运	如果必须建设新的设施，那么设施成本可能很高；如果能利用已有的设施，则成本较低。提货点搬运成本的增加可能会相当大
信息	对所要求的信息基础设施的投资相当大
服务因素	**绩效特征**
响应时间	与制造商存货+直送/制造商存货+直送和在途并货模式或分销商存货+由承运人交付模式类似。当日交付对于那些储存在当地提货点的产品是可能的
产品多样性	与前四种模式类似
产品可得性	与前四种模式类似
客户体验	比其他模式低，因为不能到户交付；客户体验对提货点的能力敏感
面市时间	与制造商存货+直送/制造商存货+直送和在途并货模式类似
订单可视性	困难但是必需的
可退货性	如果提货点能够处理退货，则是颇为容易的

（六）零售商存货加客户自提

这种模式常常被看成是供应链最传统的形式。在这种模式下，库存在零售店当地。客户走进零售店购物，或者通过在线或电话下订单，然后在零售店提货。

表 3-7 总结了零售商存货+客户自提模式的绩效特征。这种模式的主要优势是能够降低交付成本，比其他模式提供更高的响应性；劣势是库存和设施成本增加。这种模式适合畅销产品或客户很重视快速响应的产品。

表 3-7 零售商存货+客户自提模式的绩效特征

成本因素	绩效特征
库存	比其他模式高
运输	比其他模式低
设施和搬运	比其他模式高。对于在线或电话订货，提货点搬运成本的增加会相当大
信息	对于在线或电话订货，需要在信息基础设施上进行一些投资
服务因素	**绩效特征**
响应时间	当日交付对于那些储存在当地提货点的产品是可能的
产品多样性	比其他模式低
产品可得性	比其他模式高
客户体验	与客户把逛商店看成是正面还是负面的体验相关
面市时间	在所有的分销模式中最长
订单可视性	对于店内购物意义不大，对于在线或电话购物是必需的，但实现困难
可退货性	比其他模式容易，因为零售点能提供退换货

五、分销网络结构设计方案的选择

企业经营者在设计供应链分销网络结构时，应当考虑产品特性以及网络需求。上述所讨论的各种分销网络设计结构方案有各自的优势和劣势。在表 3-8 中，对各种分销网络结构设计方案在不同绩效指标维度上进行对比排列打分。评分 1 表示在给定的指标维度上绩效最好；如果相应的绩效变差，则评分值相应增加。

表 3-8 不同分销网络结构设计方案的绩效比较

指标	零售商存货+客户自提	制造商存货+直送	制造商存货+直送在途并货	分销商存货+由承运人交付	分销商存货+到户交付	制造商或分销商存货+客户自提
响应时间	1	4	4	3	2	4
产品多样性	4	1	1	2	3	1
产品可得性	4	1	1	2	3	1
客户体验	1~5	4	3	2	1	5
面市时间	4	1	1	2	3	1
订单可视性	1	5	4	3	2	6
可退货性	1	5	5	4	3	2
库存	4	1	1	2	3	1
运输	1	4	3	2	5	1
设施和搬运	6	1	2	3	4	5
信息	1	4	4	3	2	5

注：1 表示最高绩效；6 表示最低绩效。

只有一些特定的企业采用单一的分销网络。大多数企业适合采用集中分销网络的组合，所采用的组合取决于产品的特性以及企业的战略定位。在各种情形下，不同分销网络对不同产品客户需求特征的绩效如表 3-9 所示。

表 3-9 分销网络对不同产品客户需求特征的绩效

	零售商存货+客户自提	制造商存货+直送	制造商存货+直送和在途并货	分销商存货+由承运人交付	分销商存货+到户交付	制造商或分销商存货+客户自提
高需求产品	+2	−2	−1	0	+1	−1
中需求产品	+1	−1	0	+1	0	0
低需求产品	−1	+1	0	+1	−1	+1
非常低需求产品	−2	+2	+1	0	−2	+1
很多产品供应源	+1	−1	−1	+2	+1	0
高产品价值	−1	+2	+1	+1	0	+2
需快速响应	+2	−2	−2	−1	+1	−2
高产品多样性	−1	+2	0	+1	0	+2
低客户付出	−2	+1	+2	+2	+2	−1

注：+2=非常适合；+1=较适合；0=中性；−1=较不适合；−2=非常不适合。

例如，亚马逊公司就采用了混合型网络模式：在大多数仓库里储存畅销的产品；慢销产品储存在较少的仓库里；而滞销产品则采用供应商直送的方式。总之，企业经营者应根据所经营的产品的客户需求特征及自身的供应链战略定位来选择合适的分销网络及其组合模式，以便在客户服务水平和满足需求的成本两者之间取得平衡。

第二节 供应链环境下分销商的渠道管理

一、分销渠道的类型

分销渠道按照不同的分类标准可以分为多种类型，具体如表 3-10 所示。

表 3-10 分销网络对不同产品客户特征的绩效

分类标准	渠道类型	具体介绍
有无中间商参与	直接渠道	产品不通过中间商而直接销售
	间接渠道	产品经中间商销售
渠道的长度	长渠道	中间商环节在两个以上
	短渠道	直接销售或仅通过一个中间商销售产品
渠道的宽度	宽渠道	同一层级上选择尽可能多的中间商销售产品
	窄渠道	同一层次只选择少数几个中间商甚至一个中间商销售产品
渠道是否唯一	单渠道	只通过一条渠道分销
	多渠道	通过多条渠道销售

二、影响分销渠道选择的主要因素

从原则上讲，目标市场的选择并不是渠道设计的问题。然而，市场选择与渠道选择是相互依存的。有利的市场加上有利的渠道，才能使企业获得利润。渠道选择的中心环节是确定到达目标市场的最佳途径。而进行渠道选择要考虑多方面的因素，同时也面临着各种各样复杂的变数，这些因素包括基本因素、消费者因素、产品因素、制造商因素、竞争者渠道状况、环境因素、经济环境。

（一）基本因素

基本因素主要是指生产产品企业内外部的静态因素，它与渠道并无直接的关联，但直接影响着渠道的运行状况和效率。

（二）消费者因素

第一，产品的消费者可分为产业客户和一般消费者。产业客户一般数量小，购买次数少而每次购买量大，产品制造商可以将产品直接销售给客户；而对于一般消费品，中间商在分销渠道中起着重要作用。第二，消费者对不同的消费品的购买习惯也会影响分销渠道的选择。

（三）产品因素

不同的产品可能会选择不同的分销渠道。一般来说，易腐烂的产品为了避免拖延时间及重复处理增加腐烂的风险，通常需要直接营销渠道；那些与其价值相比体积较大的产品（如建筑材料、软性材料等），需要通过生产者到最终客户搬运距离短、搬运次数少的渠道来分销。

（四）制造商因素

制造商的特性在渠道选择中扮演着十分重要的角色，它主要分为制造商产品组合情况和制造商对分销渠道的影响两个方面。产品组合是营销学的一个重要概念，它的衡量指标主要是深度、长度、宽度和关联性。如果制造商的产品组合的宽度和深度大（即产品的种类、规格多），制造商可能直接销售给零售商；反之，制造商只能通过批发商、零售商再转售给最终的消费者。

（五）竞争者渠道状况

产品竞争者的分销渠道对原产品分销渠道的选择会产生重要的影响。通常情况下，制造商对同类产品可采用相同的分销渠道，以便产品较为容易地进入市场；但当原有的销售渠道已被竞争者完全利用时，便要考虑选择其他更为有效的分销渠道。

（六）环境因素

这里的环境因素主要是指企业面临的宏观环境。环境因素对分销渠道设计的影响既大又复杂，主要可以分为社会环境影响、经济环境影响和政府环境影响。

（七）经济环境

经济环境对企业来说是选择渠道的重要影响因素。企业要时刻关注着经济环境的变化，并适当做出预测。如当经济发展较快时，扩大其产品的销售网络，加大市场覆盖率，以便自己的产品更多地送到其期望的消费者手中。

三、分销渠道的选择方案

分销渠道的选择方案是在明确分销渠道目标的基础上，确定分销渠道的长度、宽度及渠道成员的权利和责任三个方面的内容。

（一）确定分销渠道的长度

确定分销渠道的长度，首先，要决定采取什么类型的分销渠道，即采用直接分销渠道，还是间接分销渠道；其次，如果采用间接分销渠道，就要考虑中间商的类型、用批发商还是零售商、用不用代理商。

（二）确定分销渠道的宽度

制造商在分销渠道的同一级上使用中间商的数量多少即为渠道的宽度。中间商数目越多，渠道越宽，市场覆盖面越广；中间商数目越少，渠道越窄，市场覆盖面越小。对渠道中间商数目的确定应该考虑产品、市场、中间商和企业情况。

（三）确定渠道成员的权利和责任

制造商在确定了分销渠道的长度和宽度之后，还要进一步规划渠道成员各自的权利和责任。

四、分销渠道的评估及调整

（一）分销渠道的评估

通常评估分销渠道的标准有三个：经济性、可控性和适应性。

1. 经济性

经济性是最重要的评价标准。一般用渠道的销售额、渠道成本费用和利润来衡量渠道方案的价值。首先，评估不同方案的销售额；其次，评估不同方案在不同销售下的成本费用；最后，通过比较成本费用和销售额，得到不同渠道可能的利润，以利润作为选择标准。

2. 可控性

如果企业倾向于控制营销渠道，评价标准主要是控制因素。直接渠道最易控制；长而宽的分销渠道很难控制；长宽适中的分销渠道的可控性处于前面两者之间。

3. 适应性

这主要是评估渠道对环境的适应性。一般来说，企业倾向于选择适应性强、比较容易调整的分销渠道。

（二）分销渠道的调整

由于产品更替、市场变化、新渠道的出现、企业营销目标的调整和中间商的表现，制造商有必要对现有分销渠道的结构及时做出相应调整，使之适应市场，并提升市场业绩。渠道调整方式主要有以下三种：

1. 增减分销渠道中的中间商

增减分销渠道中的中间商要考虑其他中间商的反应。如在某地区市场增加一家店铺，不仅要考虑能增加多少销售额，还要考虑对现有店铺的销售额、成本和情绪会带来什么影响。对经营管理不善、合作不积极、销量下降等的个别中间商，导致企业市场占有率下降，影响渠道效益时，可以与中间商中断合作关系。

2. 增减某一种分销渠道

如果发现通过增减中间商不能解决根本问题时，就需要增加一条分销渠道。如某个企业开发新产品，若利用原有渠道难以迅速打开销路，则可增加新的分销渠道，提高竞争力。

3. 调整分销渠道模式

当原有分销渠道的部分调整已经不能适应市场的变化，就要改变制造商的整个分销渠道。分销渠道的通盘调整，不仅涉及渠道的调整，而且对产品策略、价格策略、促销策略也要做相应的调整。

五、分销渠道的发展趋势

随着科技创新和市场竞争的加剧，出现了“零售革命”和“网络革命”，渠道创新越来越快，营销渠道出现了很多新的发展趋势。

（一）渠道结构扁平化

渠道结构扁平化就是分销渠道的长度越来越短、销售网点越来越多。这种结构可以降低渠道成本，使企业及时了解市场需求，有效控制渠道。但其实质并不是简单地减少某一个中间环节，而是对原有的渠道系统进行优化，剔除其中没有增值的环节，使渠道系统从供应链向价值链转变。

具有的优势主要体现在以下三个方面：①及时了解市场信息，更好地满足客户；②有利于对渠道的控制和与中间商的合作；③有利于终端促销活动，开展深度分销，建立品牌，提高市场占有率。

（二）网络营销

这就是大家所说的网上购物和网上宣传。互联网提供了一个为每一位客户创造个性化购买体验的机会。例如，亚马逊会向客户展示出那些与客户最近购买或浏览过的产品相关的一些产品。很多关注大规模定制的企业都能够利用互联网来帮助客户选择满足他们需求的产品。

无论是对消费者还是企业，在线销售都增加了交易的便利性，使客户可以随时随地进行采购。对于很多在线销售的公司，对以往采购信息的使用可以明显加快客户下单的速度。

（三）渠道一体化

渠道一体化是制造商和中间商展开战略合作的运作方法。它不是以短期利益为重心，而是通过渠道体制改革，建立战略合作伙伴关系，追求共同成长。渠道一体化可以使制造商起到整合资源、降低成本、提高效率的作用。

（四）品牌化发展

品牌的作用众所周知，所有企业都希望建立自己的品牌，从而实现品牌效应，这个过程就是“品牌化”。但是，不同的企业在操作过程中所体现出来的水平是不同的。企业品牌化的水平大致分为三个发展阶段：品牌作为传播、品牌作为营销、品牌作为战略。

第一阶段是品牌作为传播，这是品牌化的初级阶段，或者说是准备阶段。这个阶段的核心特征是企业把品牌作为销售（推广）的工具，通过提高品牌知名度，进而达到提高市场占有率的效果。

第二阶段是品牌作为营销，这是品牌化的中级阶段。这个阶段的核心特征是企业把品牌作为营销工具，以品牌定位建立营销战略，并通过品牌体验与客户建立良好、长久的关系。

第三阶段是品牌作为战略，这是品牌化的高级阶段，或者说是理想阶段。这个阶段的核心特征是把企业战略与品牌战略整合起来，建立品牌领导地位，以提升品牌价值为目的进行全方位管理。

（五）以终端市场建设为中心

为了接近客户，掌握市场的变化，强调以终端市场建设为中心来运作市场。简单来说，就是以批发商、零售商作为营销渠道的主要环节，通过资源共享、批量采购、统一配送等各种方法，减少中间环节，降低成本，在激烈的市场竞争中有更大的优势。制造商通过超大零售商，提高产品市场展示概率，尽可能多地让客户接触商品，提高终端竞争力。

第三节 供应链环境下分销商的定价管理

一、分销网络定价的结构框架

供应链分销网络（渠道）中的定价问题可比作“分馅饼”，即分销网络中每一层次的参与者都能获得总价格的一部分（总价格是由最终消费者支付的）以弥补其成本并得到令人满意的利润。表 3-11 中列出了一套标价为 10 元的吉他琴弦的分销网络定价结构，包括每一个参与者的成本、索要价格及毛利。这一结构是以对消费者实行按标价 75%折扣销售、对零售商实行按标价 50%折扣销售、对分销商实行按标价 34%折扣销售为基础的。这样消费者能以 7.5 元、零售商能以 5 元、分销商能以 3.4 元的价格购得该商品。假设制造商生产该商品的成本是 2.5 元。消费者支付的 7.5 元的最终价格建立在以下假设之上：零售商必须以这样的折扣销售产品，目的是适应当地的竞争情况。

表 3-11 一套标价为 10 元的吉他琴弦的分销网络定价结构

分销网络参与者	价格数据				
	交易折扣	成本（元）	加价（元）	基于销售价格的毛利率	基于成本的毛利率
制造商	—	2.50	0.90	26.5%	36.0%
分销商	34%	3.40	1.60	32.0%	47.1%
零售商	50%	5.00	2.50	33.3%	50.0%
消费者	75%	7.50	—	—	—

在制定价格策略时，制造商的分销网络（渠道）管理者必须了解分销网络价格的“黄金法则”。这一法则可以叙述如下：价格策略的制定仅以市场、内部成本和竞争因素为基础是远远不够的。对于拥有独立分销网络成员的企业来说，明确地分析价格策略如何影响分销网络成员的利益，是制定价格策略的一个重要组成部分。

因此，价格策略对分销网络成员的行为有重要影响。具体地说，如果分销网络成员认为制造商的价格与其利益一致，它们就可能提供更高水平的合作；如果制造商的定价策略缺乏对分销网络成员需求的认知，或者与它们的需求相悖，合作的水平就会降低，甚至会发生冲突。因此，在制定价格策略方面，分销网络管理者面临的主要挑战便是必须在制造商的价格策略制定中发挥作用，制定能够促进网络成员合作、使冲突最小化的价格策略。

如图 3-11 所示，分销网络管理者的注意力都放在与制定价格策略相关的分销网络分析上了。调查分销网络成员的看法并对其工作进行评估，就是分销网络管理者的工作。分销网络管理者应该对其成员对价格策略的看法保持敏感，或者予以特别关注。在任何时候，管理者都应该将分销网络成员对定价问题的看法当作制造商价格策略制定过程中不可缺少的一部分。如果能够做到这一点，价格策略实施后可能出现的问题便可以事先预料到，并有可能避免。

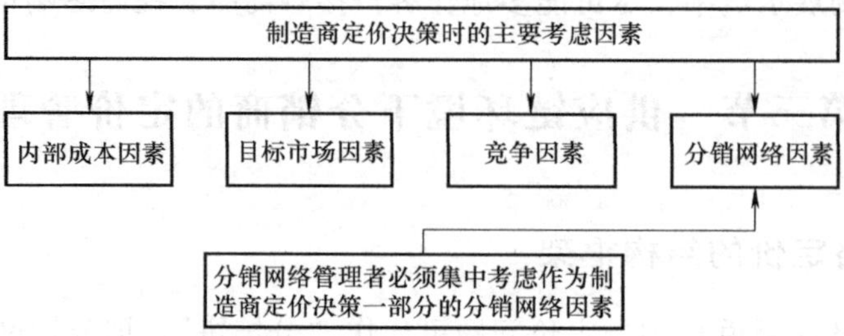

图 3-11　分销网络管理者在制造商定价决策中的作用

二、分销网络定价战略指导原则的制定

为了使定价战略有助于促进分销网络成员的合作，并使冲突最小化，有必要为定价战略决策提供一个基本的原则框架。指导原则如下：

（一）利润率

在供应链中，分销网络成员需要的利润率应该超过其经营成本。表 3-12 和表 3-13 分别给出了零售商和分销商的利润率及其他经营数据。在供应链中，分销网络成员通常不会经营收益不足以弥补成本、无利润可言的产品。长期以来感到制造商没有给其充分利润率的网络成员，可能会寻找其他供应商，或者建立和创设自有品牌。

表 3-12　零售商的利润率及其他经营数据

零售商类型	毛利率	经营费用率	税后净利润率
百货商店	39.6%	36.6%	1.3%
药店	25.8%	23.8%	1.3%
燃油	16.5%	14.2%	2.1%
家具	46.0%	45.5%	0.7%
加油站	9.5%	8.3%	1.2%
食品杂货店	37.9%	33.5%	3.2%
家用电器	33.5%	30.8%	2.9%
酒类	24.9%	20.6%	3.6%
流动收货点	30.3%	32.5%	1.9%
运动产品	36.5%	33.6%	0.7%
自动售货机	47.0%	44.7%	1.6%

资料来源：Compiled from Annual Statement Studies（Robert Morris Associates，2010）

表 3-13　分销商的利润率及其他经营数据

分销商类型	毛利率	经营费用率	税后净利润率
化工品	20.6%	16.4%	9.2%
乳品	18.2%	15.1%	2.7%
药品	33.9%	26.4%	5.5%
冷冻食品	15.3%	12.8%	1.7%

（续）

分销商类型	毛利率	经营费用率	税后净利润率
家具	28.2%	27.6%	-0.2%
谷物	9.4%	6.5%	3.0%
杂货	18.3%	16.1%	2.5%
珠宝	29.3%	28.4%	-0.3%
石油产品	6.8%	5.2%	1.4%
运动产品	28.9%	25.0%	1.7%
烟草和烟草产品	11.2%	6.8%	3.7%
葡萄酒、烈性酒和啤酒	25.6%	20.6%	4.6%

资料来源：Compiled from Annual Statement Studies（Robert Morris Associates，2010）

在供应链分销网络的价格分析中，制造商实际上是通过它们所提供的利润来“购买”分销服务的。如果这些利润同中间商所追求的不一致，从长期来看，制造商就不能在竞争的环境中有效获得后者的服务。因此，对于供应链分销网络的管理者而言，应该经常检查网络成员的利润结构，关注利润能否令其满意，同时也应对竞争环境的变化予以特别重视。

（二）分销商的不同级别

每一层次分销商的利润率应该按照分销商履行职能成本的大致比例而变化。在理想状况下，供应链分销网络的管理者愿意设定利润率标准，这样可以根据不同级别的分销商所执行的不同职能，直接按比例做出改变。然而，实际上没有多少制造商有能力利用成本会计数据来直接依据这一原则设定利润率标准。分销商、零售商及各种代理机构的利润率一般是由行业的传统惯例决定的。此外，应该对不同级别的分销网络成员所能得到的利润进行定期检查，渐进地改变。

在定期检查与利润相关的分销网络成员的服务时，还要注意在分销网络成员具体的级别排序中，是否存在一些引起纠纷的不公平因素。例如，像沃尔玛和麦德龙这样的大型家庭用品连锁零售商，对于制造商的产品，都要求并期望能够获得比分销商更低的价格。因此，沃尔玛和麦德龙及其他大型家庭用品连锁零售商名义上是零售商，实际上进行的是大批量采购。其履行的是一个分销商的职能，包括仓储、订单处理以及将货物运送到各个商店，因此，它们既是分销商也是零售商。

（三）竞争者的品牌

供应链分销网络成员经营竞争者的品牌产品可得到的利润率差别，应该维持在可容忍的限度内。如果用利润率作为比较标准，一个特定制造商的品牌与其他相关品牌相比明显处于不利地位，分销网络成员就不会投入太多的精力去促销该品牌产品。

在消费电子产品市场中站稳脚跟的制造商，依赖大量的广告和销售促进活动，建立了较强的消费者偏好，并在分销网络中引导着产品销售，因此，在零售层面上，零售商所做的地方性广告和强有力的人员推销，对于达到产品的高销量反而不那么重要了，此时相应地给予零售商较低的利润率也是可行的。

（四）特殊定价安排

特殊定价安排应该随相应的资金安排的变化而变化。制造商提供给分销网络成员的特殊定价安排有多种形式，包括高折扣、减免货款、免费商品、提高数量折扣以及其他形式。当然，这些特殊定价安排背后的目的都是在特殊促销期内刺激制造商产品销量的提升。然而，近年来这些特殊价格促销根据分销网络成员的期望变成了一种规范，大家逐渐认为这些价格促销不再是特殊的、暂时的，而是常态的，这样一来，分销网络成员就期望制造商能够定期且持续地提供特殊定价安排。

从制造商的角度来看，这些分销网络成员的期望不仅会产生分销网络定价问题，并且如果不间断的价格削减与品牌联系起来，还会破坏品牌价值。因此，供应链分销网络管理者在提供特殊定价政策时要综合权衡。

（五）利润率的惯用标准

任何类型的分销商所允许获得的利润率都必须符合惯用标准，如果不能提供给分销商公认的惯用利润率水平，则可能会使之产生严重的不满，从而导致分销商对某一品牌产品只给予有限的销售支持。因此，供应链分销网络成员之间认为是正常、公平、适当的利润率的坚定约定，使得制造商很难偏离惯用的利润率结构。不过，这并不意味着制造商必须遵守这一标准。即使分销网络成员认为很公平，出现例外也是有可能的；同样，制造商认为是合情合理的事情，在分销网络成员看来则可能不同。因此，分销网络管理者的任务就是努力向成员解释偏离标准的任何一项利润率的变化原因。

（六）不同款式产品的利润率变化

不同款式和风格的产品所引起的利润率的变化是普遍存在的，但必须围绕常规的商业利润率波动。制造商经常生产多种产品，其目的主要是与零售商建立贸易往来，或将其作为批发领域内“投石问路”的产品。这些产品一般是产品线上价格最低的，以及能为制造商和分销网络成员带来相对较低利润率的产品。一般而言，只要让分销网络成员确信优惠期间进行促销的价值，它们大多数会愿意接受销售这种产品带来的较低利润率。例如，汽车制造商经常宣传不同车型的低价位“简装版”，随后在经销商的展厅里进行销售。随着销售量的增长，经销商将有更多的机会说服潜在购买者去购买更高价位的车型或者“简装版”促销车型的选配件，而高价位车型和增加选配件的“简装版”促销车型的利润率是相当高的。

从分销网络成员的角度来看，很难认为那些明显低于标准水平且并非促销品的产品利润率水平是合理的，因而分销网络成员可能不愿意推销这些产品。实际上，在产品线上的所谓“陈货”，其中很大比例可能是那些只能给分销网络成员带来低利润率并缺乏促销诉求力的商品。因此，分销网络管理者应该试图去影响产品线的定价，以便只要有可能，就使用低利润率产品达到促销的目的。

（七）价格点

分销网络中的价格结构应该包括按主要价格点供应的产品。价格点通常是在零售层面上消费者所习惯的商品的特定价格，消费者期望能够以这个价位买到某种商品。价格点既能以极低的单位价值存在，也能以奢侈产品的极高单位价值存在。由于通货膨胀和技术进步，价格点会随着时间的推移向上或向下变动，如通货膨胀会使一杯咖啡的价格点急剧上升，而电子科技的进步则使个人计算机、电视等消费性电子产品的价格点急剧下降。分销网络管理者需要知道其成员期望以何种价格点销售产品，这有助于确保有这样的产品提供给分销网络成员。企业没有适合在受欢迎的价格点上销售的产品，会损害分销网络成员的销售量。例如，宝马公司制定的核心战略就是确保其经销商在尖端汽车的各个价格点上均有车型可以销售。

（八）产品差异

在一条既定的产品线内，当制造商为不同类型的产品制定价格时，必须慎重对待产品特征差异和价格差异的关系。如果价格差异不是基于明显的或重大的产品特征差异产生的，分销网络成员在销售时就会十分困难。因此，制造商最好从分销网络成员识别能力的角度来考虑产品定价，防止这类价格问题的出现。例如，如果价格为100美元和150美元的两种不同款式的产品特征不很明显，零售商可能会考虑是否应销售较低价格的那种款式的产品。

第四节　供应链环境下分销商的物流管理

对于分销商来说，从上游制造商处大批量采购货物需要仓库储存，以满足下游零售商的订货，安排运输。下面主要从仓储和运输管理两个方面展开论述。

一、分销商的仓储管理

（一）仓储管理的概念

“仓”也称为仓库，是指存放物品的建筑物和场地，具有存放和保护物品的功能。“储”表示收存以备使用，具有收存、保管、交付使用的功能。商品生产与商品消费之间时间、空间上的分离，企业多品种成批生产的特点，运输能力的制约等，都要求一定的商品储存。商品储存通过提供各种场所和设备来收储和保管商品，以满足商品供求、周转上的需要，实现生产与消费在时间上的衔接。“仓储”则为利用仓库存放、储存未即时使用的物品的行为。简言之，仓储就是在特定的场所储存物品的行为。

商品储存的基础是仓库。对于储存时间稍长的商品，都必须放进仓库，以防止风吹雨打、日晒夜露带来的自然损失，以及可能发生的被盗损失。于是，商品储存管理的重要内容之一是与仓库相关的管理，而不单是商品本身。努力使仓库的种类、规模、选址适合商品特点和企业分销战略的要求，对于保证分销渠道顺畅和正常运转具有十分重要的作用。

仓储管理的主要内容有三个方面：①仓库的管理，涉及仓库类型选择、仓库规模和数量、地址选择等；②商品储存定额的管理，即有关最高储存量、最低储存量、进货批量定额的制定与执行管理；③库存的管理，即订货组织、仓库的日常管理。

（二）仓库种类的选择

按不同的标准可将仓库划分为不同的类型，企业应根据自己的经济实力、营销战略及市场的特点，对仓库进行选择。

1. 按对仓库的所有权来分，可分为营业仓库与自有仓库

（1）营业仓库。营业仓库是指仓储企业投资建设和经营的，货主单位需要付费以取得其使用权才能使用的仓库。一般来说，营业仓库具有以下优点：①有货物需要保管时保证有场所，无货物需要保管时仓库场地不浪费；②有专业人员保管货物和进行出入库管理；③不需要建立仓库的资金，减少资金占用；④可以及时根据市场的变化变更仓库，比较灵活。但是，营业仓库需要较大的商品储存费用，而且功能相对单一，不便于企业增设其他某种辅助设备和服务功能。

（2）自有仓库。自有仓库是指货主单位自己投资建设和管理的仓库，其优点是：①可以设置本企业所需的特有设施；②能做到对客户服务周到；③依靠机械化，节省劳力；④能

综合处理收货、保管、出货，能作为流通仓库使用。但是，建立自有仓库需要一笔较大的建设资金，此外还要培训和管理有关的仓库人员。

使用自有仓库还是营业仓库，应考虑企业的业务、产品的特点，以及仓库的使用方法、频率等方面的要求。

2. 按仓库作用为标准来分，可分为保管仓库和流通仓库

（1）保管仓库。保管仓库只对货物进行一般的储存、保管。

（2）流通仓库。流通仓库是面对厂商的仓库，是集中客户需求进行经营的仓库。相对保管仓库而言，流通仓库能实现货物的迅速发送。它具有以下优点：①建立迅速发送体制，加强企业销售；②能适应大量生产商品的输送，使工厂到流通仓库之间进行大量定型的计划发送成为可能，可以降低输送费用；③具有先进的情报网，能迅速准确地掌握流通过程中的库存情况，防止库存过剩或存货不均的情况发生；④流动仓库作为销售据点，确立了生产厂商直接销售体制，省略了中间流通过程，有利于成本管理。

（三）仓库规模及位置的确定

仓库规模是指仓库能够容纳的货物的最大数量或总体积（总面积）。直接影响仓库规模的主要因素是仓库的商品储存量，商品储存量越大，则仓库规模也应越大；另外，商品储存的时间或商品周转的速度也影响仓库规模，在储存量不变的前提下，周转速度越快，所需仓库规模就越大。

仓库位置的选择比较困难，除了从运量、运距、运费出发选择仓库的位置外，还要综合考虑以下问题：

（1）客户条件。首先要考虑客户的地理分布。如果客户集中于某个地方或者分布于某个区域，在那里设立仓库就能够达到理想的效果。其次要考虑客户的需求及未来是否发生变化。

（2）自然地理条件。该地区是否可能设置物流中心？有无特殊的阻碍其建设的水文、地质、气候等自然条件？

（3）运输条件。该地区可以采用哪些运输方式？适合哪些运输工具？装运和卸载服务是否全面？成本有多高？

（4）用地条件。地价是否合理？

（5）法律制度条件。是否符合法律、规定等？

显然，只有客户密集分布、交通与装运条件方便、地价低廉等主要条件得到满足的地方，才是适合设置仓库的地方。

（四）仓储定额管理

仓储定额是指在一定条件下，根据商品供应能力、运输条件和销售需要，为保证正常销售，所制定的商品储存数量或者时间的标准。企业在经营过程中究竟需要多少储存定额，是仓储管理中一个比较复杂和困难的问题。储存定额过小，导致商品脱销，不能及时满足客户的需求；储存定额过大，又会造成库存商品积压，影响企业资金周转，增加流通费用。

1. 储存定额的表现形式

（1）最高储存定额。最高储存定额是对商品储存数量允许达到的最高水平所做的规定。进行这个规定的主要目的是防止仓库储存过多，以提高仓库利用效率。如果储存过多，既占用资金，又给仓库管理和利用带来不便。

（2）最低储存定额。最低储存定额是对商品储存数量允许达到的最低水平所做的规定。进行这个规定是考虑到商品销售具有连续性而供货是间断的，为了防止在组织进货的过程中出现商品脱销，必须保证最低储存定额的商品数量。

（3）保险储存定额。保险储存定额是为了防止商品需求非正常变动造成的影响、避免商品脱销、保证连续销售而建立的商品储存。商品需求非正常变动主要包括自然灾害造成的对某种商品需求的突然增加、政治或社会性突发事件对商品需求带来的影响、商品新用途的发现所引起的需求增加等。

（4）经常储存定额。经常储存定额是企业满足日常销售或生产需要的商品储存量，通常称为周转储存定额。

（5）平均储存定额。平均储存定额是指平均库存量其计算公式为

$$平均储存定额=经常储存定额/2+保险储存定额$$

（6）进货批量定额。进货批量定额是指每次订购的商品数量。在订购的货物进入仓库之前，仓库储存定额通常不断降低至最低储存定额；在货物入库后，商品的仓库储存量迅速上升，达到最高储存定额。

（7）进货隔期定额。进货隔期定额是两次订货之间的时间间隔定额。其计算公式为

$$进货间隔期定额=\frac{进货批量定额}{日均销售量}$$

（8）订货提前期。订货提前期是指组织订货过程中，从发出订单到最后货物入库、可供销售为止，全过程所用的时间。它是考虑到订货周期的影响，在有关商品的经常储存定额用完之前就采取订货行为的提前时间。提前订货，必须分析客户需求的连续性、日均销售量，以及从发出订单到收到货物的各种活动所需要的时间。

部分商品储存定额，既可以商品数量的形式来制定，也可以商品储存时间的形式来规定。例如，某种商品的最大库存期限、最小库存期限。

2. *储存定额的控制方法*

控制商品储存定额的目的，是以最低的成本建立满足生产和销售需要的库存。常用的储存定额控制方法有定量进货控制法、定期进货控制法及 ABC 分类库存控制法。

（1）定量进货控制法。定量进货控制法是指以商品经济进货批量和安全订货量为基础的储存定额控制方法。具体操作方法是，当储存量降低到订货点水平时，按经济进货批量开始订购商品，补充库存。订货开始的时间是不确定的。

定量进货控制法首先要确定商品经济进货批量（订货量）和订货点储存量。订货点储存定额包括进货前周转储存定额和保险储存定额两部分。其中，进货前周转储存定额是指发出订单后，在新的一批商品可供销售之前，维护正常销售所必要的商品储存量。其数量等于日均销售量与订货周期的乘积，即

$$进货前周转储存定额=日均销售量\times订货周期$$

同时，为了防止商品脱销，避免资源浪费，还需要确定一个保险储存定额。

定量进货控制法所确定的订货点储存量可用下式计算：

$$订货点储存量=订货周期\times日均销售量+保险储存定额$$

每次订购或进货数量等于经济进货批量。图 3-12 可以进一步直观说明定量进货控制法的工作原理。

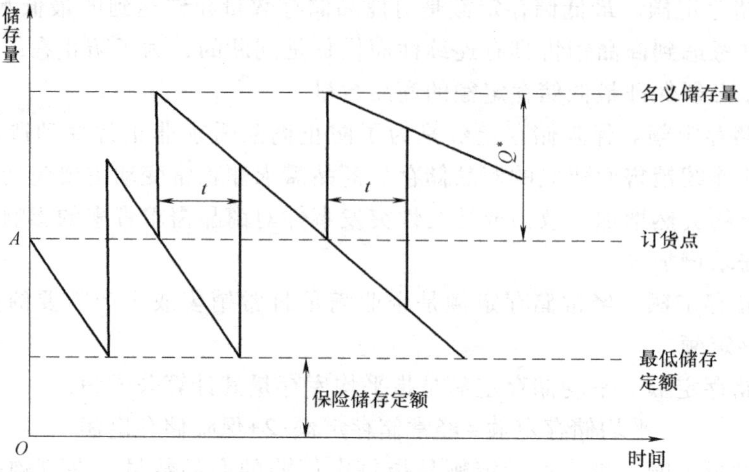

图 3-12　定量进货控制法

在图 3-12 中，企业规定了一个订货点储存量 A。当仓库储存量降至订货点水平 A 时，开始按经济进货批量订货。在所订购的货物尚未进库之前，仓库储存量持续降低。由于正确地估计了订购周期（即从发出订单到货物入库为止的时间），因而在正常周转储存定额即将用完时，新订购的货物入库，增加商品储存量。上方的虚线表示名义储存量，它是由订货活动引起的。在商品实际入库以后，名义储存量等于实际商品储存量，因而出现实线与虚线有交点的情况。

（2）定期进货控制法。定期进货控制法是以销售周期为基础的库存控制方法，进货周期和进货时间预先确定，商品储存量要根据库存情况临时确定。在定期进货控制法中，要在规定的日期，通过实际盘点计算商品储存量，然后根据具体库存情况，发出订单。定期进货控制法对每种商品都规定了最高储存定额。在事先确定的检查时间检查库存，只要低于最高储存定额就发出订货单，补充库存。工作原理如图 3-13 所示。

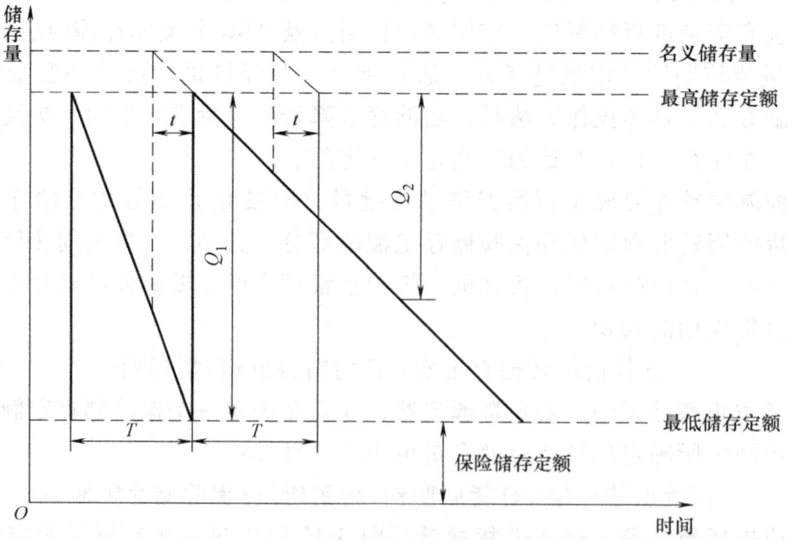

图 3-13　定期进货控制法

在图 3-13 中，T 为平均每批货物的销售周期，即任意相邻两次订货之间的时间间隔是固定的，但每次订货的数量是变化的，订货的数量取决于最高储存定额与名义储存量之差。计算公式如下：

商品订购数量=最高储存定额−名义储存量+订货周期×日均销售量

最高储存定额=销售周期×日均销售量

在定期进货控制法中，最重要的是确定最高储存定额和销售周期。最高储存定额可以按上面的公式计算确定。销售周期则可以参考经济进货批量求得的进货间隔期，并根据每一商品的经营特点和货源情况，适当延长或缩短。

定期进货控制法与定量进货控制法相比，缺点是一般库存水平较高，在确定保险储存定额时，需要考虑整个检查期的需求变动情况。

（3）ABC 分类库存控制法。ABC 分类库存控制法，是采用按一定指标（如销售量、配送中心的出货量、进货量等）对商品进行分类的方法。例如，根据每年销售额的多少，按各品种销售额指标的大小依次排列，并分别计算各品种销售额占总销售额的比例，再按大小顺序排列并累计相加，然后描绘出这些品种的两种累计率的对应图。该图中的曲线称为 ABC 曲线，如图 3-14 所示。根据图中曲线倾斜的变化程度，可将斜率最陡区域的品类群定为 A 群，A 群的销售额约占全部销售额的 70%。然后在次分类的基础上，按照 A、B、C 群的顺序寻求不同的管理对策。

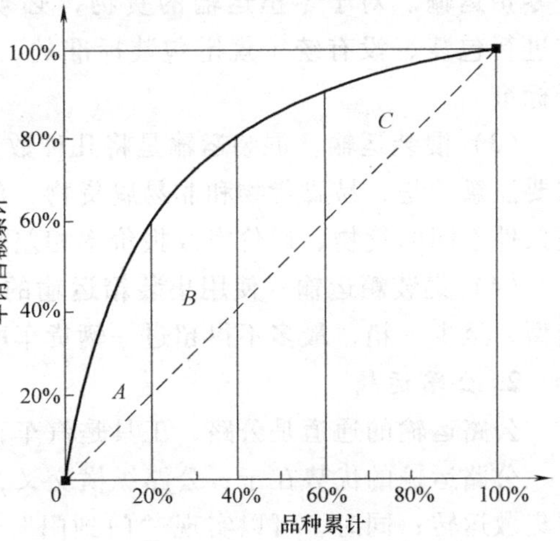

图 3-14　ABC 曲线示意

二、分销商的运输管理

商品运输是指企业利用各种运输工具以实现商品在空间中的移动。运输管理是商品分销中物流管理的主要内容，它关系到客户需要的商品能否及时、安全、低成本地转移到客户手上。运输管理的主要职能是选择合适的运输方式和运输方案，并安排和执行运输计划。运输管理应贯彻以下五项原则：

（1）快捷：用最短的时间、最快的速度将货物送达目的地。

（2）准确：实物与订单相符，防止少发、多发。

（3）安全：保证货物、运输工具和工作人员的安全，控制损耗。

（4）节省：控制、降低运输成本。

（5）完整：保证货物的品质和外形不受损。

（一）商品运输方式的选择

商品的运输方式主要包括铁路运输、公路运输、水路运输、管道运输和航空运输。

1. 铁路运输

铁路运输是最主要的货运方式之一。其特点是运量大，运输成本低，速度快，安全可靠，受气候和自然条件的影响较小，在货物运输中具有较高的连续性和准确性。其缺点是线路和车站固定，机动灵活性差，待运时间较长，在车站的到发编解作业比较复杂，货物易损坏。铁路运输可分为整车运输、零担运输、混装运输和集装箱运输。

（1）整车运输。整车运输是指根据被运输商品的数量、形状等因素，选择合适的车辆，以车厢为单位的运输方法。在确定运输种类时，首先应考虑是否具备整车发运的条件，凡能整车发运的，尽量采用整车发运。整车货物每车为一批，一批托运的货物必须发货人、收货人、到站、发站和装卸地点相同。整车运输的处理绝大部分在车站货场进行，有铁路专用线的企业及仓库也可在企业或仓库进行。整车运输的车辆一般都由铁路部门提供，而一些专用车辆（油罐车、邮车等）由企业自备。

（2）零担运输。零担运输又称小件运输，这种运输方法在待运量少而不够一个整车装载量时采用。需冷藏、保温或加温的货物、危险货物、易污染货物等，按规定不能进行零担运输。对于零担运输的货物，必须按照运输部门的要求，根据国家标准或专业标准进行包装，没有统一规定包装标准的，发货人应与车站共同研究制定货物运输包装暂行标准。

（3）混装运输。混装运输是将几种数量不大的货物拼装在一起，组织整车运输的方式。需要注意的是，易腐货物和非易腐货物、危险货物和非危险货物、相互产生影响的货物、运输条件不同的货物、运价率或报价率相差较大的货物，不能进行混装运输。

（4）集装箱运输。使用集装箱运输的货物，以每张货物运单为一批，每批必须是同一箱型，至少一箱，最多不得超过一辆货车所能装运的箱数。

2. 公路运输

公路运输的通道是公路，工具是汽车，又称为汽车运输。

公路运输的优势在于：公路纵横交叉，汽车四通八达，且机动灵活，尤其是对于短途货物集散运转；同时，可以实现“门到门”运输。此外，公路运输还是对其他运输方式的补充，即其他运输方式（如车站、码头、机场）的货物集散都离不开公路运输。

公路运输的缺点是运输能力小，不适宜装载体积过大、质量过重的物品，受道路和气候条件影响比较大，在车辆运输过程中震动较大，尤其是在路况较差的条件下，很容易造成货物损坏、丢失，成本费用较水运和铁路运输要高，超过一定的运输距离，运费会明显增加。一般来说，小批量、短途的货物运输靠公路。

3. 水路运输

水路运输的通道是海、江、河等，工具是船舶。水路运输包括海上运输和内河运输。水路运输的优点主要是运输成本低、耗能少、运输能力大。其缺点是运输速度慢，受到水域、码头、港口、船期等条件的限制，不能直接抵达收货单位，必须由港口中转，并且受季节、气候等自然条件的影响较大。一般来说，对于运输体积大、价值低、不易腐烂的产品，如沙、煤、粮食、矿产、石油等，水路运输是一种极为经济、合理的运输方式。

4. 管道运输

管道运输是借助高压泵的压力推动货物在管道内向目的地输送的运输方式。管道运输具有迅速安全、货损货差小、成本低、管理较简单、不受地面气候条件影响、可连续作业等优点。管道运输具有高度的专业性和专用性（只适合运输诸如石油、天然气、化学品、水煤浆等气体和液体），以及固定资产投资大、机动灵活性差（只能单向运输）等局限性。一般来讲，管道大都由管道所有者用来运输自有产品，不提供给其他发货人使用。我国的管道运输目前多用于运输原油和天然气。

5. 航空运输

航空运输在商品运输中所占比重较小，但其重要性越来越明显，适合那些体积小、价值高的贵重物品（如科技仪器、珠宝等）、鲜活商品（如鲜花、活鱼、珍贵动物等），以及要求迅速交货或要经过长距离运输的商品。航空运输的优点主要是速度快，安全可靠，能缩短货物在途时间，确保货物质量完好。其缺点是运输能力小，成本高，灵活性差。因此，除少量、高级、急需运输的货物外，航空运输的使用范围较小。

（二）影响运输方式选择的因素

上述运输方式各有优点和缺点，在决策采用何种运输方式时，企业必须结合自身的经营特点、商品性能、市场需求的轻重缓急程度，对各种方式的运载能力、速度、频率、可靠性、可用性和成本等因素做综合考虑和合理筛选。一般来讲，应重点考虑以下因素：

1. 商品性能特征

商品性能特征是影响企业选择运输方式的重要因素。一般来讲，粮食、煤炭等大宗货物，适宜选择水路运输；水果、蔬菜、鲜花等鲜活商品，电子产品，宝石，以及节令性商品等，适宜选择航空运输；石油、天然气、水煤浆等，适宜选择管道运输。

2. 运输速度和路程

运输速度的快慢、运输路程的远近决定了货物运输时间的长短。而在途运输货物犹如企业的库存商品，会形成资金占用。因此，运输时间的长短对能否及时满足销售需要、减少资金占用有重要影响，运输速度和路程也是选择运输方式时应考虑的一个重要因素。一般来讲，批量大、价值低、运距短的商品适宜选择水路或铁路运输；批量小、价值高、运距长的商品适宜选择航空运输；批量小、距离近的商品适宜选择公路运输。

3. 运输能力

运输能力一般以能够应对某一时期的最大业务量为标准。运输能力的大小对企业分销影响很大，特别是一些季节性商品，旺季时会使运输达到高峰状态，若运输能力小，不能合理、高效率地安排运输，就会造成货物积压，不能及时将商品送往销售地，进而使企业错过销售良机。

4. 运输密度

运输密度，包括各种运输工具的班次，如车、船、飞机的班次，以及各班次的间隔时间。运输密度对于商品能否及时运送，以及争取客户、及时满足客户需要和扩大销售至关重要，因此是影响企业运输决策的一个重要因素。企业在选择运输方式时，必须了解各种运输工具的运输密度，以尽量压缩商品的待运期，抢时间、争速度，加快货物运输。

5. 运输费用

企业开展商品运输工作，必然需要一定的财力、物力和人力，对各种运输方式的运用都要支出一定的费用。因此，企业进行运输决策时，要受其经济实力和运输费用的制约。例如，如果企业经济实力弱，就不宜使用运费高的运输方式，如航空运输，更不可能自设一套运输机构来进行商品运输。

6. 需求的缓急程度

在某些情况下，市场需求的轻重缓急程度也决定着企业选择何种运输方式。例如，对于急需的商品（特效药、新鲜食品等）必须选择速度快的运输方式，如航空或汽车直达运输；

反之，则可选择成本较低而速度较慢的运输方式，如水路运输等。

（三）商品的合理运输

所谓合理运输，是指在实现物质产品实体从生产地转移至消费地的过程中，充分有效地运用各种运输方式的运输能力，以最少的人、财、物消耗，及时、迅速、按质、按量和安全地完成运输任务。合理运输的标志是运输距离短、运输环节少、运输时间短和运输费用低。组织合理运输，不仅可以节省运输能力，挖掘运输潜力，提高运输效率，缓和运输紧张状况，而且可以减少装卸次数，减少货物途耗，节约运输费用，加速商品流转，使社会商品储备量相对减少，提高社会的经济效益。

本章内容结构图

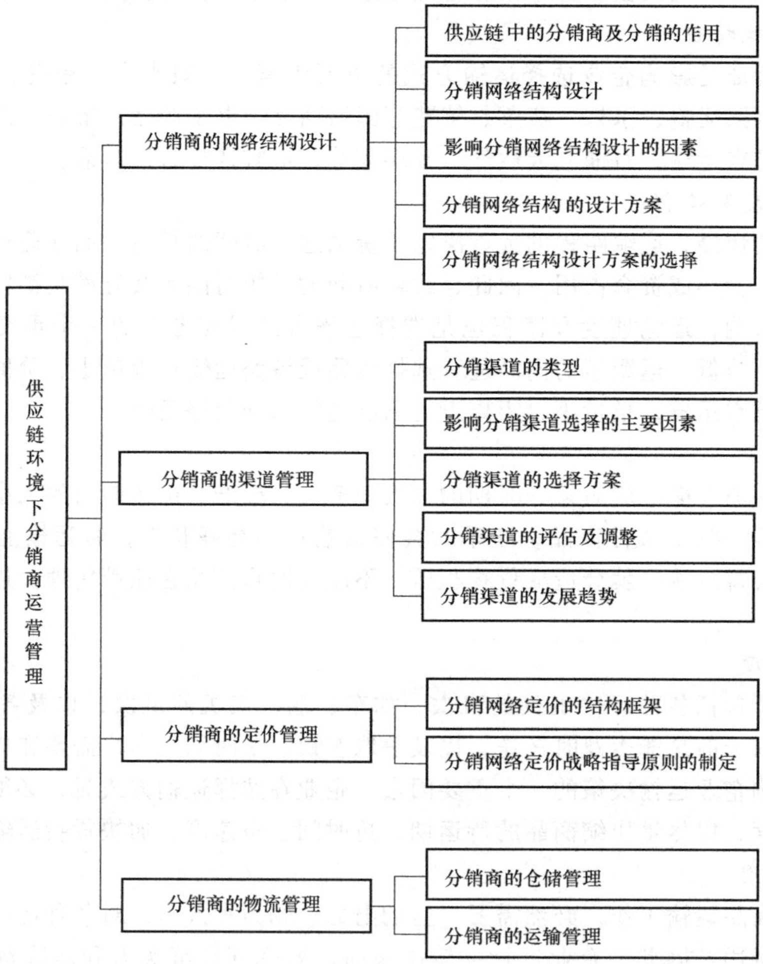

本章重点概念

分销　分销网络结构设计组织　响应时间　客户体验　运输成本　设施成本　直送模式　总物流成本　分销商存货+到户交付　直接渠道　间接渠道　单渠道　多渠道　网络营销

渠道一体化　营业仓库　流通仓库　仓储定额　运输管理　铁路运输　水路运输　公路运输　管道运输　航空运输

课后习题

1. 分销网络结构设计的标准有哪些？
2. 影响分销网络结构设计的因素有哪些？
3. 如何理解分销网络结构的各种设计方案？
4. 影响分销商分销渠道的因素有哪些？
5. 定量进货控制法和定期进货控制法有什么不同？
6. 运输管理的基本原则有哪些？
7. 公路运输的优点及缺点有哪些？

本章实训任务

具体见后面的实训任务一和实训任务二。

实训任务一　供应链分销商运营管理方案设计

供应链分销商运营管理方案设计任务书	
任务目标	通过对供应链分销商运营管理方案进行设计，学习者能够运用所学的供应链管理相关知识，解决分销商运营中的需求预测、分销网络规划、设施选址、规模选择、品类管理、采购管理、销售管理、库存控制、仓储与运输服务等经营决策问题
任务成果	供应链分销商运营管理方案
任务要求 （人机对抗模式）	近年来，随着生活水平的不断提升，人们对生活质量的追求也日益提高。随着家电行业步入智能化时代，像冰箱这样的传统白色家电产品开始重新焕发生机，智能冰箱成为现代家庭中不可或缺的标配用品。这也使得冰箱产品的市场竞争日益激烈。为此，作为一家位于上海的智能冰箱分销企业的经营者，你将如何把握商业机会并有效地利用资源开展业务，以期在激烈的市场竞争环境下取得良好的经营绩效呢？ 任务要求： 1. 市场需求预测：根据供需市场相关调研数据，选择合适的预测方法进行需求预测（竞争对手 NPC 数量为 5） 2. 产品定位：识别并确定商业机会——智能冰箱 3. 企业定位：根据市场中竞争对手的数量和需求预测结果，选择合理的企业规模和分销设施位置，并进行相应的固定资产投资 4. 分销网络规划：设计合理的分销渠道网络（线上、线下） 5. 产品计划制订：制订产品组合计划和产品采购计划 6. 供应商选择：根据产品组合计划和产品采购计划，合理选择供应商 7. 采购策略制定：定期订货采购策略、定量订货采购策略 8. 产品销售决策：商品定价和价格调整决策 9. 订单管理：订单接受和执行决策 10. 物流服务选择：选择合适的仓储与运输物流服务商 11. 风险预案制订：针对供应商供货不足、库存堆积、客户合同超期等运营风险制订相应的防范预案

（续）

供应链分销商运营管理方案设计任务书	
任务要求 （人人对抗模式）	近年来，随着生活水平的不断提升，人们对生活质量的追求也日益提高。随着家电行业步入智能化时代，像冰箱这样的传统白色家电产品开始重新焕发生机，智能冰箱成为现代家庭中不可或缺的标配用品。这也使得冰箱产品的市场竞争日益激烈。为此，作为一家位于上海的智能冰箱分销企业的经营者，你将如何把握商业机会并有效地利用资源开展业务，以期在激烈的市场竞争环境下取得良好的经营绩效呢？ 任务要求： 1. 市场需求预测：根据供需市场相关调研数据，选择合适的预测方法进行需求预测（竞争对手数量为进入本任务的人员数量） 2. 产品定位：识别并确定商业机会——智能冰箱 3. 企业定位：根据市场中竞争对手的数量和需求预测结果，选择合理的企业规模和分销设施位置，并进行相应的固定资产投资 4. 分销网络规划：设计合理的分销渠道网络（线上、线下） 5. 产品计划制订：制订产品组合计划和产品采购计划 6. 供应商选择：根据产品组合计划和产品采购计划，合理选择供应商 7. 采购策略制定：定期订货采购策略、定量订货采购策略 8. 产品销售决策：商品定价和价格调整决策 9. 订单管理：订单接受和执行决策 10. 物流服务选择：选择合适的仓储与运输物流服务商 11. 风险预案制订：针对供应商供货不足、库存堆积、客户合同超期等运营风险制订相应的防范预案

实训任务二　供应链分销商运营管理方案实施

一、任务选择

双击桌面ITP图标进入用户登录界面，输入用户账号和密码（默认密码与账号一致），单击【登录】按钮，登录ITP一体化教学管理平台，如图3-15所示。在【我的课程】模块单击【“供应链管理”理实一体化课程】→【项目一 供应链企业运营管理】→【子项目三 供应链分销商企业运营管理】→【任务三 供应链分销商运营方案设计与实施】，并在右侧单击【供应链分销商企业运营管理方案实施（单人）】，单击【进入任务】按钮，如图3-16所示。

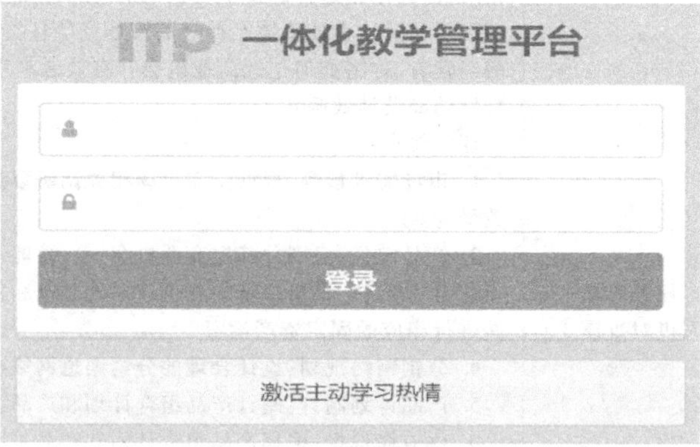

图3-15　登录界面

二、任务实施

1. 集团企业注册

集团企业注册，具体操作方法参考第一章“实训任务二 供应链企业运营管理调研方案实施”，这里不再赘述。

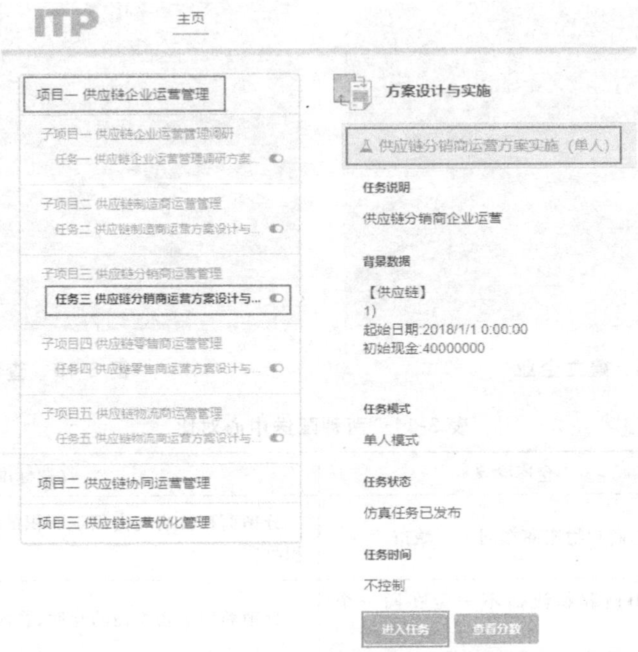

图 3-16　任务选择

2. 冰箱市场需求预测

市场需求预测是分销企业改善经营管理的重要措施。以冰箱产品历史销售数据为依托，应以合适的方法对冰箱产品的未来市场需求进行预测。

备注：市场需求曲线数据可能会根据系统人数做出调整，请以系统数据为准。

单击【市场信息】→【产品供需信息】→【产品名称：冰箱】，如图 3-17 所示。

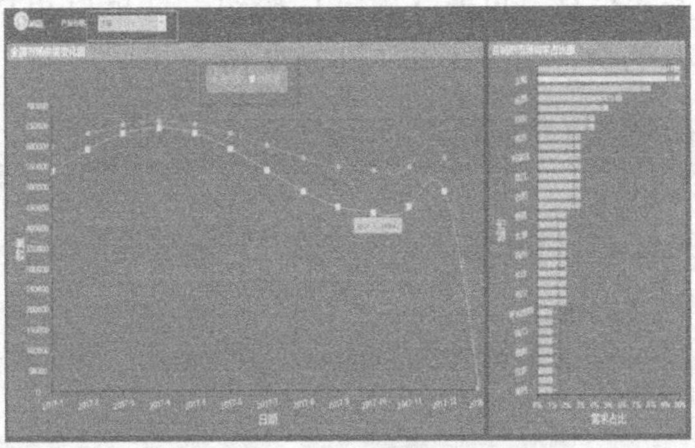
图 3-17　冰箱市场需求预测

3. 建立企业

（1）根据冰箱市场需求预测情况和分销商各类型工厂所需资金，进行企业战略规划、规模规划、选址规划等。这里以“Ⅰ型分销商”为例，如图 3-18 所示。（默认已进行市场需求预测，定位Ⅰ型分销商，选择 1 环建立企业）

“项目一”中，不同地段，土地使用成本不尽相同。地段的环数越靠前，市场需求相对越大，与之相对应的土地使用成本越高。请根据企业战略选择合适的区域建设企业。

（2）查看企业。鼠标右键单击分销商企业工厂建筑物，单击【进入】按钮，进入工厂内部，如图 3-19 所示。

4. 库存业务管理

分销商主营业务为产品分销，必须向第三方物流服务商租赁仓库，进行产品储存。

第三方物流服务商可租赁仓库包括同城配送中心和区域配送中心。两种配送中心对比如表 3-14 所示。

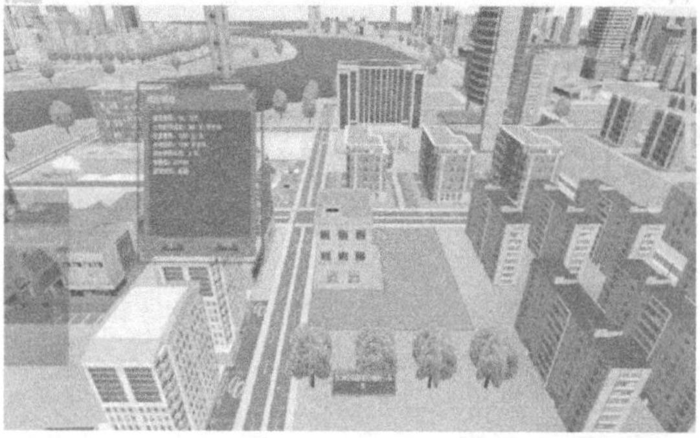

图 3-18　建立企业

图 3-19　查看企业

表 3-14　两种配送中心对比

仓库类型	仓库含义	收费标准
同城配送中心	分销商和物流商在同一个城市	分销商租赁物流商固定面积的仓库，物流商按照租赁面积收费
区域配送中心	分销商和物流商不一定在同一个城市	分销商租赁物流商的仓库，物流商按实际使用面积收费

单击【库存】→【增加仓库】，选择“同城配送中心”或者“区域配送中心”，输入合作时长等信息，单击【确定】按钮。这里以租赁为期 365 天、面积 2000m^3 的“同城配送中心”为例，如图 3-20~图 3-22 所示。

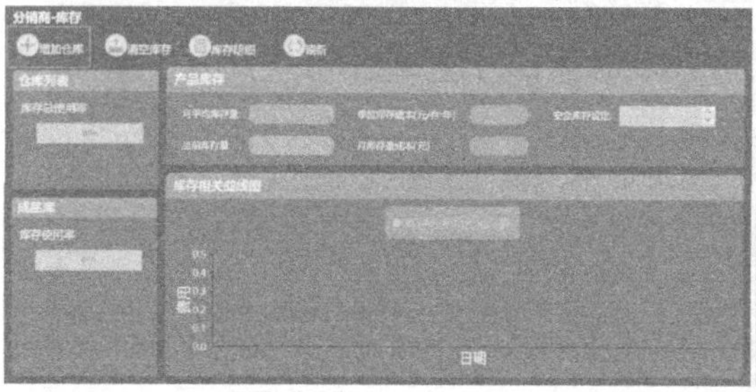

图 3-20　仓库租赁

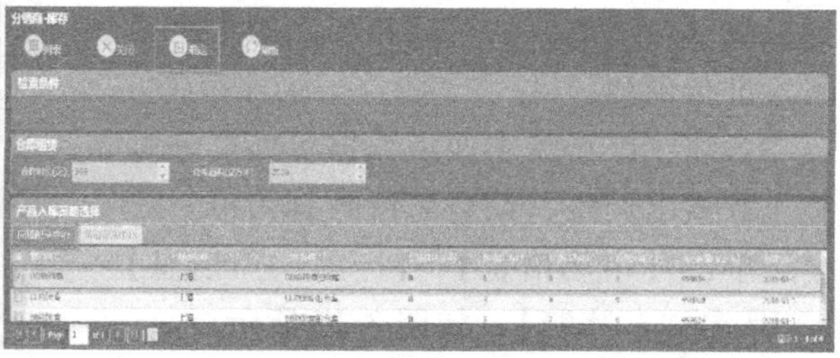

图 3-21　仓库租赁

5. 采购业务管理

（1）选择供应商。根据企业产品定位和各供应商所在城市、产品品质及价格等因素选择供应商。

单击【采购】→【选择供应商】，鼠标左键双击选择供应商。这里定位高端产品，以“冰箱（AA 制造商）”为例，如图 3-23 和图 3-24 所示。

（2）采购策略制定。选择供应商，制定采购策略。系统支持两类采购策略，分别为自动采购和手动采购。自动采购又分为定量采购、定期采购和供应商库存管理（VMI）。这里以定期采购为例。假设订货周期 4 天，最高库存量 1000 件。勾选“定期订货法”，输入订货周期和最高库存量（此处数值需依据企业的经营规模设定），单击【设定】按钮，如图 3-25 所示。

图 3-22 查看仓库租赁合同

图 3-23 选择供应商（一）

图 3-24 选择供应商（二）

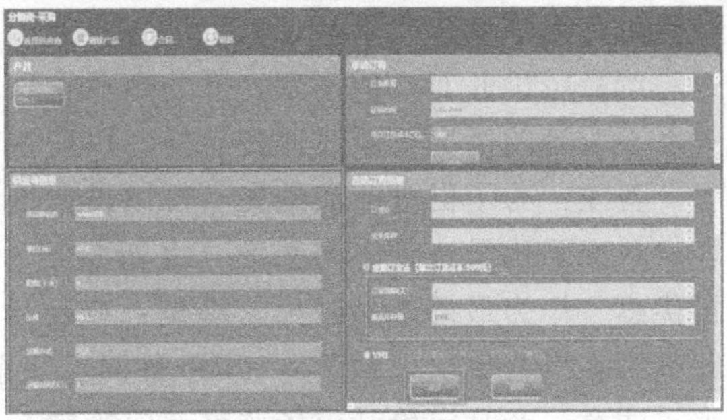

图 3-25 定期采购

（3）采购协议合同签署。制定采购策略，签署采购协议。单击【签约】按钮，选择“合作时长”，设置“订单响应天数”和订单首付比例，单击【下一页】按钮，选择“仓库”和“合同开始日期”，根据企业经营策略决定是否勾选“接受提前送货”和设置“违约金”单击【签署】按钮。这里举例合作时长为 1 年，订单响应天数为 4 天，订单首付比例为 10%，合同开始日期：2018 年 1 月 4 日，不接受提前送货，不设置违约金，如图 3-26 和图 3-27 所示。

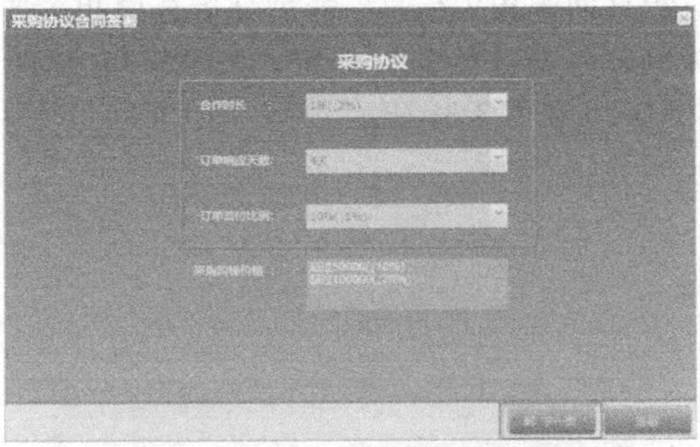

图 3-26 采购协议合同签署（一）

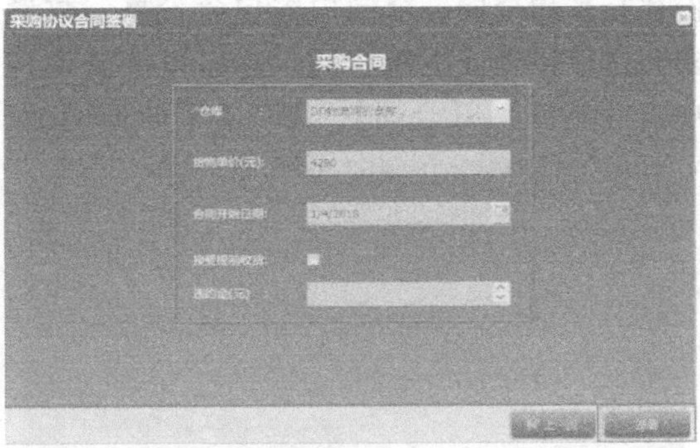

图 3-27 采购协议合同签署（二）

注意：对于分销商而言，制造商企业作为供应链上游合作企业，签署采购协议时，合作时长、订单首付比例、合同开始日期、接受提前收货、违约金等项目可根据经营策略有的放矢决定。

完成冰箱采购业务后，运输业务由制造商选择第三方物流承运商完成，系统时间到达合同开始日期后，按照采购策略将相应数量的冰箱运输储存至已租赁仓库。

6. 销售业务管理

根据冰箱采购成本、企业盈利目标等对冰箱进行不同销售渠道的定价。单击【销售】→成品库【冰箱（AA制造商）】，设定合同客户（线下企业客户）报价，设定电子商城（线上电商消费者）报价，单击【保存】按钮，如图3-28所示。这里举例合同客户报价为4800元，电子商城报价为5500元。（注意：根据销售策略进行电子商城报价，无强制性要求）

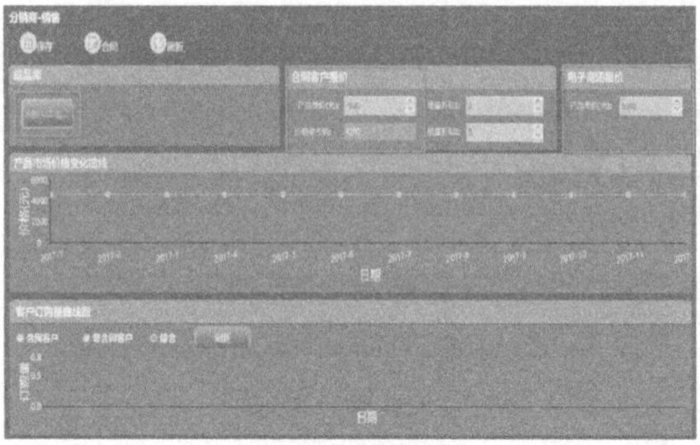

图3-28　产品定价

产品定价并非一成不变，作为企业管理者应该时刻关注市场上产品的供需关系，在供需关系不对等的情况下及时调整价格，以期在市场竞争中获得价格竞争力。

备注：为了促进产品销售，可以设置批量折扣，即给予下游客户一定折扣的优惠。下游客户单次采购量达到采购基准（九折量线）时，当前企业在合同客户报价的基础上进行九折优惠，作为最终产品报价。举例：产品单价为2000元/件，批量折扣1设定为10000件，即下游客户若单次采购量≥10000件时，当前企业最终报价为2000元/件×0.9=1800元/件。

注意：产品定价受市场监督部门管制，并且限定最高定价和最低定价，请在合理范围内定价。

7. 销售合同执行管理

（1）接受销售合同。分销商企业接受并执行下游客户的采购合同才能获得收益，实现企业的盈利目标。

下游零售商客户通过分析市场上提供相同产品的不同价格、品质、品牌等因素的分销商企业，选择合适的分销商企业作为合作伙伴。

这里以分销商和零售商之间的采购合同执行过程为例。下游客户“CC零售商”发来一份冰箱采购合同，合同内容包含价格、数量、交货日期等相关信息。通过分析合同相关要求，选择接受或拒绝合同。这里以接受该合同为例，单击【接受】按钮，如图3-29所示。单击【销售】→【合同】，即可查看合同明细，如图3-30和图3-31所示。

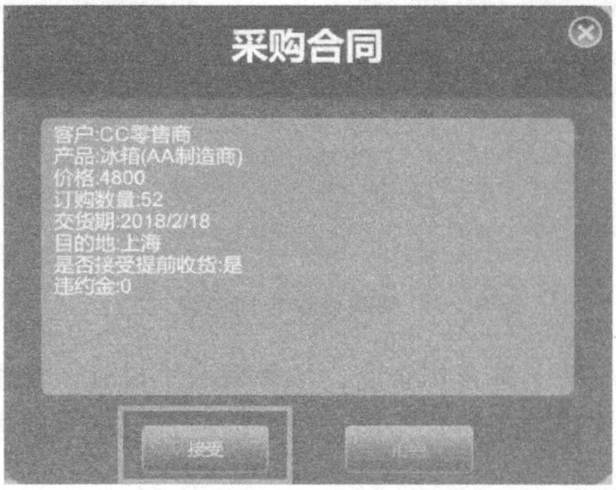

图3-29　接受合同

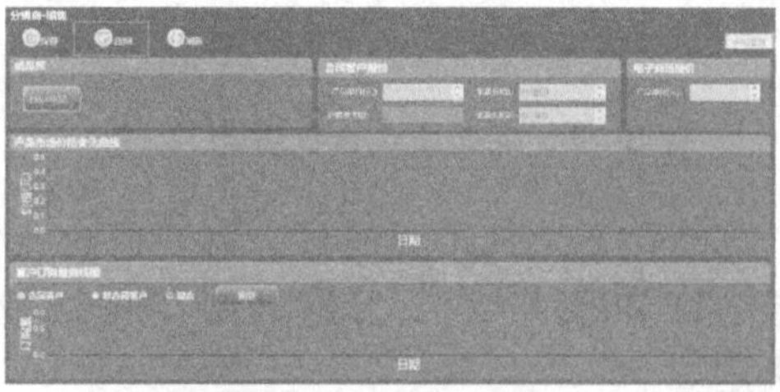

图3-30　查看合同（一）

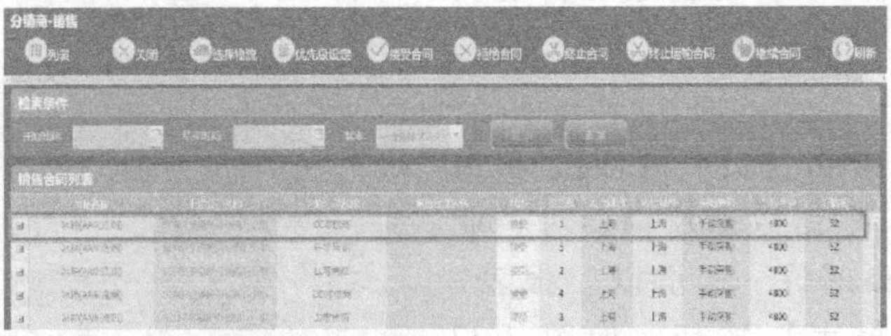

图 3-31　查看合同（二）

（2）选择第三方物流服务商。勾选合同，单击【选择物流】，选择“CC 物流商”，勾选“当日达”，单击【确定】按钮，如图 3-32 和图 3-33 所示。

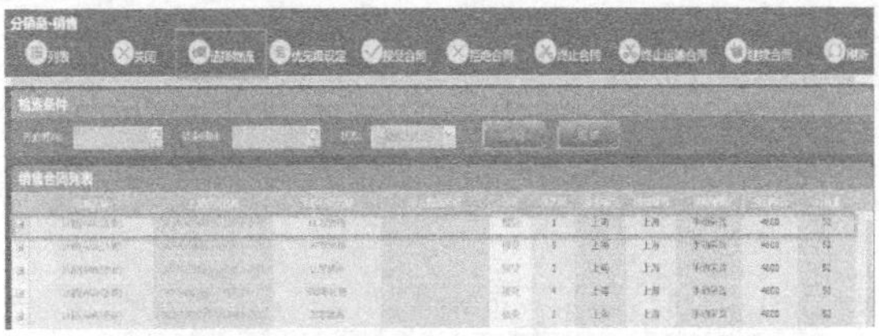

图 3-32　选择第三方物流服务商（一）

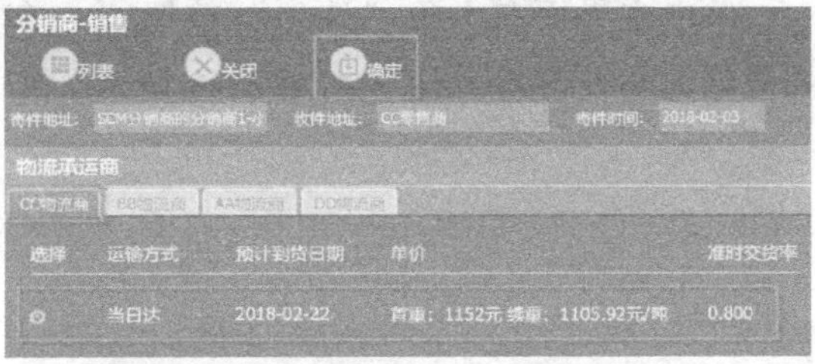

图 3-33　选择第三方物流服务商（二）

该合同状态由“接受”更新为“有效”，即表明该物流服务商已接收运输请求，正在准备执行运输。

分销商和零售商之间的采购合同执行过程已经完成，只需等待第三方物流服务商完成承运任务。

8. 财务业务管理

（1）财务明细。单击【财务】→【财务明细】，选择“日期”，即可查看特定日期的财务明细，如图 3-34 所示。

图 3-34　财务明细

（2）资金明细。单击【财务】→【资金明细】，即可查看每笔经济业务的资金明细，如图 3-35 所示。

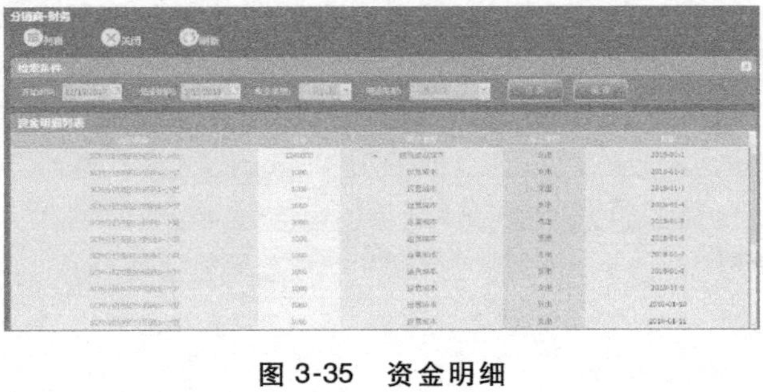

图 3-35　资金明细

9. 供应链绩效管理

（1）数据分析。返回 3D 虚拟仿真环境主界面，单击【数据分析】按钮，单击任意数据分析指标，根据数据反馈，对企业经营情况进行总结和评价。这里以“运营成本”为例，如图 3-36 所示。

图 3-36 数据分析

（2）资产信息。单击【资产信息】，单击任意资产信息指标，根据数据反馈，对企业财务状况进行总结和评价。这里以“报表”指标为例，单击【报表】按钮，如图 3-37 所示。

三、任务帮助

单击主界面右上角“选项”按钮，在窗口中单击【帮助】按钮，即可查看分销商运营常见问题及解决方法，如图 3-38 所示。

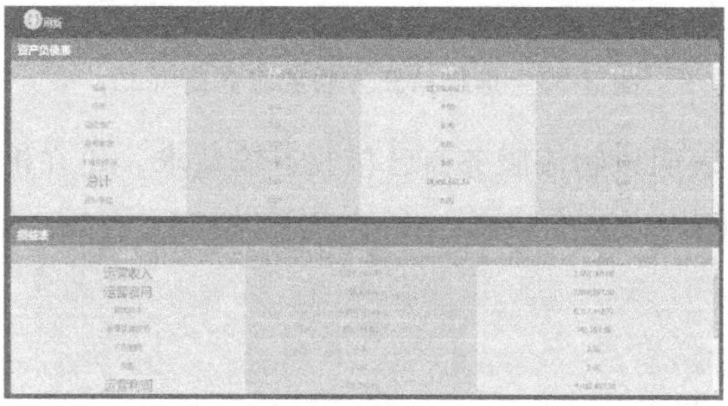

图 3-37 资产信息

图 3-38 任务帮助

第四章

供应链环境下零售商运营管理

学习目标

【知识目标】

1. 熟悉供应链环境下零售商的商品计划管理。
2. 掌握供应链环境下零售商的采购与存货管理。
3. 掌握供应链环境下零售商的定价管理。
4. 掌握供应链环境下零售商的物流服务管理。

【技能目标】

1. 能够根据项目任务书的要求设计完整的供应链零售商运营管理方案。
2. 能够正确实施供应链零售商运营管理方案。
3. 能够达成供应链管理系统的运营目标。

【素质目标】

1. 树立严谨认真的工作态度。
2. 培养吃苦耐劳的工作精神。

案例引入

杨阳和他的项目团队通过在上海建立自己的冰箱分销公司，占据了相当可观的市场份额，现在他们想在上海建立自己的冰箱零售门店。

在每周的例会上，杨阳自豪地说："我们团队通过前期的努力，已经在上海建立了自己的冰箱制造厂和冰箱分销公司，目前都运营得不错，在此感谢大家的努力。接下来我们想在上海建立自己的冰箱零售门店，希望大家提出相关问题！奥利你先说说。”

“这个冰箱零售门店要建多大规模？是建在市中心还是郊区？”奥利说道。

普拉说：“多少仓库够用？”

奥利又说：“上海地区冰箱零售市场未来的需求量是多少？往年上海冰箱零售市场的供应量是多少？未来未满足的冰箱零售市场需求量是多少？”

琳达说：“采购计划和策略是什么？冰箱产品采用什么样的定价方式？”

丽萨接着说：“产品的促销策略是什么？”

如果你是项目组成员，你应该如何开展这一系列工作呢？

第一节　供应链环境下零售商的商品计划管理

在供应链中，零售商必须制定适当的商品组合策略，并采取与其经营战略一致的方式销售这些商品。因此，通过商品经营实现整个供应链的顾客价值是零售商的核心使命。通常，零售商的商品经营由以下活动组成：制定合适的商品组合策略，采购相应的产品或服务，并使其以适当的价格和数量在特定的地点和时间具有可得性，从而实现零售商的经营目标。

一、零售商商品经营观的建立

商品经营观是零售商制定所有商品决策的指导原则，从采用什么样的产品线，到为不同的商品分配货架空间、决定存货周转及定价等。它能够充分反映目标市场的需求、零售商的机构类型、市场定位、已确定的价值链、供应商能力、成本、竞争者、产品趋势及其他因素。零售商需要确定店内商品搭配的宽度，以及每个类别下商品组合的长度。另外，还需要选择商品组合中商品的质量水平以及商品品牌。零售商需要确定不同商品类别之间的和内部的定价策略。最后，零售商还需要决定商品组合是长期保持稳定，还是需要时常给予顾客惊喜、安排特惠商品，甚至定制化。

在商品经营观的形成过程中，零售商需要规定商品经营人员的职责范围，即明确商品经营人员是参与商品经营职能的全部过程，同时负责商品采购、销售及服务，还是集中精力于采购职能，由其他人员负责销售及服务等。按照商品经营导向的观点，采购人员的专长被用于销售中，责任和职权明确，可以确保商品得到正确的展示，成本得到有效控制，采购人员并因参与销售过程而更接近消费者。而在采购与销售分离的情况下，专业技能被分别用在各项任务中。采购人员由于被赋予更多的职权，因而士气高涨；销售并未被视为次要工作，销售人员与顾客的互动得到充分利用，采购人员与销售人员受到责权分明的监督。企业需要评估哪种模式更适合自身特定的零售经营策略。

二、零售商商品采购组织模式的选择

如果没有明确的采购组织及其流程，就无法正确制订商品计划。因此，零售商必须对采购组织的正式化水平、集中化程度、组织宽度、员工资源、行使职能及人员配备等做出正确的抉择。

（一）正式化水平

对于正式的采购组织，商品经营（采购）就是一项独特的零售任务，为此设有独立的

部门。在获得商品并使其可供销售过程中涉及的职能就由该部门控制。绝大多数情况下，只有大型企业才设置正式的采购组织，并设有专职人员。而在非正式的采购组织中，商品采购不是明确的任务。同一组员工既负责商品采购，也处理其他零售业务，责任与授权的区别通常并不分明。非正式的采购组织一般常见于小型零售企业。

正式采购组织的优势在于责任明晰，以及配有全职、专门的采购人员；其劣势在于设立一个独立的部门将产生成本。非正式组织的优势在于低成本和灵活性；其劣势则是责任不明确，对商品经营计划不够重视。两种组织结构都大量存在。对一家企业而言，是否设置正式的采购组织并不重要，重要的是认识到商品经营（采购）的重要性，并确保各项责任、活动、授权和经营关系得到恰当的定义和规定。

（二）集中化程度

从事连锁经营的零售商还必须决定是采用集中化采购组织还是采用分散化采购组织。在集中化采购组织中，所有的购买决策都来自一个部门。例如，一家连锁店可能拥有 8 家分店，但其所有的商品决策都由总部做出。在一个分散化采购组织中，购买决策是地方性的或区域性的。例如，一个拥有 40 多家分店的连锁店可能允许每家分店选择自己经营的商品品种，或按照地理区域划分分部（如每个大区四个分部），地区性决策由区域内的总部商店做出。

集中化采购组织的优点是力量集中、控制严格、形象一致、接近高层管理、足够的人力支持及较大的数量折扣；其缺点是缺乏弹性、时间拖延、地方分店士气低下及过度的一致性。分散化采购组织的优点是更能适应地方市场环境、订购过程迅速，且由于分部拥有一定的经营自主权，有助于提高士气；其缺点是计划缺乏连贯性、形象不统一、管理控制有限、人员支持少、数量折扣少。所以，许多连锁店在建立集中化采购组织的同时，会给予分店经理一定的自主权，以综合这两种形式的优点。

例如，总部位于西班牙马德里的全球服装连锁店飒拉（ZARA）公司就是这样经营的。

飒拉公司在全球 87 个市场主要城市的繁华地段设有 1900 多家分店。其国际化经营是对“跨国界共享同一时尚文化”这一理念的最好诠释，其产品设计过程实现了与公众的紧密结合。通常，一家门店提供的信息将传至一个由 200 多名专家组成的设计团队，告诉他们顾客的需求和所关心的问题。飒拉的部分门店专注于少儿时尚，经营的品牌被称为“Kiddy’s Class”。这类门店设在西班牙、葡萄牙、法国、意大利和希腊。飒拉公司非常注意与时俱进，紧跟社会上新涌现的观念、潮流和审美情趣。而这也是它能在不同人群、文化和世代间取得成功的原因——他们都追求时尚。

（三）组织宽度

在一般的采购组织内，由一个或多个员工采购企业的所有商品；如果企业拥有专门的采购部门，那么每个采购人员可能负责一个产品大类。总的来说，如果零售店的规模很小，或者只经营少数品种的产品，那么最好采用通用方法；如果零售店的规模很大，或者经营的品种较多，那么最好采用专门方法。通过专门化，采购人员的知识得到丰富，责任得到界定。但是，专门化的成本比较高，并且一般需要更多人员。

（四）员工资源

零售商可以选择内部采购组织或外部采购组织进行采购。内部采购组织人员由零售商自己的员工构成，商品采购决策也由零售企业的员工做出；如果采用外部采购组织，通常零售商要支付一笔费用雇用外部的公司或人员。大多数零售商或采用内部采购组织，或采用外部采购组织，也有一些零售商同时采用两种组织。

内部采购组织通常被大型零售企业或非常小的零售企业采用。大型零售企业这么做是为了增加对商品决策的控制，从而使自己的经营更具体，同时也具有雇用自己的专家的财力；而在非常小的零售企业内，所有者或管理者履行所有的商品经营职能，采用内部采购组织可以节约资金，并与市场保持同步。

外部采购组织通常被小型、中型或离供货源较远的零售商所采用。在这种情况下，对零售商而言，雇用外部采购人员要比使用内部的员工更有效率。外部采购组织在与供应商打交道时具有批量购买优势，通常服务于若干无竞争关系的零售商，提供营销调研，有时还创建自有品牌。外部采购组织的费用可能由对其服务表示满意的零售商支付，或者由提供佣金的卖方支付。有时，如果单个零售商认为其外部采购组织也为直接竞争者提供了服务，或者发现自己从事商品采购业务更有效率，就会决定建立自己的内部采购组织。

（五）行使的职能

在商品经营观的指导下，员工按商品分工，履行该类商品所有的采购与销售职能，包括商品分类、广告、定价、销售点展示、员工配置和人员销售方法；在采购观的指导下，员工只管理商品分类、销售点展示、员工配置及销售陈述。员工所行使的这些职能可以反映零售商的正式化水平、集中化程度与员工来源。

（六）人员配备

采购组织的最后一项决策是人员配备。持商品经营观的企业最关心雇用优秀的采购人员；持采购观的企业则关心如何找到胜任的销售经理。采购人员负责选购零售商经营的商品，并为这些商品制定营销策略；设计和控制一个商品种类的销售额和利润计划；规划适合的商品分类、款式、规格和数量；与卖方谈判，并对其进行评估；通常还要管理店内的陈列。大多数零售商认为，优秀采购人员的关键素质是接触顾客及合理预测未来需求的能力。因此，采购人员必须适应市场，能够与供应商讨价还价；擅长制订详细计划，并且需要到各地出差。销售经理负责监督管理某一特定商品的现场销售和经营活动。销售经理应是一个优秀的组织者、管理者和鼓动者。

三、零售商商品计划的制订

在制订商品计划的过程中，需要考虑的因素如图 4-1 所示。

（一）预测

预测是对特定时间段预期销售额的判断。这是制订商品计划的基础，主要包括以下内容：企业总体预测、产品种类预测、每个商品预测和每个店铺预测（如果是连锁店）。

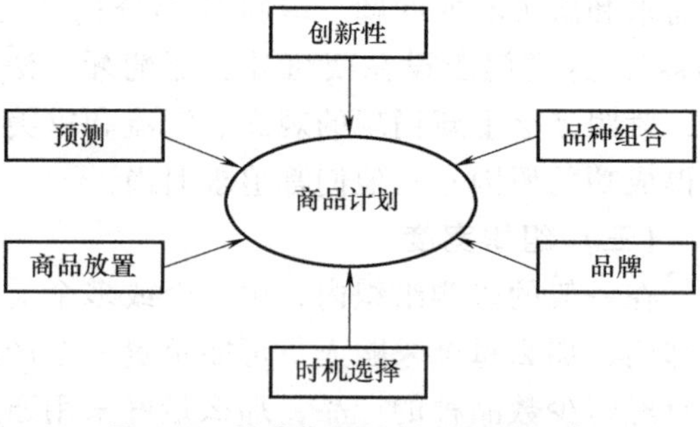

图 4-1　影响商品计划制订的因素

重要商品是零售商长期持有的商品，这些商品拥有比较稳定的销售额，而且在较长时期内不会有大的改变。所以，零售商可以利用基本存货清单来记录日常经营的每种商品的存货水平、花色、款式、规格、包装等，从而对预期销量进行判断。时尚商品是指因消费者品味和生活方式的变化而呈现周期性销售变化的商品。这些商品很难被预测，因为流行时尚可能每年都会变，流行色更是经常变化。季节性商品是在非连续的时间段内销售良好的商品，如滑雪衫和空调在每年的特定季节里都有出色的销售业绩。由于季节性商品最大的销售额都出现在每年同样的时段，预测也很简单。狂热商品通常可以在短期内产生很高的销售额。玩具和游戏是最常见的狂热商品，例如，哈利·波特玩具在每次相关电影上映的时候市场需求都会暴涨，很难预测这类产品是否会达到特定的销售目标，以及它们会流行多长时间。

（二）创新性

商品计划的创新性取决于许多因素（见表 4-1）。

表 4-1　计划商品创新性时应考虑的因素

因素	与计划的相关性
目标市场	评估目标市场是保守的还是创新性的
产品或服务的成长潜力	在初期销售速度、每个时期的最大销售量和销售周期的基础上考虑每种新产品的销售速度快慢、数量多少
流行趋势	了解垂直和水平流行趋势
零售商形象	销售提升企业形象的产品或服务，创新性水平需要与形象保持一致
竞争	在选择新产品或服务的过程中充当领导者还是跟随竞争者
客户细分	通过将产品分为成熟产品和新产品来细分客户
对客户的响应能力	当目标市场提出要求时，销售新产品
投资量	考虑对每种产品或服务所有可能的投资：产品成本、新的固定装置和额外的员工
盈利性	评估每种新产品的潜在利润
风险	认识对零售商形象可能造成的损害、投资成本及机会成本
约束性决策	限制特许经营受许人和连锁分店购买特定商品
衰退的产品或服务	如果销售额和/或利润过低，取消过时的产品或服务

零售商通过评估表 4-1 中的每种因素，可以准备一份采购新产品和服务的详细计划，从而更好地利用机会，降低风险。零售商需要评估它们经营的每种新产品或服务的增长潜力，如多长时间能产生销量、在一个季度或一年中有望实现的最大销量、持续销售时间等。评估潜力可以利用产品生命周期理论进行，它可以显示一种产品或服务在其生命周期中的预期销售变化。产品生命周期分为四个阶段：导入期、成长期、成熟期和衰退期，如图 4-2 所示。

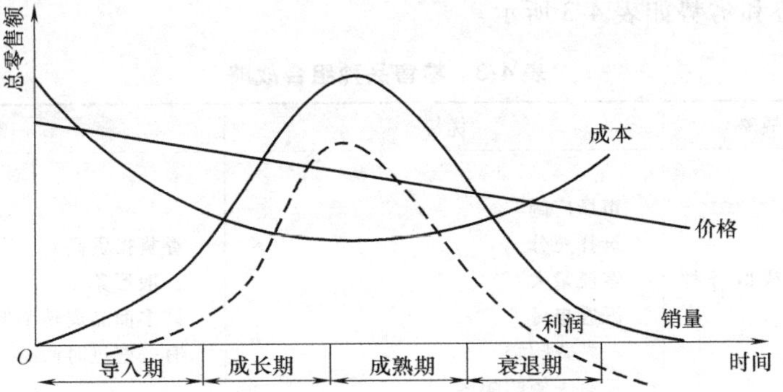

图 4-2　传统的产品生命周期

在关注新产品的同时，也不能忽视了现有产品。由于产品资源和货架空间有限，因此在增加一些产品的同时需要放弃一些产品。零售商需要使用规范的程序，而不是根据直觉决定放弃哪些商品。具体包括：①根据下滑的销售额、价格和利润，以及出现的替代品确定可能放弃的产品；②收集并分析关于这些产品详细的财务和销售数据；③考虑如果不放弃是否有其他扭转策略，如削减成本、改变促销活动、调整价格、与其他零售商合作等；④在确定放弃后，不要忽略恰当的时机选择、零部件与维修、存货处置及延期需求等问题。

（三）品种组合

品种组合是零售商经营的全部商品的组合，既包括商品大类的宽度，又包括各商品大类中的商品品种。零售企业首先需要确定商品质量。在确定商品质量的过程中，需要考虑多种因素（见表 4-2）。

表 4-2 确定商品质量时应考虑的因素

因素	与计划的相关性
目标市场	商品质量与想要达到的目标市场相匹配
竞争	销售类似质量（跟随竞争者）或不同质量（满足不同目标市场需求）的产品
零售商形象	将商品质量与顾客对零售商的感知直接联系起来
店铺选址	考虑选址对零售商形象以及竞争者数量的影响，这种影响反过来又与质量相关
存货周转率	了解高品质和高价格通常导致比低品质和低价格更低的存货周转率
盈利性	认识高品质商品的单位利润通常高于低品质商品；营业额可能导致后者的总利润较高
制造商品牌还是自有品牌	了解对许多顾客而言，制造商品牌通常意味着比自有品牌质量更好
提供的顾客服务	了解高品质商品需要配备人员销售、加工、配送等；低品质商品则不需要
员工	为高品质商品雇用熟练的、知识丰富的员工；低品质商品则采用自助方式
感知的产品或服务利益	分析顾客：低品质商品吸引需要商品功能性利益的顾客；高品质商品吸引需要商品延伸利益（如地位、服务）的顾客
约束性决策	面对现实：特许经营受许人或连锁店经理对商品拥有有限的控制，甚至没有；从几家大型批发商处采购的独立零售商受到这些批发商提供的商品质量的限制

在确定了商品质量后，零售商要确定经营的品种宽度和深度。品种宽度是指零售商经营的产品或服务种类的数量；品种深度是指零售商经营的任何一类产品或服务的品种。不同品种组合战略的优势和劣势如表 4-3 所示。

表 4-3 零售品种组合战略

基本的品种组合战略	优势	劣势
宽且深（许多产品或服务种类，各大类的品种多）	市场广阔 选择充分 客流量大 顾客忠诚 一站式购物 没有失望的顾客	存货投资高 一般形象 许多商品周转率低 有一些过时商品

（续）

基本的品种组合战略	优势	劣势
宽且浅（许多产品或服务种类，各大类的品种有限）	市场广阔 客流量大 重视方便顾客 比“宽且深”成本低 一站式购物	产品线内品种少 有一些失望的顾客 弱势形象 许多商品周转率低 顾客忠诚度降低
窄且深（少量产品或服务种类，各大类的品种多）	专家形象 顾客选择很多 专业化的员工 顾客忠诚 没有失望的顾客 比“宽且深”成本低	对单个种类过于重视 不是一站式购物 更容易受到趋势或周期的影响 为扩大交易面积需要更大的资金投入 延伸品很少（或没有）
窄且浅（少量产品或服务种类，各大类的品种有限）	目标是方便顾客 成本最低 商品周转率高	没有宽度和深度 不是一站式购物 有一些失望的顾客 弱势形象 顾客忠诚度有限 交易面积小 延伸品很少（或没有）

（四）品牌

作为产品组合规划的一部分，零售商要选择制造商品牌、自有品牌和非注册品牌的适当组合，而这一挑战又因品牌扩展而变得越发艰巨。

1. 制造商品牌

制造商品牌由制造商所有和控制。它们往往广为人知，享受制造商的广告支持，有一些已预售给顾客，对零售商的投资要求有限，而顾客通常认为其产品质量好。这些品牌在许多产品种类的销售中占主导地位，一些知名的制造商品牌如华为、联想、可口可乐等。倾向于主要依靠制造商品牌的零售商主要是小型公司、折扣店，以及其他需要知名品牌带来信誉或采用低价战略的公司（因顾客可以比较不同零售商对同一名牌产品的定价）。制造商品牌虽然面临着来自自有品牌的激烈竞争，但仍是品牌中的主流，大约占世界零售销售总额的80%以上。

2. 自有品牌

自有品牌又称为商店品牌，包括由批发商或零售商设计、拥有的品牌。该品牌使零售商更有利可图，更便于控制，且容易获得顾客对零售商的忠诚。对于大多数自有品牌的商品，零售商必须自己选择供应商，安排实体分销和仓储，发布广告，设置店内陈列，并承担商品积压带来的损失。虽然自有品牌商品的价格通常比制造商品牌商品低20%~30%，但零售商从自有品牌中获利更高。知名的自有品牌有屈臣氏、英国玛莎百货的自有品牌圣米高等。

3. 非注册品牌

非注册品牌的特点是将商品的一般名称当作品牌。这类商品是零售商销售的无装饰商品，它们实质上是自有品牌的一种形式。这些商品通常被放在次要货架位置，很少或没有促销支持，整体质量一般不如其他品牌，存货品种有限，包装简单。非注册品牌由零售商控制，定价也比其他品牌低得多。在超市中，非注册品牌的销售额不足销售总额的1%；在处方药行业，制造商品牌和非注册品牌的质量相似，因此非注册品牌占到销售额的60%。

（五）时机选择

对于新产品来说，零售商需要决定它们首次被采购、展示和销售的时间。对于成熟产品，企业则需要计划一年之中的商品流量。零售商需要考虑预测及其他因素，如销售旺季、预订和送货时间、例行订单还是特殊订单、存货周转率、折扣以及存货流程的效率。

例如，一些商品在一年内存在销售旺季。对于这类商品（如冬季外套），零售商在高峰期内备有大量存货，过季时则减少存货。由于有些顾客喜欢在淡季购物，因此，零售商在旺季后还不能完全撤掉这些商品。

（六）商品放置

最后一个基本的商品计划决策是将商品放置在什么地方。单店零售商常常需要选择将多少商品存放在销售现场，多少存放在仓库，以及是否利用仓库。连锁店也必须在各分店之间分配商品数量。产品从供应商处运到这些仓库，经过分配后送往各家分店。另一些零售商，包括许多超市连锁店，并不过分依赖于仓库，它们至少有一部分产品直接由供应商送到各分店。

四、零售商商品品类管理的实施

品类管理是指依据企业目标、不断变化的环境和顾客行为，对商品品类中零售组合的价格、货架区商品战略、促销力量以及其他组成部分的管理。品类管理是用于提高生产率的一种商品管理技术，它重视产品品类而不是单个品牌业绩，以更好地满足顾客需求，实现销售与利润目标。

（一）品类管理的内容

品类管理是零售业务的一部分。首先，它将零售商全部商品组合中的相似产品组成一个产品组，称作“品类”，如牙膏、洗涤剂、狗粮、化妆品和休闲服装等。每个品类的经营方式就像一个小型企业，由零售商和供应商共同管理，拥有自己的品类周转率和盈利目标。随着信息开放程度和共享程度的提高，零售商和供应商间的合作也逐渐加深。更重要的是，只要合作能增加品类的总体销售额，并能增加顾客的满意度，供应商就乐于为进一步的合作采取行动，如推出新产品或进行促销。

（二）品类管理的步骤

有效的品类管理应包括如下步骤：

（1）基于目标市场的需要定义品类。

（2）基于以下问题为特定品类制订计划：该品类对顾客有多重要？该品类对零售商有多重要？该品类对零售商竞争者有多重要？该品类的市场前景怎样？

（3）评估该品类以发现改进的机会。

（4）设定绩效目标，并利用品类计分卡测量其进展。

（5）制定营销战略，并描绘实现品类任务和计分卡目标的总体蓝图。

（6）选择品类搭配、定价、促销和商品经营的策略，以及供应链战略。

（7）制订计划。

（8）定期检查绩效并按需要进行调整。

品类管理的一个基本假设前提是：零售商必须授权特定人员负责每个产品品类的财务绩

效。与微观商品管理类似，品类管理意味着为每个店铺或地区调整商品，以最好地满足顾客需求。在决定每个产品品类占据的空间时，可以利用多项重要的绩效指标，如通过研究企业各期数据，以及分析行业杂志中的品类统计数据，就可以做出比较。

1）货架空间每纵尺销售额：年度销售额除以分配给该产品品类的总纵尺数。

2）货架空间每纵尺总利润：年度总利润除以分配给该产品品类的总纵尺数。

3）存货投资收益：年度总利润除以平均存货成本。

4）存货周转率：给定时间（通常为一年）内拥有的平均存货被出售的数量。

5）供应天数：一种商品在货架上供应的天数。

6）直接产品利润：产品的总利润减去其直接零售成本（仓储和店铺支持、房屋占用、存货和直接人工成本，但不包括一般管理费用）。

如图 4-3，展示了零售商如何应用品类管理来更好地采购液体清洁剂。纵轴表示直接产品利润，对例中的零售商而言，4 元/瓶是液体清洁剂的平均直接产品利润。数值较高的产品将放在上半部分的坐标方格中，数值较低的产品将放在下半部分的坐标方格中。横轴按照销售量（存货周转率的一项指标）对清洁剂进行分类，12.3 瓶/周为低速和快速销售的分界线。所有的清洁剂被放入四类方格中：高潜力——盈利能力强且销售量较低的产品；成功者——盈利能力强且销售量大的产品；落后者——盈利能力弱且销售量低的产品；客流量贡献者——盈利能力弱且销售量大的产品。

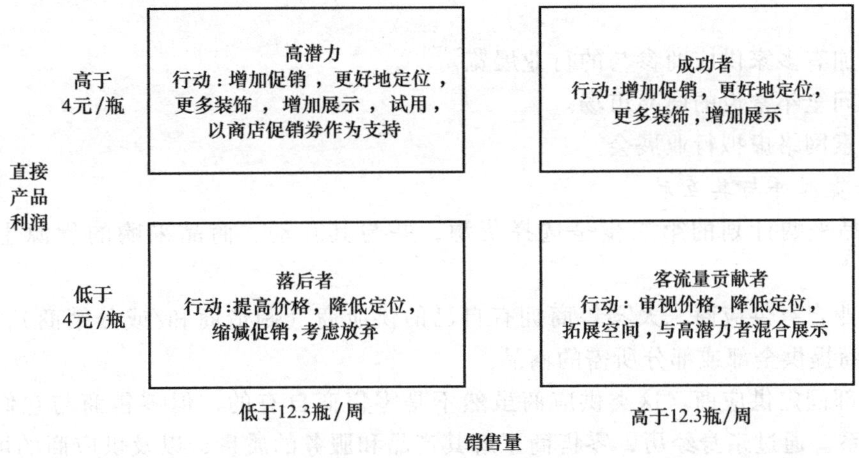

图 4-3　对液体清洁剂应用品类管理

第二节　供应链环境下零售商的采购与存货管理

一、零售商产品采购计划的实施过程

采购计划的实施过程包括如图 4-4 所示的八个连续步骤。

1. 收集信息

制订了整体采购计划后，在采购或重新采购商品之前，就需要收集有关目标市场需求与预期供应商的更多信息。在收集有关市场的数据时，零售商可以从多种可能的渠道获取信

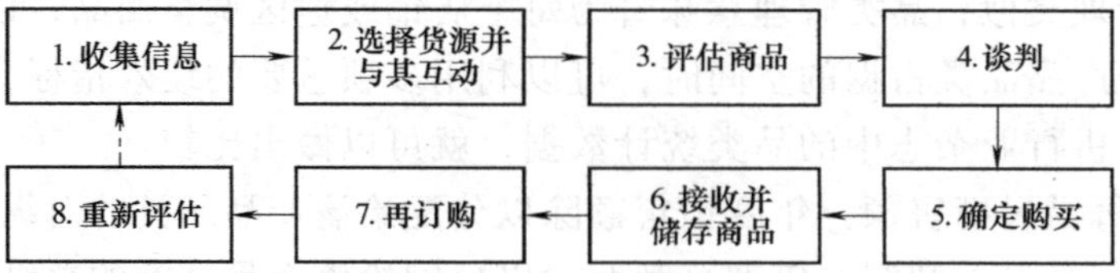

图 4-4　采购计划的实施过程

息。最有价值的渠道是顾客。通过定期研究目标市场人口统计因素、生活方式和潜在购物计划，零售商可以直接了解顾客需求。

当直接的顾客数据不充分时，还可以利用其他信息源。供应商（制造商和分销商）通常会做出自己的销售预测和营销研究（如试销）。如果与零售商关系密切，供应商还可能提供相关的图表资料、预测结果和促销支持方案等。然而，零售商应该牢记的一点是：要靠自己直接接近目标市场了解其需求。

竞争者是另一个信息源。直到竞争者开始销售一种产品时，保守的零售商才会开始进货，并雇用“比较购物者”研究竞争者提供的商品和价格。零售商还可以通过使用“网络购物虫”这样软件工具进行复杂比较购物，以便通过电子手段追踪竞争者的商品和价格，进而经常审视自己的商品报价，确保其不低于竞争者。

另外，为了解特定供应商及其经营商品的属性，零售商还可以通过以下途径收集相关信息：

（1）参加有多家供应商参与的行业展览。

（2）访问全年常设的商品市场。

（3）搜索网络虚拟行业展会。

2. 选择货源并与其互动

实施商品采购计划的第二步是选择货源，并与其互动。商品采购的货源主要有以下三种：

（1）企业自有供应商。大零售商拥有自己的供应商（制造商和/或分销商），并通过企业自有供应商提供全部或部分所需的商品。

（2）外部固定供应商。这类供应商虽然不是零售商自有的，但零售商与它们有长期固定的合作关系。通过亲身经历，零售商了解其产品和服务的质量，以及供应商的可靠性。

（3）外部新供应商。这类供应商也不是零售商自有的，而且零售商过去没有向其采购过商品。零售商可能并不太熟悉其商品的质量及该供应商的可靠性。

零售商在选择商品采购货源时，既可以依赖于其中的一类供应商，也可以混合使用。例如，大型零售商往往同时采用上述三种形式。零售商在选择供应商时需要考虑的各项要点清单如表 4-4 所示。

表 4-4　选择供应商时需要考虑的各项要点清单

■可靠性：供应商能始终如一地履行所有书面承诺吗？
■价格-质量：谁能以最低的价格提供最好的商品？
■订单处理时间：多久收到货物？
■独占权：供应商授予独家经销权吗？
■提供的服务：如果需要，供应商提供运输、储存和其他服务吗？

（续）

■信息：供应商是否提供一些重要的产品/服务数据？
■道德：供应商是否会履行所有的口头承诺？
■质保：供应商是否对自己的商品提供质保？
■信用：能从供应商那里获得商业信用吗？多长时间？
■长期关系：能与该供应商保持长期关系吗？
■记录：供应商会很快地填写记录吗？
■毛利：毛利（差价）足够吗？
■创新：供应商的商品是创新的还是守旧的？
■地方广告：供应商在当地媒体做广告吗？
■投资：供应商的总投资成本有多大？
■风险：与供应商交往的风险有多大？

3. 评估商品

无论选择什么样的货源，零售商在考虑采购商品的时候，都需要有一套评估商品的程序。通常有三种可选的评估方式：检查、抽查和描述。具体选择哪种方式，取决于商品的成本、特征和采购规律。检查即在采购前和收货后检测每一商品单位。例如，珠宝和艺术品是两种昂贵、购买相对特殊的商品，对每一件商品都必须仔细检查。当零售商按常规采购大量易碎、易腐或昂贵的商品时，可采用抽查的方式。在这种情况下，逐个检查所有商品缺乏效率，因此，商品的质量和状态只能通过抽查加以了解。例如，当大批量采购照明装置、香蕉或廉价手表时，零售商无法检查每一件商品，而只能抽查其中的部分商品。此外，零售商在接收商品时也可能会抽查。当零售商采购标准化、不易碎且不易腐烂的商品时，可采用抽查方式。零售商既不检查也不抽查，而是通过口头、书面或图片描述的方式大量订购这类商品。例如，文具店可以从分销商网站上订购回形针、便笺纸、打印纸等，在收到货时，只是清点一下商品数量。

4. 谈判

评估完成后，零售商将针对采购过程与供应商进行谈判。首次订货通常会签订一份经谈判达成的合同，为此零售商和供应商将认真讨论采购过程的所有方面；而例行订货或再订货通常只需签订一份格式化的合同，因为条款是标准化的，或者已被双方所接受，按例行方式处理即可。优惠价零售商和其他深度折扣零售商几乎每次采购都要进行谈判，通过谈判以特别低的价格来购进那些未达到预期销售量的、过季的、消费者退给制造商或零售商的、清仓处理的商品。

5. 确定购买

许多大中型零售企业使用计算机来处理订单（以电子数据交换和快速响应存货计划为基础），每次采购都被输入计算机数据库；小型零售商过去通常手工填写并处理订单，每次采购以同样的方式记入商店的库存清单，随着计算机化订单处理软件的发展，如今小型零售商也能够采用电子订货方式——如果它们可通过电子数据交换和快速响应系统与大型分销商联网。多店零售商必须决定由总部、区域还是当地店铺制定最终采购决策。

对于所有权的转移问题，有许多备选方案。零售商的权责在每种情况下都不相同：

（1）零售商在采购后立即拥有所有权。

（2）零售商在商品装上运输工具后立即拥有所有权。

（3）零售商在接收送货后拥有所有权。

（4）零售商直到支付给供应商货款，一个账务周期结束后才拥有所有权。

（5）零售商以委托的方式接收商品而不拥有商品的所有权，直到商品出售之后才向供应商支付货款。

如果卖方处于弱势地位，希望零售商经营其商品，可能会采取委托采购的形式。在委托采购中，零售商没有风险，因为它并不拥有商品的所有权；供应商在商品出售之前一直拥有商品的所有权。

6. 接收并储存商品

这一阶段的工作包括接收和储存商品、检查并支付货款、贴标签和存货标记、陈列、计划现场商品品种组合、完成交易、安排送货或中途搭送、处理退货和损坏的商品、监视偷窃行为并控制商品等。

商品通常从供应商处运送至仓库（以供储存和分配），或者直接运送到零售店。零售商在收到订单时，必须检查其完整性和产品状态，还必须检查发票的准确性以及是否按照规定付款。此时，价格和存货信息已标记在商品上。标记的完成方式多种多样：小型零售企业可以以手工方式贴标签；一些零售商利用计算机生成价格标签，并凭借包装上的条码数据保持存货记录；一些零售商从外部供应商处采购标签，利用计算机或人工读取价格存货数据；还有一些零售商希望供应商能提供货源标签。随着标签上提供的信息越来越多，存货系统也变得越来越有效。

直到顾客购买和收到商品为止，商品的处置过程才结束。这意味着完成了订单接受、信用或现金交易、包装和配送（提货）等工作。自动化技术的应用改善了零售商在这些领域的绩效。

处理退货和损坏商品的程序也是必不可少的。特别是零售商必须确定由哪方负责顾客退货（供应商还是零售商），并制定有关回收损坏商品并负责退款或换货的条款（如保证书所承诺的期限）。

7. 再订货

对于那些零售商多次采购的商品，在制订再订购计划时需要考虑四个因素：订货和送货时间、存货周转率、财务支出、存货与订货成本。

（1）订货和送货时间。从零售商下单到供应商完成送货需要多长时间是应重点关注的问题。有时送货时间会非常长，以至于零售商在拥有全部存货的情况下就需要重新订货；但有时一些商品可以隔夜送达。

（2）存货周转率。零售商卖出全部存货需要的时间各不相同。经营快速销售商品的零售商有两种选择：订购富余的商品，然后延长再订购周期；或者保持少量存货，经常订货。经营低速销售商品的零售商则可以减少最初存货，并延长再订货周期。

（3）财务支出。不同采购方案的财务费用不尽相同。大批量订货可享受数量折扣，但需要巨大的现金支出；小批量订货的产品单价较高，但存货较少，因此总成本较低。

（4）存货与订货成本。保有大量存货的优点是顾客需求的响应速度快、采购时的数量折扣、较低的单位运输成本及易于控制和处置。其缺点是投资成本高，商品过时、变质和损坏的可能性较大，高储存成本、高保险成本和高机会成本。订货次数多而存货较少的优点是投资成本、储存成本及机会成本低，商品过时、变质和损坏的可能性也低。其缺点是缺货会使顾客感到失望、单位运输成本高、延迟履行订单带来的负面影响、需要分批装运、额外的服务支出，以及控制和处置过程更复杂。零售商总是设法保持充足的存货以满足顾客需要，同时避免存货过多。快速响应存货计划通过强化零售商与供应商关系，可以同时降低存货成本和订货成本。

8. 重新评估

采购计划需要定期进行重新评估，为此管理层需要审核采购组织，而组织需要评估实施效果。整个流程以及处理单个产品与服务的工作都应受到监控。这一阶段得出的结论为以后的活动提供了部分信息。

二、零售商的存货管理

当订货、运输、处理、储存、展示和销售成本都在控制之中时，作为物流工作的一部分，零售商就需要运用存货管理来寻求达到和保持一个合理的商品组合结构。首先，零售商根据销售预测和实际顾客行为向供应商发出订单，订购商品的数量和品种在订购时已做要求，订购量的大小和频率主要取决于数量折扣和库存成本；其次，供应商根据零售商的订单配齐货物并将商品送往仓库或直接送往商店；最后，零售商接收商品，对其进行整理，做好销售准备（把商品从运输包装中取出、标价、放到货架上），并完成与顾客的交易。一些交易只有在商品转移到顾客手中才算全部完成。当零售商再次向供应商发出订单时，这一循环又重新开始。零售商的存货管理涉及以下几个方面的内容：

（一）零售商任务

由于存货管理的内容广泛，为了提高效率，一些零售商希望供应商能够承担更多的职能，或者至少将一部分存货管理活动外包。20 世纪 90 年代，制造商将产品以适合仓库储存的形式运输到零售商处，之后零售商重新包装商品并贴上标签，以供顾客选购；如今则是适应商场包装要求的时代，制造商将已经包装好、能够立刻投入销售场地销售的商品运输到零售商处。随着时间的推移，将出现适应顾客的制造职能，即制造商与顾客之间的联系比以往更直接。例如，沃尔玛和其他一些零售商让关键供应商参与它们的存货管理方案。在行业中，这种方法被称为供应商管理存货。

（二）存货水平

对于零售商而言，持有适当水平的存货存在以下难点：

（1）零售商希望赢得顾客青睐，不希望因为缺货而丧失销售机会。然而，它们又不愿意因为商品过多堆积导致大幅降价销售。

（2）销售流行商品，经营从未有过追踪记录的新产品，以及采用需求预测不准确的新业务模式的零售商面临的环境越来越复杂。因此，存货水平计划需要考虑涉及的商品：主要产品、配饰品、时尚商品、流行商品和热销商品。

（3）顾客需求永远都难以准确预测——即使对主要产品而言。天气、特价销售和其他因素对所有商品都存在影响，包括销量最稳定的商品。

（4）货架空间分配应与当前收益联系起来。这意味着应定期检查和调整分配方案。

快速响应存货计划和电子数据交换技术带来的一个好处便是零售商的存货水平降低，因为它们接收新商品的频率提高了。但是，当商品十分畅销或供应链断裂时，还是会出现断货的情况。食品营销机构的一项研究发现，即使是常规产品销售份额高于其他零售商的超市，也会因断货而损失3%的销售额。

（三）商品安全

在存货管理中，商品的安全也是非常值得关注的一点，所有零售商都需要采取一些保证商品安全的措施。为了减少偷窃的损失，应考虑三个关键点：

（1）商店在设计和建造时就应考虑到防盗问题，如商店入口、试衣间和送货区的设计都非常重要。

（2）应制定一套安全措施，如员工背景审查、店内保安设置、电子预警设备和商品标签等。

（3）零售商要向员工、顾客和供应商强调预防措施的重要性，并告知企业将采取相应措施以减少损失（如解雇员工和检举盗窃行为）。

在制订商店安全计划时，零售商必须考虑该计划对商店形象、员工士气、顾客购物舒适度及供应商关系产生的影响。

（四）存货分析

零售商必须定期分析存货状态和绩效，以衡量存货管理的效果。计算机软件的最新发展提高了这种分析的精确度和速度。根据对零售商的调查，零售商认为最重要的存货绩效因素如下：总利润额、存货周转率、总利润率、总投资利润率、商品供应提前期以及平均存货状态。

第三节　供应链环境下零售商的定价管理

零售商给商品和服务定价时，必须同时兼顾企业盈利性和顾客满意度两个方面。定价策略必须与零售商的总体定位、销售额、利润和投资回报目标保持一致。

一、零售商定价的方式

对于零售商而言，有以下可供选择的基本定价方式：

（一）折扣导向的定价方式

零售商以低价作为企业的主要竞争优势。这意味低价的形象定位、简单的店内装饰、单件商品的毛利低（意味着目标市场是价格导向型顾客）、运营成本低和存货周转率高。优惠价零售商和折扣商店就属于这一类。

（二）市场导向的定价方式

零售商采取平均价格，向中产阶级顾客提供可靠的服务和良好的购物环境。这种方式商品利润中等，存货的质量一般高于平均水平。这类企业可能会发现难以拓宽其所销售商品的价格范围，并可能受到来自折扣商店和高端商店的双重挤压。传统百货公司和许多药品杂货店就属于这一类。

（三）高端导向定价方式

零售商以其良好的企业形象作为主要竞争优势。这种方式目标市场较小、成本费用高、存货周转率低（意味着顾客忠诚）、产品和服务有特色、单件商品毛利高。高档百货商店和专业店就属于这一类。

二、影响零售价格策略的因素

影响零售价格策略的因素如图 4-5 所示。这些因素可能对零售商的定价选择起到很大的制约作用。

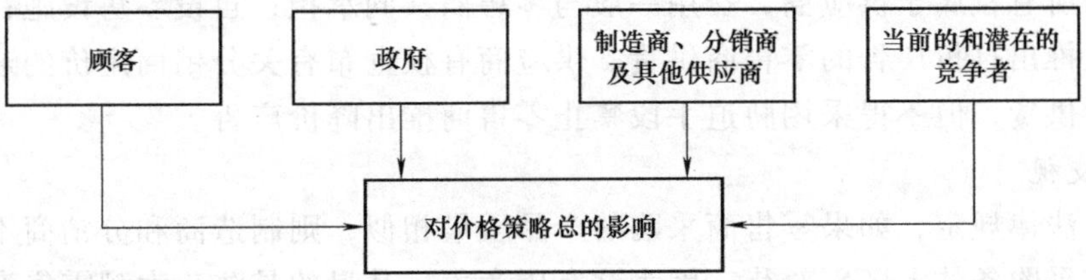

图 4-5 影响零售价格策略的因素

（一）顾客与零售定价

价格与顾客的购买行为及其感知通常是紧密相连的。因此，零售商应了解需求价格弹性的含义，以及顾客对价格变动的敏感程度将直接影响其购买数量。若价格较小比例的变动导致购买数量较大比例的变动，需求就是富有价格弹性的，这通常发生在顾客的购买欲望较弱或市场存在可接受的替代品的情况下；反之，若价格较大比例的变动只引起购买数量较小比例的变动，则需求是缺乏价格弹性的，这意味着顾客的购买欲望较强或市场缺乏可接受的替代品，而顾客对产品有刚性需求；若价格变动的比例直接被购买数量变动比例所抵消，这时的需求价格弹性系数为 1。顾客类型主要有以下几种：

1. 节俭型顾客

他们认为互相竞争的零售商之间没什么区别，因此他们挑选价格尽可能低的商品。

2. 地位导向型顾客

他们认为互相竞争的零售商之间差异很大，对品牌和顾客服务比对价格更感兴趣。

3. 品种导向型顾客

他们选择所需产品大类中品种最齐全的零售商，同时寻求合理的价格。

4. 个人化顾客

他们习惯在熟悉的场所购物，与零售人员和企业本身有密切的人际关系。这类顾客愿意支付比平均价格略高的价格。

5. 便利导向型顾客

他们仅在必需时购物，需要距离近、营业时间长的商店，也愿意按照商品目录单购物。这类顾客能接受较高的价格。

（二）政府与零售定价

政府是影响企业制定零售价格决策的因素之一。政府对零售价格的管制主要集中在以下方面：水平固定价格、垂直固定价格、价格歧视、最低价格、单位定价、撤销单件商品标价。

1. 水平固定价格

水平固定价格是指制造商之间、分销商之间或零售商之间就某个价格达成一致。根据相关法律规定，该价格不论多么“合理”都是违法的。同样，零售商之间就优惠券使用、回扣或其他价格导向型策略达成协议也是违法的。

2. 垂直固定价格

垂直固定价格是指制造商或分销商力图控制其商品或服务的零售价格。通常制造商或分销商可以通过以下方式合法地控制零售价格：筛选零售商；制定真实的价格清单，在产品上事先印上价格（但零售商可以拒绝使用）；按顾客可接受的普遍价格定价；采用寄售方式，在商品卖出前所有权属于供应商，费用一般与零售商共同承担；自设零售设施；有权拒绝向违反书面协议推出打折广告的零售商供货。供应商有权宣布有关分销商定价的通用政策，并拒绝向违规者供货，但不得采用胁迫手段禁止零售商推出降价广告。

3. 价格歧视

按照相关法律规定，如果零售商采购的产品质量相似，则制造商和分销商不得对个别零售商在价格或采购条款上区别对待，因为这有碍竞争。其目的是防止大型零售商利用自身实力和大额订单不公平地享受高折扣，从而形成不平等的价格歧视。但下列情况是被允许的合理价格歧视的例外情况：

（1）产品确有差异。

（2）支付不同价格的零售商之间不存在竞争关系。

（3）竞争未受到破坏。

（4）价格因供应商成本的不同而不同。

（5）市场条件发生变化——成本上升或下降，或者供应商的竞争对手调整了价格。

只要供应商遵守已颁布的法律，能让相互竞争的零售商在公平的基础上获得折扣，并提供折扣分级，以使小型零售商也有资格享有，折扣就是合法的。但是，对于累计订购（一年中的总订购量）和连锁商店的多店采购折扣的合法性仍难以界定。

4. 最低价格

亏本特卖品是指零售商将某些经挑选的商品价格定在成本以下，以吸引更多的客流。像超市这类商家就经常利用亏本特卖品来增加营业总额，因为人们会一次性购买更多的商品。亏本特卖品战略主要用于通过特惠的低价吸引顾客前来光顾。这些特价可能导致该商品无利可图，但可以通过带动其他相关或不相关商品的销售来弥补。该战略的主要目的在于应对竞争，获取市场上的优势地位，打造企业自己的形象。但实施亏本特卖品战略可能有风险，因此需要仔细考虑它是否是实现市场渗透的恰当策略。

5. 单位定价

零售商在给所经营的商品定价时，必须同时标明商品的总价和每计量单位的价格。标明单位价格的目的是使顾客能够更便捷地对不同规格的产品进行比较。单位定价给零售商的成本带来的影响包括：需要计算单位价格，印制产品和货架标签，利用计算机记录库存。这些成本又受到以下因素的影响：给商品标价的方式（由供应商还是零售商完成）、商店中需要标明单位定价的商品数量、价格变动的频率、销售总量和连锁店的数量。

6. 撤销单件商品标价

随着计算机结算系统的飞速发展，许多零售企业，特别是超市，倾向于撤销单件商品标价，即只将商品价格标在货架或标签上，而非每件商品上。在收银台，扫描设备自动读取商品标签上预先设置的条码，就能准确无误地向系统输入价格数据。因为在一些零售企业看来，单件商品标价早已过时。在一个采用扫描仪和货架标签的世界里，这是不必要的。另外，商店员工不去服务顾客，而是整天拿着标价器在过道里忙于标价工作，这样做也不利于降低成本。但是，顾客却很支持单件商品标价，因为商品上的价格标签有助于他们购物，还能降低结账的出错率。

（三）制造商、分销商和其他供应商与零售定价

制造商（和其他供应商）与零售商之间常常发生冲突，双方都想掌控最终定价权。制造商通常希望自己有一个正面的形象，使所有零售商都能获利；相反，大多数零售商却希望根据它们自己的定位和目标为商品定价。一方面，供应商可以通过采用独家分销系统，拒绝向降价的零售商供货或者组建自己的直营零售机构，实现对商品最终价格的控制；另一方面，如果零售商是供应商的重要客户，则零售商能够通过威胁停止销售供应商的产品线、经营自有品牌商品来控制价格。

零售商有时给制造商品牌的商品标上高价，以增加竞争品牌（如自有品牌）商品的销售，这被称为“针对品牌的销售”。这会导致制造商品牌商品的销量减少。当供应商不出名或商品是新品时，零售商可以寻求价格保证。例如，一家新供应商向某零售商销售一种建议零售价为 30 元的商品，并提供价格保证。如果零售商无法按此价格将商品售出，制造商将支付差价。另一种形式的价格保证是供应商向零售商保证不会有竞争者以更低的价格买到该种商品。如果出现这种情况，零售商将得到赔偿。零售商与其供应商之间的相对实力决定了能否得到这种价格保证。

影响零售商定价的因素还包括员工、设备制造商、土地所有者和外部机构（如广告公司）等。这些因素对零售商而言均会造成成本支出。

（四）竞争与零售定价

市场定价使顾客可以在大量的零售商之间自由选择。在这种情况下，零售商的标价通常不会相差太大，且每家零售商对价格的控制力相对较小，顾客可以很容易地转向其他卖家。因此，在定价管理上，企业可利用独特的零售组合来吸引顾客。那些关心企业形象、品类组合、服务和其他因素的顾客，愿意为具有特色的零售商品支付高于平均水平的价格。高档百货商店、时装店和高档餐厅就属于提供特色产品和服务的零售商，它们可以有力地控制自己的价格。

大多数价格导向型策略很容易被竞争者快速复制。因此，零售商应从远期和近期两方面看待价格策略。如果竞争变得过于激烈，价格战就会爆发。在这种情况下，各零售商不得不持续地以低于正常水平的价格抢夺竞争者的顾客。当价格战难以停止时，会进一步导致利润降低和经营亏损，甚至使部分零售商破产，对网络零售商来说更是如此。

三、零售商价格策略的制定

由于市场需求不断变化，零售商经营的商品品类繁杂，以及受前面提到的各种外部因素的影响，零售价格策略的制定过程非常复杂。零售价格策略的框架如图 4-6 所示，主要包括五个部分：零售目标、主要价格政策、价格策略、价格策略实施和价格调整。

（一）零售目标

零售商的价格策略必须反映其总体目标，并与销售额和利润联系在一起。零售商必须制定具体的定价目标，以避免发生以下潜在问题：价格种类过多而使人迷惑，在与顾客讨价还价上花费太多时间，经常降价促销以吸引客流，利润不足以及过于强调价格。

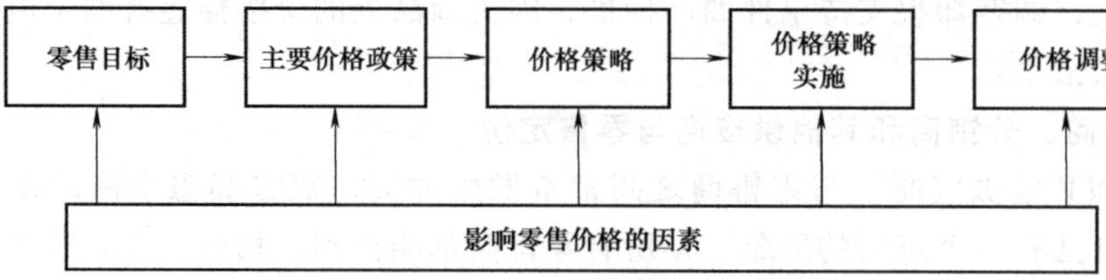

图 4-6 制定零售价格策略的框架

1. 总体目标与定价

销售目标通常用收入和销售量来表达。当零售商试图通过制定较低的价格来寻求薄利多销以获得较高收入时，这种进攻性的价格策略被称为市场渗透定价。虽然这种价格策略的单位利润较低，但只要能实现销售计划，也可获得较高的总利润。如果顾客对价格高度敏感，这种做法就是合适的。低价策略将抑制现有的和潜在的竞争，且经营成本的增长会低于销售量的增长。

采用市场撇脂定价的企业以高定价吸引那些关心服务、商品组合和地位而非价格的消费者。虽然采用这种策略一般不会使销量达到最大，但能获得高额的单位利润。如果零售商的目标顾客对价格不敏感、新的竞争者短期不会进入该市场、增加销量可能导致零售商经营成本大幅度提高时，这种策略就是合适的。

采用市场撇脂定价的零售商还可能选择另外两个利润目标：投资回报率和早期现金回收。企业追求投资回报率时，将规定利润必须占到投资的一定百分比；同时，希望扩大规模但又缺乏资金的零售商，以及对未来没有把握的零售商会相当关注早期现金回收。

下面以某玩具城为例，说明零售商是如何确定销售量、利润和投资回报率目标的。该公司经营廉价和过时的玩具（以避免与主流玩具商竞争），对所有玩具实行统一价格（定价范围在 9~12 元），为使运营成本降到最低，尽量让顾客自助式购买，并为增加销量准备了大量可供选择的花色品种。表 4-5 列出了该玩具城的玩具定价为 9~12 元时的需求量、成本、利润和投资回报率等相关数据，公司需要在这个范围内选择最佳定价。数据来源如表 4-6 所示。

表 4-5 玩具城的需求量、成本、利润和投资回报率

销售价格（元）	需求量（按单位计）	销售总额（元）	平均商品成本（元）	商品总成本（元）	运营总成本（元）	总成本（元）	平均总成本（元）	总利润（元）
9	114000	1026000	7.60	866400	104000	970400	8.51	55600
10	104000	1040000	7.85	816400	94000	910400	8.75	129600
11	80000	880000	8.25	660000	88000	748000	9.35	132000
12	60000	720000	8.75	525000	80000	605000	10.08	115000

销售价格（元）	单位利润（元）	零售毛利率	利润/销售额	现有平均存货量（按单位计）	存货周转（按单位计）	平均存货投资额（元）	存货周转（元）	存货投资回报率
9	0.49	16%	5.40%	12000	9.5	91200	9.5	61%
10	1.25	22%	12.5%	13000	8.0	102050	8.0	127%
11	1.65	25%	15.0%	14000	5.7	115500	5.7	114%
12	1.92	27%	16.0%	16000	3.8	140000	3.8	82%

注：平均商品成本反映了数量折扣；运营总成本包括了所有零售运营费用。

表 4-6　玩具城的数据来源

表 4-5 中的项目	数据来源或计算方法
■销售价格	■交易数据、购物比较及经验
■需求量(按单位计)	■顾客调查、交易数据及经验
■销售总额	■销售价格×需求量
■平均商品成本	■与供应商的联系、数量折扣结构、订单大小估计
■商品总成本	■平均商品成本×需求量
■运营总成本	■经验、交易数据、个别零售费用的估计值
■总成本	■商品总成本+运营总成本
■平均总成本	■总成本/需求量
■总利润	■销售总额-总成本
■单位利润	■总利润/需求数量
■零售毛利率	■(销售价格-平均商品成本)/销售价格
■利润/销售额	■总利润/需求数量
■现有平均存货量	■交易数据、存货周转数据(按单位计)、经验
■存货周转(按单位计)	■需求数量/现有平均存货量(按单位计)
■平均存货投资额	■平均商品成本×现有平均存货量(按单位计)
■存货周转(元)	■总商品成本/平均存货投资额
■存货投资回报率	■总利润/平均存货投资额

从表 4-5 中可以得出以下结论：①若以销售额为目标，定价应为 10 元，此时销售总额最高（104 万元）；②若以现金利润为目标，定价应为 11 元，此时总利润最高（13.2 万元）；③若以存货投资回报率为目标，定价也应选择 10 元，此时存货投资回报率为 127%；④虽然售价为 9 元时销售量最大，但利润最低（55600 元）；⑤定价为 12 元时，单位利润（1.92 元）及利润/销售额的百分比最高，但此时的总利润却不是最高的；⑥定价为 9 元时，存货周转率最高，但此时的利润却不是最高的，这说明高存货周转率不一定带来高利润。

根据以上分析，玩具城决定把价格定在 11 元，因为这时的利润最高，同时，单位利润和利润与销售额的百分比指标也是最高的。

2. 具体定价目标

除了销售额和利润以外，各零售商还可以根据自身的情况确定如下具体定价目标，同时制订相应的计划：维护适当的形象；不鼓励顾客对价格过度敏感；让各方都感到公平（包括供应商、员工及顾客）；定价一致性；在慢速发展期增加顾客流量；清理过季商品；在不引起价格战的前提下与对手进行价格竞争；让顾客将自己看成是区域市场上的价格领导者；提供充分的顾客服务；将政府对价格的干预及反垄断行为降到最低；阻止潜在竞争者进入市场；创造并维护顾客的兴趣；鼓励重复购买。

（二）主要价格政策

在主要价格政策指导下，零售商可制订基于短期或长期考虑的整合的价格计划，以及确立一致的形象（对连锁店和特许经销商尤为重要）。企业必须确保其价格政策与目标市场、零售形象及其他零售组合因素之间的相关性。下面是可供零售企业选择的价格政策：

（1）价格低于所有竞争者；高于所有竞争者；与竞争者相一致。

（2）所有商品根据需求单独定价；所有商品定价与维持某种形象相关，并确保适当的利润。

（3）充当价格领袖；让竞争者担任价格领袖，并首先定价；制定价格时完全不考虑竞争者。

（4）价格在一年或一季度内不变；价格随成本变化而调整。

（三）价格策略

价格策略就是根据购买者各自不同的支付能力和效用情况，结合产品进行定价，从而实现最大利润的定价办法。它主要包括以下四种方式：

1. 需求导向定价法

零售商根据市场需求状况和顾客对产品的感觉差异来确定价格的方法称作需求导向定价法，又称顾客导向定价法或市场导向定价法。其特点是灵活有效，价格随市场需求的变化而变化，不与成本因素发生直接关系。其基本原则是：当市场需求大的时候，适当调高价格；当市场需求小的时候，适当调低价格。这种定价方法需要综合考虑成本、产品生命周期、市场购买能力、顾客心理等因素。需求导向定价法包括理解价值定价法和需求差异定价法两种。

（1）理解价值定价法。所谓“理解价值”，也称“感受价值”“认知价值”，是指顾客对某种产品价值的主观评判。理解价值定价法是指企业以顾客对产品价值的理解度为定价依据，运用各种营销策略和手段，影响顾客对产品价值的认知，形成对企业有利的价值观念，再根据产品在顾客心目中的价值来制定价格的方法。理解价值定价法的关键和难点，是获得顾客对有关产品价值理解的准确判断。

（2）需求差异定价法。所谓需求差异定价法，是指产品价格的确定以需求为依据，首先强调适应顾客需求的不同特性，而将成本补偿放在次要地位的定价方法。根据需求特性的不同，需求差异定价法通常有以下几种形式：以顾客为基础的差别定价、以地点为基础的差别定价、以时间为基础的差别定价、以产品为基础的差别定价、以流转环节为基础的差别定价。

2. 成本导向定价法

成本导向定价法是应用最为广泛的一种定价技术，即零售商通过将单位商品成本、运营费用及期望的利润加总得出价格，其中商品成本与零售价之间的差额就是加价。如果零售商花 200 元购入一把椅子，希望以 300 元卖出，那么多出的 100 元中就包含了零售运营费用和利润，加价率为零售价的 33.3%，占成本的 50%。加价幅度取决于产品的传统加价幅度、制造商的建议价格、存货周转、竞争状况、店面租金及其他营业成本、与产品销售相关的服务，以及零售商付出的销售努力。

加价率可以以零售价或成本为基础计算，但通常都是在零售价的基础上计算的。原因在于：①零售费用、降价和利润通常都以其占销售额的百分比描述，所以加价也以占销售额百分比的形式表示；②制造商向零售商提供的进货价和折扣也采用零售价格百分比的形式；③零售价格数据比成本数据更易收集；④基于零售价的利润数据比基于成本的数据看起来要小，这在与政府、员工和顾客进行沟通时非常有用。

加成率的计算公式如下，按零售价计和按成本计的区别在于分母不同：

$$\text{加成率（按零售价计）}=\frac{\text{零售价}-\text{商品成本}}{\text{零售价}}$$

$$\text{加成率（按成本计）}=\frac{\text{零售价}-\text{商品成本}}{\text{商品成本}}$$

下面三个例子说明了加价率在零售定价中的应用。

【例 4-1】 一家服装折扣店以每件 70 元的价格购入了一批男式长袖衬衫，希望以 30%

的零售加价率卖出。为此，零售价格应该是多少呢？

解： 根据公式

$$加成率（按零售价计）=\frac{零售价-商品成本}{零售价}$$

$$30\%=\frac{零售价-70元}{零售价}$$

$$零售价=100元$$

【例 4-2】 一家文具店期望的最低零售加价率为40%。若它认为每盒标准信封的零售价为10元，那么该店可接受的最高进货价是多少？

解： 根据公式

$$加成率（按零售价计）=\frac{零售价-商品成本}{零售价}$$

$$40\%=\frac{10元-商品成本}{10元}$$

$$商品成本=6元$$

【例 4-3】 一家运动品商店购入了一批清仓自行车，每辆车的成本为100元，售价为150元。那么，该店的零售加价率为多少？

解： 根据公式

$$加成率（按零售价计）=\frac{零售价-商品成本}{零售价}$$

$$=\frac{150元-100元}{150元}$$

$$=33.34\%$$

3. 竞争导向定价

零售商可以将竞争者的价格作为指导自己定价的依据。除非竞争者调整价格，否则企业不会因为需求或成本的变化而调整自己的价格；若竞争者调整价格，即使需求或成本没有变化，企业也可能随之调整价格。

采用竞争导向定价的零售商的商品价格水平可能低于市价、等于市价或高于市价，具体如表4-7所示。若企业的地理位置优越，拥有优质的顾客服务、齐全的商品种类、良好的企业形象，或经营独家分销的品牌，就可以将价格定得高于竞争者；但对于那些店址偏僻、依靠顾客自助服务、缺少创新、销售的商品与竞争者相比没有实际差异的零售商，定价就不适合高于市价。

表 4-7 竞争导向定价的选择

可变零售综合因素	可选择的定价策略		
	低于市价	等于市价	高于市价
店址	位置较差，交通不便，租金低	靠近竞争者，无位置优势	几乎没有强大的竞争者，方便顾客
顾客服务	自助式服务，几乎没有销售人员帮助，有限的产品展示	销售人员提供适当的服务	高水平的人员推销和送货服务

（续）

可变零售综合因素	可选择的定价策略		
	低于市价	等于市价	高于市价
商品类别	侧重热销产品	种类数量中等或较多	要么数量多，要么数量少
环境	廉价的设施和货架	购物环境中等	吸引人的内部装饰
创新性	潮流追随者，保守型	集中精力于热销商品	极具创新性
特殊服务	不提供	不提供或需要向顾客额外收费才提供	已包括在商品价格中
经营的产品线	一些知名品牌、自有品牌和尾货	经挑选的知名品牌和自有品牌	独家经营的知名品牌和自有品牌

采用竞争导向定价的好处在于：首先，不用费脑筋计算需求曲线和价格弹性；其次，平均市场价格通常被认为对顾客和零售商都很公平；最后，定价等于市价水平不会损害竞争，因此不会遭到报复。

4. 价格策略整合

要想恰当地整合三种定价方法，企业需要解决下列问题：

（1）若降低价格，收入是否会大幅增加？（需求导向）

（2）考虑到与顾客的沟通、季节性变化等因素，是否应该对同一种商品制定不同的价格？（需求导向）

（3）给定的价格水平能否保证一贯的加价水平？（成本导向）

（4）在采购、销售、运送等方面需要支付特殊成本的商品应制定什么样的价格水平？（成本导向）

（5）竞争者设定的价格水平如何？（竞争导向）

（6）形象良好的企业能将价格定得高于竞争者吗？（竞争导向）

（四）价格策略实施

除了以上几种主要价格策略之外，实施价格策略还涉及一系列独立又相互关联的具体决策。

1. 习惯定价与可变定价

习惯定价是指零售商用以保持商品价格在较长时期内不变的定价策略。采用习惯定价的商品有报纸、糖果、自动售货机中的商品和餐厅菜单上的食物等。对于这些商品，零售商希望遵循习惯定价，并得到顾客认同。

在许多情况下，零售商不能或不愿意采用习惯定价：当成本上升时，企业将无法维持原有价格；若顾客需求发生变化，企业则不愿维持原有价格。通过可变定价，零售商可以调整价格以适应成本的变动或顾客需求的变化，还有可能提供特别的销售机会，给顾客一个惊喜。

成本波动可能是季节性的或者与某种趋势相联系。许多食品和花卉产品都具有季节性特点，因此超市与花店中的商品在一年中的定价也会有所变化。当某种趋势或潮流的发展使某类产品的成本持续上升（如豪华轿车）或下降（如个人计算机）时，零售商就必须不断调整价格（这与暂时的季节性调整不同）。

导致需求波动的原因可能是地点或时间因素带来的影响。零售商销售入场券（如音乐会入场券）或房间（如旅馆）时就会出现因地点产生的波动，不同位置的价格不同。例如，音乐会靠近舞台的位置票价较高。如果顾客需求随每天、每周或随季节的不同而变化，就可能出现因时间而产生的波动。例如，周末看电影的人比平时多，那么在需求较小的平时，电影票的价格就应定得低一点。

2. 一价政策与弹性定价

在一价政策下，零售商对在相似条件下购买同一种商品的所有顾客定出同一价格。一价政策可与习惯定价或可变定价结合使用。当与可变定价结合使用时，对音乐会特定区域的座位感兴趣的所有顾客将支付同样的价格。这种定价方式易于管理，不需要熟练的销售人员，可使顾客购物更方便、快捷，且允许自助服务，给顾客的压力小，并与企业的价格目标相一致。目前，大多数零售商采取一价政策，不允许讨价还价。

相反，弹性定价允许顾客讨价还价，那些精于讨价还价的顾客能获得更低的价格。珠宝店和汽车经销商等零售商通常都采用弹性定价，他们并不明确标出价格底线，顾客需要有足够的知识才能还价成功。弹性定价使顾客花更多的时间待在商店里，他们能够感受到这家零售商是折扣导向型的。若遇到不喜欢还价的顾客，零售商就能获得高额利润。这种方式需要较高的初始价格和优秀的销售人员。

弹性定价的一种特殊形式是不可预见定价，即服务类零售商只有在提供服务后才能获得报酬，而且这一报酬取决于顾客对所提供服务的满意程度。在诸如房地产等一些行业中，顾客倾向于不可预见定价，这可以确保零售商提供适当的服务。不过，这种定价方式给零售商也带来了风险，因为所付出的大量时间和努力可能得不到回报。例如，一位将待售房产展示了 25 次却仍未能成功卖出的房地产经纪人，将无法获得任何报酬。

3. 尾数定价

尾数定价是指将零售价格定在略低于整数价格的水平上，如 0.49 元、4.98 元和 1.99 元。尾数定价是一种心理定价，这种定价方法使价格看上去像打了折扣，或者低于顾客心目中的价格上限。

4. 特价

采用特价的零售商从产品和服务组合中挑选一些商品，按低于一般利润率的价格出售，并做广告促销，目的是增加客流量，希望在销售这些特价商品的同时销售其他正常定价的商品。特价与诱售型广告的区别在于，后者并不销售所宣传的商品。一般来说，特价意味着频繁进货、采用全国性品牌及周转率高，因为顾客很容易获得商品的低价消息。超市、家居中心、折扣百货商店、药店和快餐店就经常采用特价来吸引顾客。特价有两种形式：亏损性特价和低于正常价格（但高于成本）的特价。

5. 多单位定价

多单位定价是指零售商对购买批量商品或配套商品的顾客提供折扣的一种定价策略。采用多单位定价有三方面的原因：①企业可以增加顾客对该商品的总购买量（但如果顾客只是购买大量商品储存起来，而不是增加消费，那么企业的总销售量仍然不会上升）；②多单位定价有利于零售商销售周转率低的商品及季节性商品；③多单位定价能增加相关商品的销售量。

多单位定价的一种特殊形式是捆绑定价。在捆绑定价中，零售商以基本价格提供一系列商品。例如，一个定价为 5000 元的数码照相机组合中可能包括一部照相机、一个长焦镜头、一个照相机套和一个三脚架。这种做法增加了商品总体的销售量，与非捆绑定价相比还向顾客提供了折扣。然而，这种定价无法对不同消费者的各种需求都做出响应。作为一种变通，很多零售商也采用非捆绑定价——零售商对所销售的每件商品分别定价。例如，一家汽车租赁公司可能会对汽车租赁、送货上门和每月服务分别收费。这样做使商品的价格与成本紧密相关，并留给顾客更多的选择。但有时这种做法也可能难以操作，还可能使相关商品的销售量减少。

6. 系列定价

系列定价是指按有限的价格点销售商品，每一价格点代表不同的质量水平。零售商首先定出每类产品的价格上限和下限，然后在这个范围内设定一定数量的价格点。系列定价对零售商和顾客都有益。例如，一盒手帕的价格范围是 6~15 元，若三盒不同手帕的价格点分别为 6 元、9 元和 15 元，则顾客就能明白不同价位的手帕品质有所不同。同时，零售商也不宜设置过多的价格点，否则顾客就会对产品品质的区别感到困惑。对零售商来说，系列定价对制订进货计划有很大帮助。零售商的采购人员可以寻找那些提供合适价格的产品供应商，并更好地与供应商协商。另外，对于价格系列中不需要的产品档次，零售商可不去理会，这样可以减少存货投资。同时，由于限制了所售商品的种类，存货周转率将得到大幅提高。

在系列定价中也存在一些问题：①系列定价可能因价格点的选择不当导致价格差距过大；②通货膨胀使价格点和价格范围难以维持；③降价可能会打破系列价格的平衡，除非所有商品都按比例同时降价；④互补性商品（如运动衫、衬衣与鞋类产品）的价格点必须相互协调。

（五）价格调整

价格调整是指企业在市场营销活动中，根据竞争情况、需求状况、自身条件等价格影响因素的变化适时修订和调整产品基本价格的手段。其目的在于促使产品价格适应市场供求变化并与营销组合的各种因素更加协调，发挥最大的促销作用，提高营销效益。价格调整实质上是一种动态定价策略。

在商品原零售价格上的降价，可用以应对其他零售商的降价，调整过多库存，清理过期商品，减少零散品种，以及增加客流量。额外加价是指当需求出乎意料地增加或成本上升时，将原零售价格提高。在如今竞争激烈的市场环境下，降价的使用频率比额外加价高得多。

1. 计算降价及额外加价

降价及额外加价可以以金额或百分比计算。降价率是指降价总额占净销售额（按金额计）的百分比。其计算公式为

$$\text{降价率}=\frac{\text{降价总额}}{\text{净销售额（按金额计）}}$$

也可以采用零售价降价率作为补充手段，即每种商品或商品大类的降价额占初始零售价格的百分比。其计算公式为

$$\text{零售价降价率}=\frac{\text{初始价格}-\text{新价格}}{\text{初始价格}}$$

假设一台燃气烤肉架在夏季初卖 400 元，到夏季末降至 280 元。零售价降价率就是 30%。若按原价卖出了 100 个烤肉架，降价卖出了 20 个，则降价商品的百分比就是 17%，

降价总额为2400元。

额外加价率是指额外加价总额占净销售额的百分比。此时零售加价率是以原价格百分比的形式衡量价格上涨的幅度。其计算公式为

$$额外加价率=\frac{额外加价总额}{净销售额（按金额计）}$$

$$零售加价率=\frac{新价格-原价格}{原价格}$$

因此，降价或提价的真实影响可通过下列公式计算：

$$\begin{array}{c}价格调整后要达到相同利\\润总额需销售的商品数量\end{array}=\frac{原加价率（\%）}{原加价率（\%）\pm价格变化率（\%）}\times\begin{array}{c}预期按原价销\\售的商品数量\end{array}$$

【例4-4】 假如一台打印机的成本是50元，原售价是100元（加价率为50%）。零售商希望下一年售出500台打印机，利润总额为2.5万元。若价格降到85元或升至110元，零售商为保持利润2.5万元不变，需要售出多少台？

解： 售价为85元时

$$所需销量=\frac{50\%}{50\%-15\%}\times500台=1.43\times500台=714台$$

售价为110元时

$$所需销量=\frac{50\%}{50\%+10\%}\times500台=0.83\times500台=417台$$

2. 降价控制

在降价过程中还要实施降价控制。通过降价控制，零售商可以评估降价量、降价带来的销量占总销量的比例，以及降价的原因。降价控制让企业有机会检查自己的政策，如展示商品的时机是否恰当；而仔细地规划可以使零售商避免一部分降价，如更多地进行广告宣传，更有针对性地培训员工，更有效地在各分店间运送货物，以及将多余存货退还给供应商。

3. 降价时机选择

在降价时机上，零售商对最佳降价时机的看法不一，但是多数认为执行早期降价政策是更为有效的手段：早期降价幅度比季末降价的幅度小；在需求还相当活跃时就对商品定出低价，可以获得更高的销售量；早期降价可以为推出新产品留出销售空间；零售商的现金流可以得到改善。而晚期降价的主要优势在于，零售商在降价前可尽量以原价格销售商品。但晚期降价不具有上述早期降价政策带来的优点。

零售商也可以采用逐步降价政策，即在整个销售季节不断对商品价格打折。逐步降价政策的核心是自动降价计划，即降价的幅度和时间取决于商品的库存时间。一年一度或两度的全店清仓是定期降价的另一种形式，目的是在下一个销售季节之前清理掉库存商品。全店清仓的优点是商品按原价格销售的时间更长；但与此同时，过于频繁的降价会摧毁顾客对零售商日常价格策略的信心，而清仓销售使消费者追求打折的购物行为减少至一年一次或两次。

第四节 供应链环境下零售商的物流服务管理

一、零售商的商品物流服务

对于零售商而言，商品物流服务是指通过计划、实施和协调，以最及时、最有效和最节约的方式将商品从制造商或分销商转移到零售商再到顾客的过程。物流把订单处理和完成、运输、仓储、顾客服务和存货管理看作是价值传递链中相互依赖的职能。如果物流系统效率高，企业就能同时减少缺货、减少库存，并改善顾客服务。

下面就有关零售商商品物流服务的如下内容展开探讨：绩效目标、供应链管理、订单处理与完成、运输和仓储及顾客交易和顾客服务。

（一）绩效目标

零售商商品物流服务的主要目标有：

（1）将发生的成本与特定的物流活动联系起来，从而在完成企业其他绩效目标的情况下，尽可能经济地完成所有的商品物流服务活动。

（2）轻松、准确和令人满意地下订单和接收订单。

（3）尽量缩短订货和接收商品之间的时间。

（4）协调不同供应商的送货。

（5）拥有足够的商品来满足顾客需求，而无须太多存货，否则大减价将不可避免。

（6）将商品快速地放到销售场地。

（7）以令顾客满意的方式快速处理顾客订单。

（8）与供应链的其他成员良好合作和定期沟通。

（9）有效处理退货，减少产品破损。

（10）拥有在系统崩溃时采用的备用计划。

（二）供应链管理

在供应链物流管理方面，有效组织和协调零售物流体系中的所有参与者（制造商、分销商、第三方物流服务商及零售商）之间的合作尤为重要。对于零售商而言，在零售环境中既保持利润又展现竞争优势越来越难，因为大多数零售商，尤其是中小型零售商无法做到既专注于自己的零售战略，又能处理好供应链问题。因此，许多零售商正在试图通过第三方物流服务商建立与供应商之间更为密切的物流关系，以提高商品物流服务水平、优化配送和运输网络，并使其全球供应链的效率更高。因为这些第三方物流服务商能够为零售商及其供应商提供系统化的供应链物流解决方案并提供相应的物流服务。

（三）订单处理与完成

为了完善订单的处理和执行，许多零售商运用了快速响应系统，通过增加订货频率和减少订货数量来减少其持有的库存数量。快速响应系统要求零售商与供应商之间保持良好的合作关系，建立完善的运输系统，密切监视存货水平以防断货，并通过电子数据交换和其他手段定期与供应商沟通信息。

快速响应系统的积极使用者有百货公司、折扣商店、服装店、家居中心、超市和药店等。快速响应系统对于上架新商品、降低每笔订单订购量、实现店内设施的格式化布局和电子数据交换（EDI）等方面效果明显。同时，电子数据交换也使得零售商能够有效实施快速响应存货计划——通过零售商与供应商之间无纸化的、计算机对计算机的方式实现。研究表明，全行业使用快速响应系统和电子数据交换将使零售价格下降10%。

零售商还很重视订单处理与完成的另外两个方面：①通过提前得到运输通知，采用快速响应系统和电子数据交换的零售商能在货物离开供应商时得到电子传送的提货单。这使零售商有更多的时间高效地接收和分配商品。②由于越来越多的零售商从多个供应商、多个地点甚至海外采购，因此它们必须更好地协调订单的安排和完成。

（四）运输和仓储

零售商需要制定多个运输决策：

（1）商品运送给零售商的频率如何？

（2）如何处理小额订货？

（3）使用哪个运输方（制造商、零售商还是第三方物流）？

（4）使用哪种运输方式？是否需要多种运输方式（如制造商用货车运到零售商的仓库，零售商再用货车运到每个商店）？

（5）对易腐烂商品和昂贵商品应有哪些特殊考虑？

（6）特殊运输协议（如快速订单）的频率应是怎么样的？

（7）如何与供应商协商运输条款？

（8）应向零售商的顾客提供哪些送货方案？这对无店铺零售商是一个关键决策，特别是对通过网络销售的零售商而言。

运输的效果受以下因素影响：物流基础设施（包括冷冻车、机场、码头和高速公路）的质量、交通拥堵、停车和其他因素。

对于仓储，一些零售商将仓库视为中央或区域配送中心。产品从供应商处运送到仓库，然后分配和运输到各个分店。另一些零售商，包括许多连锁超市，并不过分依赖中央或区域仓库，相反，通过直接商店配送。零售商至少有部分商品是从供应商处直接运达商店的，那些采用电子数据交换系统的零售商可更有效地利用此方法。该方法被用于将快速周转、大量散装、易腐产品从制造商处直接送往商店。适合采用直接商店配送的商品（如饮料、面包和零食）的平均保存期为60天或更少，而仓储商品的平均保存期超过1年。一般超市销售额的25%来自采用直接商店配送的商品。

（五）顾客交易和顾客服务

零售商既需要计划外部物流，还需要计划内部物流，通过将商品交给顾客从而完成交易。有店铺零售商和无店铺零售商之间存在巨大差异。许多零售商店希望顾客自己带走商品，或在条件允许的时候取走商品（如购买新车）。所有的直销商，包括网络零售商，都需要确保产品被送到顾客家里或便于顾客领取的邻近地点。顾客服务预期受物流效率的影响很大，因此零售商的物流体系应设计得尽可能富有效率，尽可能地保证物流的时效性和服务的高质量。

二、零售商的商品逆向物流服务

逆向物流包括通过供应渠道从顾客或零售商返回的所有商品流。它通常涉及由于顾客改变主意、破损或瑕疵产品、零售商的存货过多而引起的退货。据估计，每年的顾客退货占全部零售收入的9%。有时，零售商会利用清仓公司，让它们以极低的价格购回供应商不接受退货的不畅销商品，这些公司随后将这些商品以极高的折扣售出。为了避免渠道冲突，逆向物流的条件需要预先确定。

逆向物流涉及以下决策：

（1）零售商和制造商在何种条件下（允许的时间、商品的状况等）接受顾客退货？

（2）顾客退款政策如何？包装打开后退货是否要收费？

（3）哪一方负责运输退换商品给制造商？

（4）顾客需要提供哪些文件来证明购买时间和支付的价格？

（5）如何处理顾客维修（立即退货，第三方维修，还是由制造商送还修好的商品）？

（6）赋予员工多大的权力处理顾客退货？

本章内容结构图

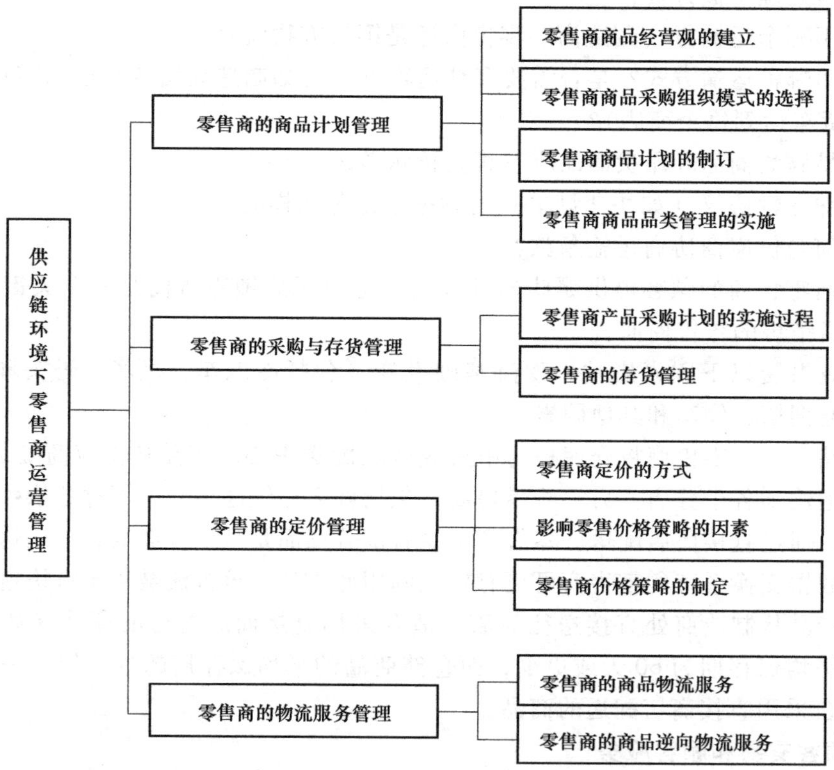

本章重点概念

商品经营观　集中化采购　组织宽度　狂热商品　品种组合　制造商品牌　自有品牌　非注册品牌　品类管理　存货周转率　存货管理　市场撇脂定价　需求差异定价　加价率　价格调整　商品物流服务　商品逆向物流服务

课后习题

一、复习思考题

1. 零售商应该从哪几个方面进行商品采购组织模式的选择？

2. 影响零售商商品计划制订的因素有哪些？
3. 如何理解产品生命周期的四个阶段？
4. 品类管理的实施步骤有哪些？
5. 如何理解零售商产品采购计划实施的步骤？
6. 如何理解零售价格策略的影响因素？
7. 商品物流服务和商品逆向物流服务有什么区别与联系？

二、计算题

1. 一家服装店期望的最低零售加价率为60%。若它认为每件衣服的零售价应为50元，那么该店可接受的最高进货价是多少？

2. 一家运动品商店购入了一批清仓自行车。每辆自行车的成本为1600元，售价为2500元，那么该店的零售加价率为多少？

本章实训任务

具体见后面的实训任务一和实训任务二。

实训任务一　供应链零售商运营管理方案设计

供应链零售商运营管理方案设计任务书	
任务目标	通过对供应链零售商运营管理方案进行设计，学习者能够运用所学的供应链管理相关知识，解决零售商运营中的商品计划制订、品类管理实施、设施选址、规模选择、商品采购、商品销售定价、存货管理等经营决策问题
任务成果	供应链零售商运营管理方案
任务要求 （人机对抗模式）	近年来，随着生活水平的不断提升，人们对生活质量的追求也日益提高。随着家电行业步入智能化时代，像冰箱这样的传统白色家电产品开始重新焕发生机，智能冰箱成为现代家庭中不可或缺的标配用品。这也使得冰箱产品的市场竞争日益激烈。为此，作为一家位于上海的智能冰箱零售企业的经营者，你将如何把握商业机会并有效地利用资源开展业务，以期在激烈的市场竞争环境下取得良好的经营绩效呢？ 任务要求： 1. 市场需求预测：根据供需市场相关调研数据，选择合适的预测方法进行需求预测（竞争对手NPC数量为11） 2. 产品定位：识别并确定商业机会——智能冰箱 3. 企业定位：根据市场中竞争对手的数量和需求预测结果，选择合理的企业规模和零售设施位置，并进行相应的固定资产投资 4. 销售方式选择：选择合理的销售方式（线上、线下） 5. 产品计划制订：制订产品组合计划和产品采购计划 6. 供应商选择：根据产品组合计划和产品采购计划，合理选择供应商 7. 采购策略制定：定期订货采购策略、定量订货采购策略 8. 产品销售决策：产品定价和价格调整决策 9. 订单管理：订单接受和执行决策 10. 风险预案制订：针对供应商供货不足、库存堆积、客户合同超期等运营风险制订相应的防范预案

（续）

供应链零售商运营管理方案设计任务书	
任务要求 （人人对抗模式）	近年来，随着生活水平的不断提升，人们对生活质量的追求也日益提高。随着家电行业步入智能化时代，像冰箱这样的传统白色家电产品开始重新焕发生机，智能冰箱成为现代家庭中不可或缺的标配用品。这也使得冰箱产品的市场竞争日益激烈。为此，作为一家位于上海的智能冰箱零售企业的经营者，你将如何把握商业机会并有效地利用资源开展业务，以期在激烈的市场竞争环境下取得良好的经营绩效呢？ 任务要求： 1. 市场需求预测：根据供需市场相关调研数据，选择合适的预测方法进行需求预测（竞争对手数量为进入本任务的人员数量） 2. 产品定位：识别并确定商业机会——智能冰箱 3. 企业定位：根据市场中竞争对手的数量和需求预测结果，选择合理的企业规模和零售设施位置，并进行相应的固定资产投资 4. 销售方式设计：选择合理的销售方式（线上、线下） 5. 产品计划制订：制订产品组合计划和产品采购计划 6. 供应商选择：根据产品组合计划和产品采购计划，合理选择供应商 7. 采购策略制定：定期订货采购策略、定量订货采购策略 8. 产品销售决策：产品定价和价格调整决策 9. 订单管理：订单接收和执行决策 10. 风险预案制订：针对供应商供货不足、库存堆积、客户合同超期等运营风险制订相应的防范预案

实训任务二　供应链零售商运营管理方案实施

方案实施指导书

一、任务选择

双击桌面ITP图标进入用户登录界面，输入用户账号和密码（默认密码与账号一致），单击【登录】按钮，登录ITP一体化教学管理平台，如图4-7所示。在【我的课程】模块单击【“供应链管理”理实一体化课程】→【项目一 供应链企业运营管理】→【子项目四 供应链零售商企业运营管理】→【任务四 供应链零售商企业运营方案设计与实施】，并在右侧单击【供应链零售商企业运营管理方案实施（单人）】，单击【进入任务】按钮，如图4-8所示。

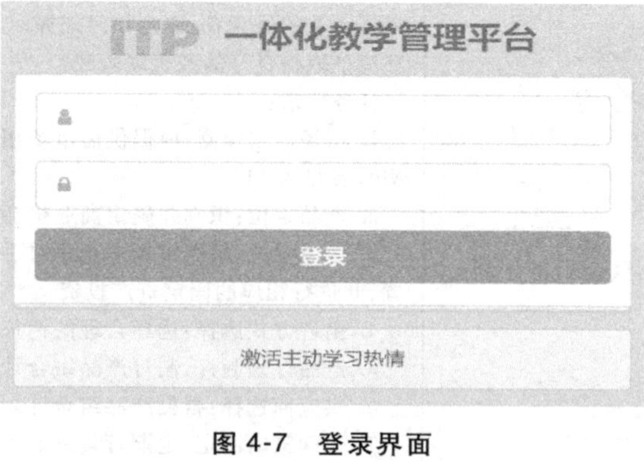

图4-7　登录界面

二、任务实施

1. 集团企业

集团企业注册，具体操作方法参考第一章“实训任务二　供应链企业运营管理调研方

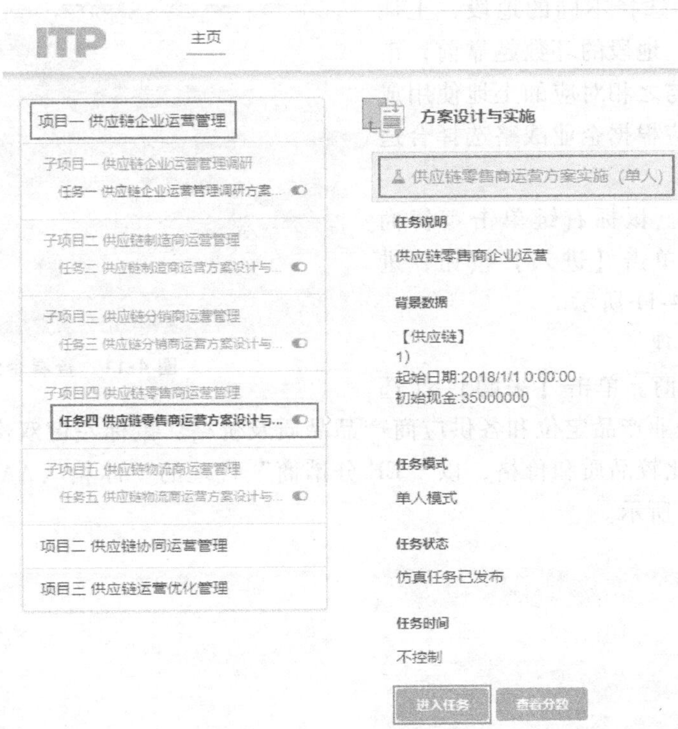

图 4-8 任务选择

案实施”，这里不再赘述。

2. 冰箱市场需求预测

市场需求预测是增强零售企业应变能力和竞争能力的重要途径。在分析冰箱产品相关历史销售数据的基础上，应以合适的方法对冰箱产品的未来需求进行预测。

备注：市场需求曲线数据可能会根据系统人数做出调整，请以系统数据为准。

单击【市场信息】→【产品供需信息】→【产品名称：冰箱】，如图 4-9 所示。

3. 建立企业

（1）根据冰箱市场需求预测情况和零售商各类型工厂所需资金，进行企业战略规划、规模规划及工厂选址规划等。这里以“Ⅰ型零售商”为例，如图 4-10 所示。（默认已进行市场需求预测，定位Ⅰ型零售商，选择 1 环建立企业）

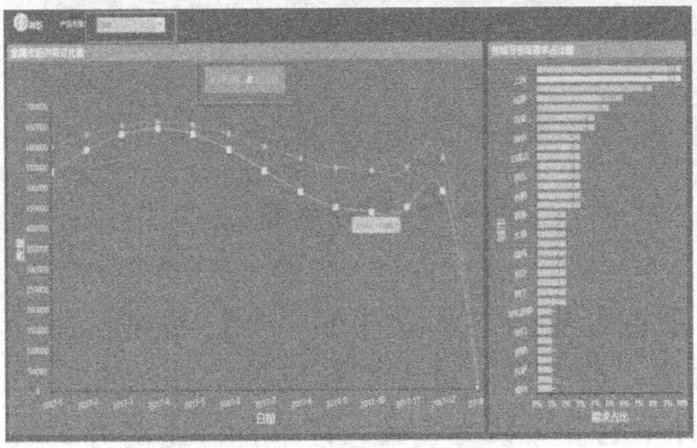

图 4-9 冰箱市场需求预测

图 4-10 建立企业

“项目一”中，选择不同的地段，土地使用成本不尽相同。地段的环数越靠前，市场需求相对越大，与之相对应的土地使用成本也越高。因此，应根据企业战略选择合适的区域建设企业。

（2）查看企业。鼠标右键单击零售商企业工厂建筑物，单击【进入】按钮，进入工厂内部，如图 4-11 所示。

图 4-11　查看企业

4. 采购业务管理

（1）选择供应商。单击【采购】→【选择供应商】，根据企业产品定位和各供应商产品品质及价格，鼠标左键双击选择供应商。这里定位高端产品，比较品质和价格，以“EE 分销商”代理的“冰箱（AA 制造商）”为例。如图 4-12 和图 4-13 所示。

图 4-12　选择供应商（一）

图 4-13　选择供应商（二）

（2）采购策略制定。选择供应商，制定采购策略。系统支持两类采购策略，分别为自动采购和手动采购。自动采购又分为定期采购、定量采购和供应商库存管理（VMI）。这里以定期采购法为例。假设订货周期 3 天，最高库存量 500 件。勾选“定期订货法”，输入订货周期和最高库存量（此处数值需在查阅和理解定期采购法的基础上，依据企业的经营规模设定），单击【设定】按钮，如图 4-14 所示。

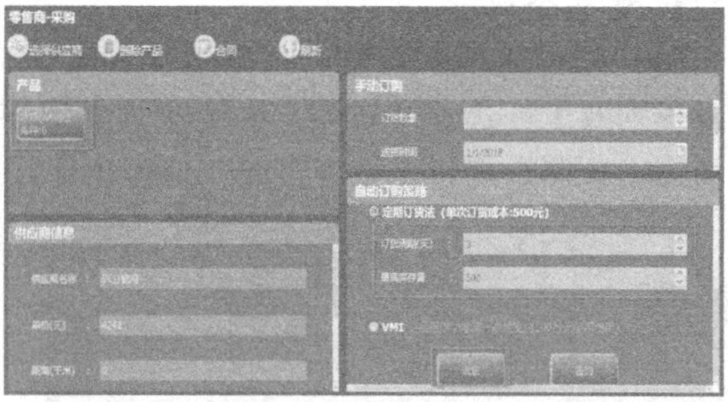

图 4-14　定期采购

（3）采购协议合同签署。制定采购策略，签署采购协议。单击【签约】按钮，选择“合作时长”，设置“订单响应天数”和订单首付比例，单击【下一页】按钮，选择“合同开始日期”，根据企业经营策略决定是否勾选“接受提前送货”和设置“违约金”单击【签署】按钮。这里举例合作时长为 1 个月，订单响应天数为 4 天，订单首付比例为 5%，合同开始日期为 2018 年 1 月 4 日，不接受提前送货，不设置违约金，如图 4-15 和图 4-16 所示。

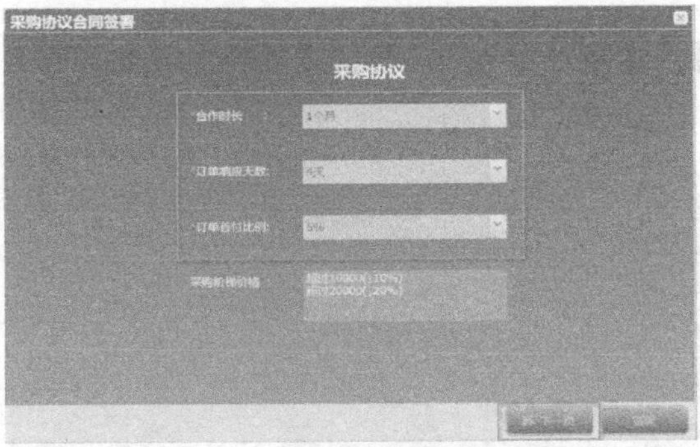

图 4-15 采购协议合同签署（一）

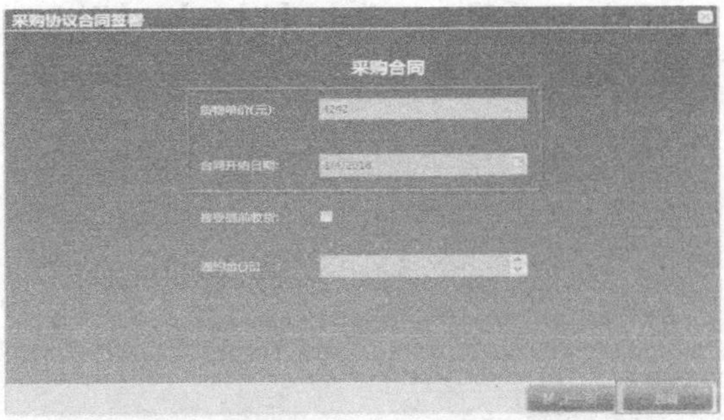

图 4-16 采购协议合同签署（二）

注意：对于零售商而言，分销商企业作为供应链上游合作企业，签署采购协议时，对合作时长、订单首付比例、合同开始日期、是否接受提前收货、是否设置违约金等可根据经营策略有的放矢。

完成冰箱采购业务后，运输业务由分销商选择第三方物流承运商完成，系统时间到达合同开始日期后，按照采购策略将相应数量的冰箱运输储存至成品库。

5. 销售业务管理

（1）产品定价。根据冰箱采购成本、企业盈利目标对冰箱进行销售定价。单击【销售】→成品库【冰箱（AA 制造商）】，设定产品售价，单击【保存】按钮，如图 4-17 所示。这里以报价 5000 元为例。

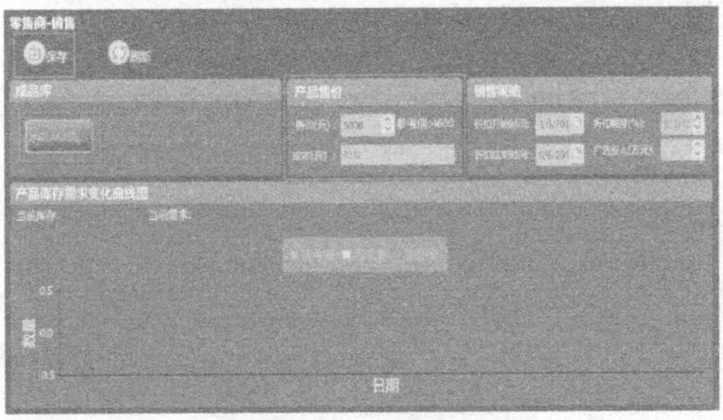

图 4-17 产品定价

产品定价并非一成不变，作为企业管理者，应该时刻关注市场上产品的供需关系，在供需关系不对等的情况下及时调整价格，以期在市场竞争中获得价格竞争力。

备注：零售商直接面对终端消费者，为了促进销售，可以采取必要且有效的促销手段。系统提供两种促销手段：折扣促销和广告促销。

1）折扣促销，即设置批量折扣，给予下游客户一定折扣的优惠。企业对所销产品设置一定比例的折扣，以降价的形式刺激消费者需求。折扣幅度，即在原价的基础上下降对应幅度的折扣，最终系统按照产品单价×(1-折扣幅度）进行销售。举例：产品单价 2000 元，折扣幅度 10%，最终单价 = 2000 元×(1-10%) = 1800 元。

2）广告促销。企业单次设定自定义金额的广告投入，企业所销产品品牌价值在一定时期内会有一定的上升，进而影响产品需求值。

注意：产品定价受市场监督部门管制，并且限定最高定价和最低定价，请在合理范围内定价。

（2）查看销售情况。单击【销售】→成品库【冰箱（AA 制造商）】，即可查看销售情况，如图 4-18 所示。

6. 财务业务管理

（1）财务明细。单击【财务】→【财务明细】，选择“日期”，即可查看特定日期的财务明细，如图 4-19 所示。

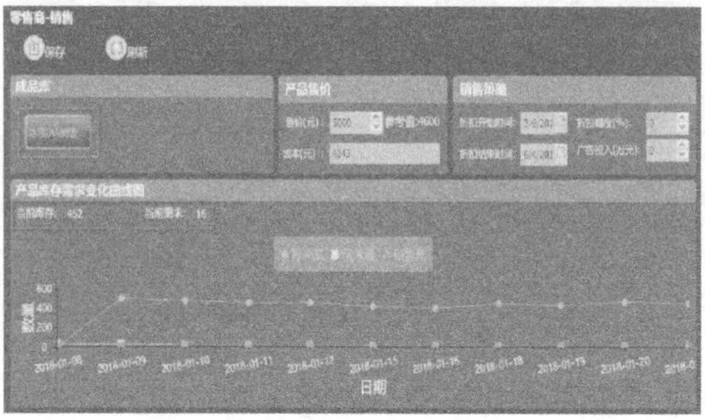

图 4-18　查看销售情况

图 4-19　财务明细

（2）资金明细。单击【财务】→【资金明细】，即可查看每笔经济业务的资金明细，如图 4-20 所示。

7. 供应链绩效管理

（1）数据分析。返回 3D 虚拟仿真环境主界面，单击【数据分析】按钮，单击任意数据分析指标，根据数据反馈，对企业经营情况进行总结和评价。这里以“市场占有率”指标为例，如图 4-21 所示。

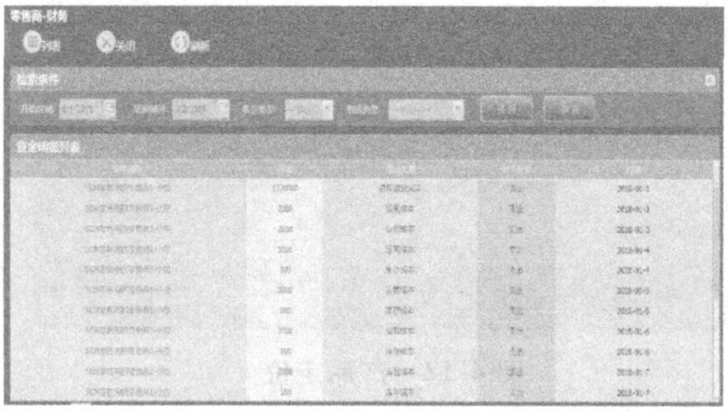

图 4-20　资金明细

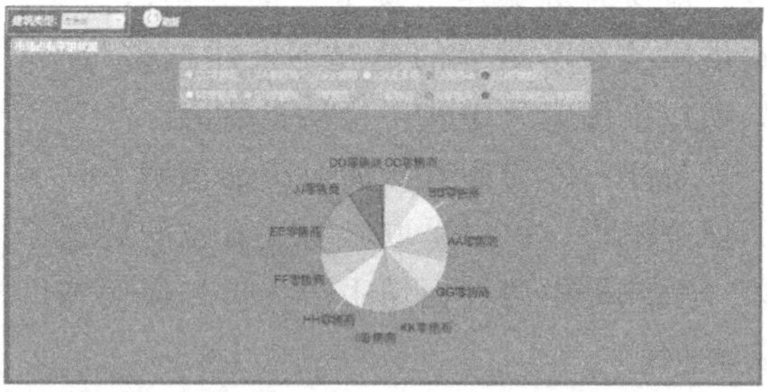

图 4-21　数据分析

（2）资产信息。单击【资产信息】按钮，单击任意资产信息指标，根据数据反馈，对企业财务状况进行总结和评价。这里以“公司信息”指标为例，如图 4-22 所示。

三、任务帮助

单击主界面右上角“选项”按钮，在窗口中单击【帮助】按钮，即可查看零售商运营常见问题及解决方法，如图 4-23 所示。

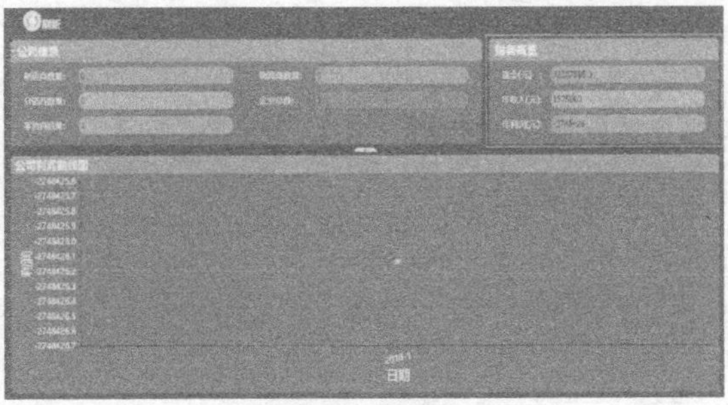

图 4-22　资产信息

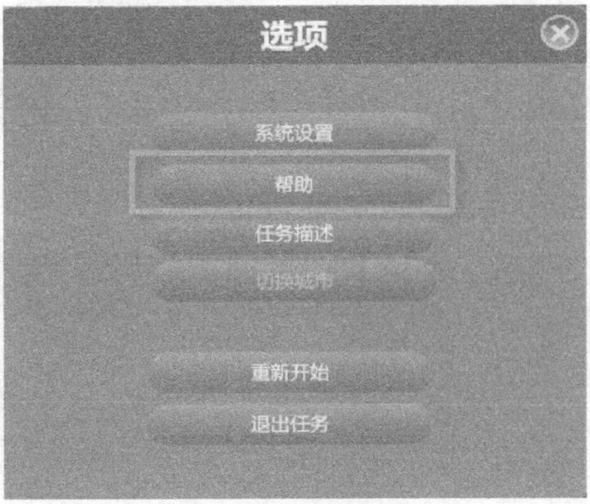

图 4-23　任务帮助

第五章

供应链环境下物流商运营管理

学习目标

【知识目标】

1. 熟悉供应链环境下物流商的网络规划。
2. 掌握供应链环境下物流商的运输管理。
3. 掌握供应链环境下物流商的仓储管理。
4. 掌握供应链环境下物流商的服务管理。

【技能目标】

1. 能够根据项目任务书的要求设计完整的供应链物流商运营管理方案。
2. 能够正确实施供应链物流商运营管理方案。
3. 能够达成供应链管理系统的运营目标。

【素质目标】

1. 树立严谨认真的工作态度。
2. 培养吃苦耐劳的工作精神。

案例引入

杨阳和他的项目团队已经在上海建立自己的冰箱制造工厂、冰箱分销公司、冰箱零售门店，冰箱业务也在循序渐进地进行着，现在他们想在上海建立自己的冰箱物流公司。

“沿用惯例，今天的会议主要讨论建立冰箱物流服务公司的事情，请大家各抒己见。”杨阳说道。

“这个冰箱物流公司要建多大规模？是建在市中心还是郊区？仓库多大够用？”普拉说道。

维尼说：“上海地区冰箱市场未来的运量需求是多少？往年上海冰箱市场的运量供给是多少？未来未满足的冰箱运量市场需求是多少？”

普拉接着说：“设施设备的规划和采购策略是什么？”

琳达说：“仓储和运输服务采用什么样的定价方式？”

如果你是项目组成员，你应该如何开展这一系列工作呢？

第一节　供应链环境下物流商的网络规划

物流网络由制造商、仓库、分销商和零售网点组成，原材料、在制品和成品库存在各环节之间流动。而本节基于供应链环境下物流商的网络规划，重点关注如何设计运输与配送的路线、选择何种车辆类型，以实现物流商低成本的目标要求。

一、物流网络的作用

供应链是物流、信息流和资金流的统一。因此，物流网络自然成为供应链管理体系的重要组成部分。供应链管理与物流的区别在哪里？一般而言，供应链管理包含物流管理，物流涉及的是企业的非制造领域问题。两者的主要区别如下：

（1）物流涉及原材料、零部件在生产过程各个环节之间以及企业之间的流动，而不涉及生产制造过程的活动。

（2）供应链管理包括物流活动和制造活动。

（3）供应链管理侧重于以节点企业的运营为对象，物流管理侧重于以商品的流动为对象。物流管理在供应链管理中有着重要的作用，这一点可以通过价值分布来考查。表 5-1 为供应链的价值分布。不同的行业和产品类型的供应链价值分布不同，但可以看出，物流价值（采购与分销之和）在各种类型的产品和行业中都占到了整个供应链价值的一半以上，而制造价值还不到一半。在易耗品和一般工业品中，物流价值的比例更大，达 80%以上，充分说明了物流的价值意义。供应链是一个价值增值过程，有效地管理好物流过程，对提高供应链价值的增值水平有着举足轻重的作用。

表 5-1　供应链的价值分布

产品	采购	制造	分销
易耗品（如肥皂、香精）	30%～50%	5%～10%	30%～50%
耐用消费品（如轿车、洗衣机）	50%～60%	10%～15%	20%～30%
重工业（如工业设备、飞机）	30%～50%	30%～50%	5%～10%

从传统的观点来看，物流对制造企业的生产起支持作用，被视为辅助性的功能部门。但是，随着现代企业生产方式的转变，即从大批量生产转向精细的准时化生产，这时的物流包括采购与供应，都需要跟着转变运作方式，实行准时供应和准时采购。另外，客户需求的瞬时化，要求企业能以最快的速度把产品送到客户手中，以提高企业快速响应市场的能力。所有的这一切，都要求企业的物流系统具有与制造系统协调运作的能力，以提高供应链的敏捷

性和适应性。因此，物流管理的作用不再仅是传统的保证生产过程的连续性，更要在供应链管理中发挥以下重要作用：

（1）创造客户价值，降低客户成本。

（2）协调制造活动，提高企业敏捷性。

（3）提供客户服务，塑造企业形象。

（4）提供信息反馈，协调供需矛盾。

要实现以上目标，物流网络应做到准时交货、提高交货可靠性和响应速度、降低库存费用等。现代市场环境的变化，要求企业加速资金周转、快速传递与反馈市场信息、不断沟通生产与消费的联系、提供低成本的优质产品，从而提高客户满意度。因此，只有建立敏捷、高效的供应链物流系统，才能提高企业竞争力。供应链管理将成为21世纪形成企业核心竞争力的关键，而物流管理又将成为供应链管理核心能力的主要构成部分。

二、物流网络的特点

（一）供应链环境下的物流环境

企业竞争环境的变化引起企业管理模式的转变，新的竞争环境体现了企业竞争优势要素的改变。20世纪70年代及以前，成本是企业主要的竞争优势，而80年代质量成为企业主要的竞争优势，90年代响应速度是企业主要的竞争优势，到21世纪初，这种竞争优势就转移到所谓的敏捷性上来。在这种环境下，企业之间的竞争就表现在如何以最快的速度满足不断变化的多样化的市场需求。企业必须能在实时的需求信息下，快速组织生产资源，把产品送到客户手中，并提高客户满意度。在激烈的市场竞争中，企业都感到一种资源饥渴的无奈，传统的单一企业竞争模式已经很难使企业在市场竞争中保持绝对的竞争优势。信息时代的到来进一步加大了企业竞争的压力，信息资源的开放性打破了企业的界限，建立了一种超越企业界限的新的合作关系，为创造新的竞争优势提供了有利条件。供应链管理的出现就迎合了这种趋势，它顺应了新的竞争环境的需要，使企业从资源约束中解放出来，以创造新的竞争优势

供应链管理实质上是一个扩展了的企业概念。扩展企业的基本原理和思想体现在以下几个方面：①横向思维（战略联盟）；②核心能力；③资源扩展/共享；④工作流（团队管理）；⑤竞争性合作；⑥同步化运作；⑦客户驱动。这几个方面的特点不可避免地影响到物流环境。归纳起来，供应链环境下物流环境的特点如表5-2所示。

表5-2 供应链环境下物流环境的特点

竞争需求	竞争特性	物流战略要素
对客户化产品的开发、制造和交货速度	敏捷性	通过畅通的运输通道快速交货
资源动态重组能力	合作型	通过即插即用的信息网络获得信息共享与知识支持
物流系统对变化的实时响应能力	柔性	多种形式的运输网络和多点信息获取途径
客户服务能力的要求	满意度	多样化的产品、亲切的服务、可靠的质量

（二）供应链环境下物流管理的新特点

由于供应链环境下物流环境的改变，新的物流管理与传统物流管理相比有许多不同的特点，这些特点反映了供应链管理思想的要求和企业竞争的新策略。首先，考察一下传统的物

流管理情况，图 5-1 为传统的物流供应链模型。在传统物流系统中，需求信息和反馈信息（供应信息）都是逐级传递的，上级供应商不能及时地掌握市场信息，因而对市场的信息反馈速度比较慢，从而导致需求信息的扭曲。

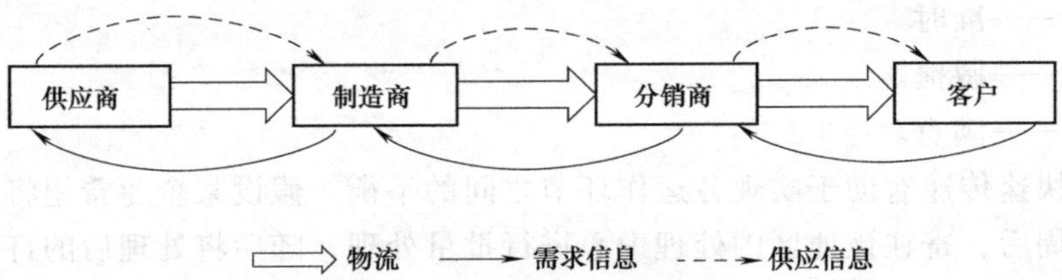

图 5-1 传统的物流供应链模型

另外，传统物流系统没有从整体角度进行物流规划，常常导致一方面库存不断增加，另一方面当需求出现时又无法满足。这样，企业就会因为物流系统管理不善而丧失市场机会。1994 年，康柏公司就因为流通渠道没有跟上，而导致了 1 亿美元的损失。康柏财务经理说："我们在制造、市场开拓、广告等方面做了大量的努力，但是物流管理没有跟上，这是最大的损失。"

简言之，传统物流管理的主要特点表现在以下方面：

（1）纵向一体化的物流系统。

（2）不稳定的供需关系，缺乏合作。

（3）资源的利用率低，没有充分利用企业的有用资源。

（4）信息的利用率低，没有共享有关的需求资源，需求信息扭曲现象严重。

图 5-2 为供应链环境下的物流与信息流模型。与传统的纵向一体化物流模型相比，信息的流量大大增加。需求信息和反馈信息传递不是逐级传递，而是网络式的，企业通过 EDI/Internet 可以很快掌握供应链上不同环节的供求信息和市场信息。因此，在供应链管理环境下，有三种信息在物流系统中运行：①需求信息；②供应信息；③共享信息。

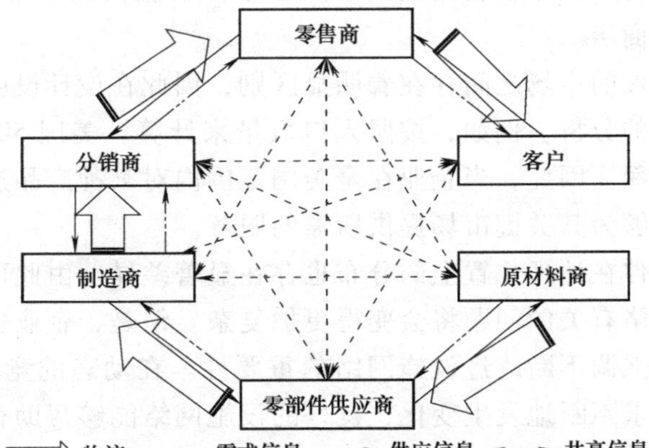

图 5-2 供应链的物流与信息流

共享信息对供应链管理是非常重要的。由于可以共享信息，供应链上的相关节点企业能及时地掌握市场的需求信息和整个供应链的运行情况，每个环节的物流信息都能与其他环节进行交流与共享，从而避免了需求信息的失真。

归纳起来，供应链环境下物流管理的特点可以用以下术语简要概括：

（1）信息——共享。
（2）过程——同步。
（3）合作——互利。
（4）交货——准时。
（5）响应——敏捷。
（6）服务——满意。

信息流的快速传递有助于实现各运作环节之间的平衡。假设某企业希望将若干个销售点的订单积累一周后，寄往该地区的处理中心进行批量处理，随后将处理后的订单发送到配送仓库，最后通过空运方式完成快速交货。遗憾的是，这种做法非常不现实。与之相反，如果企业利用互联网与客户进行沟通，直接获取订单信息后，使用低成本、相对较慢的运输方式完成配送，或许能以较低的总成本完成交货服务，同时速度反而比前一种方式更快。因此，关键在于如何实现物流系统中各个组成部分之间的协调与平衡。

预测与客户沟通是与物流运作相关的两个方面，它们都受信息的影响。供应链究竟采用预测模式还是快速响应模式，会影响运作信息的相对重要性。预测型模式与响应型模式之间的平衡，构成了供应链设计中的基本发展趋势。供应链设计的响应性越高，信息的重要性就越大，企业就必须更及时、准确地获得有关客户采购行为的信息。在大多数供应链中，客户需求都以订单形式进行传递。订单的处理过程涉及客户需求管理的各个方面，如接收初始订单、产品交付、货物计价和结算及收款等。企业处理订单的能力直接反映了企业物流能力的高低。

三、物流商设施网络设计

在商业运作中，开展物流活动所需的设施数量、大小以及所处的地理位置，将直接影响企业的成本以及提供客户服务的能力。设施网络是物流管理的一个重要组成部分，这是因为企业需要借助设施网络将产品和物料运送到客户手中。物流设施通常包括生产工厂、仓库、接驳式作业设施及零售商店。

众所周知，不同地域的市场之间存在着明显区别，因此在设计设施网络时，需要对地理环境的差异性进行细致的分析。例如，按照人口数量来计算，美国50个最大的城市几乎占据了零售市场的全部份额。因此，当企业在全美国范围内对某种产品进行市场推广时，它所建立的物流网络必须能够为其关键市场提供所需的服务。

此外，原材料和部件在地理位置上的分布也存在显著差异。由此可见，当企业参与全球物流运作时，与设施网络有关的问题将会变得更加复杂。但是，企业也不能为了满足需求和供应结构的变化而过于强调不断改进设施网络的重要性。在动态的竞争环境下，产品分类、客户、供应商和生产需求不断地发生变化，良好的设施网络能够帮助企业赢得竞争优势。

（一）供应链物流系统结构类型

1. 多阶式结构

物流系统所具有的多阶式结构是指当产品流从起点流向终点时，产品通常在常规的企业和设施中进行加工。企业选择多阶式结构的原因在于，根据总成本分析，在供应链中维持一定水平的库存或者连续进行某种具体的运作是非常有必要的。

在多阶式结构中，仓库的作用是进行库存的分拣，以及实现大批量集中运输带来的经济利益。企业对仓库中的库存产品进行快速调配，以满足客户需求。多阶式结构如图 5-3 所示。

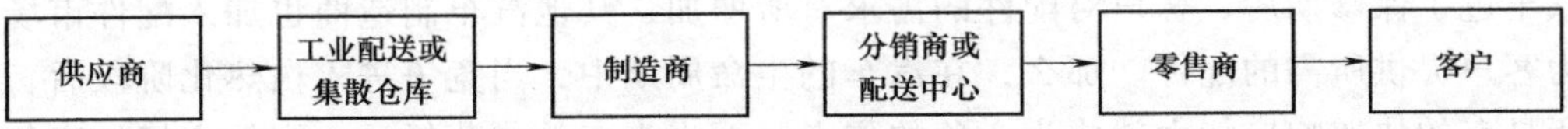

图 5-3　多阶式结构

典型的多阶式结构通常使用杂货仓库或者集散仓库。杂货仓库通常接收来自多个供应商的大批货物，然后基于对客户需求的预测情况，进行库存分类和存储。这种杂货仓库最典型的例子就是由主要的食品供应商和批发商管理的食品配送中心。集散仓库则按照相反的方式进行运作。因此，这些企业常常希望能够将产品合并起来进行运输。在集拼运输模式下，企业将不同工厂生产出来的产品存放在一个中心仓库中，然后根据客户需求，将其所需的全部产品一次性发运给客户。主要的消费品制造商是使用多阶式系统实现全部产品集拼运输的典型代表。集散仓库在入站式生产中也十分常见，供应商的零部件及组件按需依次运往工厂，支持生产运作。

2. 直接式结构

物流系统的直接式结构是将产品从一个或几个库存集中地直接送到最终客户手中。它将高质量、高效率的运输服务与信息技术结合起来，可以快速完成客户订单的处理以及相应的产品配送。这种结构将各种能力有机地结合在一起，既减少了时间延迟，又克服了由于客户地理位置分散带来的问题。应用直接式结构的例子很多，例如，将产品从工厂送往客户所在地的货车运输，直接在商店发货，以及通过各种方式将网购商品直接发运给消费者等。同样，直接式结构在制造商的物料采购活动中也非常普遍，这是因为每次采购的平均批量都非常大，所以采用直接运输比较有利。

当经济实力允许时，物流设计者倾向于采用直接式结构，因为这有助于降低库存、简化相关产品的处理环节，但其局限在于运输成本过高。大多数企业现在已经不再使用以前惯用的仓库管理方式，它们对多阶式结构进行逐步调整，并且把直接式运作模式融入其中。图 5-4 显示了如何将直接式结构融入多阶式结构中。

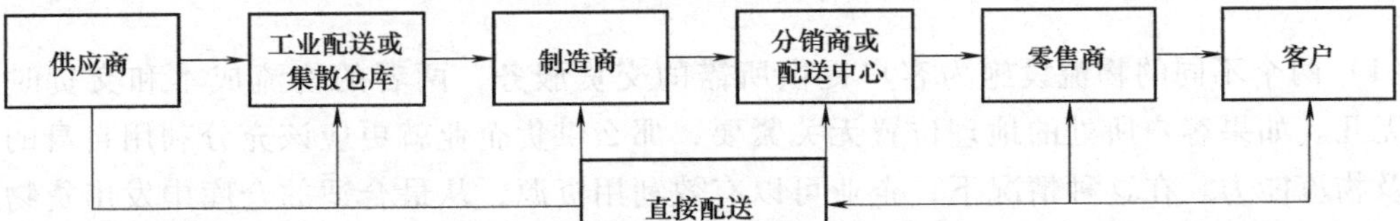

图 5-4　多阶式结构与直接式结构相结合

3. 混合式结构

理想的物流运作模式是将直接式和多阶式结构各自的优势有机结合在一起，形成一种混合式结构。在理想的情况下，供应链上的企业应该尽可能长时间地实施延迟策略以应对产品的预期承诺。企业在运用库存战略时，通常将移动迅速的产品或物料存放在靠近客户端的仓库中，而把高成本或高风险的物品储存在中心仓库，采取直接配送的方式将其发运给客户。

企业要综合考虑客户的特定需求、提供服务所需的总成本以及自身所面临的竞争情况，再决定应该采取何种策略。比如，在新车的保修期内，汽车制造商是维修部件的唯一供应商，必须为经销商提供快速的供货服务，以便及时完成汽车的维修任务。经销商则需要对部件库存进行快速补货，在满足客户需求的同时，尽可能减少在库存上的投资。经过一段时间，汽车过了保修期后，客户对配件的需求有所增加，其他汽车制造商也加入配件市场竞争中，为客户提供所需的配件。那么，在汽车的生命周期中，当竞争进入白热化阶段后，企业物流所具有的快速响应能力就成为竞争的焦点。而当汽车款式落伍后，配件市场的竞争逐渐减弱，最终只剩下汽车制造商作为该市场唯一的供应商。

与汽车供应商不同，生产工业部件的供应商提供具有高度竞争力的标准化机器部件。虽然企业能够预测普通产品的需求情况，但是却很难对周转速度慢或需求不稳定的产品进行预测，这就使客户在评价供应商服务水平的高低时，通常以企业修复出现意外故障的机器所需时间的长短作为主要的衡量指标。如果企业无法达到客户期望的服务水平，那么它将失去该客户，同时为竞争对手创造了展示实力的机会。

所有企业都面临着特殊的客户需求，为了在竞争中获胜，它们必须使用不同的物流策略。那些能够以最低的总成本满足客户期望的策略，往往是结合了多阶式结构与直接式结构两者优点的混合式结构的物流系统。

4. 柔性结构

除了以上基本的结构之外，企业还可以通过开发新项目，将柔性能力囊括到物流系统中，同时使用其他设施或者不同的运输方式为客户服务。柔性结构是企业为了杜绝物流发生问题而预先制定可行策略。由于发生物料短缺或其他原因导致无法及时履行客户订单，是物流运作中比较常见的紧急情况。例如，仓库中某种物料出现了短缺，而企业在客户指定的交货日期之前无法完成对该物料的补货工作，那么为了避免订单延迟或由于延迟交货而导致客户取消订单，一种可行的运作策略是对总订单进行分配，从其他仓库中调配所缺物料。企业通常根据特定客户的重要性以及客户订购产品的重要程度，灵活使用柔性结构。

随着供应链中各节点企业之间的沟通不断完善，柔性结构物流运作得到了广泛运用，它作为基本物流策略的一个组成部分，为特定客户的运作提供服务。柔性结构物流运作的规则和决策方案详细说明了企业如何通过不同的方案来满足客户的特定需求。例如，可以将不同的运输设施重新进行分配或改变交付方式。企业通常在以下四种不同的情况下采用柔性物流策略：

（1）两个不同的物流设施为客户提供所需的交货服务，两者的物流成本和交货时间都相差无几。如果客户所处的地理位置无关紧要，那么供货企业就更应该充分利用自身的可用库存及物流能力。在这种情况下，企业可以有效利用资源，从最合适的仓库中发出货物，选择最恰当的运输方式，实现及时交货，满足客户需求。这种柔性结构物流运作在保证了客户服务水平的同时，通过平衡各个设施之间的工作量，帮助企业充分利用了物流系统的能力。它的好处在于提高了企业的运作效率，提高了效率信息对客户的透明度，同时也实现了无间断的客户服务。

（2）根据客户订单规模不同，企业可以通过选取不同的物流运作方式来提高物流效率。例如，进行小批量运输时，可以通过分销商配送来实现最低的总物流成本；而进行大批量运输时，把产品从工厂直接发送给客户，则能够实现总物流成本的最小化。假如这两种运输方式都可以满足客户的交货要求，那么企业就可以通过柔性物流策略来降低总物流成本。

（3）企业必须对库存相关的成本和风险进行仔细分析，从而决定每个仓库中储存物料的种类和数量。对于配件而言，企业可以将一些配件有选择性地存放在各个指定的仓库中，而将该系列的所有其他配件仅仅存放在中心仓库中。在销售常规商品的零售业中，位于小型社区附近的零售店、商场以及配送中心可能只存放企业全部产品中的一部分，当客户需要产品但没有库存时，商店就从其他仓库中调配货物以满足客户需求。分销中心就是一种库存策略，即将较大的仓库作为那些存储有限产品库存的较小仓库的后备资源。企业普遍将多阶式选择性库存方式作为一种常用的策略，以减少整体库存风险。产品的盈利能力较低而单件产品的库存维护费用较高，是企业采取这种策略的主要原因。使用多阶式差异化库存策略，是企业对全线产品的库存实行有效分类管理的方法之一。在使用这种经过分类的库存策略时，企业必须事先获得客户的同意，然后对订单进行拆分，最终完成交货。有些时候，使用差异化库存策略能够实现客户订单的重新配置，从而同时发货，并且提高了客户订单运作的透明度。

(4) 在某些情况下，企业之间完成特定的交货时，并不采用已有的多阶式或直接式结构，而是使用最为广泛的两种特殊运输方式——集拼运输和服务提供商模式。集拼运输是指众多供应商在指定的时间将货物发往物料处理地点，在接到货物后，企业根据目的地对物料进行整理合并，然后直接将货物发往目的地。这种集拼运输的操作方式大量应用于需要分商店备货的零售业，是实现大件商品连续补货的常见方式。通过集拼运输把货物从生产厂家直接运往客户的零售店，既减少了工作量，也节省了使用分销仓储的成本。

图 5-5 为在前面的物流结构中引入了柔性的概念。企业要实现有效的灵活运作，先决条件就是运用信息技术通过物流网络来监管库存，以及利用信息技术提高处理订单时的快速响应能力。在紧急情况下使用柔性物流就是一个绝佳的例证。信息技术的全面进步促进了柔性物流的发展，使其逐渐成为基础物流策略中越来越重要的组成部分。

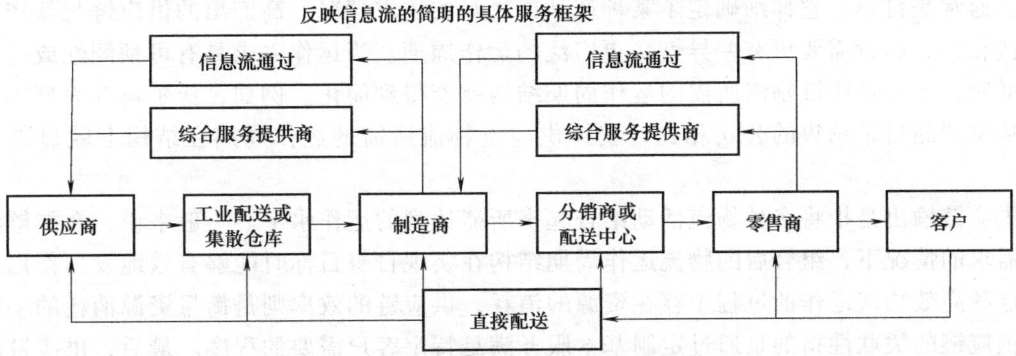

图 5-5　柔性物流与直接配送相结合

（二）供应链物流网络的一体化运作模式

供应链管理面临的一个挑战是实现多个企业之间运作的整合。为了促进物流运作过程，供应链中的所有成员必须联合起来，共同制订计划并开展物流运作。供应链物流网络的一体化运作就是指供应链中多个企业运作的同步化。

供应链运作的同步化致力于协调供应链伙伴之间的物流、产品流和信息流，将重复和不需要的冗余工作减少到最低限度。它也希望完成供应链各企业内部运作重组，从而实现供应链总体运作实力的平衡。经过平衡后的运作要求供应链中的每个成员企业必须共同制订计划，规定各自应该负责的物流工作与需要履行的职责。供应链物流网络一体化运作的核心目标是协调各成员企业的核心竞争力，从总体上减少库存闲置时间。

闲置时间是一个比值，是指库存在闲置状态下的时间与它在供应链中为实现某种目的而流向指定位置所花时间的比率。具体地说，在仓库中停滞不动的产品和零部件就是处于闲置状态；而那些通过运输车辆运往客户目的地的相同部件，则进行着有目的的调度活动。最理想的情况是，货物能够准时到达目的地，并立刻被投入到某一增值过程中。企业要实现的目标是完成产品与客户的增值过程的直接整合，尽可能杜绝产品的储存或者其他方式的停滞不动。同步化带来的诸多好处证实了一个结论，即在时间上实现供应与需求之间的同步，比为了提供特定服务以及实现产品移动而强调速度显得更为重要。

运作周期是指完成与客户服务、制造和采购相关的物流活动所需的各项工作，包括从确定客户需求到产品发运等一系列过程中的所有具体操作。运作周期集成了物流中各方面的工作，因此，它成为进行物流设计和同步分析时最主要的对象。信息和运输必须将供应链中的所有企业有效连接起来，这是最基本的要求之一。

运作周期涵盖的方面很多，除了供应链中节点和连接线外，还涉及库存资产。衡量库存的依据是企业对维持节点、在途产品和物料的运作而投入的资产水平。供应链节点的库存由基本库存和安全库存两部分组成。基本库存是节点上持有的库存，通常是该节点接到的平均到货量的一半。安全库存则是用来应对需求变化以及满足提前期内的需求量。物流活动就是在供应链的单个节点上，以及节点与节点之间展开的。一部分库存在节点上，另一部分库存在各个节点之间进行流动，因此企业需要提供多种不同形式的物料处理活动。尽管在运输中也存在物料处理和在途货物存储等活动，但是与供应链节点上的典型运作（如仓库提供的存储服务）相比，这些活动显得微不足道。

运作周期之所以具有动态性，是因为它必须满足输入/输出的要求。运作周期的输入是需求，通常是订单，它详细确定了某种产品或物料的需求情况。高产出的供应链与低产出的供应链相比，前者需要更有差异性、更广泛的运作周期。当运作需求具有可预测性或产量相对较低时，支持供应链物流所需的运作周期结构就能得到简化。例如，沃尔玛等大型零售企业与从事产品目录销售的公司相比，支持供应链物流所需的运作周期在结构上就显得更为复杂。

供应链输出是指将多种物流活动结合起来所能达到的运作水平。一般来说，在能够满足运作需求的情况下，组合后的物流运作周期结构在实现自身目标时能够有效地发挥作用。在实现这种高效物流运作的过程中存在资源的消耗，供应链的效率则是衡量资源消耗的一个方面。供应链的关联性指的是通过定制基本服务满足特定客户需要的程度。最后，供应链的持续性是指满意的物流服务绩效能够长时间保持下去。物流运作周期的有效性、高效性、相关性及持续性是供应链物流管理研究的主要内容。

不管供应链中不同运作周期的数量有多少，也不管其目标是什么，为了满足物流需求，必须单独对每一个运作周期进行设计和运作管理。但是，不能过分强调运作周期设计和运作管理的重要性：物流运作周期是进行供应链设计和运作控制的基本单元。总之，运作周期结构是在供应链中实施一体化物流的基本架构。如图 5-6 所示，通过一个多阶式结构对基本的物流运作周期进行了阐述。图 5-7 则显示了柔性运作周期与多阶式结构集成的物流网络。

可以从三个主要方面了解供应链一体化物流系统的架构：第一，运作周期是实现供应链物流一体化的基本单元；第二，从节点和连线的观点来看，无论是涉及客户关系管理、生产

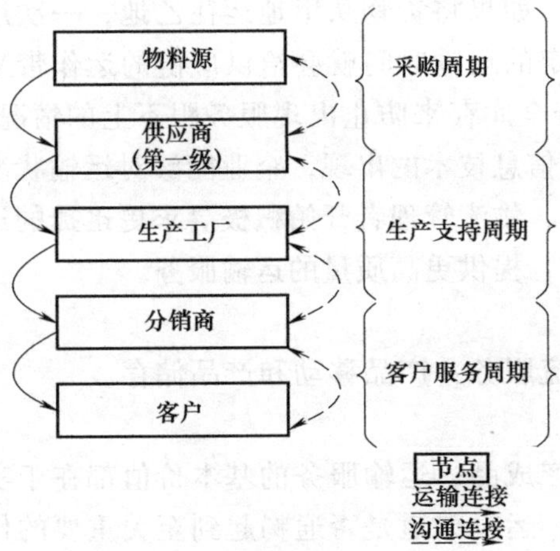

图 5-6　物流的运作周期

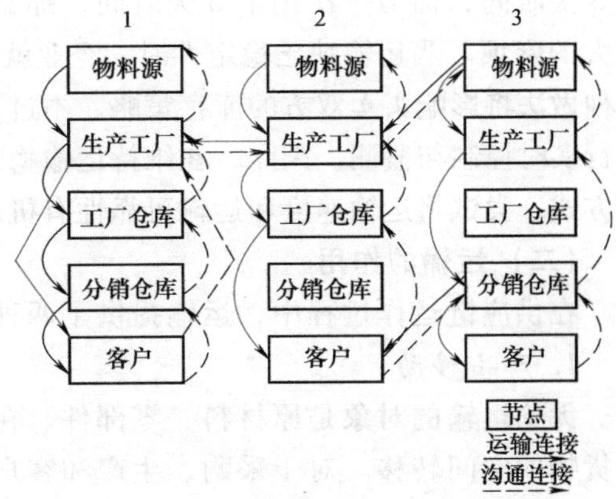

图 5-7　多阶式柔性运作周期物流网络

还是采购，供应链中各个运作周期结构的本质都是基本相同的，不同之处表现在单个企业对不同运作周期的控制程度上；第三，无论供应链整体结构多复杂、涉及的范围多广泛，企业都必须从运作周期的设置和相关管理责任方面对关键接口与控制流程进行确定与评估。

第二节　供应链环境下物流商的运输管理

一、运输的概念、作用及经济性

（一）运输的概念

运输是物流运作中的一个操作环节，它实现了物品在地理位置上的移动以及库存定位。运输对企业有非同寻常的重要影响，因此，为了更好地控制运输成本，管理者在运输管理上投入了大量精力。一般而言，无论企业的规模多大，绝大多数企业都设有专门的运输部门及管理人员。

运输需求能够通过以下三种基本方式得以满足：第一，企业自身拥有运输车队；第二，企业将运输业务外包出去；第三，企业与大量运输公司签订服务协议，根据客户对交货的具体需求，要求运输公司有针对性地提供不同的服务。从物流系统的观点来看，成本、速度和稳定性是影响运输管理的三个关键因素。

（1）运输成本。运输成本包括两部分：货物的运输费用以及在途库存积压的资金。企业的物流系统应该致力于优化运输过程，实现系统总成本的最小化，即选择最便宜的运输方式并不一定意味着物流系统的总成本最低。

（2）运输速度。运输速度是指完成某项特定运输任务所花费的时间。运输速度和成本之间有着紧密的联系：一方面，如果企业愿意支付高额费用，那么运输企业能够实现快速送货；另一方面，运输速度越快，意味着库存滞留在运输过程中的时间越短。因此，企业在选择最理想的运输方式时，需要考虑如何实现运输速度与运输成本之间的均衡。

（3）运输稳定性。运输稳定性是指当企业完成相同的运输任务时，所需的运输时间是否会发生变化。运输稳定性越高，则可靠性越强。长期以来，物流管理者在衡量运输服务水平的高低时，都将运输稳定性作为一项最重要的因素。如果将货物从甲地运往乙地，一次用了 3 天时间，而另一次用了 6 天时间，那么这种不确定的运输时间就会给供应链的运作带来很大的麻烦。当运输缺乏稳定性时，企业就必须依靠安全库存来防止出现服务跟不上的情况，这种做法将影响买卖双方的库存策略。不过，随着新的信息技术的出现，企业能够对运输状况进行实时控制与监测。因此，在维持运输稳定性的同时，物流管理者开始积极寻求更迅捷的运输方式，尝试将运输速度和运输可靠性有机地结合起来，提供更高质量的运输服务。

（二）运输的作用

在供应链运作过程中，运输提供了两种类型的物流服务：产品移动和产品储存。

1. 产品移动

无论运输的对象是原材料、零部件、在制品还是产成品，运输服务的基本价值都在于实现货物的空间转移。对于采购、生产和客户服务而言，运输渠道是否通畅起到至关重要的作用。如果没有可靠的运输作为保障，很多商业活动都将无法正常开展。运输过程中消耗了多种资源，如时间资源、财力资源和环境资源等。

运输之所以存在种种限制，是因为产品在运输过程中通常是不可用的。运输系统中的产品称为在途库存。显然，在设计物流系统时，管理人员要尽可能减少在途库存的数量。信息技术的发展极大地增加了在途库存的可得性，同时也能够为运输提供准确的地点和到货时间信息。

2. 产品储存

运输所提供的另一种服务就是产品储存，但是这种服务不太引人注目。产品被装载在运输工具上的时候，实际上就等同于被储存起来了，因此，运输工具在运货的起点或终点也可以起到临时储存产品的作用。如果产品要在几天之内运送到一个新的地点，那么卸货、储存、再装货的费用就可能会超过暂时使用运输工具进行储存的费用。

转移是另一种运输服务，它具有临时储存产品的功能。当运货地点发生改变而产品仍处在运输途中，就可以使用转移的方法。例如，产品最初是由甲地运至乙地，然而在运输途中，产品的目的地改为丙地。在这种情况下，转移这项运输服务就有了用武之地。尽管使用运输车辆储存产品的成本很高，但是如果考虑到装卸费用、存储容量约束、延长提前期等因素的影响，从总成本和运作绩效的角度来看，这种方法也具有一定可行性。

（三）运输的经济性

运输的经济性主要包括运输距离的经济性、载货量的经济性及产品密度的经济性。

1. 运输距离的经济性

运输距离对运输成本有非常重要的影响，它直接影响可变成本的大小，如劳动力、燃料费和维修费等。图 5-8 所示为运输距离与运输成本之间的关系。从图中可以得出两点结论：第一，成本曲线的起点不是原点，这是因为在运输过程中始终存在与收货、发货等活动相关的固定成本，固定成本不受运输距离的影响；第二，随着距离的增加，成本的增长速度逐步减弱。这种特点通常被称为远距离递减原则。

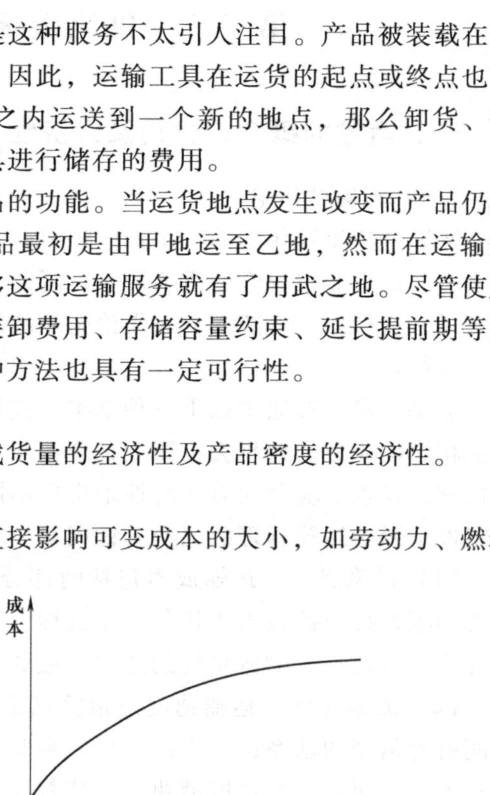

图 5-8　运输距离与运输成本之间的关系

2. 载货量的经济性

载货量的大小是影响运输成本的第二个因

素。与其他物流活动一样，大多数运输活动也存在规模经济。如图 5-9 所示，随着载货量的增加，每单位重量货物的运输成本逐渐下降。这是因为收货、发货以及管理费用都是固定的，随着载货量的增加，这些固定成本得到了进一步的分摊。但是，载货量和单位运输成本之间的关系会受到运输工具的大小的限制。了解这种关系对管理工作有着重要的指导意义，即应该尽量把小规模的载货量合并起来，聚集成为大规模的载货量，从而实现规模经济的最大化。

3. 产品密度的经济性

影响运输成本的第三个因素是产品密度。密度将重量和体积结合在一起。重量和体积这两个要素之所以重要，是因为运输成本通常都表示为每单位重量的费用大小。就重量和体积而言，载货容积对运输工具的影响比载货重量更为显著。在实际运输中，载货重量对运输工具、劳动力和燃料费用的影响并不大，因此，高密度的产品能够将相对固定的运输成本分摊到更多的重量上，从而降低货物单位重量的运输成本。图 5-10 直观地显示了产品密度与单位运输成本之间的关系，随着产品密度的增加，每单位重量货物的运输成本呈下降趋势。一般而言，运输管理者通常都会想方设法增加产品密度以充分地利用运输工具的载货空间。

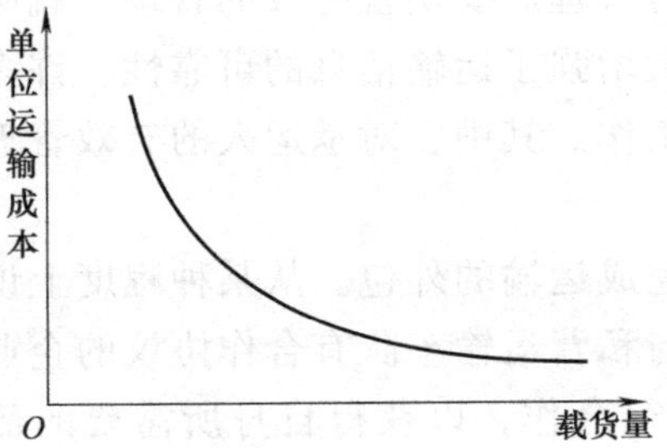

图 5-9 载重量与单位运输成本之间的关系

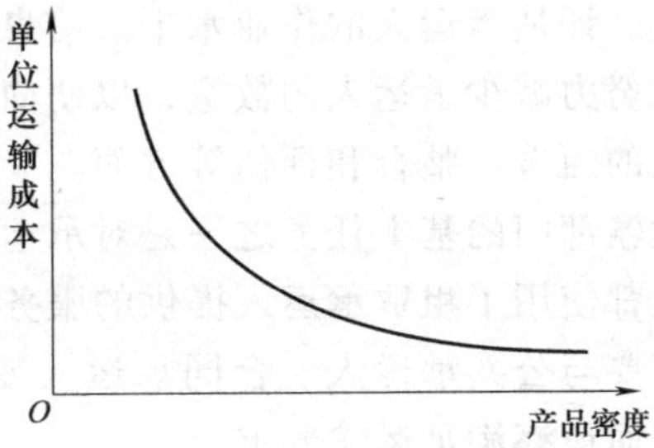

图 5-10 产品密度与单位运输成本之间的关系

二、运输管理

运输管理涉及多种计划、实施及管理职责。一般而言，运输管理主要包括运输作业管理、集拼运输、费率协商、货物控制、审核与索赔管理五个方面的内容。

（一）运输作业管理

从作业的角度来讲，运输管理最关键的要素包括设备安排与堆场管理、制订装货计划、路线安排与预先交货通知及承运人管理。

1. 设备安排与堆场管理

运输部门的主要任务之一就是设备安排与堆场管理。无论是对于公共承运人还是对于私营承运人而言，设备安排都是一个非常重要的环节。如果让运输设备长时间地等待装货或者卸货，就会造成资源的浪费。进行有效的堆场管理要对多因素进行综合考虑，如装货计划、设备的使用和驾驶人的安排等。此外，还需要考虑设备的预防性保养问题，以及相应的安排、协调与监督。最后，还必须明确是否存在使用特殊设别的需求，如果存在这类需求，则需要做出相应的安排。

与设备安排密切相关的工作是交货安排和提货约定。为了防止等待时间过长，并且提高设备的利用率，提前分配轮船泊位或者预先安排运输的工作地点都是非常必要的。为了便于装卸作业，通常的做法是为常规运输确定固定的工作地点。有些企业甚至在下达订单的同时就已经确定了固定的作业地点。要想实施基于时间的一体化物流作业，有效地安排设备就尤为重要。例如，准确的交叉作业就依赖于对设备到达和出发时间的精确安排。

2. 制订装货计划

货物的装车安排将直接影响运输的效率。在汽车运输中，运输能力受到货物重量和容积的限制。如果一辆拖车上同时装有多种货物，那么在制订装货计划及安排装货顺序时，就必须考虑货物的物理特点、批量大小和运送的先后顺序。

3. 路线安排与预先交货通知

提高运输效率的关键之一就是进行有效的路线安排。从管理的角度来看，运输部门在满足主要客户服务需求的同时，还要确保路线安排工作的有效进行。一种常见的做法是，发货人通过电子方式为收货人提供预先交货通知。它的主要目的始终是为货物的到达提供足够的时间，排列交货的先后顺序，并对运输进行重新部署等。设计运输路线时必须考虑客户的特殊要求，如送达时间、送达地点及特殊的卸货服务等。

4. 承运人管理

运输管理者的一项基本职责是对承运人的作业进行管理。要实现有效的管理，就必须持续衡量、评估承运人的作业水平。信息技术的发展大大增强了运输信息的可靠性。许多托运人都在努力减少承运人的数量，以便简化相应的管理工作。其中，对承运人的有效管理包括承运人的甄选、整合和评估等方面。

运输部门的基本任务之一是对承运人进行甄选，完成运输的外包。从某种程度上说，所有企业都使用了租赁承运人提供的服务。即便是那些与私营运输车队有合作协议的企业，也常常需要与公共承运人、合同承运人或特殊承运人进行合作，以获得自身所需要的额外服务，从而最终满足运输要求。

（二）集拼运输

由于运输成本与运输规模以及路程长短有关，因此，对货物进行合并具有重要意义。运输管理部门应该拥有对货物进行合并的职能。货物合并的传统做法是将到达同一目的地的零担货物或者包裹集中起来。对流出的货物进行合并的目的显而易见：与进行多笔小批量货物运输相比，进行集拼运输所节省的运输成本足以支付装卸费用和在目的地进行货物分配的费用。

当使用基于时间的策略对运输成本进行控制时，企业的管理者需要使用一些具有创新性的方法来实现运输集拼，并从中受益。准确地了解当前的库存情况以及计划维持的库存状态，是进行货物合并的前提条件。在实际操作中，应该在订单处理和选择仓库订单之前制订合并计划，以避免延误。同时，要想进行有效的集拼作业，与计划有关的各个方面都要及时传递相关信息。

从作业的角度来看，货物的集拼可以分为反应型和主动型两种。每一种合并作业对提高运输效率都非常重要。

1. 反应型集拼

反应型集拼对运输活动的构成及运输时间没有多大影响，这种合并的目的只是将长途运输的货物集合成为更大的批量。UPS 公司在进行城际运输时，提供夜间分拣服务及包裹合并服务，这是使用反应型集拼的典型例子。

在作业过程中，有三种方法能够实现高效的反应型集拼，分别是市场范围法、定期配送法和集中配送法。进行货物集拼最常见的方法，就是将不同客户送往同一市场区域的多笔小批量运输集拼起来。这一集拼过程不会改变货物的运输时间，也不会影响货物的运输过程。进行这种集拼时，运往同一市场区域的货物总量大小是需要考虑的基本问题。

在开展市场区域货物集拼作业的过程中，无论是对流入货物进行集拼，还是对流出货物进行集拼，都要面临的难题是每天送货量的变化。为了抵消送货量不足带来的影响，可以采取以下三种办法：第一，可以把集拼起来的货物送到一个中间货物处理点，节省长途运输费用，然后对货物进行分拣后，分别运输到各自的目的地；第二，企业可以将集拼的货物暂时保存起来，然后根据定期配送的日期将其送到指定的目的地市场；第三，还可以引进第三方物流公司，把小件货物集中起来，安排集中配送。

定期配送是指在每周固定的几天时间内，将货物运送到指定的市场区域。定期配送计划通过与客户的密切沟通来增加集拼运输的共同利益。运输公司向客户承诺，会将所有订单在规定的截止时间之前按时送到。

集中配送是指转运公司、公共仓库或运输公司共同合作，为同一市场范围内的多个托运人的货物安排集拼运输。这种为集中配送服务提供安排的一体化服务提供商，通常都在交货密集的地区设置固定的地点。因此，在这种情况下，参与集拼运输的各个公司往往会提供一些增值服务，如对货物进行分拣、排序或分拨等，以满足客户需求。

2. 主动型集拼

反应型集拼取得成功之后，运输企业受到激励，纷纷采取大量更为主动的集拼方法。主要驱动力来自以下两个方面：第一，以快速响应为基础的物流系统产生了大量的小批量货物运输，而电子商务的蓬勃发展进一步加快了这种趋势；第二，发货人、承运人和收货人希望通过集拼运输节约成本，主动型集拼反映了它们的这种需求。

安排预订计划是指先确定订购的数量和时间，是实现主动型集拼运输的关键步骤。预订计划有助于实现货物集拼运输的顺利进行。简单地说，买方在下达订单时，不应该受到固定的采购时间或库存补货安排的限制。提高买方在下达订单过程中的积极性，将大大有助于主动型的货物集拼运输。

即使一些企业互不相关，也可能会产生一些货物集拼的机会，这通常被称作多卖主集拼。零担运输承运人进行长途运输时，将不同托运人的货物进行集拼通常是一个必不可少的环节。多卖主集拼这一创新方法是指多个不同的企业共同合作，对订单处理和仓库存储过程进行统一安排，从而促进集拼运输。目前，越来越多的综合服务提供商都将多卖主集拼方法作为一项增值服务。同样，与竞争者联合安排以提高物流作业整体效率的做法也越来越为企业所推崇。

（三）费率协商

针对任何货运，运输部门都有责任找到与特定服务要求相适应的最低费率。现实费率表是运输协商的起点。进行有效协商，关键是达成双赢的协定，使承运人和托运人能够实现利润共享。本书中反复强调，运输成本最低并不意味着总物流成本最低，运输部门必须找到与服务标准相一致的最低运输费率。例如，如果客户要求货物在两天内到达，那么运输部门就应该找到合适的运输方式，尽量以最低的成本为客户提供可靠的服务。

当客户对运输有特殊要求时，在协商费率的过程中就要综合考虑影响运输成本的相关要素。但是，如果双方之间存在稳固的承运合作关系，那么运输管理者就需要寻求一个合理并且公平的运输费率。

（四）货物控制

运输管理的另一项重要任务是对货物实施追踪、提供加急运输以及对驾驶人进行管理。追踪是指对不知去向或延误的货物进行定位的过程。在运输过程中，难免会发生货物被放错地方或延误到货的情况。通常情况下，大多数大型货物的承运人都提供在线追踪功能，帮助托运人确定货物所处的位置。通常由托运人的运输部门提出追踪要求，当追踪行为开始之后，就由承运人负责跟踪相关的信息。加急运输是指托运人告诉承运人需要以最快的速度运送某批货物，不得发生延误。驾驶人的疲劳驾驶问题一直受到各界的广泛关注。为此，国家交通运输管理部门对货运驾驶人的连续工作时间做了严格的规定，一方面使驾驶人能够获得充足的休息时间，另一方面最大限度地保证了货物运输的安全性。

（五）审核与索赔管理

如果运输服务或者运输收费违背了事先的规定，那么托运人可以申请索赔。索赔通常分为两类：货物丢失或损坏；索价过高或索价过低。货物丢失或损坏索赔是指由于承运人作业不善，给托运人的部分或全部货物造成损失时，托运人所要求的赔偿。顾名思义，货物丢失或损坏索赔需要承运人对在运送途中丢失或损坏的货物进行赔偿。当承运人实际支付的赔偿金额与托运人预期的金额存在较大差别时，托运人可以申请索价过高或索价过低的索赔，并通过对运费清单的审核加以解决。

在合作协议中详细规定了提出索赔要求的程序，以及确定责任方的评判标准。其中有两点尤为重要：第一，需要对索赔管理给予高度重视，因为只有采取有效的审核程序才能帮助企业挽回损失；第二，索赔的数量较大就意味着承运人未能有效地履行其服务义务。暂且不考虑索赔金额多少，如果承运人不断地造成货物丢失或损坏，那么就会导致客户服务出现中断，从而将极大地影响托运人的信誉。

在日常消费品行业，常见的做法是保持实际装运内容与提前装运通知一致。其挑战就在于如何保持实际装运件数或库存单位数与预定或期望的数量一致。随着越库物料处理把货物从配送中心送至零售店铺被越来越多地采用，这逐渐成为一个重要的问题。经常有零售商因为收到的货物与计划订单的内容或数量不一致而起诉供应商，要求进行处罚退款。

审核运费清单是运输部门的重要职责之一。审核运费清单的目的是确保其准确性。与绝大多数采购相比，运输活动的收费具有很大的复杂性，因而可能导致较多的错误。运费审核有两种方式：事前审核和事后审核。事前审核是指在按照运费清单支付货款之前审核收费是否正确。事后审核是指在付款后进行核查。审核工作既可以是内部的也可以是外部的。如果采取外部审核，企业就要雇用运费审计公司，聘请研究特定商品分类的专家进行审核。如果内部审核人员的经验水平不够，那么企业可以雇用外部专家。外部审计的收费通常以高出正常的那一部分为基础，提取一定的比例。审核工作对雇用公司的职业道德要求较高，这一点很关键，因为它可以从运费清单中获得非常有价值的销售信息与客户信息。如果雇用的公司不能对这些敏感的信息进行保密，企业的经营活动就很有可能受到负面影响。

托运企业往往会选择在货物发生损坏时向承运人支付货款，这样就将审核的责任转移到了承运人身上。此时承运人会提出索价较低的申诉，以便从托运人那里挽回一定的损失。

第三节 供应链环境下物流商的仓储管理

一、库存管理

企业的库存需求与它的设施网络和预期的客户服务水平直接相关。从理论上说，为了满足所有客户的需求，企业可以在供应链的任何一个节点上都存储各种类型的待售产品。然而，几乎没有企业会采取这种的库存战略，因为维持大量库存会带来极大的风险，以及导致过高的总成本。库存战略的目标是在实现高质量服务客户的同时，尽可能降低库存量。过量的库存也许能弥补物流系统中的某些不足，但会导致不必要的总物流成本。

在制定物流战略时，企业既要尽可能减少在库存上的投资，又要提供令客户满意的服务，最终目标是实现库存周转率最大化。要想制定一个完善的库存战略，必须将以下五方面有机地结合在一起：①关键客户细分；②产品的盈利能力；③一体化运输；④基于时间的运作；⑤竞争能力。

企业将产品销售给大量不同的客户，难免会遇到需求不均匀的问题。有些客户能为企业带来高额收益，同时具有较大的增长潜力，但有些客户则不然。客户能否给企业带来利润，取决于客户购买产品的类型、数量、价格，是否需要提供增值服务，以及是否需要企业从事其他活动以维持和发展客户关系等。企业的关键细分市场由那些最能为其创造利润的客户组成，鉴于此，企业在制定库存战略时必须将重点放在这些客户上。因此，只有制定了能够优先满足关键客户的库存战略，才能进行有效的物流细分。

对于大多数企业而言，各种产品的数量和盈利能力之间存在着明显差异。企业很有可能会发现，那些占总数量不到20%的产品却为总利润做出了80%以上的贡献，这种规律在商业运作中相当常见，通常被称为“二八法则”或帕累托法则。为了应对这种现象，管理者必须以正确的产品分类为基础，实施有效的库存战略。同时，企业还必须估计储存低利润或低销量的产品能否为企业增加利润，做出尽可能正确的判断。显而易见，对于最有利可图的产品而言，企业希望能够增加该类产品的可能性，同时为产品提供准确可靠的交货服务。然而，有时为了满足关键客户的需求，企业也不得不为盈利能力较弱的产品提供高质量的服务。由此看见，有关产品盈利能力的分析对于企业制定库存战略有着极其重要的影响。

具体位置或设施的库存战略将对运输工作绩效产生直接影响。通常情况下，企业根据运输总量和运输批量的大小收取运输费用。那么，出于对成本和运输的考虑，企业需要制定一个合理的库存战略，在某个特定的中心仓库储存足够的库存和多样化的产品，以便进行集拼运输。一般而言，运输量越大，单位货物的运费价格越低。这样，节约的运输成本足以抵消由于库存增加带来的库存维持成本。

为了满足客户需求，企业提出了快速交货承诺，这是体现其竞争优势的一个主要方面。如果企业能实现产品和物料的快速配送，那么客户就没必要持有大量库存；同样，如果零售商能够实现快速补货，便可以在降低安全库存的同时减少缺货情况的发生；而如果想完全消除安全库存，就必须准确无误地、及时地补充库存。尽管基于时间的运作方式能够尽可能减少客户的库存量，但是这种物流运作方式对时间的敏感度非常高，从而增加了供应链的其他成本，因此必须将节约的成本与增加的成本加以比较，然后再决定应该采取何种库存战略。

最后需要指出的是，企业无法在缺乏竞争的环境下制定库存战略。假如企业能够承诺快速、稳定地交货，并能真正兑现这种承诺，那么它就比竞争对手更具有优势。因此有些时候，企业有必要将货物储存在仓库中，以提高快速交货能力，即使导致总成本增加也在所不惜。有效的库存战略能够帮助企业赢得客户服务优势，或者削弱竞争对手享有的独特优势。

在物流系统中，维持物料和部件库存的原因与维持成品库存的原因有所不同，企业必须站在总成本的角度审视各种类型的库存以及服务承诺。同时，企业还需要理解订单处理、库存管理、运输和设施网络决策之间的相互关系，以此为基础实现一体化物流运作。企业可以将物流过程的前三个环节——订单处理、库存管理和运输管理，组合成多种不同运作模式，每一种模式都对应着不同的总成本及一定的客户服务水平。总之，将上述三个环节有机地结合起来，能够为实现一体化物流提供有效的解决方案。

二、仓储、物料处理及储存

物流的第四个运作环节是仓储、物料处理及储存，它同样是物流运作方案中的一个必不可少的组成部分。仓储、物料处理及储存等功能紧密相关，并非彼此独立。

（一）仓储

当需要在物流系统中建立分销设施时，企业既可以委托专业的仓储公司提供服务，也可以自己投资建设配送中心。在做上述决策时，企业需要考虑的远不只是选择一个地方存放库存那么简单。这是因为，在产品储存期间内，企业可以从事多种增值活动，如产品分拣、产品排序、订单挑选、集中运输，以及在某些情况下根据延迟策略对产品进行改装和装配等活动。虽然一个有效的物流系统不应该长期持有库存，但是在某些情况下，从成本和服务的角度来看，储存货物却是合理的。尽管仓储存在许多缺点，但它还是在生产和销售之间架起了一座必要的桥梁。

第二次世界大战以后，人们在管理上的注意力开始转移到战略仓储上，国家根据国防安全、社会稳定的需要，对战略物资实行储备而产生的仓储战略，称为战略仓储。储备由国家政府进行控制，通过立法、行政命令的方式进行战略储备，特别重视储备品的安全性，且储备时间较长，随后逐渐演变为企业的战略管理。管理人员开始对是否需要如此之多的仓储网络提出质疑。在分销和零售这样的配送行业中，传统观念认为，最好的方法是在每一个销售终端建设一个储存所有库存的分类仓库。随着预测和生产、排产技术的进步，管理人员开始对这种库存调度方式产生了质疑。后来，生产过程中的中断和时间延迟逐渐减少，生产计划变得越来越可靠。虽然季节性的生产和消费仍然需要仓储的支持，但是维持稳定生产和消费所需的库存总量已经大大减少了。

制造业的发展减少了库存量，但不断变化的消费需求不仅抵消了这部分减少的库存量，而且对库存提出了更高的要求。当零售商直接向供应商购买产品时，由于它们要为客户提供种类越来越多的产品，感到越来越难以维持采购与运输经济；且小批量产品的运输成本高，使零售商不能向供应商直接订货。

由于零售业仓储效率的提高，制造业很快便开始采用战略仓储。对制造商来说，战略仓储能够减少原材料和零部件的库存时间，仓储成了准时生产和零库存生产战略不可或缺的组成部分。尽管准时生产的基本理念是降低在制品库存，但是这种制造战略也需要可靠的物流支持。在全球市场中，要想得到这样的物流支持，更加需要具有战略选址意义的仓库。在一个中心仓库里集中对零部件进行储存，能减少每个装配车间的库存。统一运输的方式可以将采购的货物统一运输到具有战略选址意义的中心仓库，在中心仓库对产品进行分类、排序，然后再根据需要把产品运送到指定的制造车间。由于这些过程被完全整合，因此分类和排序设施成了制造部门至关重要的组成部分。

战略仓储实现的收益可以分为两个方面：经济收益和服务收益。在理想情况下，仓储能同时带来经济收益和服务收益。

（1）经济收益。当仓储降低了物流总成本时，就体现了仓储的经济收益。例如，如果在一个物流系统里增加一个仓库，由于增加仓库所降低的运输总成本大于增加仓库所要求的投资成本和运营成本，那么总成本就降低了。只要能降低总成本，就能从经济上证实仓库的合理性。仓储的基本经济收益体现在以下四个方面：集拼和分拨、分类、季节性存储及逆向物流处理。

1）集拼和分拨。集拼和分拨的经济收益在于通过对货物进行分组，从而降低运输成本。

① 集拼。在集拼过程中，仓库接收来自多个供应商的货物，然后这些货物以确切的数量合并成一个大批量的货物，发往指定的目的地。这样就可以实现最低的运输成本，并且可以及时发货，同时还可以减少客户卸货站台的交通堵塞。仓库可以将源于起始地的流入货物或发往目的地的流出货物合并成更大批量的货物进行运输，这样既可以降低单位运输成本，并提供更迅速的配送服务。

② 分拨。每个分拨作业人员一次只接收一批货物，并安排这批货物到多个目的地之间的配送。通过运输大批量的合并货物可以实现规模经济。分拨仓库对个人订单进行分类或拆分，并安排当地配送。

集拼和分拨都是利用仓储的运作能力来提高运输效率的，许多物流系统中既包括集拼运输，也包括分拨运输。图 5-11 分别描述了这两种作业流程。

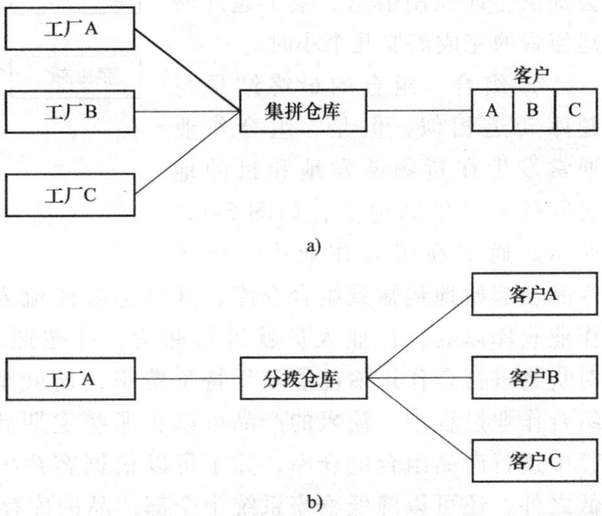

图 5-11 集拼和分拨作业流程

a）集拼 b）分拨

2）分类。分类的根本好处在于货物在从起始地流向目的地的过程中可以被重新配置。分类作业分为三种形式：越库转运、组合和装配。这些都是在物流系统中广泛应用的作业方式。

① 越库转运。越库转运的目的在于将来自多个渠道的库存产品合并，然后按照特定的分类将它们配送给指定客户，如图 5-12a 所示。目前，零售商大量利用越库转运作业来补充快速流动的产品库存。越库转运要求每个制造商保证配送时间的精确性。当货物到达仓库并卸货以后，作业人员根据目的地对货物分类。在大多数情况下，客户已经详细说明了每个目的地所需要的每种产品的确切数量。制造商则根据这个说明，依次进行分类、装载，并且标注发往每个目的地的确切产品数量。产品到达进货站台后，直接被装到出货站台的配送货车上，并发货到目的地。当一辆货车已经装满了来自多个制造商的产品后，它便开始向目的地出发。有效的越库转运要求高度的精确性，因此要想成功地运作，就

必须高度依靠信息技术。

沃尔玛超市开发了一种非常有效的越库转运分销流程。供应商要求在选定日期的指定时间将入库货物运到沃尔玛的越库转运仓库。在货物运到之前，参与的制造商会收到沃尔玛的订单，说明了具体的送货时间和货物数量。在指定的时间，所有供应商的货物同时装上，货物在运输过程中会经过入库电子扫描。这次最初扫描会作为支付供应商的凭证或收据，同时也会把扫描过的货物发送至特定的零售店。之后，货物会被装上特定的店铺拖车。货物在装入拖车时会进行再次扫描。第二次扫描再次确认合适的货物将被送往各个零售店，同时也会提供会计控制信息。整个越库转运流程的完成需要几个小时。

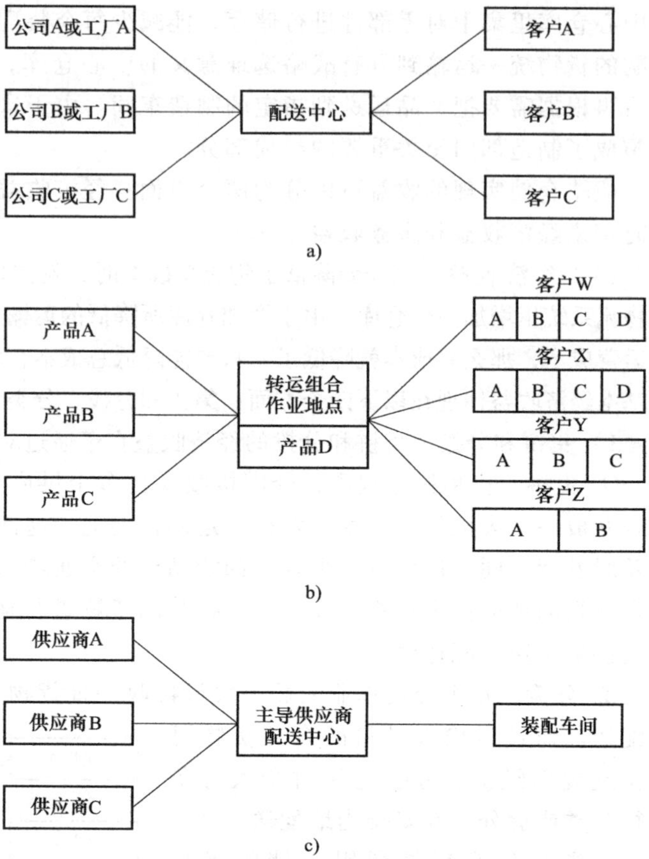

图 5-12　分类作业

a）越库转运　b）组合　c）装配

② 组合。组合的最终结果与越库转运相似，但是，组合作业通常发生在货物始发地和目的地之间的一个中间地点，如图 5-12b 所示。通常在组合作业中，整车产品从起始地运输到组合仓库，其目标是使流入的产品物流运输成本最小化。到达组合作业仓库以后，作业人员就进行卸货，并按照每个客户的要求对货物进行分类、组合。对货物进行合作运输能够获得特价费率，这就是促使人们进行组合运输的经济动机。在组合作业过程中，流入的产品可以和那些定期储存在仓库中的产品进行组合。在运输过程中进行产品组合的仓库，除了可以根据客户的需求进行产品分类、使运输成本降到最低之外，还可以降低物流系统中全部产品的库存水平。

③ 装配。装配最常见的目的是支持生产作业。在邻近生产厂的位置设有装备厂房，对各类二级供应商提供的产品和零部件集中进行装配。当制造商开始装配时，一级供应商或综合服务提供商通常会提供一些增值服务，如零部件分拣、排序以及在制造商需要的时候进行配送。就像越库转运和组合作业一样，装配作业也是在确切的时间和地点对库存产品进行精确的分组。很多汽车制造商便成功地鼓励其一级供应商在装配厂附件设厂。例如，本田汽车装配厂的一家一级供应商为其提供预装轮胎组件，该组件直接送往装配厂，配备到正在装配线上的汽车。这家一级供应商根据生产组装计划表预先装配与汽车颜色匹配的车轮和车胎，安装合适的制动装置，并完成所有的质量检查。等到合适的时间，一套已经充完气的轮胎组件便会通过传送带从附近的厂房运送到终端组装线，安装到汽车上。图 5-12c 和 d 描述了装配作业流程。

3）季节性储存。储存的直接经济收益在于调节季节性生产和需求。例如，生产草坪设备和玩具的厂商是在一年内连续生产的，但是它们的市场销售却集中在一段非常短的时间内；相反的是，农产品在特定的时期内收割，但是人们一年内都是需要消耗农产品的。这两种情况都需要库存来支持市场交易的持续进行。库存在这里起到了缓冲的作用，它允许生产在物质资源和客户需求的约束下仍然保持高效运作。

4）逆向物流处理。与逆向物流相关的大量工作是在仓库中进行的。逆向物流包括支持以下几个方面的活动：退货管理；重新制造与修理；重新销售；回收；处理过期或损坏的库存产品。退货管理针对那些未售出的产品和制造商召回的产品，设计它们的逆向物流路线。重新制造与修理是在产品过了有效期后的逆向物流。这些产品或零部件被生产厂商更新以后，再以一定的折扣价格投向市场。许多公司和电子设备制造商都在最初的租赁期结束以后，通过重新制造与修理来提高它们的利润。重新销售是指当最初的使用者不再需要某产品时，重新销售该产品的逆向物流。例如，某公司制定了详细的重新销售流程，将使用过的设备销售给其他有需求的客户。回收是指回收那些超过有效期的产品，然后对它们进行分解，分解后的原材料能够重新投入使用。金属和贵金属产品通常是回收的重点。当原材料过期或损坏而不能再重复使用时，就需要逆向物流进行适当的处理。

（2）服务收益。仓储提供的服务能够促进收益增长。要从服务角度证明一个仓库存在的合理性，其基本原则是销售增长要大于建造仓库的成本。通常很难量化服务的投资回报率，因为它是很难被测度的。例如，建立一个服务于某市场的仓库会使成本增加，但是也会增加市场的销售量、收入和潜在的总利润。仓储提供的服务包括以下三种：定点储存、全产品线储存和增值服务。

1）定点储存。定点储存通常是为客户提供方便的。季节性强的产品制造商通常使用定点储存。制造商在销售旺季可以在有战略意义的市场上临时设置库存来提高快速反应能力，而不是全年都在一个仓库中设置库存，或者是直接从生产工厂发货给客户。在销售旺季，制造商将挑选的货物定点储存在当地市场的仓库中，以满足客户的需求。利用仓储设施进行定点储存，就是在销售旺季到来之前把库存放在临近关键客户的市场中。例如，农业肥料公司有时会在农场附近定点储存肥料，以满足突然增长的季节性需求，季节性需求过后，这种定点储存的使用就会相应减少或者被淘汰。

2）全产品线储存。传统上，制造商、分销商和零售商先预测客户订单，然后利用仓库来储存各种产品组合的库存。通常，零售商和分销商需要对来自不同制造商的多种产品进行分类处理。实际上，这些仓库可以为来自多家厂商的产品提供一站式的服务。

定点储存和全产品线储存的区别在于使用仓库的程度和持续时间。采用定点储存战略的企业是在有限的时间内，使用大量的仓库来临时储存少量品种的产品。而全产品线储存通常仅限于少数几个战略性仓库，并且这几个仓库全年都在运作。全产品线储存能够帮助客户减少需要面对的供应商数量，从而改进服务。如果在全产品线储存中采用产品分类组合的方式，则有可能进行经济实惠的大宗运输。

3）增值服务。高度定制化服务的需求使现代的分销仓库变成了专门提供增值服务的设施。增值服务是指所有那些能为客户创造更大价值的活动。增值服务通常都会改变产品的物理性质或结构，因此配送到客户手中的产品形状是独特的，或者是定制化的。表5-3列出了一些典型的增值服务。

表 5-3 典型的增值服务

增值服务	增值服务	增值服务	增值服务
越库式转运/装载	订单履行	组合	逆向物流
客户退货	拣货/包装	贴标签/提前贴标签	射频标签应用
配送到家	联合配送	批量控制	排序/测量
运输途中的合并	修理/整修	大规模定制/延迟	专业化包装
看板控制	可回收的集装箱管理	制造支持	存储支持/直接配送至商店（DSD）

（二）物料处理及储存

1. 物料处理

物料处理的三种主要方式是物料接收、库内物料处理及发货。

（1）物料接收。大多数物料都是大批量地到达仓库的。物料处理活动的第一步是卸货。大多数仓库的卸货作业都是机械化的，利用叉车、传送带和人工相结合作业。当货物堆放在拖车上时，通常是人工将货物放到托盘或传送带上。当流入货物集中放在托盘或集装箱中到达时，就利用叉车将货物从车上卸到站台上。接收成组装运货物的主要优势在于能够快速卸货，并且减少运输设备的占用时间。

（2）库内物料处理。库内物料处理是指仓库内物料的搬运。在接收完货物并将货物搬运到一个地方堆放以后，由于存储和订单分拣的需要，产品要经常在仓库中移动。最终，在处理订单时，作业人员需要对货物进行分拣，并将分拣完毕的货物放置在发货区域。这两种典型的库内物料处理作业就是移动和分拣。

订单分拣是仓库作业的一项主要活动。分拣过程要求对原材料、零部件、产成品进行分组，以便进行订单装配作业。通常的做法是，指定仓库的某个区域为订单分拣区域，在这里按照订单要求进行装配作业。对于每个订单，都要对分拣出来的产品进行组合，并按照特定客户的要求进行包装。

（3）发货。发货包括订单确认和运输设备装载。与货物接收相同的是，企业可以使用传送带或者单位物料搬运设备，如叉车，将产品从储存点搬运到拖车或集装箱中。与物料接收相比，仓库的发货作业适合相对较小数量的组合产品，降低了规模经济效应。发货单元装载的货物能够大量减少车辆的装载时间，现在已变得越来越普遍。单元装载的货物包括成组的或者托盘化的产品。为了方便装载作业和后续的卸货作业，许多客户都要求供货商用拖车或者托盘装运组合产品。还有一种方案是在运输车辆内逐层堆放货箱。当产品的所有权发生改变时，需要对货物进行确认。确认工作可能只需要简单地清点一下货箱的数量，也可能要对货物逐件检查产品的商标、尺寸是否正确，有时甚至还要检查货物的序列号以确保发货的准确性。当拖车已经装满并准备出发时，通常都会贴上封条。封条的作用在于确保车内的货物在运输途中没有变化。

2. 储存

在安排仓库布局时，有必要根据每种货物的特点将它们放在指定的位置，即仓位。在仓位放置中要考虑的重要变量是货物周转率、重量及特殊的储存要求。

货物周转率是考虑仓库布局时的主要因素。周转快速的货物放置原则是使移动距离最小。例如，周转率较高的货物应该放置在门口、主要过道附近，或者仓库中较低的货架上。

这种放置方式使物料搬运最少，并且减少了频繁搬运货物的需要。相反，周转率较低的货物应该放在距离主要过道较远的地方，或者货架的上层。图 5-13 展示的是一个基于产品移动周转率的储存设计图。

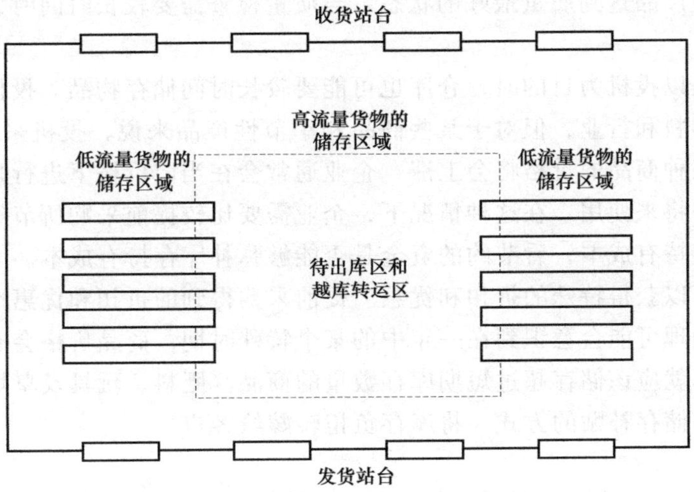

图 5-13 基于货物周转率的储存设计图

制订储存计划时，还要考虑货物的重量和其他特殊因素。相对较重的货物应该放置在离地面较近的位置，使提升作业最少；体积大或密度低的货物则可能需要使用存储货架、柜子或抽屉等储存设施。一份完整全面的储存计划必须考虑每种货物的特性。

通常，仓库涉及的储存作业可分为短期储存和长期储存。直接为客户服务的仓库主要是进行比较积极的短期储存；相反，对于投机性产品、季节性产品或过时库存产品，仓库则实施长期储存策略。在对仓库的作业进行控制的和测量时，企业需要对货物的短期储存和长期储存的不同需要与操作能力进行衡量，这一点非常重要。

（1）短期储存。尽管库存产品的周转率不同，但是大多数产品都必须经过短期储存。满足基本库存补给的存储方式就是短期储存。短期储存必须提供充足的库存产品来满足服务区域的周期性需求。短期储存能实现运输或装载的规模经济性。对于短期储存而言，物料的装载过程和技术需要实现快速流动与柔性，而较少考虑储存的长期性和储存密度。

短期储存思想还包括通过式配送或越库转运，是指在保持最低库存或零库存水平的同时，利用仓库进行产品组合或分类。由于通过式或越库技术的目标是降低库存，它强调货物的流动性，而不强调存储量。通过式配送适合那些数量多、流动速度快，并且需求可以预测的产品。虽然通过式配送要求的库存量最小，但是它要求对货物进行快速卸货、拆货、分组、按照客户分类排序及二次装载。因此，这种物料处理过程强调在精确信息指导下货物的快速流动。

（2）长期储存。当库存持有时间超过了客户的正常补货周期时，称这种储存方式为长期储存。在某些特殊情况下，产品在送给客户之前，需要在仓库中储存几个月。长期储存使用的作业处理流程和技术强调最大限度地利用仓储空间，并不关注快速存取。

用仓库进行长期储存的原因有以下几个方面：某些产品，如季节性产品，要求对产品进行储存以等待需求到来，或者是进行一段时间内的产品供应；还有其他一些原因，如不稳定的需求、产品的处理、投机采购和折扣。

产品的处理方法有时候要求进行长期储存，如催熟香蕉。食品仓库通常都有催熟区域进行长期储存，以使产品达到质量最好的状态。当质量检查需要较长时间时，长期储存也是必要的。

当货物采购是以投机为目的时，仓库也可能要较长时间储存物品。投机采购的数量取决于所涉及的具体物料和行业，但对于某些商品和季节性产品来说，投机采购是非常普遍的。例如，如果预测某种商品的价格将会上涨，企业通常会在当前价格下进行采购，并在仓库内储存该商品，以备将来使用。在这种情况下，企业需要比较提前采购所节约的资金和进行长期储存所需的库存持有成本，看节约的资金是否能够弥补库存持有成本。

使用仓库也可以获得特殊的折扣和优惠。提前采购得到的折扣和优惠也许会抵消长期储存的成本。采购经理可能会意识到在一年中的某个特殊时期，商品价格会有大幅度下降，在这种情况下，仓库就应该储存超过短期库存数量的商品。肥料、玩具及草坪设备制造商经常通过提供淡季仓库储存补贴的方式，将库存负担转嫁给客户。

第四节　供应链环境下物流商的服务管理

一、供应链运营的服务产出

在现实生活中，当个体开始从事提供特定产品或服务时，必须针对这些产品或服务建立起一套交换机制，以满足个体的消费需求。为了有效地实现这一点，企业必须克服以下三个问题：空间上的不一致、时间上的不一致及数量和类别上的不一致。

空间上的不一致是指从事生产活动的位置和消费所在地的位置往往不相同。例如，在美国，大多数家用家具的生产地都集中在北卡罗来纳州一个很小的区域里，而大量的办公家具则在密歇根州的西部完成加工制造。但是，家具的需求则遍布整个美国。这种生产和消费的位置差异，给运输带来了极大的不便，然而企业必须克服这些难题，并最终完成产品交易。

时间上的不一致是指生产和消费活动的间隔时间存在差异。有些产品，如农产品，加工时间虽然非常短，但是却能长期维持稳定的需求量；与之相反的是，很多产品的生产并不是基于实际情况，而是以对客户未来需求的预测为基础。正是因为制造过程常常与产品需求时间不同步，才导致库存和仓储的产生。

数量和类别上的不一致则是指制造企业通常会选择有限的产品种类进行大规模生产，然而，客户却常常希望获得多样化的产品，每一种产品的需求量则比较小。企业必须合理协调这种生产和消费环节之间的差异，为客户提供所需的各种类型的产品。

由于不同客户对服务有不同的要求，因此，企业为了满足不同的服务要求，必须采取有差异的供应链结构。为了消除上述这些不一致，渠道专家巴克林（Bucklin）提出了一种理论，将满足客户需求的服务分为四种类型的服务产出：

（一）空间上的便利性

空间上的便利性是第一种服务产出。它是指为客户提供服务所需的运输时间，以及在运输过程中所付出的努力。在供应链中，如果要实现高水平的空间便利性，企业就必须确保能在大量地区提供产品，使客户能够随时随地购买到这些产品，从而减少客户在购买时所付出的精力。例如，在家具行业中，一方面，制造商通常会构建起自己的销售网络，包括百货公司、大型零售店、众多连锁店及独立的家具特色经营店等；另一方面，一些品牌制造商则严格执行品牌管理，只授权少数几个零售店进行销售。这种空间便利性的区别对整个供应链的结构有极大的影响，同时也会影响供应链中的物流成本。

（二）批量大小

批量大小是第二种服务产出。它是指在每一项交易中所购买的产品数量。当客户进行大批量采购时，他们就必须支付高额的存储费用和库存维持费用。如果供应链允许客户从事小批量采购，那么他们就可以更灵活地实现消费需求与采购活动之间的协调。在发达的经济体系中，供应链常常允许客户在购买数量上自由选择。例如，消费者既可以在沃尔玛、山姆的会员店购买 12 卷装或 24 卷装卫生纸，也可以选择在当地的杂货店或便利店购买单卷卫生纸。毫无疑问，那些允许客户购买小批量商品的供应链通常具有较高的成本，因此单件商品的价格会高一些。

（三）等待时间

等待时间是第三种服务产出。它是指客户从下达订单后到接收产品所必需的等待时间。等待时间越短，则供应链的服务水平越高。一些供应链为消费者和终端客户提供定制化的等待服务。例如，在个人计算机行业中，客户可以亲自逛商场或计算机专卖店选择所需的计算机，完成购买后就可以直接将计算机搬回家，不需要花费任何等待时间。另外，客户也可以通过互联网下达采购订单，然后等着企业将产品送货上门。通常而言，从客户角度来看，等待时间越长，就越不方便。但是，这种类型的供应链通常有较低的运营成本，因而客户可以在付出较长等待时间的同时享受到产品的价格优惠。

（四）产品种类的多样性

产品种类的多样性是第四种服务产出。不同的供应链为消费者和最终客户提供了不同程度的多样化产品。供应链中的超市通常提供大量不同类型、不同品牌及规格各异的产品。在实际生活中，一家超市或许拥有超过 35000 种不同产品，而仓储商店中的产品种类就要少得多，通常有 8000~10000 种不同产品，并且品牌和规格种类有限。与超市相比，便利店中的产品种类则更少，往往只有几百种。

供应链为客户提供了多种附加的服务产出。除了上述四种类型的服务产出之外，一些研究人员还指出，与信息、产品客户化以及售后服务相关的服务对于某些特定的客户而言非常重要。企业必须牢记一点：不存在完全相同的市场。这是因为在不同的客户看来，服务的重要性有所区别，特定服务需求也具有差异。例如，一些客户希望他们购买的个人计算机马上就能到货；而另一些客户则觉得为了获得完全符合他们要求的计算机而等上三天也非常值得。除此之外，客户愿意为服务支付的金额也存在区别。因此，鉴于高质量的服务通常需要较高的市场分销成本，企业必须仔细分析客户对减少等待时间、提高便利性及其他服务产出的要求，同时了解客户对完成服务产出所需价格的敏感程度。

二、供应链客户服务管理

通常，对客户服务的理解包括“容易与之从事商业活动”及“对客户做出快速响应”。但是，如果企业希望对客户服务有全面透彻的理解，就必须建立起一个更加完善的体系。

从理论上讲，客户服务是企业进行市场营销时，在物流活动中需要完成的一项任务。为了满足客户对物流的需求，客户服务计划必须明确企业所要从事的工作，帮助企业区分这些工作的优先次序，这样才能使企业竞争中取胜。在制订客户服务计划时，企业必须为每项工作制定明确的执行标准，并确定衡量这些标准的指标。在基本的客户服务计划中，重点通常是在物流运作方面，以及确保企业能为客户提供“七项正确”的服务：按照正确的信息，在正确的时间、正确的地点，以正确的数量、正确的价格、正确的质量提供正确的物品。

卓越的客户服务可以提升整个供应链的价值。企业在实施服务战略时，必须明确一点：为了实现特殊服务而支付所需的费用是否是一项理性投资。仔细分析企业的竞争能力以及客户对服务各种特性的敏感程度，有助于企业制定基本的服务战略。客户服务的基本特性主要包括产品可得性、运作绩效、服务的可靠性、完美订货与基本的服务平台。

（一）产品可得性

产品可得性是指当客户提出产品需求时，企业能够获得该产品的能力。虽然这看上去很容易实现，但是现实中经常可以看到，尽管企业花费了大量时间、金钱和精力来引导客户需求，却往往无法按照客户订单的要求提供所需的产品。在传统的运作方式中，企业对客户的需求量进行预测，然后根据预测的结果做出库存安排。也就是说，库存计划通常以需求预测为基础。企业针对特定产品的销售情况、盈利能力及产品对整个产品线的重要程度采取不同的库存策略。

企业只有进行详细的计划，才能确保实现较高的产品可得性。究其本质，关键在于尽量降低企业对库存和设施的总投资额，同时保证高水平的产品可得性。企业制订并执行产品可得性计划时不能一概而论。产品可得性以三项绩效衡量指标为基础，即缺货率、订单完成率和订单配送的完成情况。

1. 缺货率

缺货是指企业无法提供满足客户需求的产品。缺货率则是指出现缺货的可能性。例如，一项对零售超市的研究表明，在一周内的任何时间点，所有超市的平均缺货率大约为8%。而对于某些销售势头较好的产品，其缺货率可能会高达16%。但是，需要注意的是，只有当客户真正存在某种需求而企业无法提供该产品时，缺货才会产生实质性影响。企业可以将全部产品的累计缺货数量作为一项指标，衡量企业为实现产品可得性所提供的基本服务水平。

2. 订单完成率

订单完成率衡量缺货随时间变化的程度和影响情况。只有当客户提出产品需求时，缺货才会影响企业的服务水平。因此，判定哪些产品发生了缺货及客户的需求量是多少就显得非常重要。为了更有效地研究订单完成率，企业的通常做法是对一段时间内客户订单的完成情况进行评估。这样，企业便可以针对特定的客户、特定的产品，以及客户、产品和商业细分的组合来分析订单的满足情况。

3. 订单配送的完成情况

在衡量产品可得性高低及配送绩效时，最准确的指标之一便是订单配送的完成情况。它将客户订货过程中涉及的所有环节都看成是标准的、可接受的运作。在处理客户订单的过程中，即使企业仅仅只是无法提供一件物品，但是从完成配送的角度来讲，这张订单的效果就为零。

将产品可得性的上述三个指标结合起来，便能衡量一个企业库存策略满足客户需求的能力和程度。这三个指标同样也是企业评价是否应该将产品可得性与基本的物流服务计划相结合的基础。企业为了增加产品可得性，通常需要维持高水平的库存量。然而，借助信息技术，企业能够在客户下达订单之前就了解客户的需求，于是可以采取新的策略，在不增加库存的前提下提供产品可得性高的基础服务。

（二）运作绩效

运作绩效与处理完成客户订单所需的时间相关。无论涉及的实际运作周期是处在客户服务阶段、生产支持阶段还是采购阶段，通常都从速度、一致性、柔性及故障的解决这几方面对运作绩效进行衡量。

1. 速度

运作周期的速度是指从客户产生需求、下达采购订单、完成产品配送，直到客户能够使用产品这一系列过程中所花费的时间。完成整个运作周期所需的时间取决于物流系统的设计情况和运作策略。在交通和通信技术高度发达的今天，运作周期甚至可以短到仅需几个小时。当然在多数情况下，运作周期为几周或几个月。

毫无疑问，大多数客户都希望运作周期越短越好。在及时和快速响应的物流战略中，速度是至关重要的影响因素，这是因为较短的运作周期能够降低客户对库存的需求。然而，提高服务的速度常常会带来高额的成本，导致总成本增加。因此，企业必须寻求恰当的服务速度与适宜的成本，实现两者之间的协调。也就是说，企业需要建立一套相关体系用于评估服务速度的价值，这样才能使客户获益。

2. 一致性

运作周期的一致性是指实际运作周期符合计划所规定时间的次数。尽管服务的速度对于企业而言非常重要，但是物流管理者更加重视运作周期的一致性，这是因为一致性将直接影响客户计划和开展自身工作的能力。举例来说，如果订货周期发生了变化，那么客户必须持有一定数量的安全库存以应对可能出现的延迟交货，这样订货周期的变化程度就会直接影响客户对安全库存的需求。订货周期的执行过程包括大量的活动，因此在许多环节上都可能存在运作周期的不一致。

越来越多的客户在下达订单时就明确提出了期望的交货日期，有的客户甚至在订货时就对送货事宜进行了具体的约定，因此，保证运作周期的一致性是企业实现有效物流的基础。在制订详细计划时，企业会考虑供应商以往的绩效，但并不是任何时候都需要这样做。事实上，企业经常在货物销售完之前的一段时间内就下达订单补充存货。在这种情况下，客户很难理解为什么在早已确定好交货具体事宜的情况下供应商还是会出现问题。客户在判断供应商的实际运作周期是否一致时，往往考察供应商以往能否按照要求准时交货。如果根据这种观点，那么就需要对一致性的定义进行修改，因为仅从预期完成时间这个角度来衡量一致性就显得不够全面和充分。企业必须明确能否在客户期望的时间内完成运作周期，这一点至关重要。因此，在当前的物流环境下，一致性通常用以衡量企业是否具有准时交货的能力。

3. 柔性

柔性包括企业应对特殊环境的能力，以及满足客户特殊的或预期之外的需求的能力。例如，一家企业的标准客户服务模式是在货车上装满产品后发往客户仓库。然而，有时候客户或许会提出要求，希望以小批量的形式直接将产品送到各个零售地点。企业的物流能力直接表现在它如何解决这种意料之外的情况。从很多方面来讲，卓越物流运作的本质在于它所具有的柔性能力。

4. 故障的解决

不管企业的物流多么通畅、高效，发生故障都是在所难免的。对于企业来说，每天都不断地提供服务承诺是一项非常艰难的工作。最理想的情况是，企业有能力调整措施以应对特殊情况，从而防止运作故障的发生。举例来说，如果仓库中的某种关键物料发生了缺货，企业可以从其他仓库中迅速调配。有效的客户服务通常认为在运作中难免会出现故障或服务失误，因此企业事先需要制订适当的应急计划，以便尽快解决问题。

（三）服务的可靠性

服务的可靠性综合体现了物流的多种特征，它涉及企业从事与订单相关的所有活动的能力，同时还为客户提供有关物流运作和物流状态的重要信息。除了产品可得性和运作绩效之外，服务的可靠性还包括以下特征：货物完好、结算正确、数量准确、地点准确。需要关注的重点在于，客户要求供应商能按照日常处理模式完成交易中大量的细节工作。除此之外，服务的可靠性还包括企业是否愿意向客户提供准确的运作信息和订单状态信息，以及企业是否具有提供准确信息的能力。研究表明，企业提供准确信息的能力是实现优质服务的一个重要组成要素。越来越多的客户认为，企业应该将运作中出现的问题及时告诉他们，如哪些订单无法按时完成等，这类信息比订单完成信息更加重要。

（四）完美订货

物流服务的终极目标是做好每一件事，并且第一次就把所有事情全部做好。企业既要确保到货的准确性，又要保证按期交货，两者缺一不可。如果企业能够按期交货并确保到货的准确性，但出现结算错误或在订单处理及运输过程中损坏了产品，同样是不可取的。过去，绝大多数物流经理都用几个相互独立的指标来评估客户服务的绩效，即根据与标准水平相比，判断订单完成率、准时交货率及货物损坏率等。当以上每个指标均符合标准水平时，就认为整体的服务绩效是可以接受的。

完美订货的定义就是所订购的货物要按照时间要求，完好无误地运送到正确的目的地，同时，也必须保证与货物相关单据的完整性和准确性。完美订货中的典型误操作包括：

（1）数量错误（多或少）。

（2）物品错误。

（3）交货期提前或延迟。

（4）信息（如价格信息或促销说明信息）不全或错误。

（5）运输方式错误。

（6）目的地错误。

（7）单据（如提货单、发票）错误。

（8）货物损坏。

（9）货物装载或排列错误。

（10）支付错误。

上述每一个单独的要素都必须与客户的具体要求相吻合。因此，完美订货的意思就是按时、按需求交付客户订购的所有货物。换句话说，要实现完美订货，整个订货周期的运作必须实现零缺陷，产品可得性和运作绩效必须保持非常高的水平，并且所有的辅助活动都必须完全符合对客户所做出的承诺。虽然企业不可能向所有的客户都提供零缺陷的服务，并将其作为基本服务战略，但是企业可以有选择地向一些重点客户提供这种优质、高水平的服务。

显然，企业实现完美订货需要投入大量的资源。要想有极高的订单完成率，企业就必须维持较高的库存水平，从而满足客户各种不同的订购需求和特殊要求。要实现这种完善服务，并不能仅依靠高水平的库存。为了提高物流运作绩效，企业可以将客户联盟、信息技术、延迟战略、库存维持战略、最优运输及选择性的特殊计划结合起来。采用这种方式，企业的物流绩效几乎能达到零缺陷水平，从而更好地实现自身的物流资源与关键客户需求之间的协调和匹配。企业要想提供出色的客户物流服务，就要充分认识到在实现零缺陷时所面临的各种挑战。如果企业能够尽量杜绝任何运作中的错误，或者在一旦发生失误后能立刻为客户提供解决办法，那么就能超越竞争对手，获得更大的战略优势。

（五）基本的服务平台

在实际运作中，很多企业根据以下两个要素建立自身的基本服务平台：一是竞争对手或本行业中已被广泛接受的惯例。大多数行业都设有最低服务标准以及平均服务标准，通常行业中的供应商和客户都对这些公认的服务标准了如指掌。物流和供应链管理者常常把客户服务挂在嘴边，他们把客户服务作为与竞争对手抗衡或战胜竞争对手的一种方法。二是从企业的整体市场营销战略中衍生而来。如果企业希望在物流方面与竞争对手有所区别，就必须为客户提供高水平的基础服务。如果企业力图在价格上取得优势，那么有可能会降低物流的服务水平，因为提供高水平服务会增加企业的运作成本，同时需要使用较多的资源。

企业做出服务承诺的通常做法是针对各项不同的服务要求，制定出相应的执行标准。这些标准通常反映了行业内的普遍做法，并在成本和资源的使用之间进行了权衡。企业不仅要设立一些常规的服务标准，还要依据这些标准开展运作，并实时监控运作的情况。

本章内容结构图

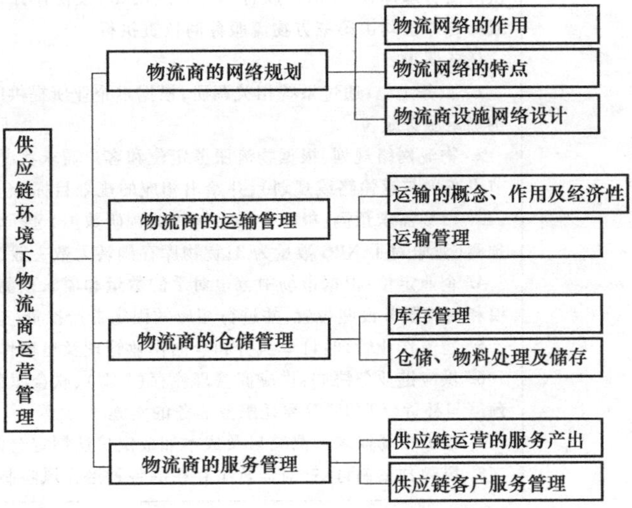

本章重点概念

物流网络　物流网络规划设计　运输　运输成本　运输速度　运输稳定性　运输管理　集拼运输　库存管理　战略仓储　射频技术　订单分拣

课后习题

1. 如何理解供应链环境下物流管理的新特点？
2. 供应链物流系统结构类型有哪些？
3. 供应链物流运输的经济性体现在哪些方面？
4. 如何理解战略仓储中的经济收益和服务收益？

本章实训任务

具体见后面的实训任务一和实训任务二。

实训任务一　供应链物流商运营管理方案设计

供应链物流商运营管理方案设计任务书	
任务目标	通过对供应链物流商运营管理方案进行设计，学习者能够运用所学的供应链管理相关知识，解决物流商运营中的物流网络规划、设施选址、规模选择、仓储管理、运输管理、客户服务、服务定价等经营决策问题
任务成果	供应链物流商运营管理方案
任务要求 （人机对抗模式）	随着全球化和信息技术的迅猛发展，供应链对全球制造和贸易的影响日益增大，这进一步奠定了供应链物流在全球经济发展中具有举足轻重的地位。在此背景下，作为一家位于上海的专业从事家电物流的企业经营者，你将如何把握商业机会并有效地利用资源开展业务，以期在激烈的市场竞争环境下取得良好的经营绩效呢？ 由于系统中制造商、分销商不具备自营物流的资质，故其仓储业务、运输业务均由第三方物流服务商提供。另外，供应链上下游企业间为加强协同而建立的供应商管理库存（VMI）、联合库存管理（JMI）及协作计划、预测与补货（CPFR）等战略合作也均由第三方物流服务商负责执行 任务要求： 1. 服务定位：通过系统相关调研，根据本企业所提供的物流服务业务内容和范围确定服务定位 2. 物流网络规划：根据物流服务定位和客户需求状况制定物流网络规划（仓储节点布局与运输路线规划），并给出相应的规划目标（仓库和运输路线数量） 3. 市场需求预测：根据供需市场相关调研数据，选择合适的预测方法进行需求预测（竞争对手 NPC 数量为 3；货物库存周转天数一般为 5 天） 4. 企业定位：根据市场中竞争对手的数量和需求预测结果，选择合理的企业规模和物流服务设施位置，并进行相应的固定资产投资（仓库建设与车辆购置） 5. 物流作业管理：订单执行和仓储作业管理及运输作业管理 6. 供应链业务协同：供应商管理库存（VMI）、联合库存管理（JMI）及协作计划、预测与补货（CPFR）等委托服务业务的实施 7. 根据市场需求预测结果及成本加成定价法制定仓储服务及运输服务价格 8. 风险预案制订：针对运营中存在的各种潜在风险制订相应的防范预案

（续）

供应链物流商运营管理方案设计任务书	
任务要求 （人人对抗模式）	随着全球化和信息技术的迅猛发展，供应链对全球制造和贸易的影响日益增大，这进一步奠定了供应链物流在全球经济发展中具有举足轻重的地位。在此背景下，作为一家位于上海的专业从事家电物流的企业经营者，你将如何把握商业机会并有效地利用资源开展业务，以期在激烈的市场竞争环境下取得良好的经营绩效呢？ 由于系统中制造商、分销商不具备自营物流的资质，故其仓储业务、运输业务均由第三方物流服务商提供。另外，供应链上下游企业间为加强协同而建立的供应商管理库存（VMI）、联合库存管理（JMI）及协作计划、预测与补货（CPFR）等战略合作也均由第三方物流服务商负责执行。 任务要求： 1. 服务定位：通过系统相关调研，根据本企业所提供的物流服务业务内容和范围确定服务定位 2. 物流网络规划：根据物流服务定位和客户需求状况制定物流网络规划（仓储节点布局与运输路线规划），并给出相应的规划目标（仓库和运输路线数量） 3. 市场需求预测：根据供需市场相关调研数据，选择合适的预测方法进行需求预测（竞争对手数量为进入本任务的人员数量；货物库存周转天数一般为5天） 4. 企业定位：根据市场中竞争对手的数量和需求预测结果，选择合理的企业规模和物流服务设施位置，并进行相应的固定资产投资（仓库建设与车辆购置） 5. 物流作业管理：订单执行和仓储作业管理及运输作业管理 6. 供应链业务协同：供应商管理库存（VMI）、联合库存管理（JMI）及协作计划、预测与补货（CPFR）等委托服务业务的实施 7. 根据市场需求预测结果及成本加成定价法制定仓储服务及运输服务价格 8. 风险预案制订：针对运营中存在的各种潜在风险制订相应的防范预案

实训任务二 供应链物流商运营管理方案实施

方案实施指导书

一、任务选择

双击桌面ITP图标进入用户登录界面，输入用户账号和密码（默认密码与账号一致），单击【登录】按钮，登录ITP一体化教学管理平台，如图5-14所示。在【我的课程】模块单击【“供应链管理”理实一体化课程】→【项目一 供应链企业运营管理】→【子项目五 供应链物流商企业运营管理】→【任务五 供应链物流商企业运营方案设计与实施】，并在右侧单击【供应链物流商企业运营管理方案实施（单人）】，单击【进入任务】按钮，如图5-15所示。

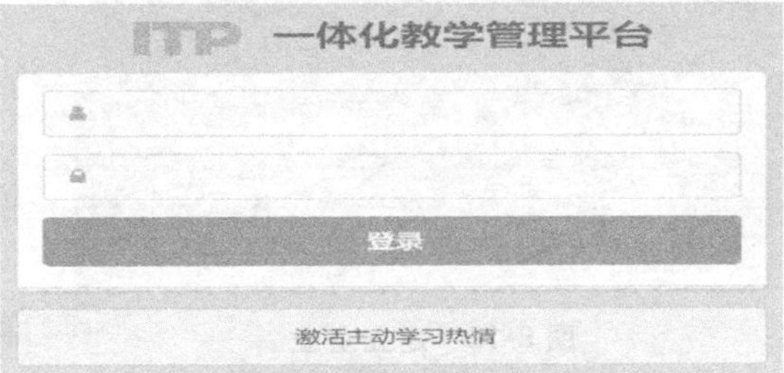

图5-14 登录界面

图 5-15　任务选择

二、任务实施

1. 集团企业注册

集团企业注册，具体操作方法参考第一章“实训任务二　供应链企业运营管理调研方案”，这里不再赘述。

2. 建立企业

（1）根据物流企业定位和物流商各类型工厂所需资金，进行企业战略规划、规模规划、选址规划等。这里以定位“Ⅰ型物流商”、选择 1 环建立企业为例，如图 5-16 所示。

“项目一”中，选择不同的地段，土地使用成本不尽相同。地段的环数越靠前，市场需求相对越大，与之相对应的土地使用成本越高。因此，请根据企业战略选择合适的区域建设企业。

（2）查看企业。鼠标右键单击物流商企业工厂建筑物，单击【进入】按钮，进入工厂内部，如图 5-17 所示。

图 5-16　建立企业

图 5-17　查看企业

3. 固定资产投资

（1）建设仓库　单击【建设】→【建设仓库】，左下方单击下拉菜单，双击选择仓储类型，单击【购买】按钮，如图 5-18 和图 5-19 所示。这里以建设“智能化仓储系统”为例。

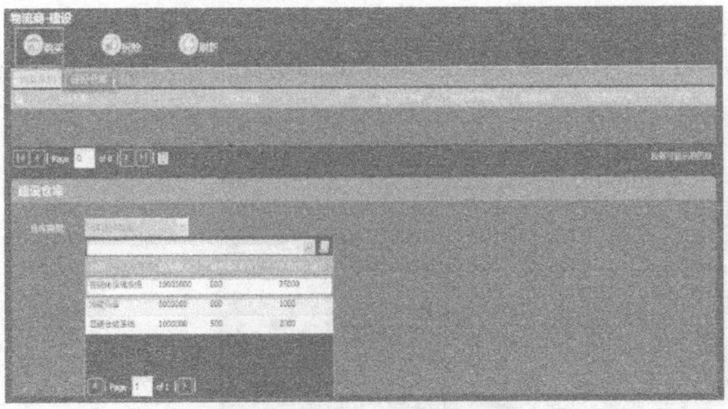

图 5-18 建设仓库（一）

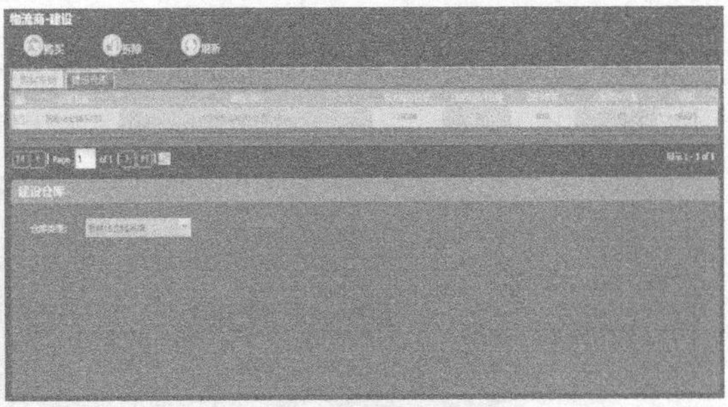

图 5-19 建设仓库（二）

（2）购买车辆。单击【建设】→【购买车辆】，左下方单击下拉菜单，双击选择车辆类型，输入购买数量，单击【购买】按钮，如图 5-20 和图 5-21 所示。这里以购买 2 辆载重量为 10t 的“干线货车”为例。

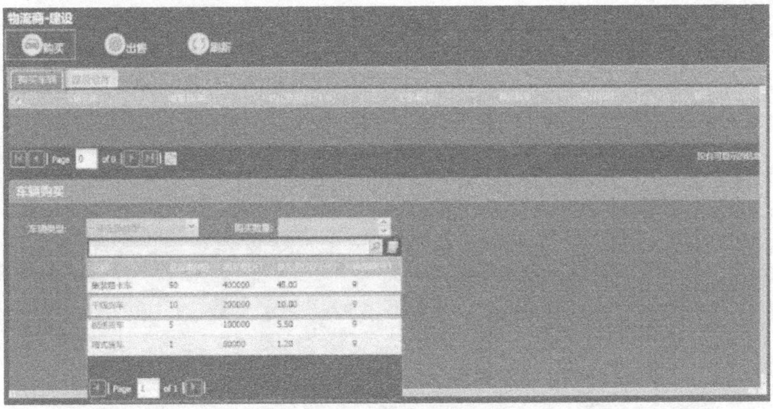

图 5-20 购买车辆（一）

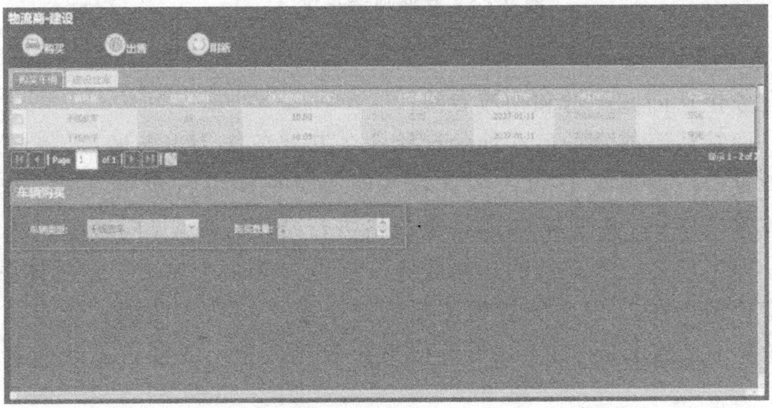

图 5-21 购买车辆（二）

4. 仓储业务定价

根据租赁时长，对仓储租赁业务进行定价。单击【销售】→【仓储报价】，左下方选择特定仓库，输入不同租赁时长对应的租赁费用，单击【保存】按钮，如图 5-22 和图 5-23 所示。

注意：仓储租赁定价受市场监督部门管制，并且限定最高定价和最低定价，请在合理范围内定价。

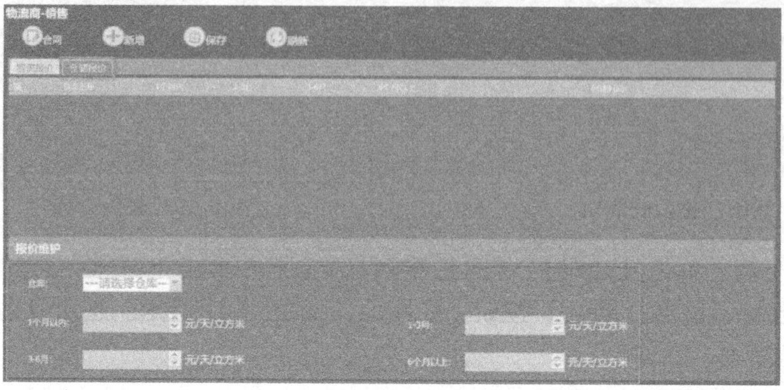

图 5-22　仓储业务定价（一）

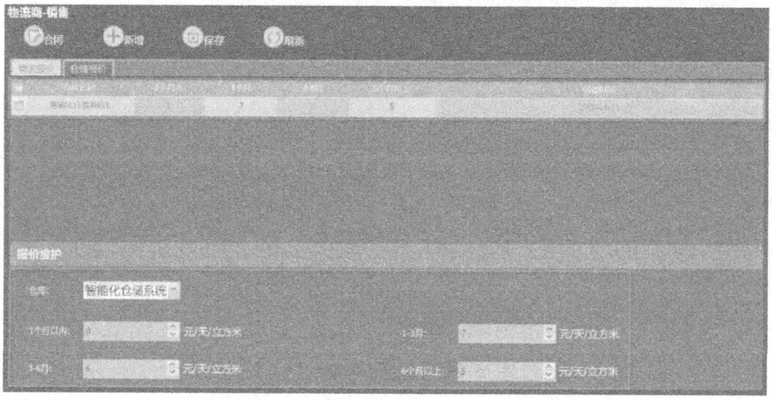

图 5-23　仓储业务定价（二）

5. 运输业务定价

物流运输业务包括同城配送和物流专线。

同城配送，即默认当前企业所在地的运输业务开展范围为当前城市，定价体系分为首重和续重定价。首重定价即为在 1t 以内的货物按照固定金额进行费用收取；续重定价即为梯度价格，按照首重价格+（载重量-1）×续重价格进行费用收取。（同城配送默认当天送达）

物流专线，即当前企业所在地的运输业务开展范围为多个城市。定价体系分为首重和续重定价。首重定价即为在 1t 以内的货物按照固定金额进行费用收取；续重定价即为梯度价格，按照首重价格+（载重量-1）×续重价格进行费用收取。（物流专线包括当日达、次日达、三日达）

注意：运输业务定价受市场监督部门管制，并且限定最高定价和最低定价，请在合理范围内定价。

同城配送定价：单击【销售】→【物流报价】，勾选【同城配送】，输入首重定价和续重定价，单击【保存】按钮，如图 5-24 所示。这里以首重 1200 元和续重 1100 元/t 定价为例。

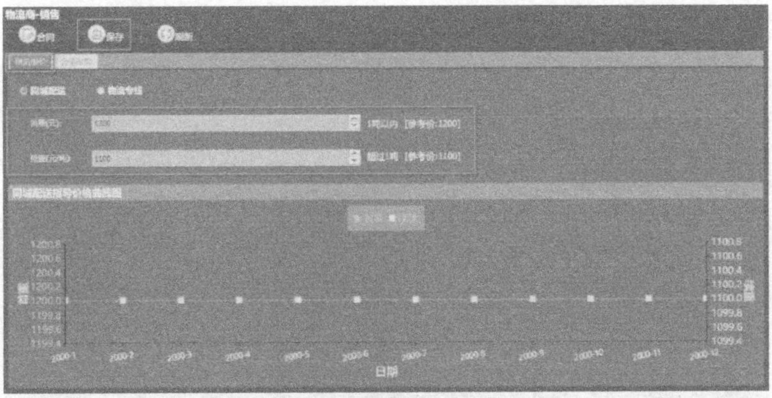

图 5-24 同城配送定价

物流专线定价：单击【销售】→【物流报价】，勾选【物流专线】，单击【新增】按钮，选择【始发城市】和【目的城市】，输入当日达定价、次日达定价、三日达定价，单击【保存】按钮，如图 5-25 ~ 图 5-27 所示。这里以新增“上海—北京”物流专线为例。

图 5-25 物流专线定价（一）

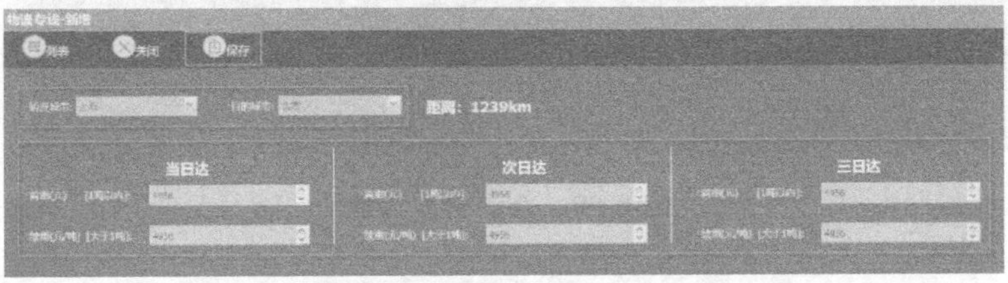

图 5-26 物流专线定价（二）

图 5-27 物流专线定价（三）

6. 仓储业务管理

物流商仓储租赁业务定价后，客户根据自身仓储需求选择配送中心，租赁一定面积的仓库容量，并由物流商对客户的货物进行进销存管理，如图 5-28 ~ 图 5-30 所示。

客户向物流商发送仓储租赁合同，物流商根据仓储战略规划、租赁需求和特定仓库剩余容量，选择是否接受合同请求。单击【销售】→【合同】，即可查看已接受的客户仓储租赁合同，如图 5-31 和图 5-32 所示。

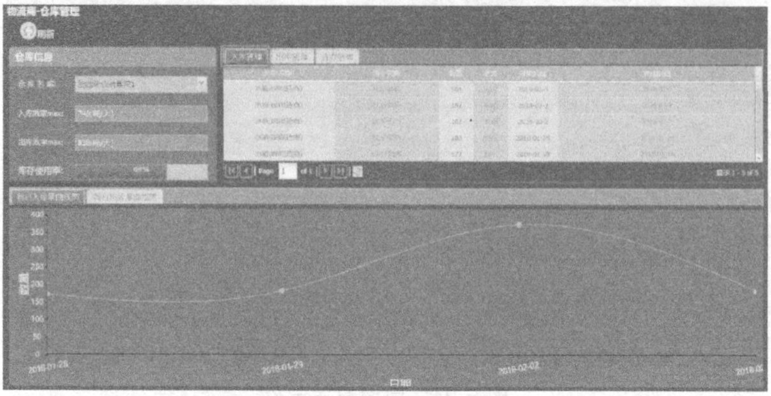

图 5-28　仓储入库管理

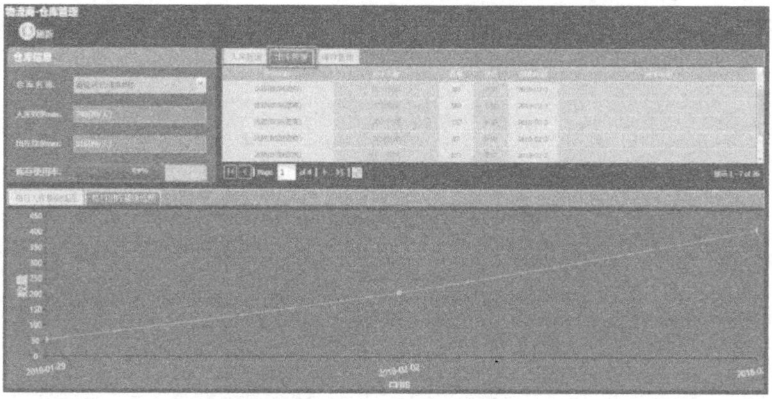

图 5-29　仓储出库管理

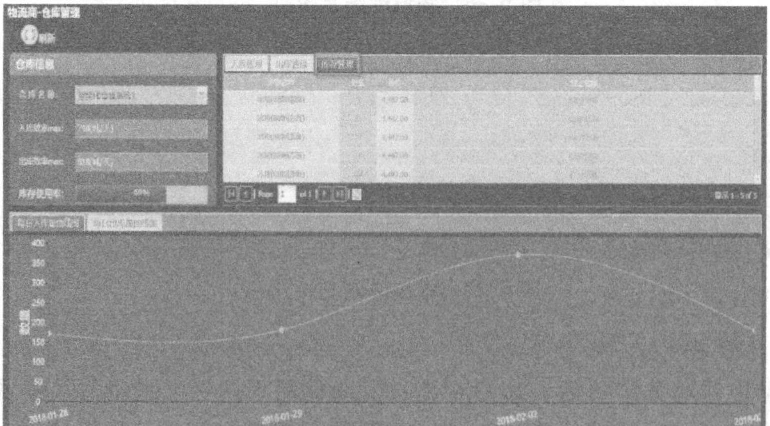

图 5-30　仓储库存管理

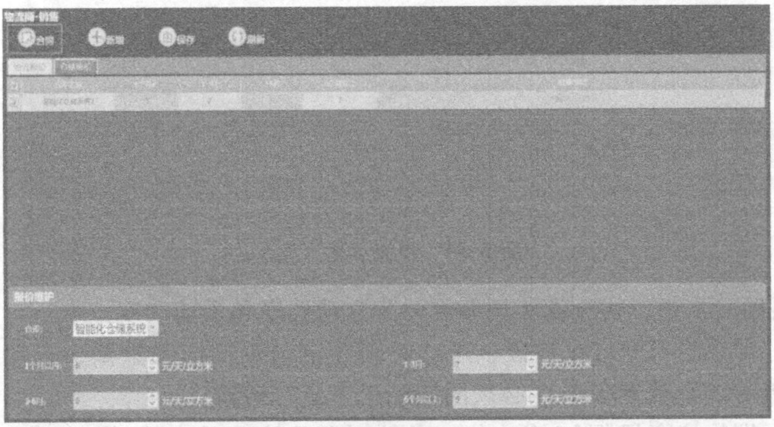

图 5-31　客户仓储租赁合同（一）

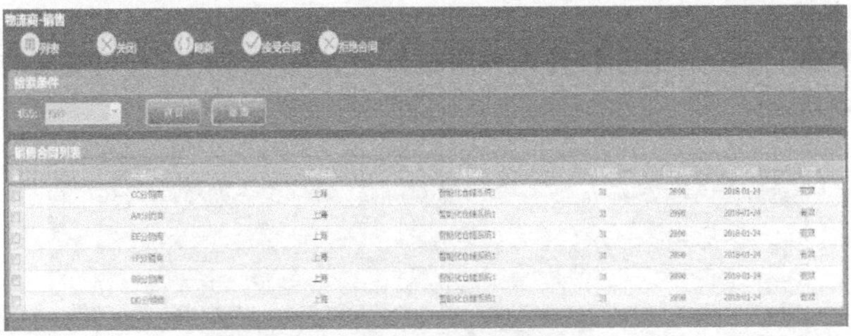

图 5-32　客户仓储租赁合同（二）

7. 运输业务管理

物流商运输业务定价后，客户根据自身运输需求选择同城配送或者物流专线，并由物流商完成运输过程。

物流商根据客户的运输需求，接受运输合同，单击【运输】→【合同】，查看运输合同。运输合同执行过程中产生的运输订单状态为“等待装车”时，勾选订单，单击【手动分配】按钮，根据送达时间、订单吨位，调度空闲车辆，单击【调度】按钮，如图 5-33 和图 5-34 所示。

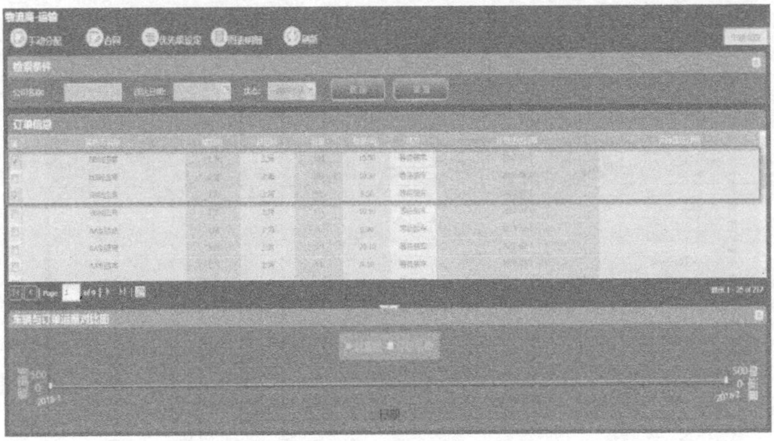

图 5-33　物流运输（一）

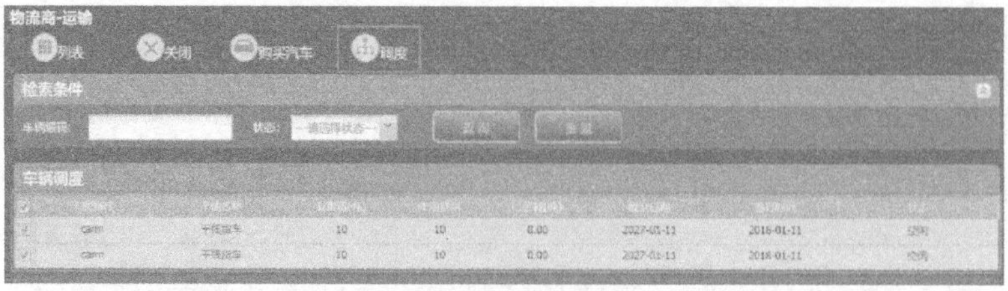

图 5-34　物流运输（二）

注意："项目一"中，物流商车辆调度分为自动调度和手动调度。

自动调度，即系统根据订单吨位、送达时间和空闲车辆的载重量，自动调度一单（同城配送或者物流专线）或者多单（必须同城配送）进行运输。

手动调度，即物流商根据订单吨位、送达时间和空闲车辆的载重量，手动调度一单（同城配送或者物流专线）或者多单（必须同城配送）进行运输。

8. 财务业务管理

（1）财务明细。单击【财务】→【财务明细】，选择"日期"，即可查看特定日期的财务明细，如图 5-35 所示。

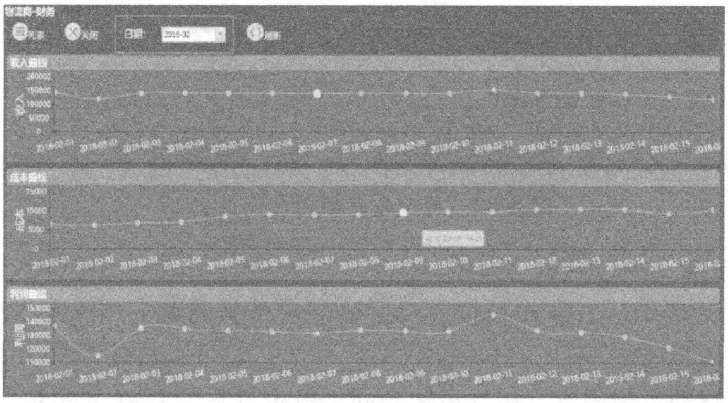

图 5-35　财务明细

（2）资金明细。单击【财务】→【资金明细】，即可查看每笔经济业务的资金明细，如图 5-36 所示。

图 5-36　资金明细

9. 供应链绩效管理

（1）数据分析。返回 3D 虚拟仿真环境主界面。单击【数据分析】按钮，单击任意供应链绩效指标，根据数据反馈，对企业经营情况进行总结和评价。这里以“市场占有率”指标为例，如图 5-37 所示。

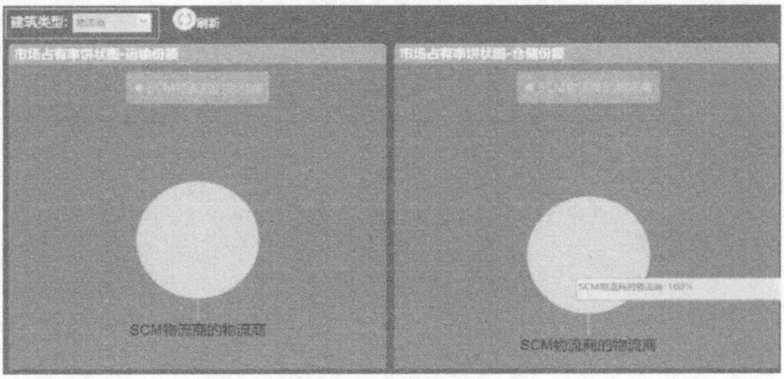

图 5-37　数据分析

（2）资产信息。单击【资产信息】按钮，单击任意资产信息指标，根据数据反馈，对企业财务状况进行总结和评价。这里以“子公司信息”指标为例，单击【子公司信息】按钮，如图 5-38 所示。

三、任务帮助

单击主界面右上角“选项”按钮 ，在窗口中单击【帮助】按钮，即可查看物流商运营常见问题及解决方法，如图 5-39 所示。

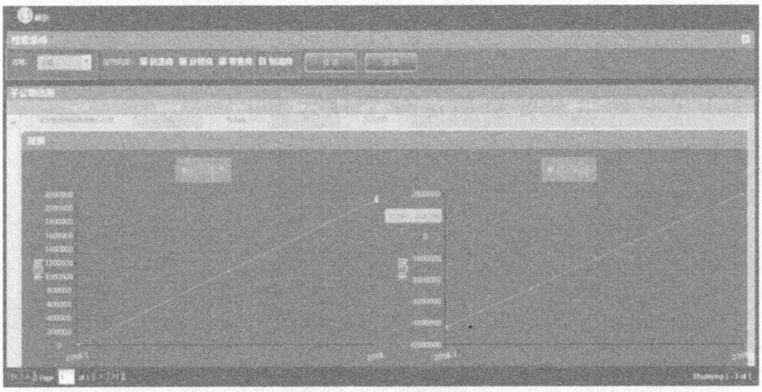

图 5-38　资产信息

图 5-39　任务帮助

第六章

供应链协同运营管理

学习目标

【知识目标】

1. 熟悉供应链运行不协调的表现形式。
2. 掌握供应链协同运营的基本模式。
3. 掌握供应链协同运营管理策略。

【技能目标】

1. 能够根据项目任务书的要求设计完整的供应链协同运营管理方案。
2. 能够正确实施供应链协同运营管理方案。
3. 能够达成供应链管理系统的运营目标。

【素质目标】

1. 树立团队合作的工作态度。
2. 培养吃苦耐劳的工作精神。

案例引入

杨阳和他的项目团队在中国建立了冰箱制造工厂、冰箱分销公司、冰箱零售店及冰箱物流服务公司，组成了一条集产销运为一体的供应链运营环境。

但是目前在运营初期，效果不是很好，于是杨阳专门召开了部门会议。

“大家都到齐了，那我们开始吧。今天参会都是主要项目负责人和各分公司的主要负责人，大家就目前存在问题讨论一下，从而降低供应链上各企业的成本并且提高效率。”杨阳说道。

“我目前遇到的问题就是有时候生产的产品不够卖，给分销商交货不及时。但是生产多了又会积压很多库存，导致每天的库存成本很高，这确实让我很头疼！”皮特说道。

“我也头疼，我们有时候销量特别好的时候工厂老是缺货，相反，销量不好的时候，产品总是积压，造成库存成本很高。”丽萨不满地说道。

“你们还相互抱怨，那我跟谁抱怨呢？我们每次接到你们的运输订单，就及时安排车辆去拉货，但是你们又没把货物准备好，让我们的驾驶人和车辆在你们工厂和分销公司等很久，而没有办法及时运送其他货物或者调度不开车辆。”普拉愤愤地说道。

“你们这算啥，好歹是和自己人对接。我们就不同了，我们要直接对接个人客户。客户来买冰箱，有时候我们的销售人员介绍半天，人家终于准备买了，但是门店又缺货，这个时候就得罪了客户，要不人家去别家买，要不就对我们的服务很不满意。这才叫令人头大呢！”奥利调侃地说道。

杨阳说：“大家说了这么多，我算是听明白了，其实就是我们这条供应链上的信息没有及时、正确传输而造成的。其他人还有什么好的建议？”

维尼说：“随着科学的发展和技术的进步，供应链的节点企业还应获取相关环节各种技术的最新发展信息，掌握新的技术能力来提高各个协同创新环节的效率，并根据新的市场需求信息和新的技术能力来制定和修正协同创新的目标，确保创新想法切实可行。供应链企业间协同创新的流程即是上述过程的循环往复、逐步发展，从而确保协同创新能够持续进行。简单来说，供应链企业间的协同创新是以市场需求为出发点，以新技术的应用为支撑，通过各个环节的协同创新来开拓和激活潜在的市场需求，及时进行信息共享并满足客户不断变化的各种需求，从而提高整个供应链的创造力和竞争力。”

如果你是项目组成员，你应该如何开展这一系列工作呢？

第一节 供应链协同运营概述

现实中，自发运行的供应链系统往往会由于多方面的原因而处于失调状态。首先，供应链成员企业之间目标不一致会造成供应链系统失调；其次，由于供应链与外部环境之间、供应链内部成员之间的信息往往是不对称的，因此，就会由于缺乏系统外部信息或系统内部信息而产生外生风险，同时也会由于成员企业隐藏行动或隐瞒信息而产生内生风险；最后，各成员企业为了实现自己的利润最大化目标，采取的决策往往与供应链整体利益最大化不一致。以上因素都会使供应链系统运行不能同步化进行，由此产生了不协调的现象。下面对供应链运行不协调的几种常见现象及产生的原因做简要介绍。

一、供应链的“需求变异放大”效应

（一）供应链“需求变异放大”效应的原理

供应链“需求变异放大”是对需求信息在供应链传递中被扭曲的现象的一种形象描述。其基本原理是：当供应链的各节点企业只根据来自其相邻的下级企业的需求信息进行生产或供给决策时，需求信息的不真实性会沿着供应链逆流而上，使订货量产生逐级放大的现象，

当到达源头供应商时，其获得的需求信息与实际消费市场中的客户需求信息就会存在很大偏差，即需求变异将实际需求量放大了。受此影响，上游供应商往往维持比下游供应商更高的库存水平，以应对下游订货的不确定性。这样就人为地增大了供应链中上游供应商的生产、供应、库存管理和市场营销风险，甚至导致生产、供应、营销的混乱。这种现象反映了供应链上需求的不同步，它说明了供应链库存管理中的一个普遍现象："看到的是非实际的。"图6-1显示了"需求变异放大"效应的原理和需求变异加速放大过程，它也被形象地称为牛鞭效应。

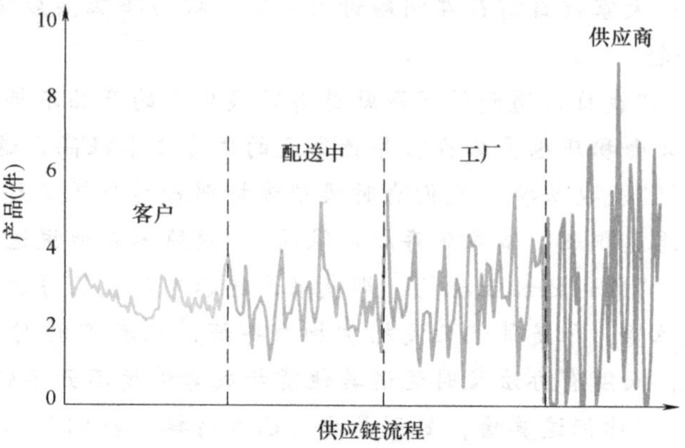

图 6-1 "需求变异放大"效应

作为供应链管理的标杆企业，美国宝洁公司较早关注了"需求变异放大"现象。宝洁公司在一次考察公司最畅销的产品之一——某款一次性尿布的订货规律时，发现该产品零售商的销售数量是相当稳定的，波动性并不大。但在考察分销中心向宝洁公司的订货情况时，惊奇地发现波动性明显增大。分销中心说，他们是根据汇总的零售商的订货需求量订货的。进一步研究后发现，零售商往往根据对历史销量及现实销售情况的预测，确定一个较客观的订货量，但为了保证这个订货量是及时可得的，并且能够适应顾客需求增量的变化，他们通常会将预测订货量做一定的放大后向分销商订货；而分销商出于同样的考虑，也会在汇总零售商订货量的基础上再做一定的放大后向制造商的销售中心订货。这样，虽然顾客需求量并没有大的波动，但经过零售商和分销商的订货放大后，订货量就一级一级地增加了。有趣的是，他们进一步考察宝洁公司向其供应商（如3M公司）订货时，发现其订货量的变化更大。同样的现象也发生在惠普、通用电气、福特和克莱斯勒等诸多知名的大企业中。它导致生产商错误地安排生产计划，加大了库存投资，减少了收益，降低了服务水平。

（二）供应链"需求变异放大"效应对绩效的影响

供应链"需求变异放大"效应（以下称牛鞭效应）增加了需求的波动性，损害了供应链利润，对主要供应链的绩效产生了以下影响：

1. 生产成本

牛鞭效应增加了供应链中的生产成本。由于制造商及其供应商必须满足比波动的客户需求更大的订单，为了应对这种大的波动性，制造商要么扩大产能，要么持有过量库存。这两种做法都会增加供应链中的生产成本。

2. 库存成本

牛鞭效应增加了供应链中的库存成本。为了满足增大的需求波动，制造商、分销商及零售商都不得不保持比供应链运作协调时更高的库存水平，因此，供应链中的库存成本增加了。库存增加还会导致仓储空间的增加，进而导致仓储成本的增加。

3. 补货提前期

牛鞭效应延长了供应链中的补货提前期。由于需求的波动加大，制造商及其供应商的生产计划比需求平稳时更难安排，有时会出现产能和库存不能满足订单的情况，从而导致制造商及其供应商的补货提前期延长。

4. 运输成本

牛鞭效应增加了供应链中的运输成本。制造商及其供应商在某段时间内的运输需求与所满足的订单密切相关。由于牛鞭效应的存在，运输需求随着时间剧烈波动，为了满足高峰期的需求，不得不保持过剩的运输能力，从而增加了运输成本。

5. 发货和收货的劳动力成本

牛鞭效应增加了供应链中发货和收货的劳动力成本。制造商及其供应商发货所需的劳动力随着订单的波动而波动。分销商和零售商收货所需的劳动力也会发生类似的波动。不同的环节要么保持过剩的劳动力产能，要么根据订单的波动改变劳动力产能。这两种办法都会增加劳动力成本。

6. 产品可得性水平

牛鞭效应降低了供应链中的产品可得性水平，并导致更多的缺货情况。过大的订单波动使得制造商很难按时满足所有分销商和零售商的订单。这增加了零售商缺货的概率，从而导致供应链失去销售机会的情况发生。

7. 供应链中的各种关系

牛鞭效应对供应链中每个环节的绩效都有负面影响，从而损害供应链中各个环节的关系。因为每个环节都认为自己尽力了，所以倾向于将这一责任归咎于其他环节。因此，牛鞭效应导致供应链的不同环节彼此失去信任，使得潜在的协调努力更加困难。

（三）供应链“需求变异放大”效应产生的原因

1. 需求预测修正

在供应链中，上游管理者总是将来自下游的需求信息作为自己需求预测的依据，并据此安排生产计划或供应计划。这种封闭式的逐级传递需求信息的过程是导致牛鞭效应产生的主要原因。例如，管理者使用指数平滑法来进行需求预测。在指数平滑法中，未来的需求被连续修正，这样送到供应商手中的需求订单反映的是经过修正的未来库存补给量，其结果是预期的订单数量将比实际的需求数量变化更大。

2. 订货提前期

供应链上下游各级企业从订货到收货存在时滞。这种时滞具有两方面的负面效应：一是使订货量的信息得不到及时修正；二是企业要考虑时滞期的需求量，提高安全库存。因此，各级企业在预计库存的时候都计入了提前期，而提前期越长，微小的需求变动引发的库存和订货点的变化就越大。

3. 订货批量决策

在供应链中，每个企业通常都会使用某种方法来控制库存。当库存耗尽时，下游企业会立刻向上游供应商发出订单，提出订货。订货批量有周期批量和即刻批量两种形式。周期订单的制定和执行扩大了需求变化范围并产生牛鞭效应，这一变化远比企业自身的需求量大得多。但在供应链中，一个共同的问题就是频繁订单下的运输经济性问题，满负荷运输与低于最低起运量运输之间的经济差距是巨大的。因此，当从供应商处订购产品时，其强烈的愿望就是要满负荷运输，所以有时供应商也对大量或批量订货给出最优惠的定价。对大多数企业来说，批量订货通常是一个月的供应量或者更多，这样就会产生“牛鞭效应”。

4. 价格波动

据估计，零售业中制造商与分销商之间80%的交易是在需求估计的前提下预先成交的。这通常是因为制造商给出了一个极具吸引力的价格。在目标市场中，制造商和分销商经常周期性地使用特殊促销方式，如价格折扣、数量折扣和特殊奖励等。在供应链中，这些特殊促销方式的运用在促进消费者大量购买的同时，会产生未来库存。这种促销与供应链密切相关，如果预先购买成为一种惯例，可以预见，当商品价格低时，消费者所购买的商品比实际需要的要多，当价格处于中等或偏高时，消费者将停止购买行为直到耗尽存货。其结果是，消费者的购买模式无法反映实际的消费模式，并且订购数量的变化大于消费数量的变化，出现“牛鞭效应”。由于“牛鞭效应”，在供应链中从消费者反馈到制造商的订单差别是巨大的。当面临这一大幅度变化时，制造商一方面不得不在某一特定时间超负荷、超时生产和运输，而在其他时间闲置无事；另一方面还不得不设置高额库存以满足需求的巨大波动。这又进一步加大了“牛鞭效应”。

5. 短缺博弈

高需求产品在供应链内往往处于供应短缺状态。于是，制造商就会在各分销商或零售商之间调配这些产品的供给。通常的做法是，当需求量大于供给量时，理性的决策是按照客户的订单量比例分配现有的库存供应量。比如，总的供应量只有订货量的50%，合理的配给办法就是所有客户获得其订货量的50%。此时，客户为了获得更大份额的配给量，会故意夸大其订货需求。当需求下降时，订货又突然消失。这种由于个体参与的组织完全理性经济决策导致的需求信息扭曲最终会加剧需求变异的放大。

（四）供应链“需求变异放大”效应缓解的策略

要从根本上解决“牛鞭效应”，供应链成员的利益目标必须完全一致。一般来说，这是不可能的。然而，通过供应链的协调，订立合理的契约，建立完善的激励机制和监督机制，实行有效的信息共享，可以减轻甚至消除“牛鞭效应”。在具体的运作中，可采用销售数据和库存信息共享、供应链环节减少、订货提前期或交货时间缩短、买卖双方订货协调以及制造商价格方案简化等策略来控制牛鞭效应。

1. 加强信息共享

需求扭曲源于供应链多级需求信息的传递，每一个节点企业的需求预测均成为上游节点企业订货决策的放大因子，并且具有累积效应。消除需求信息扭曲的方法是供应链上的每一个节点企业必须在自身的需求中排除下游节点企业订货决策对上游企业的影响。这就要求供应链上每个节点企业只能根据最终产品市场的实际需求进行自身的需求预测，此时消费市场的实际需求信息必须被供应链的每一个环节所共享。

2. 减少供应链流通环节

供应链的流通环节越多，整个供应链所需的安全库存就越多，产品从制造商到最终客户所需要的流通时间和流通费用也越多，牛鞭效应也越大。减少流通环节可以减小需求信息的放大程度，减少整个供应链系统中的安全库存，同时也可以更好地对客户的需求做出响应。

3. 缩短提前期

订货提前期是指从发出订单到收到货物所需的时间。订货提前期又可细分为信息提前期、决策时间、制造时间、运输时间，以及各过程中存在的等待时间。信息提前期是指供应商接收和处理订单所需要的时间；决策时间是指供应商制订生产计划和运输计划所需的时间；制造时间是指当供应商没有库存或在 JIT 生产方式或定制生产方式下生产所需的时间；运输时间是指挑选、装卸和运输产品所需的时间；等待时间则是指各个过程中的空闲时间。针对提前期的不同组成部分，可采用不同的措施来缩短提前期。如果提前期缩短 50%，那么需求预测误差也将减小 50%。因此，最大限度地缩短提前期，可以减少供应链上需求信息逐级放大的程度。

4. 减少价格波动

供应商可采取“天天低价”策略和分期供货策略。前者通过价格的持续性，后者通过供货的阶段性来抑制促销所导致的价格波动带来的需求波动。通过消除价格促销，供应商可以消除伴随着促销同步产生的需求的急剧变化。因此，“天天低价”策略能够产生更稳定的、变动性更小的客户需求。

5. 消除博弈行为

当产品供应不足时，上游企业一方面可以适当增加生产能力，以尽可能地满足市场需求；另一方面，当产品确实无法满足市场需求时，可以根据下游企业以往的销售量占总销售量的比例及以往的退货量占总订货量的比例进行限额供应，而不是根据订购的数量进行限量供应。另外，上游企业对下游企业的退货政策鼓励了博弈行为，所以为了防止下游企业的恶意退货，可以对退货行为采取一定的限制措施。在供不应求时，下游企业没有上游企业的供应信息，博弈现象达到最高峰。上游企业将生产计划、生产进度、发货计划及库存情况等信息与下游企业共享，这样下游企业就能保证真实需求。

6. 建设战略性伙伴关系

在供应链中，通过实施战略性伙伴关系，可以弱化“牛鞭效应”。供需双方在战略联盟中相互信任，公开业务数据，信息共享和业务集成。这样，供应链各成员企业相互都了解对方的供需情况和能力，避免了短缺情况下的博弈行为，从而可以减小由于短缺博弈所造成的“牛鞭效应”。

二、供应链的“曲棍球棒效应”

（一）供应链“曲棍球棒效应”的原理

“曲棍球棒效应”是指在某一个固定的周期（月、季或年），前期销量很低，到期末销量会有一个突发性的增长，而且在连续的周期中，这种现象会周而复始，其需求曲线的形状类似曲棍球棒，如图 6-2 所示。从图中可见，每月月初销售出库量很低，月中逐步增加并达到相对均衡，月底则急剧增加。因为图中的曲线就像曲棍球棒的形状，所以被形象地称为“曲棍球棒效应”。

很多管理者认为，这种现象会造成生产和物流运作的不均衡，期初资源被闲置，而期末又会造成资源的短缺，造成期末客户服务水平下降。例如库存量的设置，企业只能按照最大的库存量设置而非按平均库存量设置或租用仓库，从而使企业的库存费用比需求均衡时高出很多。

（二）供应链“曲棍球棒效应”产生的原因

产生“曲棍球棒效应”的原因，一般认为是企业对销售人员的周期性考评及激励政策造成的。在企业的营销系统中，为了激励销售人员努力工作，通常会对他们规定一个固定工资和一个销量目标，如果销量超过了这个目标，就能够拿到奖励佣金，超出目标越多，拿的佣金也越多；如果销量在目标以下，就只能拿固定工资。因此销售人员非常聪明，他们在考

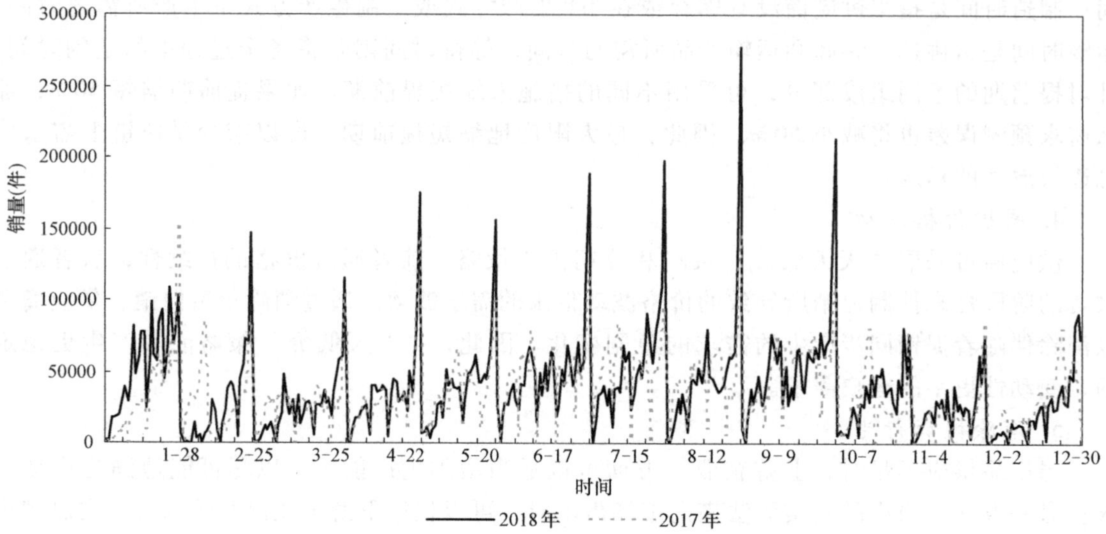

图 6-2　2017 年和 2018 年某公司全年每日销售出库量变化趋势

核期限未到时，会看看不努力能够卖出多少，如果什么都不干就能达到目标当然是最理想的；但是快到期末的时候，他们就会觉得不努力不行，如果离目标还有一定的距离，他们就会努力增加订单。

在快速消费品行业，“曲棍球棒效应”非常普遍和明显。在这个行业中，销售人员一般负责某个指定区域的销售工作，区域内有几个到几十个分销商，企业对销售人员的薪资政策如上所述。此外，这些企业为了促使分销商长期更多地购买，普遍使用一种称为总量折扣的价格政策。这种促销政策也是造成“曲棍球棒效应”的根源之一。在营销战略中，价格折扣往往被用来作为提高分销渠道利润和抢占市场份额的利器。在较长的时期内，企业主要采用基于补货或订单批量的折扣方式，但是在近 10 年，基于买方在某一固定周期（月、季、年）的累积购买量的折扣方式（即总量折扣）流行起来。在快速消费品行业，这种价格政策更为普遍。

（三）供应链“曲棍球棒效应”的缓解策略

在快速消费品领域，为了消除“曲棍球棒效应”，企业可以科学地制定浮动薪酬政策，并为发放奖金制定约束条件。如有些公司采取季度考核，奖金发放时，前两个月的销售额不得低于季度的一定比例，如不得低于 40%，下个季度第一个月的销售额不得少于上个季度最后一个月的 40%，违反者扣除奖金 60%。同时，企业还可以采取定期对特定种类的商品降价，以吸引分销商在这段时间内订购这种特定商品。如可以在月初对某种商品降价，而在月中及月末逐步将这种商品涨价，同时辅以其他特定商品降价，也就是很多零售店采用的“天天低价”策略。这样会使订货量相对均衡，从而缓解“曲棍球棒效应”。

三、供应链协同运营管理的层次及内容

供应链协同要求供应链中的各节点企业为了提高供应链的整体竞争力而彼此协调和相互努力。各节点企业通过公司协议或联合组织等方式结成一种网络式联合体，在这一协同网络中，供应商、制造商、分销商和客户可以动态地共享信息，紧密协作，向着共同的目标发

展。要实现协同，要求节点企业基于技术和互联网进行信息共享和知识创新成果共享；要求各节点企业树立“共赢”意识，为实现同一目标而努力；要求合作伙伴在信任、承诺和弹性协议的基础上进行合作；同时，要求进行协同的节点企业进行供应链的重新整合，应以信息的自由交流、知识创新成果的共享、相互信任、协同决策、无缝连接的生产流程和共同的战略目标为基础。要使供应链在竞争中获胜，关键是供应链节点企业之间实现协同，实现供应链协同运营管理。协同运营顺畅，则供应链管理高效，供应链竞争力就强；反之，协同运营不顺畅，供应链竞争力也就无从谈起。因此，协同运营是供应链管理思想的核心，是供应链管理的最终目的。供应链协同运营管理是供应链管理发展的高级形式。

（一）供应链协同运营管理的层次

供应链协同运营管理从管理层次的角度来看，包括战略层协同运营、策略层协同运营和技术层协同运营。

1. 战略层协同运营

战略层协同运营处于供应链协同运营的最高层次。它主要是从战略的高度，明确和强化供应链协同运营管理的思想，并进一步改进供应链协同运营管理的策略和方法，增强整条供应链的整体竞争能力，最优化地解决供应链协同运营中的各类问题。战略层协同运营主要包括文化价值融合、发展目标统一、风险分担、收益共享、协同决策与标准统一等内容。

2. 策略层协同运营

策略层协同运营是供应链协同运营管理研究的中心。具体涉及以下内容：具有直接供需关系的上下游企业间的需求预测协同、生产计划协同、采购协同、制造协同、物流协同、库存协同及销售与服务协同等协同运营。

3. 技术层协同运营

技术层协同运营主要是通过协同技术，为供应链节点企业提供实时交互的共享与沟通平台。其主要目的是实现供应链节点企业的同步运作与信息协同，同时提高节点企业的透明度，以及决策的快速性和有效性。技术协同运营是供应链实现协同运营的基础和关键，它为战略协同运营和策略协同运营提供有力的支持。技术层协同运营的内容包括信息采集、存储与传输等的标准化，平台构建，智能处理，保密制度等。协同运营技术主要涉及多智能体技术、工作流管理技术及应用软件技术等。

（二）供应链协同运营管理的内容

供应链协同运营管理是供应链运营管理的崭新的且最为现实的一种模式，已经受到企业界和理论界的广泛重视。供应链协同运营管理主要涉及以下几个方面：

1. 战略协同

供应链战略是用于指导整个供应链高效运作、增强供应链整体竞争能力并获得最大整体利益的原则和规范。一方面，供应链战略明确了供应链组建的目的及意义，以及供应链各成员企业在共同战略的指导下如何互相协作；另一方面，在共同目标的规划下，供应链战略成了各成员企业的基本行为规范。一般而言，战略协同是对供应链管理中事关全局的重大核心问题的合作与协调，是实现供应链协同管理的重要基础。依据战略的选择过程，供应链战略协同主要体现在以下几个层次：

（1）竞争战略与供应链运作战略协同。战略协同是指企业的竞争战略与供应链运作战略所要体现的目标相同。也就是说，竞争战略所要实现的目标与供应链运作战略用来建立的供应链能力目标之间协调一致。

（2）节点企业内部的战略协同。在企业内部，新产品研发、生产运营、市场营销、分销物流、客户服务等各个业务部门，还有很多支持部门，如财务、信息技术、人力资源等，彼此的战略具有适配性，能够协同一致。

（3）节点企业之间的战略协同。供应链的战略协同不仅仅局限于企业内部，而且应突破企业边界，延伸到供应商和客户，甚至供应商的供应商和客户的客户，使得各个节点企业的职能性战略（如人力资源战略、营销战略、财务管理战略、运营战略等）与供应链战略保持一致。

2. 信息协同

信息协同是供应链管理成功与否的关键因素之一。供应链各环节之间，既分工又合作、既独立又融合，以保证整个链条的运行达到最佳状态。这种分工与合作、独立与融合是基于供应链各节点企业的信息动态共享，否则各节点企业会成为彼此孤立的、残缺的片断。供应链上的各个节点企业只有实现了高质量的信息传递和共享，才能使供应链成为真正意义上为客户需求所驱动的供应链，保证客户需求信息在传递过程中不失真。不仅能够有效解决供应链中的牛鞭效应及委托、代理和欺骗等问题，提高供应链的整体绩效，而且能够促进供应链企业建立长期稳定的合作伙伴关系。一般来讲，信息共享的常见方法有零售商向管理其库存的供应商提供销售时点数据，生产商向供应商提供生产需求信息以支持零库存计划。随着互联网的出现，电子数据交换（EDI）在协作计划、预测与补货（Collaborative Planning Forecasting and Replenishment，CPFR）方面的应用使得信息沟通的程度大大增加了。例如，沃尔玛和 Sara Lee 服装公司通过采用 CPFR 方法将库存减少了 14%，销售收入增加了 32%。

3. 信任协同

供应链各节点企业之间的合作关系是以信任为基础的，要实现供应链协同管理就必须加强信任协同。虽然供应链各节点企业的决策者也深知合作的重要性，但却往往对“合作条款”缺乏信任度，或处于“观望”和“保留意见”状态，担心本企业在合作过程中“吃亏”，希望尽量将责任风险、成本等转嫁给合作企业，同时尽力将利益收归自己囊中。如果是这样，企业之间就无法建立有效的合作。要改变这种状况，就要在合作企业之间建立信任机制。只有在合作企业之间建立了信任机制，整条供应链的运作效率才能得到保证并提高，企业才能赢得长久的竞争优势。加强相互之间信任的培养，将促进企业之间的合作，提高生产与服务的柔性，以及在不可预测的事件发生时增强双方的责任感，努力保持供应链的协调性，谋求整个供应链共同的利益。企业相互之间信任可以减少不必要的摩擦与矛盾、谈判与协商，并减少由此引起的时间和费用。

4. 业务协同

业务协同就是在供应链各节点企业之间实现端到端的业务流程整合，使各个合作环节的业务对接更加紧密、流程更加通畅、资源利用更加有效，以便快速响应客户需求和市场机遇，应对外部的挑战。面对机会与挑战，企业期望真正做到“随需应变”。在供应链管理环境下，利用业务协同平台，既可帮助企业实现与供应链上供应商、客户之间，也可帮助企业实现不同部门、分支机构之间的业务协作和计划协调。如通过集成客户关系管理（Customer Relationship Management，CRM）、信息系统、EDI 通信等模块，实现数据的共享和基于工作流的信息传递，使得整个供应链上的业务协调运作。

5. 分配协同

供应链协同管理的成功实施必须以公平、合理的收益分配方案的制订为基础，因此，分配协同在供应链协同管理中是一个非常关键的问题。供应链通过节点企业之间的合作，在优化整体利益的基础上，可以为企业带来高收益；但是，各个节点企业之间客观存在着种种利益冲突，这既有利益分配不均的问题，又有风险分担的问题。因此，供应链各个节点企业应建立起一系列的机制，真正实现供应链的利益共享、风险分担，保证供应链的顺利高效运行，实现供应链各节点企业的分配协同。要坚持公平、公正、合理的分配原则，以保证供应链的稳定性，实现供应链收益的最大化。整个供应链的分配应保证各成员企业的付出与收益相对称，要避免根据节点企业规模的大小而不是依据投入资源与贡献来确定收益的分配。

6. 标准协同

标准化是供应链管理高效运作的关键之一。供应链各个节点企业所采用的技术、绩效评价等等都不尽相同，为了做好供应链协同管理，实现节点企业间标准的统一是十分必要的。标准协同主要包括：

（1）技术标准协同。供应链协同管理的一个关键就是各节点企业的技术具有相互协调性和兼容性，而且计算机网络和信息集成技术的标准化与专业化，使各节点企业技术柔性的获得成为可能。供应链标准协同要求各节点企业必须有基本的柔性技术作为支撑，如条码技术、物流标识技术、EDI和连续补充战略等，同时必须使这些技术在各企业之间实现同步化。否则不同的技术平台及互不兼容的软件系统，会使整个供应链的运作陷入瘫痪。

（2）绩效标准协同。在供应链管理中，传统的企业绩效评价侧重于对单一企业或单个职能部门的评价，不注重供应链整体绩效的衡量，以致很难推动供应链的生产力发展。因此，建立供应链绩效评价标准显得尤为必要。这种标准应该能恰当地反映供应链的整体运营状况及上下节点企业之间的运营关系，而不是孤立地评价某一供应商的运营状况。如果通过某种绩效评价标准能使各成员为一个共同目标而齐心协力，这无疑会促进它们之间的合作与协调，提高供应链管理的效率。

7. 文化协同

在供应链管理中，各节点企业在成长发展过程中都形成了自身独特的企业文化，具有相对稳定性和重要的影响力。如何实现文化协同是供应链协同管理的一个重点，也是一个难点。要有效进行文化上的整合，对供应链各节点企业来说都是极大的挑战。一方面，各节点企业应注重自身企业文化的建设，尽可能保持组织原有的良好文化基本不变；另一方面，要吸收合作伙伴企业的文化精髓，将其注入管理实践中去，有效实现企业文化的兼容与协同，创造出新的企业文化。供应链各成员企业可以针对文化整合采取一系列措施，如开展企业文化的学习培训，以加速对其他成员企业文化的了解；相互交流讨论问题，以取得对各节点企业一些基本认识方式的洞察；节点企业之间开展形式多样的联谊活动，帮助实现彼此间更好的沟通等。

第二节　供应链协同运营的基本模式

一、供应链协同运营的一体化模式

美国密歇根州立大学最早提出了供应链协同运营的一体化模式，如图6-3所示。这张图用箭头将供应链成员企业连接在一起，形成了一个协同合作、具备竞争力的整体。供应链一体化模式是指在考虑关键资源受限制的情况下，为了获得竞争优势，企业必须与客户、起支持作用的分销网络和供应商网络结成联盟，从而形成供应链一体化结构和战略。因此，供应链一体化模式集成了多种活动，包括从最初的原材料采购到将最终产品和服务送到客户手中的一系列运作过程。

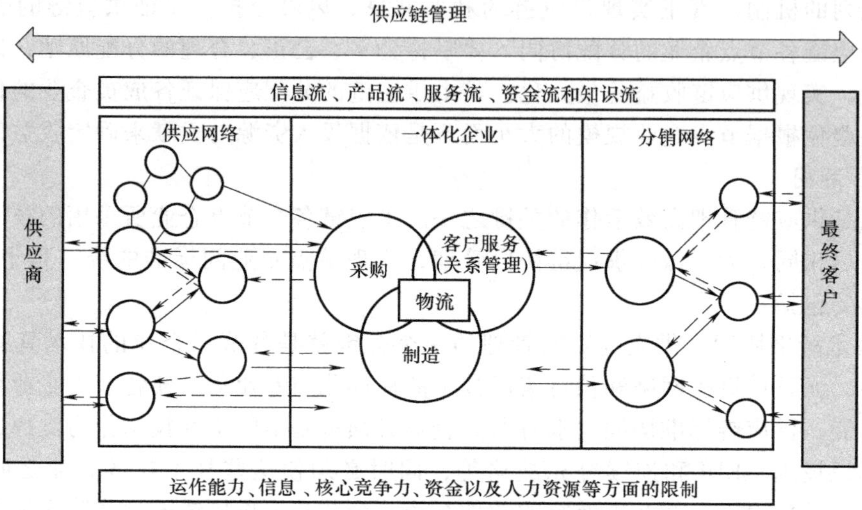

图 6-3 供应链协同运营的一体化模式

供应链的价值来源于供应链成员企业之间的协同作用，其中五种关键流对价值有重要影响，分别是信息流、产品流、服务流、资金流和知识流。物流是供应链一体化模式中产品流和服务流的主要载体，供应链上的每个节点企业都要执行物流过程。因此，如何实现供应链上的物流一体化和物流的高效率是供应链协同运营的关键所在。供应链一体化通过科学的管理方法将彼此独立的企业连接成一个整体，提高了企业的市场影响力、整体效率和竞争力。

二、供应链物流一体化运作目标

为了在供应链中实现物流一体化整合，必须同时达到以下运作目标：

（一）响应性

响应性是指企业及时满足客户需求的能力。正如前面所提到的那样，通过信息技术可以使某些作业在最后一刻进行，然后进行快速交付，这样实施快速响应战略更加容易。实施快速响应战略，可以减少为了满足预测的客户需求而持有的库存。快速响应使企业的运作重点发生转移，从预测客户将来的需求转移到通过快速地进行订单至发货之间的作业满足客户需求。在理想情况下，在一个快速响应系统中，企业在接到客户订单以后才进行库存配置。为了支持这种模式，当客户订单到来时，企业必须持有有效的库存并能够做到及时交付。

（二）减少差异

物流系统的所有运作领域都有可能出现差异，产生差异是因为不能按照预期的效果完成物流运作。例如，延期完成客户订单、订单分拣过程中的意外中断、当到达客户地点时发现货物损坏以及不能及时在正确地点完成交货，这些都是从订单到交货过程中可能产生的差异。通常，防止这些差异造成负面影响的办法是在各运作环节中设置安全库存来进行缓冲。

为了克服运输中出现意外变化而导致计划交货的延迟，一个通用的办法是使用额外的运输工具。以上这些方法都会增加总成本，但是使用信息技术能保证物流的积极运作，同时最少地使用以上方法。如果差异性降低了，从一定意义上来说物流效率就提高了。因此，减少差异、消除系统运作的中断是整合物流管理的一个基本目标。

（三）降低库存

为了降低库存，整合物流系统内部必须控制库存投资和库存周转。库存投资是指系统中配置库存的财务价值。库存周转反映了一定时期内库存补给的速度。高效的库存周转和满足需要的库存可用性，就意味着库存占用的资金被有效使用，同时也说明支持整合运作的总投资达到了最低水平。企业应该牢牢记住一点，库存有助于实现预期收益。在生产和采购中，库存对实现规模经济是非常重要的。企业的目标是在实现供应链总绩效目标的同时，尽可能地降低库存水平。

（四）集拼运输

物流成本中最重要的成本之一就是运输成本。运输成本与货物种类、货物批量大小以及运输距离有直接关系。许多物流系统通过高频率、小批量运输进行直接补货，但这种补货方式的成本很高。系统目标是通过集拼运输来降低运输成本。一般来说，货物的批量越大、运输距离越长，每单位货物的运输成本就越低。集拼运输要求运用创新的方法将小批量货物集拼后及时地统一运输，并且要求多个企业之间相互协调。成功的电子商务直接完成向客户的配送，这就需要创新的方法来实现有效的集拼运输。

（五）质量保证

持续提高质量是供应链企业的根本运作目标之一。全面质量管理（TQM）是贯穿于行业大多数方面的主要质量措施。如果产品有瑕疵或者未能信守服务承诺，那么这样的物流运作就不能实现增值。一旦逆向物流成本较高，就不可能再召回。事实上，如果在产品交付给客户之后发现存在质量问题，那么就必须更换产品，这样物流成本会迅速增加，除了最初的物流成本外，还必须退货或更换产品。这种计划外的运输比最初产品配送的成本要高。因此，物流运作中的一个主要目标是实现从订单到交货过程的零缺陷。物流运作本身就面临着很多挑战。由于物流作业是在广阔的区域内全天候进行的，并且没有对此进行直接监督，因此要实现零缺陷的物流就更加困难。

（六）生命周期支持

最后的整合设计目标是生命周期支持。如果产品达不到承诺的标准，那么就不会有人购买。在某些情况下，已经送达客户的产品必须召回。越来越严格的产品质量标准、产品有效期限制及对客户造成危害的责任追究，使产品回收变得越来越普遍。由于越来越多的法律鼓励饮料瓶和包装材料的循环使用，因此产生了逆向物流。逆向物流最重要的用途之一是在出现潜在的产品责任问题时，如潜在的产品污染问题，对该产品进行最大限度的控制。当企业被要求召回产品时，设计良好、协调运作的逆向物流尤为重要。2010 年，强生公司被迫召回若干产品，其过程持续了几个月，并且涉及不同品牌，而效率和效果兼具的逆向物流能力是使强生实现成功召回的主要因素。逆向物流的运作目标很广泛，包括从总成本最低到对有缺陷产品最大限度的控制。设计有效逆向物流的企业通过减少产品生产数量来收回部分价值，否则这些生产出来的产品将被废弃或者打折销售。只有仔细地评估逆向物流需求，才能制定正确的物流整合战略。

第三节 供应链协同运营管理策略

一、供应商管理库存策略

为了适应供应链管理的要求，特别是适应供应链协同管理的需要，结合国内外企业实践经验及理论研究成果，下面介绍一种先进的供应链协同库存管理技术与方法——供应商库存管理（VMI）策略。

近年来，为了降低库存成本、整合供应链资源，越来越多的企业开始尝试一种新型的供应链管理模式——供应商管理库存。具体来说，供应商管理库存是一种以客户和供应商双方都获得最低成本为目的，在一个共同协议下由供应商管理库存，并不断监督协议执行情况和修正协议内容，使库存管理得到持续改进的合作性策略。

供应商管理库存整个流程的实施都需要透明化，买方企业和供应商随时都可以监控。主要分为以下两个部分：

（1）库存管理。这一部分由销售预测、库存管理及供应商生产系统共同组成。因为实施供应商管理库存后，这几个部分的工作主要由供应商和买方企业共同协调来完成。首先从买方企业那里获得产品的销售数据，然后与当时的库存水平相结合，及时传送给供应商，然后由供应商的库存管理系统做出决策。如果供应商现有的仓储系统能够满足库存管理系统做出决策所需要的产品数量，就直接由仓储与运输配送系统将产品及时配送给买方企业；如果供应商现有的仓储系统不能满足库存管理系统做出决策，就必须通知生产系统生产产品后再及时将产品配送给买方企业。其中，在正式订单生成前，还应该交由买方企业核对、调整后得出最后订单。

（2）仓储与运输配送。一方面负责产品的仓储，包括产品的分拣入库，以及产品的保存；另一方面负责产品的运输配送，包括将产品按要求及时送达买方企业手中，同时负责制订尽可能符合经济效益的运输配送计划，如运输方式的选择、配送路线的规划等。

（一）VMI 的基本思想

长期以来，在供应链中每一个节点企业都只管理自己的库存，且各个供应链环节都有自己的库存控制策略。由于各自的库存控制策略不同，产生需求的扭曲，使供应商无法快速地响应客户的需求。在供应链环境下，供应链各个环节的活动都应该是协同进行的，而传统的库存控制方法却无法满足这一要求。近年来，国外出现了一种新的供应链协同管理策略——供应商管理库存。这种策略适应市场变化的要求，打破了传统的企业“各自为政”的库存管理模式，体现了供应链集成化和协同化的管理思想，是一种有代表性的库存管理思想。

一般而言，库存是由库存拥有者管理的。因为无法确切知道客户需求与供应的匹配状态，所以库存设置与管理需要由同一组织完成。但这种库存管理模式并不总是最优的。例如，一个供应商用库存来应对不可预测的或某一客户不稳定的（这里的客户不是指最终客户，而是指分销商或零售商）需求，客户也设立库存来应对不稳定的内部需求或供应链的不确定性。虽然供应链中的每个企业独立地保护各自利益不受意外干扰是有效的，但这样做必然会影响整个供应链的优化运行。供应链的各个不同企业根据需要独立运作，导致重复建立库存，因而不能使供应链整体成本达到最低，整个供应链系统的库存会随着供应链长度的增加而发生需求扭曲。引入 VMI 就在于它能够突破传统条块分割的库存管理模式，以系统的、集成的管理思想进行库存管理，使供应链系统能够协同化运作。

VMI 是一种良好的供应链库存管理策略。关于 VMI 的定义可以表述为：VMI 是一种制造商和供应商之间的合作性策略，以对双方来说都是最低的成本优化产品的可获得性，在一个相互同意的目标框架下由供应商管理库存。VMI 的目标是通过供需双方的合作降低供应链的总库存，而不是将制造商的库存前移到供应商的仓库里，最终真正降低供应链上的总库存成本。

实施 VMI 策略的关键主要体现在以下原则中：

(1) 合作性原则（合作精神）。在实施 VMI 策略时，相互信任与信息透明是很重要的。供应商与客户要有良好的合作精神，才能够保持良好的合作关系。

(2) 互惠原则（使双方成本最小）。VMI 解决的不是关于成本如何分配或谁来支付的问题，而是关于减少成本的问题。通过该策略，双方的成本都可以减少。

(3) 目标一致性原则（框架协议）。合作双方都明白各自的责任，达成一致目标。对如库存放在哪里、什么时候支付、是否需要管理费、要花费多少等问题都要回答，并且体现在框架协议中。

(4) 持续改进原则。供需双方通过共同努力及持续改进，消除浪费和共享利益。

VMI 策略的主要思想是供应商在客户的允许下设立库存，确定库存水平和补给策略，并拥有库存控制的决策权。

精心设计与开发的 VMI 系统，不仅可以降低供应链的库存水平、降低成本，而且，客户还可获得高水平的服务，改进资金流，与供应商共享需求变化的透明性和获得更好的客户信任。

（二）VMI 实施的意义

供应链管理的成功通常源于理解和管理好存货成本和客户服务水平之间的关系。VMI 就是一种能使供应链合作伙伴共同减少成本和改进服务的先进理念。实施 VMI 的必要性主要表现在两个方面：

1. 减少供应链的总库存成本

需求的易变性是大部分供应链面临的主要问题，它既损害了对客户的服务水平，也减少了企业收入。由于需求的不确定性、相互冲突的执行标准、客户行为的互相孤立、产品短缺造成的订货膨胀等原因，使供应商无法把握需求的波动性。

许多供应商被 VMI 吸引，是因为它降低了需求的不确定性。尽管多批次、小批量的订单越来越多，大订单越来越少，但生产商依然需要维持超额的成品库存量。这是为了能确保响应客户订货要求，是一种成本很高的方法。VMI 能够减少生产的盲目性，一定限度地削弱产量峰值和谷值，从而可维持小规模生产能力和存货水平。

客户被 VMI 吸引是因为它解决了存在冲突的执行标准带来的两难状况。例如，月末的存货水平对于作为零售商的客户是很重要的，但维持客户服务水平也是必要的，而这些标准是冲突的。零售商在月初储备货物以保证高水平的客户服务，然后使存货水平在月末下降以达到库存目标（而不管它对服务水平的影响）。在季末涉及财务报告时，这种不利影响将更加明显。

在 VMI 中，虽然补货频率提高，但是双方都可能受益。供应商对需求信息更了解，可以更好地利用生产及运输资源，进而降低成本和安全库存。供应商可以做出与需要相协调的补货决定，并且增强了需求驱动意识。客户从合理的低水平库存流转中受益，即使用户将所有权（物主身份）让渡给供应商，改善了的运输和仓储效率也会产生许多好处。此外，月末或季节的服务水平也会得到提高。

在零售供应链中，不同用户间的订货很少能协调，订单经常同时蜂拥而至，这就使及时实现所有的递送请求变得十分困难。在 VMI 中，整个供应链的协调将支持供应商对平稳生产的需求，而不必牺牲客户的服务和库存目标。

最后，VMI 还有助于降低运输成本。如果处理得好，这种方法将增加低成本的满载运输的比率而降低高成本的未满载货的比率。这可以通过供应商协调补给过程来实现，而不是在收到订单时再被动回应。另一个值得注意的方案是设计更有效的路线规划。例如，一辆专用货车可以在途中停车多次，为某几个邻近的客户补货。

2. 提高服务水平

从零售商的角度来看，服务水平常常由产品可得性来衡量。当顾客走进商店时，想买的产品却缺货，零售商的销售机会就失去了，还可能造成失去信誉。所以，在制订采购订货计划时，零售商希望供应商是可信的、可靠的。在商品销售计划中，零售商更希望供应商提供极具吸引力的货架服务。因此，以可靠而著称的供应商可以获得更高的收入。在其他条件相同的情况下，人人都可以从改善后的服务中受益。

在 VMI 中，多客户补货订单与配送间的协调，大大改善了服务水平。一项不重要的配送，可以推迟一两天，而先完成主要的配送业务。类似地，相较小的业务，可以优先完成大的补货业务。由于有能力平衡所有合作伙伴的需求，供应商可以改善系统的工作状况而不用让任何个体客户冒险。它们向客户保证：客户最主要的需要将会受到最密切的关注。如果没有 VMI，供应商很难有效地安排客户需求的先后顺序。

如果扩大有效解决现有问题的范围，服务水平就可以进一步提高。例如，在缺货的时候，在一个客户的配送中心之间（或多个客户的配送中心之间）平衡存货是十分必要的。有时在客户间实行存货的重新平衡可能是最经济的方法。如果没有 VMI，就无法这样做，因为供应商和客户都看不到整体存货的配置（分布）。在 VMI 下，当客户将货物返还给供应商时，供应商可以将其供给另一位客户，这时就实现了存货平衡。这种方法最坏的结果只是增加了一些运输成本而已。

另一个好处是，VMI 可以使产品更新更加方便，将会有更少的旧货在系统中流通，新产品的上架速度将更快。由于有信息共享，货物更新时不用为推销而着急，而且可以让零售商保持“时尚”的好名声。

VMI 中的运输过程进一步改善了客户服务。如果没有 VMI，集中的客户和分散的配送中心之间的沟通障碍有时会使货物的运送被拒绝，而 VMI 的供应商会预先规划如何补货和递送，以保证实现配送计划。

（三）VMI 的实施方法

实施 VMI 策略，要改变订单的处理方式，建立基于标准的托付订单处理模式。首先，供应商和分销商要一起确定供应商订单业务处理过程所需要的信息和库存控制参数；然后，建立一种订单的标准处理模式，如 EDI 标准报文；最后，把订货、交货和票据处理等各个业务功能集成在供应商处。

库存状态透明性（对供应商）是实施 VMI 的关键。它使供应商能够随时跟踪和检查零售商的库存状态，从而快速响应市场的需求变化，对企业的生产（供应）状态进行相应的调整。为此，需要建立一种能够使供应商和客户（分销商）的库存信息系统透明连接的方法。

VMI 策略的实施可以分为以下几个步骤：

（1）建立客户信息系统。要有效地管理销售库存，供应商必须能够获得客户的有关信息。通过建立客户的信息库，供应商能够掌握需求变化的有关情况，把由分销商进行的需求预测与分析功能集成到供应商的系统中来。

（2）建立销售网络管理系统。供应商要想很好地管理库存，必须建立起完善的销售网络管理系统，保证自己产品的需求信息和物流畅通。为此，必须保证自己产品条码的可读性和唯一性；解决产品分类、编码的标准化问题；解决商品储存和运输过程中的识别问题。

（3）建立供应商与分销商的合作框架协议。供应商和分销商一起通过协商，确定订单处理的业务流程及库存控制的有关参数，如再订货点、最低库存水平等；确定库存信息的传递方式，如 EDI 或 Internet 等。

（4）组织机构的变革。这一点也很重要，因为 VMI 策略改变了供应商的组织模式。传统上由财务经理处理与客户有关的事务，引入 VMI 策略后，在订货部门产生了一个新的职能——负责控制客户的库存、库存补给和服务水平。

一般来说，在以下情况下适合实施 VMI 策略：零售商或分销商的 IT 系统或基础设施无法有效管理它们的库存；制造商实力雄厚并且比零售商的市场信息量大；有较高的直接储存交货水平，因而制造商能够有效规划运输。

VMI 的实施方法主要有四种：

（1）供应商提供包括所有产品的 VMI 管理软件进行存货决策，客户使用 VMI 管理软件执行存货决策，客户拥有存货所有权，管理存货。

（2）供应商在客户所在地，代表客户执行存货决策，管理存货，但是存货的所有权归客户。

（3）供应商在客户所在地，代表客户执行存货决策，管理存货，拥有存货所有权。

（4）供应商不在客户所在地，但是定期派人代表客户执行存货决策，管理存货，并且供应商拥有存货的所有权。

通过 VMI，供应商可以客观评价放在供应商处的存货。供应商可以决定产品的标准，决定订货点、补充存货的时间及交货的流程，建立多种库存优化模型，并进行人员培训。

（四）VMI 的实施模式

1.“制造商-零售商”VMI 模式

这种模式通常用于制造商作为供应链的上游企业的情形中。制造商对它的客户（如零售商）实施 VMI，如图 6-4 所示。图中的制造商是 VMI 主导企业，负责对零售商的供货系统进行检查和补充。这种模式多出现在制造商是一个比较大的产品制造者的情况下，制造商具

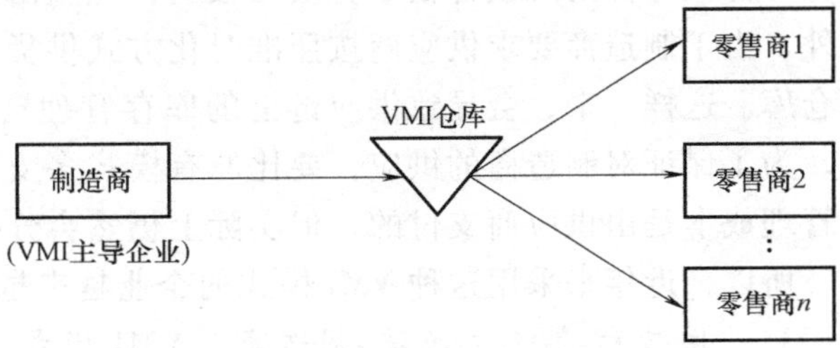

图 6-4 “制造商-零售商”VMI 模式

有相当的规模和实力，完全能够承担起管理 VMI 的责任。例如，美国宝洁公司就发起并主导了对国内大型零售商的 VMI 模式的实施。

【例 6-1】 雀巢家乐福公司从 VMI 中受益无穷

雀巢与家乐福公司在全球均为流通产业的领导厂商，在有效的消费者快速响应（Efficient Consumer Response，ECR）方面的推动更是不遗余力。2005 年，两家公司协议在 ECR 方面开展更密切的合作。两家公司经协商，决定由雀巢建立整个 VMI 计划的机制，总目标是增加商品的供应效率，减少家乐福的库存天数，缩短订货前置时间，以及降低双方物流作业的成本率等。由于双方各自有独立的内部 ERP 系统，彼此并不相容，因此，家乐福决定与雀巢以 EDI 连线方式来实施 VMI 计划。在 VMI 系统的经费投入上，家乐福主要负责 EDI 系统建设的花费，没有其他额外的投入；雀巢公司除了 EDI 建设外，还引进了一套 VMI 系统。经过近半年的 VMI 实际运作后，雀巢对家乐福配送中心产品的到货率由原来的 80%左右提升至 95%（超越了目标值），家乐福配送中心对零售店铺产品到货率也由 70%提升至 90%左右，并仍在继续改善中；库存天数由原来的 25 天左右减少至 15 天以下，在订单修改方面也由 60%~70%下降至现在的 10%以下，每日商品销售额则上升了 20%左右。总体而言，VMI 使家乐福受益无穷，极大地提升了其市场反应能力和市场竞争能力。

相对家乐福的收益而言，雀巢公司也受益匪浅。最大的收获便是与家乐福的关系得到很大的改善。过去雀巢与家乐福只是单向买卖关系，所以家乐福要什么就提供什么，甚至是尽可能地推销产品，彼此都忽略了真正的市场需求，导致畅销的商品经常缺货，而不畅销的商品却有很多存货。这次合作使双方愿意共同解决问题，从而有利于从根本上改进供应链的整体运作效率，并使雀巢掌握家乐福的销售资料和库存动态，以便更好地进行市场需求预测和采取有效的库存补货计划。

2. “供应商-制造商” VMI 模式

这种模式通常用于制造商是供应链上实施 VMI 的下游企业的情形中。制造商要求它的供应商按照 VMI 的方式向其补充库存，如图 6-5 所示。此时，VMI 的主导企业可能还是制造商，但它是 VMI 的接受者，而不是管理者；VMI 的管理者是该制造商上游的众多供应商。

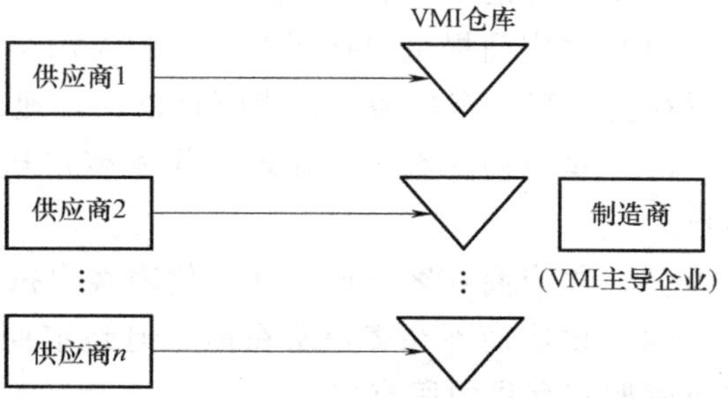

图 6-5 “供应商-制造商” VMI 模式

例如，在汽车制造业，这种情况比较多见。一般来说，汽车制造商是这一供应链上的核心企业，为了应对激烈的市场竞争，它会要求零部件供应商为其实施 VMI 的方式。由于很多零部件供应商的规模都很小，实力很弱，完全由这些中小供应商完成 VMI 可能比较困难。另外，由于制造商要求供应商按照准时化方式供货，供应商不得不在制造商的周边建立自己的仓库。这样一来，会导致供应链上的库存管理资源重复配置。采用这种 VMI 模式的供应商，为了保证对制造商的供应，要比原有模式多支出 5%的成本。虽然从表面上看，这些库存管理成本是由供应商支付的，但实际上仍然会分摊到供货价格里，最终对制造商也是不利的。所以，近年来采用这种 VMI 模式的企业越来越少了。

3. “供应商-第三方物流-制造商” VMI 模式

为了克服第二种模式的弊端，产生了新的方式：“供应商-第三方物流-制造商” VMI 模式。这种模式引入了一个第三方物流企业，由第三方物流企业提供一个统一的物流和信息流管理平台，统一执行和管理各个供应商的零部件库存控制指令，负责完成向制造商生产线上配送零部件的工作，而供应商则根据第三方物流企业的出库单与制造商按时结算，如图 6-6 所示。

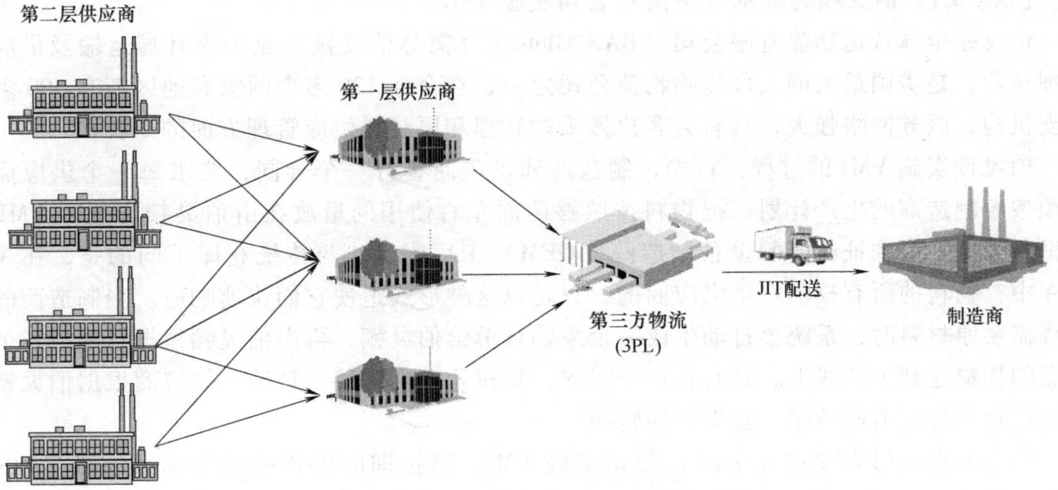

图 6-6 基于 3PL 的 VMI 实施模式

由第三方物流企业运作的 VMI 仓库可以合并多个供应商交付的货物，采用物流集中管理的方式，因此形成了规模效应，降低了库存管理的总成本。这一模式的信息流和物流流程如图 6-7 所示。

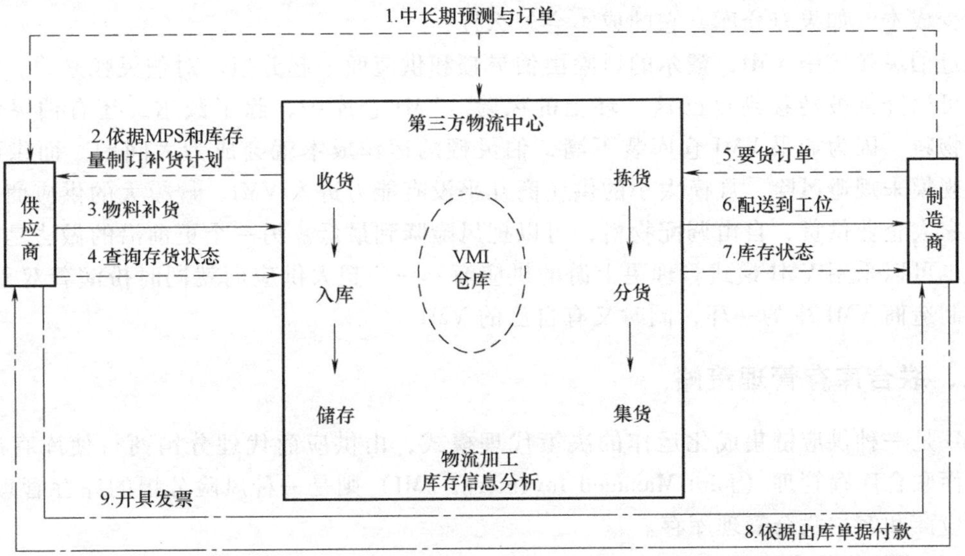

图 6-7 基于 3PL 的 VMI 模式的信息流和物流流程

这一模式的优点有：第三方物流企业推动了合作三方（供应商、制造商和第三方物流企业）之间的信息交换和整合；第三方物流企业提供的信息是中立的，根据预先达成的框架协议，物料的转移标志物权的转移；第三方物流企业能够提供库存管理、拆包、配料、排序和交付，还可以代表制造商向供应商下达采购订单。由于供应商的物料提前集中在由第三方物流企业运营的仓库中，使得上游的众多供应商省去了仓储管理及末端配送的成本，从而极大提高了供应链的响应速度并同时降低了成本，因此，也有人将这种 VMI 的实施模式称为 VMI-HUB。

【例 6-2】 伯灵顿为戴尔（中国）公司实施 VMI

伯灵顿全球货运物流有限公司（BAX Global）（简称伯灵顿）是一家环球运输及供应链管理企业，是美国最大的大件货物物流公司之一，在全球 120 多个国家和地区拥有 500 多家分支机构，服务网络强大，具有为客户做采购管理和原材料供应管理方面的专长。

伯灵顿实施 VMI 的过程：首先，制造商和供应商签订一个合同，要求每一个供应商都必须按照制造商的生产计划，把物料按照够两周左右使用的量放在由伯灵顿管理的 VMI 仓库里。仓库一般选址在原始设备制造商（OEM）工厂附近。与传统仓库不同的是，在 VMI 仓库中，物料的所有权仍然是供应商的，只是以这种形式迫使它们快速响应。当制造商的生产线需要原材料时，系统会自动生成一个采购订单给伯灵顿，再由伯灵顿根据订单把各个供应商的物料送到生产线上。只有在这个时候，物权才发生转移。最后，供应商根据伯灵顿提供的送货单与制造商结账，实现贸易转换。

伯灵顿在厦门为戴尔（中国）公司实施 VMI，已把即时供货的服务标准缩短到 90min 以内，帮助戴尔（中国）公司实现了“真正的零库存”。这也是伯灵顿成立 30 多年来，在全球 120 多个国家和地区遇到的第一个真正“零库存式”企业。

伯灵顿的运作消化了库存成本风险。戴尔（中国）公司在厦门虽然一个月的产值将近 10 亿元，但是它每天的产量都是不同的，有时相差非常大。如果必须设立自己的仓库，它要建设多大的仓库才能满足产量最高峰时的需求？如果产量少了，这些空置的仓库又会让它增加多少成本？如果有仓库，它的成本会怎么样？

通过伯灵顿实施 VMI，戴尔的风险由伯灵顿和供应商一起分担。对伯灵顿来说，规模经营方式可以降低被转移到自己这一环上的风险。VMI 仓库中，除了戴尔，还有伯灵顿其他客户的物料。因为如果 VMI 仓库装不满，伯灵顿的运作成本就会成为大问题。而供应商也必须以规模来规避风险，规模太小的供应商几乎没有能力进入 VMI，规模大的供应商一般同时给几家大企业供货，自由调配物料，可以把风险降到最低。另一个更前沿的做法是，供应商自己也可以采用 VMI 模式管理更上游的供应商。一些超大供应商就同时扮演着双重角色：既是大制造商 VMI 中的一环，同时又有自己的 VMI。

二、联合库存管理策略

VMI 是一种供应链集成化运作的决策代理模式，由供应商代理分销商行使库存决策的权利。而联合库存管理（Joint Managed Inventory，JMI）则是一种风险分担的库存管理模式，即由供应商和客户联合管理库存。

（一）JMI 的基本思想

联合库存管理的思想可以从分销中心的联合库存功能谈起。地区分销中心体现了一种简单的联合库存管理的思想。传统的分销模式是分销商根据市场需求直接向工厂订货。例如，汽车分销商根据客户对车型、款式、颜色、价格等的不同需求，向汽车制造厂订货。由于需要经过一段较长时间才能到货，但客户不想等待这么久，因此各分销商不得不进行库存备货，而这样大量的库存使分销商难以承受。据估计，在美国，通用汽车公司每销售500万辆轿车和货车，平均价格是18500美元。分销商一般维持60天的库存，库存费用是汽车价值的22%，一年总库存费用达到3.4亿美元。而采用建立地区分销中心的方式，能大大减少库存浪费。图6-8为传统的销售模式，每个分销商直接向工厂订货，每个分销商都有自己的库存；而图6-9为有地区分销中心的销售模式，各分销商自己只需要少量的库存，而大量的库存由地区分销中心储存，也就是各分销商把其库存的一部分交给地区分销中心负责，从而减轻了自己的库存压力。地区分销中心发挥了联合库存管理的功能。它既是一个商品的联合库存中心，同时也是需求信息的交流与传递枢纽。

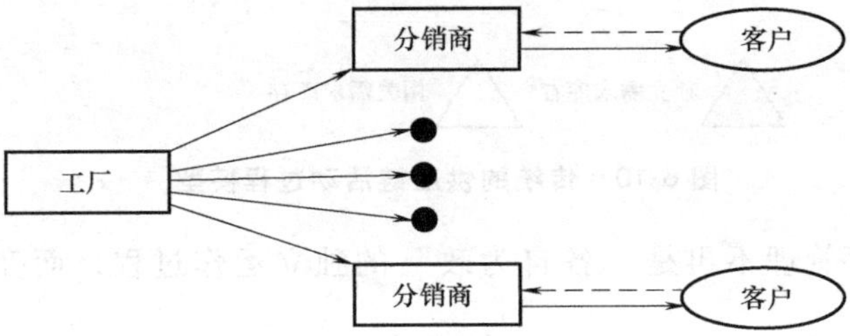

图6-8　传统的销售模式

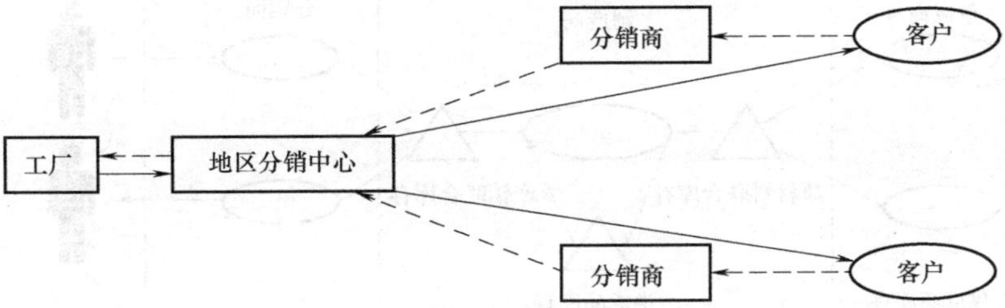

图6-9　有地区分销中心的销售模式

从地区分销中心的功能得到启发，可以对现有的供应链库存管理模式进行拓展和重构，提出联合库存管理新模式——基于协调中心的联合库存管理系统。

在传统的库存管理中，把库存分为独立需求和相关需求两种库存模式来进行管理。独立需求问题采用订货点办法处理，相关需求库存问题采用物料需求计划处理。一般来说，产成品库存管理为独立需求库存问题，而在制品和零部件及原材料的库存控制问题为相关需求库存问题。图6-10是传统的供应链活动过程模型。在整个供应链过程中，从供应商、制造商到分销商，各供应链节点企业都有自己的库存。供应商作为独立的企业，其库存（即其产品库存）为独立需求库存；制造商的材料、半成品库存为相关需求库存；而分销商为了应对客户需求的不确定性也需要库存，其库存也为独立需求库存。

联合库存管理是为了解决供应链系统中由于各节点企业相互独立的库存运作模式而导致的需求放大问题，是提高供应链同步化程度的一种有效方法。联合库存管理与供应商管理库存不同，它强调双方同时参与，共同制订库存计划，使供应链过程中的每个库存管理者（供应商、制造商与分销商）都从相互之间的协调性角度考虑，保持供应链相邻两个节点之间的库存管理者对需求的预期一致，从而消除牛鞭效应。任何相邻节点需求的确定都是供需

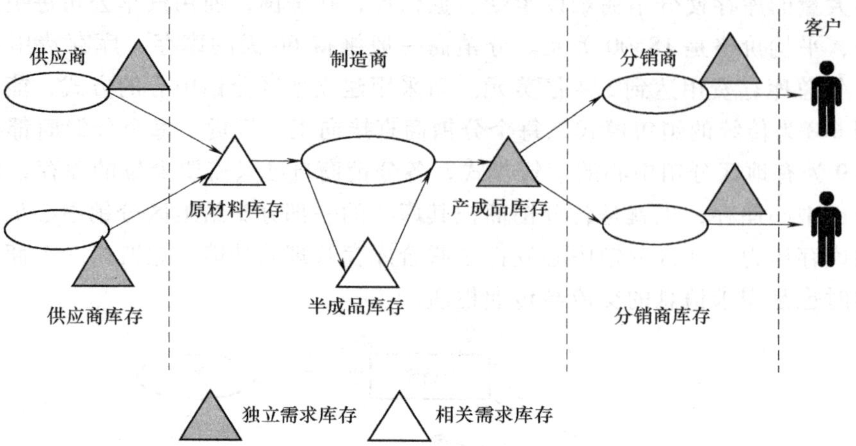

图 6-10　传统的供应链活动过程模型

双方协调的结果，库存管理不再是“各自为政”的独立运作过程，而变成连接供需的纽带和协调中心。

图 6-11 为基于协调中心联合库存管理的供应链系统模型。

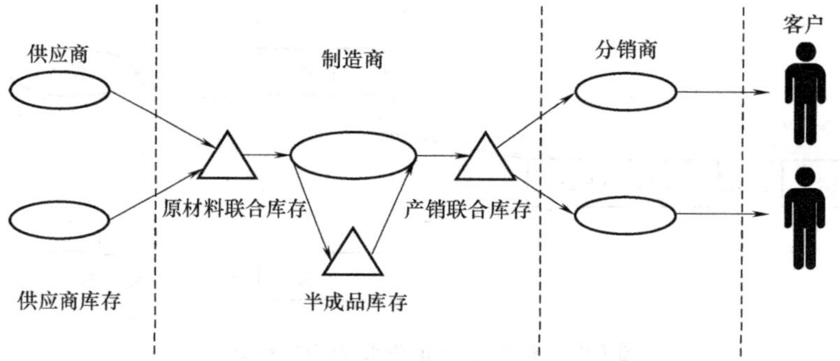

图 6-11　基于协调中心联合库存管理的供应链系统模型

基于协调中心的联合库存管理与传统的库存管理模式相比，有以下几个方面的优点：

（1）减少了供应链中的需求扭曲现象，降低了库存的不确定性，提高了供应链的稳定性。

（2）库存作为供需双方信息交流和协调的纽带，可以暴露供应链管理中的缺陷，为改进供应链管理水平提供依据。

（3）为实现零库存管理、准时化采购及精细供应链管理创造了条件。

（4）进一步体现了供应链管理的资源共享和风险分担原则。

（5）联合库存管理系统把供应链系统管理进一步集成为上游和下游两个协调中心，从而降低由于供应链环节之间的不确定性和需求信息扭转现象导致的供应链的库存波动。通过协调中心，供需双方共享需求信息，起到了提高供应链运作稳定性的作用。

（二）JMI 的实施策略

1. 建立了供需协调管理机制

为了发挥联合库存管理的作用，供需双方应以合作精神为基础，建立供需协调管理机制，明确各自的目标和责任，建立合作沟通渠道，为供应链上的联合库存管理提供有效的机制。

建立供需协调管理机制应从以下几个方面着手：

(1) 建立共同合作目标。要建立联合库存管理模式，供需双方必须本着互惠互利的原则，建立共同的合作目标。为此，要理解供需双方在市场目标中的共同之处和冲突点，通过协商形成共同的目标，如客户满意度、利润的共同增长和风险的减少等。

(2) 建立联合库存的协调控制方式。联合库存管理中心扮演着协调供需双方利益的角色，起着“协调控制器”的作用。库存协调控制的内容包括库存如何在多个需求商之间调节与分配，库存的最大量和最低库存水平，安全库存的确定，需求的预测等。

(3) 建立一种信息沟通的渠道或系统。信息共享是供应链管理的特色之一。为了提高整个供应链上需求信息的一致性和稳定性，减少由于重复预测导致的需求信息扭曲，应提高供应链各方获得需求信息的及时性和透明度，为此应建立一种信息沟通的渠道或系统，以保证需求信息在供应链中的畅通和准确性。要整合条码技术、扫描技术、POS 和 EDI 等，并充分利用互联网的优势，在供需双方之间建立一个畅通的信息沟通桥梁和联系纽带。

(4) 建立利益的分析、激励机制。要有效运行基于协调中心的库存管理，必须建立一种公平的利益分配制度，并对参与协调库存管理中心的各个企业（供应商、制造商、分销商或零售商）进行有效的激励，防止机会主义行为，提高协作性和协调性。

2. 发挥两种资源计划系统的作用

为了发挥联合库存管理的作用，供应链库存管理应充分利用目前比较成熟的两种资源管理 MRP Ⅱ 和 DRP。原材料库存协调管理中心应采用制造资源计划（MRP Ⅱ），而在生产联合库存协调管理中心则应采用配销需求计划（DRP）。这样，在供应链系统中就把两种资源计划系统很好地结合起来。

3. 建立快速响应系统

快速响应（Quick Response，QR）系统是在 20 世纪 80 年代末从美国服装行业发展起来的一种供应链管理策略。其目的在于减少供应链中从原材料到客户过程的时间和库存，最大限度地提高供应链运作效率。快速响应系统在美国等西方国家的供应链管理中被认为是一种有效的管理策略。它经历了三个发展阶段：第一阶段为商品条码化，通过对商品的标准化识别处理加快订单的传输速度；第二阶段是内部业务处理的自动化，采用自动补货与 EDI 提高业务自动化水平；第三阶段是开展更有效的企业间合作，消除供应链组织之间的障碍，提高供应链的整体效率，如通过供需双方合作，确定库存水平和销售策略等。目前在一些西方国家，QR 系统应用已达到第三阶段，通过联合计划、预测与补货等策略进行有效的客户需求响应。实践证明，建立快速响应系统后，供应链效率大为提高，缺货大大减少。通过供应商与零售商的联合协作，保证 24h 供货，库存周转速度提高了 1~2 倍；通过敏捷制造技术，企业的产品中有 20%~30%是根据客户需求制造的。快速响应系统需要供需双方的密切合作。因此，库存协调管理中心的建立为快速响应系统发挥更大的作用创造了有利条件。

4. 发挥第三方物流企业的作用

第三方物流企业（3PL）是供应链集成的一种有效管理手段。第三方物流企业也被称为物流服务提供者，它为客户提供各种物流方面的服务，如产品运输、订单选择、库存管理等。第三方物流企业的产生形式有两种：一种是由一些大的公共仓储公司通过提供更多的附加服务演变而来的；另一种是由一些制造企业的运输和分销部门演变而来的。

把库存管理的部分功能代理给第三方物流企业管理。可以使企业更加集中精力于自己的核心业务。第三方物流企业起到了连接供应商和客户之间的桥梁作用，如图 6-12 所示。这为企业带来诸多好处：减少成本；使企业集中于核心业务；获得更多的市场信息；获得一流的物流咨询；改进服务质量；快速进入国际市场。

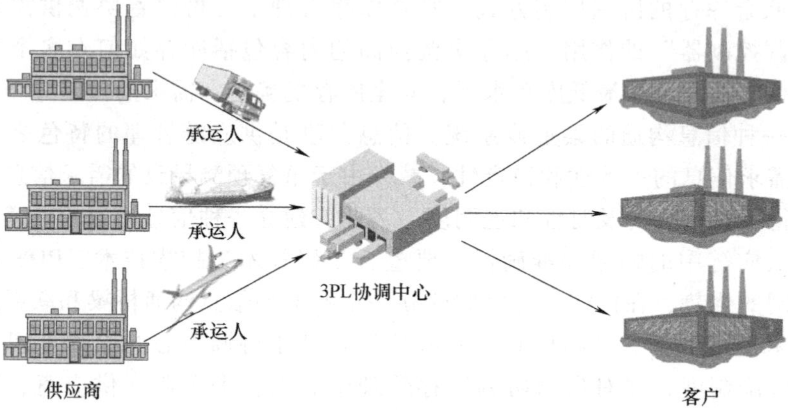

图 6-12　第三方物流企业在供应链中的作用

面向协调中心的第三方物流企业使供需双方都取消了各自独立的库存，提高了供应链的敏捷性和协调性，并目能够大大改善供应链的客户服务水平和运作效率。

三、协作计划、预测与补货策略

（一）CPFR 的概念

协作计划、预测与补货（CPFR）是近年来出现的供应链协同运营管理新模式，用于供应链环境下的生产计划与控制方面，能够克服单个企业独自制订计划带来的种种问题。CPFR 是一种供应链计划与运作管理的新理念，它应用一系列的处理和技术模型，覆盖整个供应链的合作过程，通过共同管理业务过程和共享信息来改善零售商和供应商的伙伴关系，提高预测的准确度，最终达到提高供应链效率、减少库存和提高客户满意度的目的。

CPFR 有以下指导性原则：

（1）供应链业务伙伴框架结构和运作过程以客户为中心，并且面向价值链运作。

（2）供应链业务伙伴共同负责开发单一、共享的客户需求预测系统，这个系统驱动整个价值链计划。

（3）供应链业务伙伴均承诺共享利益，并在消除供应过程约束上共担风险。

（二）CPFR 的产生与发展

1995 年，国际知名的商业零售连锁公司沃尔玛及其供应商 Warner Lambert、世界最大的企业管理软件商 SAP、国际知名的供应链软件商 Manugistics、美国知名的咨询公司 Benchmarking Partners 五家公司联合成立了零售供应和需求链工作组，进行 CPFR 研究和探索。其目的是开发一组业务过程，使供应链中的成员能够利用它实现从零售商到制造企业之间的功能合作，显著改善预测准确度，降低成本、库存总量和现货百分比，发挥出供应链的全部效率。在实施 CPFR 后，Warner Lambert 公司零售商品满足率从 87%增加到 98%，新增销售收入 800 万美元。在 CPFR 取得初步成功后，组成了由 30 多个单位参加的 CPFR 理事会，与自愿行业间商业标准（Voluntary Inter-industry Commerce Standards，VICS）理事会一起致力于 CPFR 的研究、标准制定、软件开发和推广应用工作。2017 年年底，东风日产乘用车公司（简称东风日产）的钢材采购环节积压钢材达到了 7350t，造成约 5800 万元资金积压，影响资金周转率，甚至造成大量报废损失。归结其原因，主要就是供应链各环节成员之间缺乏行之有效的 CPFR 机制。

（三）CPFR 与其他合作模式的关系

在 CPFR 提出之前，关于供应链伙伴的合作模式主要有合作预测与补给（Aggregate Forecasting and Replenishment，AFR）和供应商管理库存（VMI）、联合库存管理（JMI）等。其中，AFR 是商业贸易伙伴交互中应用最广泛的方法。用于预测的核心数据来自辛迪加数据和销售历史数据，采用制造商推动供应链的方法，AFR 缺乏集成的供应链计划，可能会导致高库存或低订单满足率。VMI 可以避免 AFR 的一些问题。VMI 的一个关键技术是应用供应链的能力管理库存，这样就能将需求和供应结合在一起，使制造商能够得到分销中心仓库返回数据和 POS 数据，并利用这些信息规划整个供应链的库存配置。VMI 方法虽然有诸多优点，但却缺乏系统集成。JMI 方法相对较新，它以客户为中心，着眼于计划和执行更详细的业务，供应链经常应用工作组方法处理关键问题，使其在了解对方的运作和增加相互作用等方面得到改善，有助于发展贸易伙伴的信任关系。JMI 在每个企业内增加了计划执行的集成，并在客户服务水平、库存和成本管理方面取得了显著的效果。但是，JMI 的建立和维护成本较高。

（四）CPFR 的业务流程

CPFR 的业务流程将业务活动划分为计划、预测和补给三个阶段，包括九个主要流程活动：第一阶段为计划，包括第 1、2 步；第二阶段为预测，包括第 3～8 步；第三阶段为补给，包括第 9 步。具体如图 6-13 所示。

第 1 步：制定框架协议。

供应链上的合作伙伴，包括供应商、生产商、分销商和零售商等共同制定一个通用业务框架协议，包括合作的指南、目标、任务与职责、业务规则、绩效评测、保密协议和资源授权等内容。它是所有业务活动的总纲领。

第 2 步：制订协同商务方案。

根据共同的发展战略，由合作各方共同基于共享的业务信息制订协同业务计划。合作伙伴首先建立合作伙伴关系战略，然后定义分类任务、目标和策略，并建立合作项目的管理细节（如订单最小批量、交货期、订单间隔和提前期等）。

第 3 步：生成销售预测。

合作双方根据因果关系，利用零售商 POS 或其他有关预测数据与事件信息进行预测，由预测来驱动各自单独的和共同的业务，生成一个支持共同业务计划的销售预测。

第 4 步：识别销售预测异常。

识别分布在销售预测之外的异常情况，每个异常情况判断准则需在第 1 步中得到认同。

第 5 步：协同解决。

找出销售预测中的异常情况后，双方通过查询共享数据，采用各种交流方式协同解决销

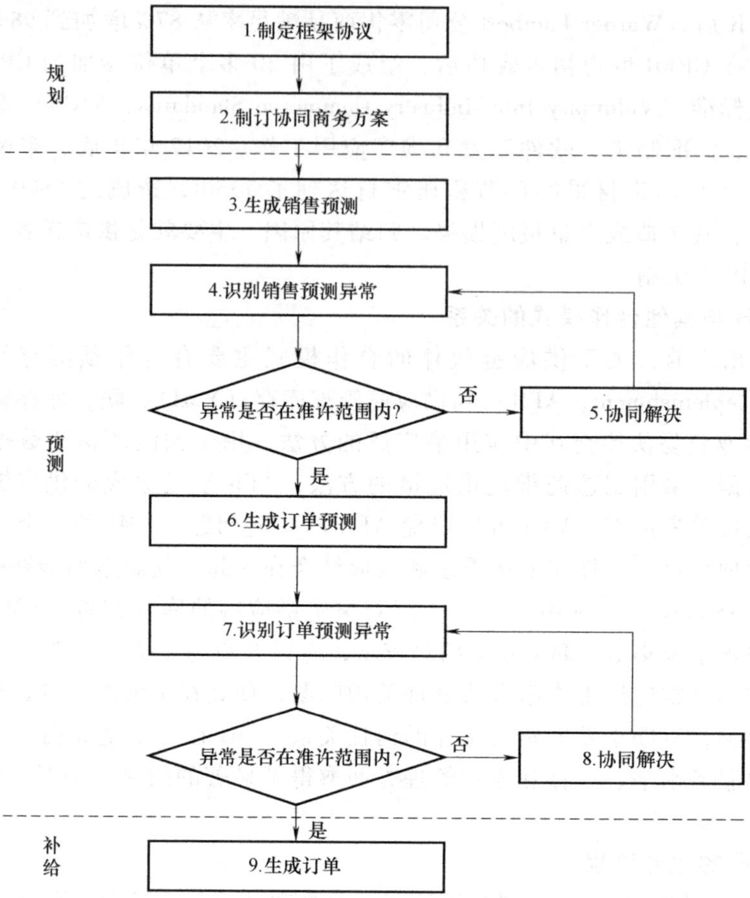

图 6-13　CPFR 的业务流程

售预测中的异常情况，并将产生的变化反馈给第 3 步生成销售预测。

第 6 步：生成订单预测。

通过合并 POS 数据、因果关系信息与其他预测数据和库存策略，产生一个支持共享销售预测和共同业务计划的订单预测，提出分时段的实际需求数量，并通过产品及接收地点反映库存目标。订单预测周期内的短期部分用于产生订单，长期部分用于计划。

第 7 步：识别订单预测异常。

根据在第 1 步中已建立例外准则来识别和判断订单预测之外的异常情况。如果存在异常情况，到下一步去处理，否则转去第 9 步生成订单。

第 8 步：协同解决。

找出订单预测中的异常情况后，双方通过查询共享数据，采用各种交流方式调查研究订单预测异常情况，协同解决订单预测中的异常情况，并将产生的变化反馈给第 6 步生成订单预测。

第 9 步：生成订单。

将订单预测转变为已承诺的订单。订单生成可由制造商或分销商根据自己的资源、能力和系统来完成。这样就完成了补货工作。

上述九个步骤完成了从贸易伙伴框架结构的建立到产生订单和实现补货的 CPFR 全部过

程。CPFR 通过反复交换数据和业务情报改善了制订需求计划的能力，建立了一个企业间的价值链运行环境，得到了一个基于 POS 的客户需求的单一的和共享的预测，来协同制造商与零售商的供给业务，优化了供应链库存和改善了客户服务。

（五）CPFR 的应用领域

协作计划、预测与补货的四种常见情形，如表 6-1 所示。

表 6-1　协作计划、预测与补货的四种常见情形

情形	供应链中的应用领域	应用的行业
零售活动协作	经常促销的渠道或种类	除实施“天天低价”策略外的所有行业
配送中心补货协作	零售配送中心或分销配送中心	药店、硬件、杂货店
商店补货协作	向商店直接送货或零售配送中心向商店送货	大宗批发店、会员店
协作分类计划	服装和其他季节性产品	百货商店、专业零售店

1. 零售活动协作

许多零售端的促销，以及其他零售活动中的缺货、过量库存和未预期的物流成本对需求有显著影响，进而影响供应链的财务绩效。在这种情况下，供应链节点企业的协作计划、预测与补货将非常有效。

零售活动协作要求双方确认合作涉及的品牌和产品的最小库存单位。双方还必须共享详细的活动信息，如活动开始时间、活动持续时间、价格点、广告及展示策略。当情况发生变化时，零售商必须更新信息。然后进行针对活动的预测，并共享此信息。这些预测再变成计划订单和交货安排。当活动开始后，监控销售量以确认任何变化或例外情况，这些变化和例外情况由双方多次协商解决。

2. 配送中心补货协作

配送中心补货协作是实践中最常见的也是最容易实施的一种协作形式。在这种情形下，贸易双方协作预测配送中心的出货或配送中心对制造商的期望需求。这些预测被转化为配送中心向制造商下的订单流，这些订单在一定期限内得到承诺或被锁定。此信息可以让制造商将这些订单纳入将来的生产计划，并根据实际需求生产相应的订单。结果降低了制造商的生产成本，也减少了零售商的库存和缺货数量。

配送中心补货协作相对较容易实施，因为它需要的是综合预测协作，而不需要共享详细的销售点数据。因此，它通常是协作的开始。随着时间的推移，这种协作形式可以扩展到供应链的所有储存点，从零售商货架到原材料仓库。

3. 商店补货协作

在商店补货协作情形下，贸易伙伴在商店层销售点数据预测的基础上进行协作。然后这些预测被转化为一系列商店层订单，这些订单在一定期限内得到承诺。这种形式的协作相较配送中心补货协作更难实施。商店补货协作的好处包括制造商有更明晰的销售数据，提高了补货精准度，提高了产品可得性，并减少了库存。

4. 协作分类计划

服装和其他季节性产品的需求符合季节性模式。因此，这类产品的协作计划只有一个季节的计划期，并在季节交替时进行。由于需求的季节性，预测对历史数据依赖较少，而更依赖于对行业趋势、宏观因素和顾客品位的协作分析。在这种协作形式中，贸易伙伴共同开发分类计

划。它的输出是样式、颜色、尺寸的计划采购订单。在时装表演上，双方会欣赏样品，并制定最终的采购决策。而这份计划订单在时装表演前就已经以电子方式被共享了。计划订单有助于制造商采购那些提前期较长的原材料并安排产能。当产能具有相当的柔性能够生产多种产品，并且原材料对于不同的最终产品而言有一些共性时，这种协作形式最为有效。

【例 6-3】 汉高集团应用 CPFR 取得成效

汉高集团（Henkel）是西班牙大型清洁产品供应商。在 20 世纪 90 年代后期，集团深受订货预测和供应链管理实施乏力所困，产品输出缓慢，存货水平高得无法接受，运输效率低下。

通过分析，发现主要原因是集团没有连贯的系统，无法整合连续补充的预测计划，无法预测目标市场需求的确切数量，导致生产组织盲目。

1999 年，汉高集团与西班牙最大的零售连锁集团 Eroski 一起，共同实施 CPFR。

Eroski 以 Consum 品牌经营着 47 个大卖场、800 个超级市场和 2000 多个特许经营超市，两个企业当时已有很多业务往来。但是，由于传统的“单打独斗”的运作方式，汉高集团的销售预测中有 50%的误差，缺货现象十分严重，而且为 Eroski 庞大的 500 家商店提供服务的中转仓库出货经常出错。这实际上对两个企业都带来不利的影响。

针对这种情况，两个企业决定实施 CPFR。为此，双方成立了一个小型的工作小组来开展工作。开始时，每周交换一次订货信息，每 15 天交换一次销售预测，每 4 个月交换一次促销计划表。为了提高合作效率，双方还开发了基于互联网的工作平台。

随着 CPFR 合作实验的进行，在 1999 年—2000 年，平均误差从 15%下降到 5%。同时，控制在 20%范围内的合理误差率的预测比率上升到 75%。其他方面也取得了令人满意的效果：98%的客户满意度、5 天的供货期、2%的缺货率、大于 85%的预测可靠性、98%的货车满载率等。

汉高集团与 Eroski 的 CPFR 的实践也并非一帆风顺。首先面对的困难就是如何建立 CPFR 的复杂工作模式，如何打破双方保守的思维方式；其次是如何改变旧有的习惯，鼓励数据的自由流动。通过采取措施，两个企业逐步解决了这些问题，使 CPFR 的实践取得了预期的效果。

CPFR 在零售业信息技术领域的应用情况如图 6-14 所示。

（六）成功实施 CPFR 的组织和技术要求

成功实施 CPFR 要求改变组织结构，为了升级还需要适当的技术。有效的协调要求制造商为特定客户，至少是为大型客户，建立包括销售、需求计划和物流人员的跨职能部门团队。随着零售业的整合，这样的资源集中是可行的。对于较小的客户，所需的团队可以通过地理位置或销售渠道集中。零售商也应该围绕供应商建立商品计划、购买和补货团队。由于合并的零售商有大量供应商，因此可能比较难以实施。但是，它们可以按照产品种类来组织团队，每类产品包括多个供应商。对于有多级库存（如配送中心库存和零售店库存）的零售商来说，合并这两级补货团队非常重要，如果没有两级库存的协作管理，就会产生重复库存。图 6-15 给出了推荐的组织结构。

CPFR 过程不依赖于技术，但需要技术来升级。CPFR 的相关技术已经开发出来，以帮助共享预测和历史信息、评估例外情况以及实现修改。这些解决方案必须与记录所有供应链交易的企业系统整合。

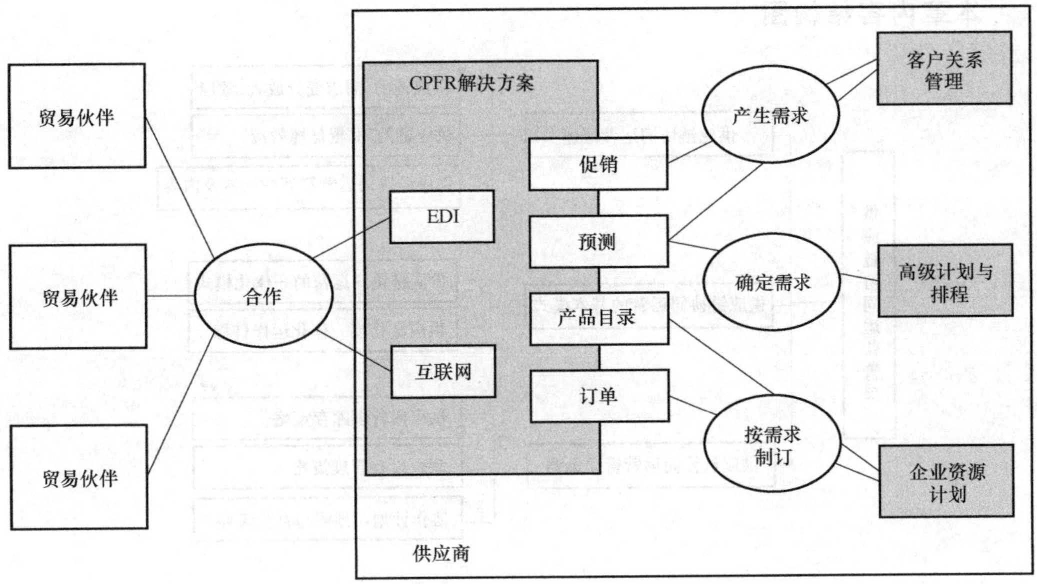

图 6-14　CPFR 在零售业信息技术领域的应用情况

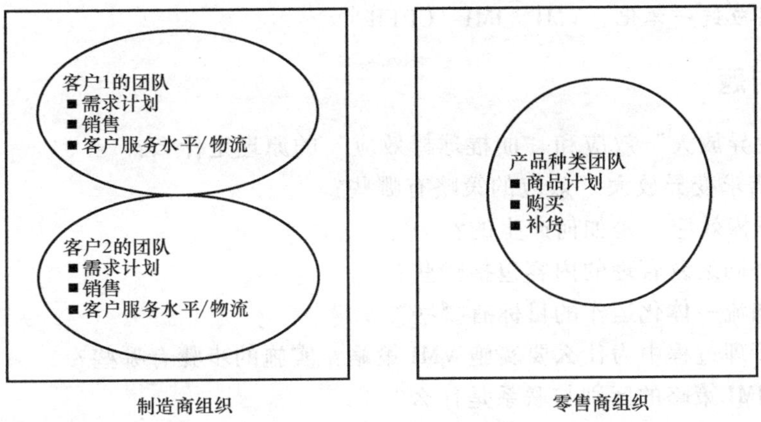

图 6-15　协作的组织结构

（七）实施 CPFR 的风险和障碍

重要的是，必须认识到成功实施 CPFR 是有风险和障碍的。例如，通常某些节点企业与合作伙伴的竞争者也有合作关系，大规模进行信息共享可能造成信息滥用的风险。另一个风险就是如果合作双方的一方改变自己的规模或技术，另一方也要被迫改变以适应，否则就会失去合作关系。最后，CPRF 的实施和例外情况的解决要求双方密切交流，但是双方的文化可能存在巨大的差异。不能够在合作伙伴的组织内培育协作文化是 CPFR 成功实施的主要障碍。成功的最大障碍之一是合作伙伴企图实现商店层的协作，这需要更多的组织和技术投资。最好从零售活动协作或配送中心协作开始，这更聚焦，也更容易操作。另一个主要障碍是许多时候与合作伙伴共享的需求信息通常没有以整合的方式用在组织内部。为了实现与伙伴实施 CPFR 的利益最大化，在组织内部整合需求、供给、物流和公司计划非常重要。

本章内容结构图

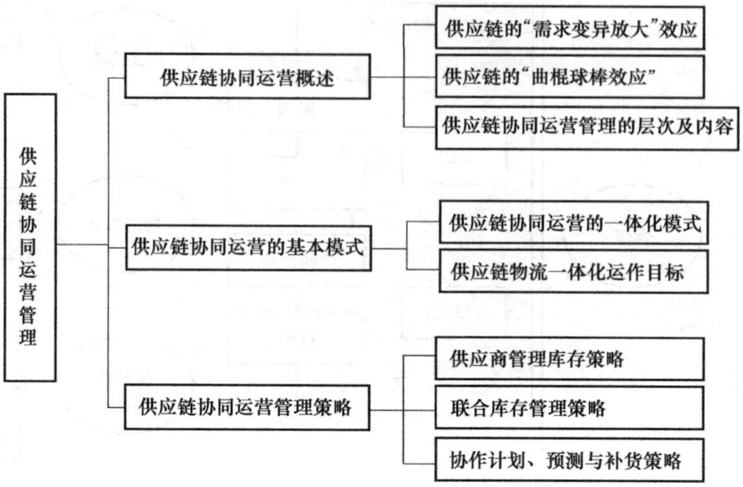

本章重点概念

"牛鞭效应""曲棍球棒效应"　供应链协同　战略层协同运营　策略层协同运营　技术层协同运营　供应链一体化　VMI　JMI　CPFR

课后习题

1. "需求变异放大"效应和"曲棍球棒效应"的原理是什么？
2. 缓解"需求变异放大"效应的策略有哪些？
3. "曲棍球棒效应"是如何产生的？
4. 供应链协同运营管理的内容包括哪些？
5. 供应链物流一体化运作的目标有哪些？
6. 供应链管理过程中为什么要实施 VMI 策略？实施的步骤有哪些？
7. VMI 和 JMI 策略的区别与联系是什么？
8. CPFR 业务的流程有哪些步骤？

本章实训任务

具体见后面的实训任务一和实训任务二。

实训任务一　供应链协同运营管理方案设计

供应链协同运营管理方案设计任务书	
任务目标	以小组为单位构建一条完整的供应链。通过对供应链协同运营方案进行设计，学习者能够将供应商管理库存（VMI）、联合库存管理（JMI）及协作计划、预测与补货（CPFR）等协同管理策略运用到供应链运营中，以此解决供应链企业间组织协同、业务流程协同及信息协同等经营决策问题

（续）

供应链协同运营管理方案设计任务书	
任务成果	供应链协同运营管理方案
任务要求 （人机对抗模式）	近年来，随着生活水平的不断提升，人们对生活质量的追求也日益提高。随着家电行业步入智能化时代，像冰箱这样的传统白色家电产品开始重新焕发生机，智能冰箱成为现代家庭中不可或缺的标配用品。这也使得冰箱产品的市场竞争日益激烈。为此，作为一家位于上海的以经营智能冰箱产品为主的家电企业集团（该集团旗下的四家子公司负责产品制造、分销、销售和物流全部业务），将如何把握商业机会并有效地利用资源开展业务，以期在激烈的市场竞争环境下取得良好的经营绩效呢？（注：由小组四人分别扮演集团旗下的制造商、分销商、零售商和物流商四家子公司的经营者） 任务要求： 1. 制造商、分销商、零售商和物流商分别按照相应任务要求进行经营决策（竞争对手为1个制造商、3个分销商、6个零售商和2个物流商所构成的NPC供应链数量） 2. 供应商、制造商、分销商和零售商之间通过建立供应商管理库存（VMI）、联合库存管理（JMI）及协作计划、预测与补货（CPFR）等协同运作机制，并将其委托给物流商，物流商负责实施，从而实现供应链企业之间的组织协同、业务流程协同及信息协同，更快更好地协同响应最终客户的需求
任务要求 （人人对抗模式）	近年来，随着生活水平的不断提升，人们对生活质量的追求也日益提高。随着家电行业步入智能化时代，像冰箱这样的传统白色家电产品开始重新焕发生机，智能冰箱成为现代家庭中不可或缺的标配用品。这也使得冰箱产品的市场竞争日益激烈。为此，作为一家位于上海的以经营智能冰箱产品为主的家电企业集团（该集团旗下的四家子公司负责产品制造、分销、销售和物流全部业务），将如何把握商业机会并有效地利用资源开展业务，以期在激烈的市场竞争环境下取得良好的经营绩效呢？（注：由小组四人分别扮演集团旗下的制造商、分销商、零售商和物流商四家子公司的经营者） 任务要求： 1. 制造商、分销商、零售商和物流商分别按照相应任务要求进行经营决策（竞争对手数量为进入本任务的小组数量） 2. 供应商、制造商、分销商和零售商之间通过建立供应商管理库存（VMI）、联合库存管理（JMI）及协作计划、预测与补货（CPFR）等协同运作机制，并将其委托给物流商，物流商负责实施，从而实现供应链企业之间的组织协同、业务流程协同及信息协同，更快更好地协同响应最终客户的需求

实训任务二 供应链协同运营管理方案实施

方案实施指导书

一、任务选择

双击桌面ITP图标进入用户登录界面，输入用户账号和密码（默认密码与账号一致），单击【登录】按钮，登录ITP一体化教学管理平台，如图6-16所示。在【我的课程】模块单击【“供应链管理”理实一体化课程】→【项目二 供应链协同运营管理】→【子项目六 供应链协同运营管理】→【任务六 供应链协同运营方案设计与实施】，并在右侧单击【供应链协同运营方案实施】，单击【进入任务】按钮，如图6-17所示。

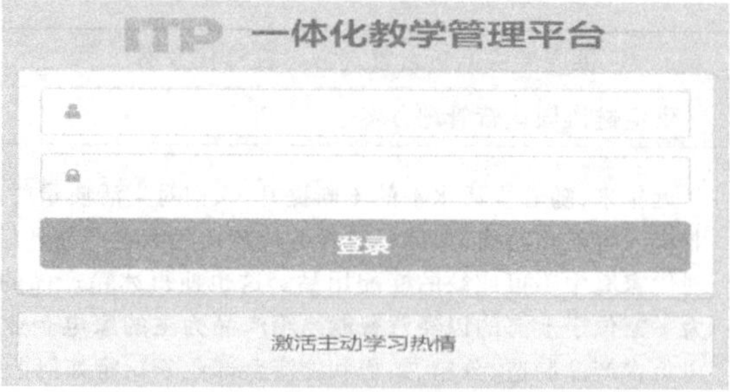

图 6-16　登录界面

图 6-17　任务选择

二、任务实施

1. 集团企业注册

小组组长注册集团企业，具体操作方法参考第一章“实训任务二　供应链运营管理企业调研方案实施”，这里不再赘述。

注意：组员必须等待组长完成集团企业注册之后，才可以单击【进入任务】按钮。

2. 城市选择

小组成员根据战略规划，单击选择任意一座城市名称，进入城市，创办并且经营企业，如图 6-18 所示。

注意：小组成员既可以聚集在同一城市，也可以分布在不同城市。（建议：完全熟悉并且掌握供应链四种类型企业的经营范围之后，再跨城市经营）

“项目二”任务中可以切换城市，单击主界面右上角“选项”按钮，在窗口中单击【切换城市】按钮，如图 6-19 所示。

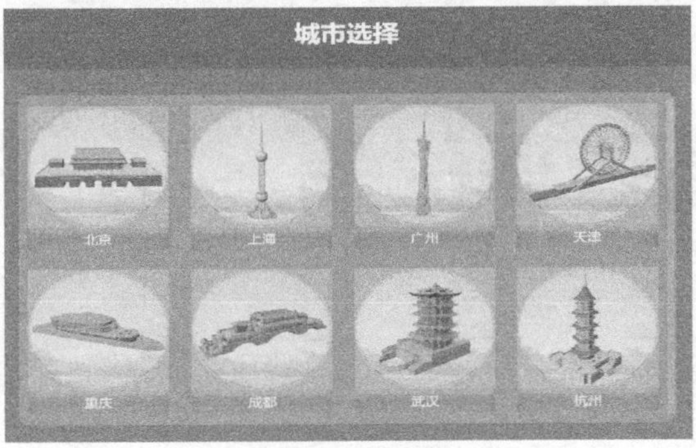

图 6-18　城市选择

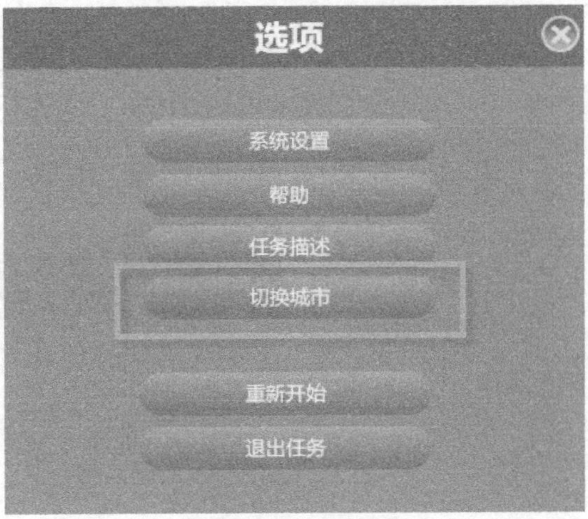

图 6-19　切换城市

3. 建立企业

小组四人共同经营一家集团企业，根据角色分配，分别建立制造商、分销商、零售商和物流商，各类型企业相互合作，共同构建集团企业的供应链网络。建立企业的具体流程已在“项目一”中详述，这里不再赘述。

4. 协同运营

小组成员团结协作、分工明确，通过协同运营集团企业旗下四种类型的企业，努力实现战略目标、经营目标和盈利目标等。

5. 注意事项

（1）制造商企业的产品销售业务可以跨城市进行，即既可以销售给同城分销商企业，也可以销售给其他城市分销商企业。

（2）分销商企业的采购业务可以跨城市进行，即既可以采购所在城市制造商定价产品，又可以采购其他城市其他制造商定价产品

（3）分销商企业租赁同一个物流商企业的同一类型仓库，仓库容量可以叠加。

（4）零售商企业的采购业务只能同城市进行，即只能采购所在城市分销商定价产品。

（5）物流商企业跨城市开展运输业务必须建立相应的物流专线。

（6）物流商企业可以在任意城市，只要其他城市（如北京、广州等）向制造商所在城市（如上海）有采购需求，就可以开展运输业务。

第七章

供应链运营管理优化

学习目标

【知识目标】

1. 掌握供应链企业角色分析。
2. 重点掌握供应链战略匹配理论。
3. 掌握供应链合作伙伴关系的要点。
4. 熟悉供应链网络的设计及优化方法。
5. 掌握供应链绩效评价的方法。
6. 掌握规避供应链风险的方法。

【技能目标】

1. 能够针对供应链运营管理可能存在的问题制订预案。
2. 能够对可能出现的风险提出有效的对策进行规避。
3. 能够根据项目任务书的要求设计完整的供应链运营管理优化方案。
4. 能够达成供应链管理系统的运营目标。

【素质目标】

1. 树立严谨认真的工作态度。
2. 培养吃苦耐劳的工作精神。

案例引入

杨阳和他的项目团队为实现供应链的整体优化，专门设立了直接向公司管理层报告的供应链委员会（Supply Chain Board），由各业务部门主管供应链的高级副总裁、供应链信息技术部的副总裁等成员组成。委员会下设供应链优化项目管理办公室，负责对全球供应链进行综合优化。

杨阳首次以供应链委员会负责人的身份向AA集团报告了接下来他们要做的供应链优化项目的计划安排："首先根据产品的属性，将不同业务部门的供应链进行横向整合，形成冰箱产品供应链；同时参照SCOR模型，将每个供应链划分为计划、采购、生产与物流四个主要流程进行分析，并成立采购与产品设计、实物网与物流、服务与维修及流程与信息系统四个核心团队，在各自领域对冰箱供应链进行优化，目标是实现供应链的流线化、精简化和标准化；并且我们打算引入竞争模式，让其他企业也参与进来，组成各种新的供应链，大家只有在充分竞争的环境下，才能更好地运营自己的企业和整条供应链的业务。"杨阳胸有成竹地说道。大家纷纷对杨阳投来赞许的目光。

如果你是项目组成员，你应该如何开展这一系列工作呢？

第一节 供应链企业角色分析

供应链管理的有效实施可以使相关企业降低成本、改善客户服务、减少社会库存、缩短相应周期、加快资金周转、增强企业综合竞争实力，并使社会资源得到优化配置。同样的企业、同样的设施、同样的业务，实施供应链管理前后却有着截然不同的效果，这说明供应链绝不是企业群体的简单组合，而是一个协调统一的有机整体。在这个有机整体中，每个企业都有着新的角色重塑。它们不再单纯作为一个孤立企业在市场中运作，而是同时作为供应链的一个组成部分，有了另一种角色定位。了解这些角色定位，对供应链构建的设计及管理有着十分重要的意义。

一般来说，人们将供应链中节点企业按其主要职能分为制造商、分销商、零售商、物流商等不同角色类型。因此，根据供应链中核心企业的角色类型不同，可将供应链分为四种类型：制造商主导的供应链、分销商主导的供应链、零售商主导的供应链和物流商主导的供应链。不同角色类型主导的供应链具有不同的特征，对整个供应链运作的影响不同。

一、制造商主导的供应链特征

作为供应链中的主导企业，制造商在整个供应链的运作中处于很重要的地位，因此也使制造商主导的供应链具有不同于其他类型供应链的特征，如图7-1所示。

（一）制造商处于供应链信息交换中心的地位

来自下游（如最终客户）的需求信息通过不同渠道和层级的分销商传递到制造商，制造商经过处理，再把分解后的需求信息（如对某种配套条件的需要和需要日期）发送给上游供应商。一批订单完成后，再依相反的方向从上游企业（原材料供应商）将信息反馈给中游制造商，经制造商处理（如将与零部件有关的信息转变为产品信息）后，再反馈给下游企业（最终产品零售商）。在这里，制造商成了供应链上的信息交换中心，供需信息在此交汇后，经处理生成各类信息传送到供应链的各个节点。由于供应链的运作效果很大程度上依赖于网链上的信息交换质量，因此，要想通过信息共享达到物流顺畅、产品增值的目的，就必须提高供应链上的信息传递质量。

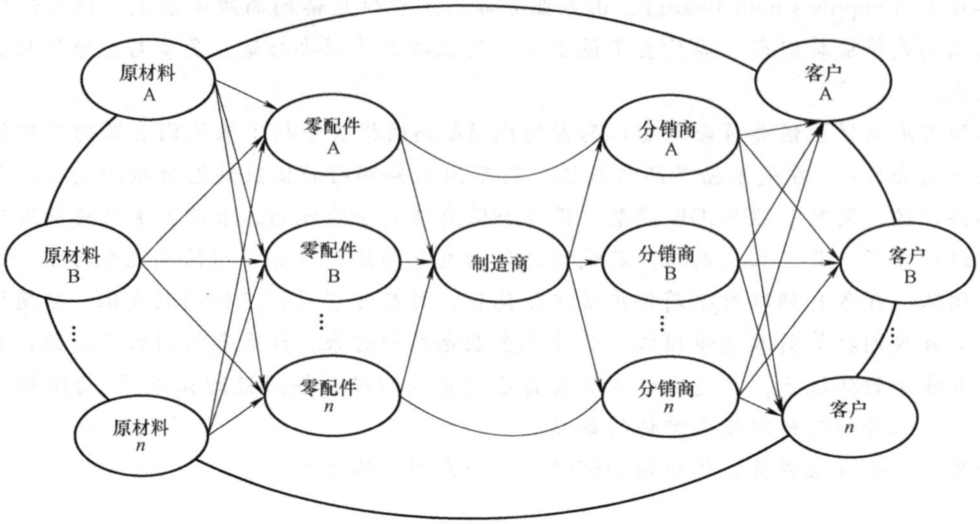

图 7-1　制造商主导的供应链特征

（二）制造商扮演供应链上物流集散的“调度”角色

从产品制造过程来看，首先要有提供原材料和零部件的供应商。这类物流由众多供应商从不同渠道流向制造商，经制造商加工装配成整机产品后，再流向零售商，最后到达最终客户，形成以制造商为集散中心的物流。在这里，制造商扮演了对物流集散、配送的“调度”角色。向供应商适时发出物料需求指令，向零售商适时发出供货指令，以保证各个节点都能在正确的时间得到正确品种和正确数量的零部件（或产品），既不造成缺货，又不造成库存积压，把对供应链的总成本影响降至最低限度。因此，供应链上的产品能否增值，与主导企业对物流的“调度”水平有很大关系。

（三）制造商成为供应链的资金周转中心

制造商在供应链的资金周转中也处于核心地位。供应链不仅是连接供应商到客户的物流链、信息链、资金链，而且是一条增值链。物料在供应链上因加工、包装、运输等过程而增值，给相关企业带来了收益，但是，供应链节点企业必须同步协调才有可能使链上的所有企业都受益，而所有企业的受益都要通过供应链产品销售才能实现。整个资金链都是由制造商从客户回笼再分别拨给上下游企业的。在这里，制造商作为结算中心的地位能够保障资金在供应链各节点企业中顺畅流动，进而实现物流的通畅性。如果资金不顺畅，不仅会影响供应链的正常运行，甚至可能导致供应链瘫痪。

（四）制造商协调供应链的运作

供应链运作的好坏及整个供应链竞争力的强弱，很大程度上取决于制造商的协调能力。供应链包含一个由建立、运行、解散构成的完整生命周期历程。在供应链构建过程中，制造商充当供应链的核心，从建立时的发起工作、运行过程中的协调工作，直到解体后的善后处理工作，制造商都起着连接和协调作用。制造商作为主导企业，是整条供应链的主导者，必须协调各方面的利益关系，以保证整条供应链的效益最大化。当然，制造商在追求整条供应链效益最大化的过程中也可能有损害某些个体企业的利益。作为主导者的制造商必须将利润在整条供应链中进行合理分配，以维护供应链的公平性和公正性，并能推进供应链合作伙伴关系的进一步发展。

(五)制造商掌握产品开发的主导能力

在供应链环境下，制造商生产的产品在市场上的命运直接关系到整条供应链各节点企业的命运，一旦其产品被淘汰，其他节点企业的资源就会不同程度地被闲置，造成资源的浪费。随着市场竞争的日益激烈，产品的生命周期越来越短，企业为了在市场上立足，就只能不断推陈出新，利用新产品上市开辟新的市场，带来新的利润增长点。因此，制造商的产品开发能力直接关系着节点企业的群体命运。制造商的产品开发能力强，就能不断推出新产品，不断引导客户形成新的消费热点，即始终有一种不断延续其在市场上发展的能力，不至于因一种产品被市场淘汰而导致全线崩溃。这样的制造商自然会产生一种吸引力，把为其提供原材料和配套件的企业凝聚在周围，形成一种长期稳定的合作关系。

(六)制造商拥有高市场占有率的产品

市场占有率高，说明该企业在市场上拥有的市场份额高。不论是对生产过程的稳定性还是获利的可能性而言，高市场份额都意味着能给企业确立竞争优势，因此，产品市场占有率高会对其他供应商企业和零售商企业产生巨大吸引力。一方面，这样的企业实力雄厚，能够在一定程度上影响客户的消费意愿，容易在市场竞争中占据主动地位；另一方面，由于其市场份额高，从这样的企业获得的订单数量往往也很大，供应商企业容易获得规模效益。规模效益直接影响供应商企业投资改造自身设备以提高配套件质量、降低成本的积极性。而对于零售商来说，也可以获得更大的销售量，从而获利更丰。整个供应链的规模生产、规模销售对供应链群体效益影响很大，有助于供应链不断走向良性循环。

(七)制造商的产品结构具有特殊性

除少数零售商企业供应链外，大部分供应链都是以产品制造过程为纽带形成的。供应链管理的关键在于企业把精力放在具有核心竞争力的部分，充分发挥优势，同时与全球范围内的合适企业建立合作伙伴关系，把非核心业务外包给其他合作企业完成。但是，如果制造商的产品结构不易分解，就不容易为其他企业提供参与供应链的可能性。在现有条件下，这类供应链多由加工-装配型企业构成，因为它的产品可以分解为不同零部件，从而为其他企业成为某个零部件的供应商提供机会。另外，如果企业生产的产品本身是其他产品的附属零部件，尽管产品结构可以分解，也很难成为主导企业。例如，某企业专门生产汽车上用的高级音响设备，产品质量高、交货准时，为世界主要汽车制造商提供汽车音响，企业蓬勃发展。然而，汽车音响只是汽车上的一个附属小装备，不管它的产品多好，其产品结构决定了它只能是一个供应商。尽管它有可能发展更下层的供应商企业，但这样的企业也不可能成为供应链的主导企业。

二、分销商主导的供应链特征

分销商主导的供应链与一般类型的供应链有相同之处，也有不同点。其特征主要表现在以下几个方面：

(一)战略和战术的高度整合

与以往的渠道关系相比，分销商主导的供应链上企业间的战略伙伴关系能够实现更高层次的整合。这不仅仅表现在传统的购销关系和纯粹的物流关系等战术作业层面，而且表现在战略层面，制造商、分销商、零售商一起制定整条供应链的整体战略目标和战略计划，同步进行战略管理。

同时，分销商主导的供应链不仅在战略上高度整合，在资源整合上更具有突出特色。在供应链中，单个企业在满足客户需求方面所做的努力可能是低效益的。与精心挑选的几个供应商、零售商建立合作伙伴关系之后，分销商和制造商、零售商可以通过协商解决产品设计、生产、零配件供应及销售和配送中的问题，从而使各方受益。分销商作为核心企业，是供应链的主要管理者，是战略和资源整合的组织者。核心分销商通过对供应链中资源的集成化管理，避免了由于功能重复而造成的浪费，提高了供应链的效益与效率。

（二）信息流和物流的高度集成

在分销商主导的供应链中，企业之间不仅在物流、资金流方面相互融合，而且在信息流上高度集成，形成横向、纵向的信息网络渠道。商品和信息形成分销渠道中的两大流——物流和信息流，是制造商、分销商和零售商三方综合的努力方向。其目的是通过商品的移动，以及依据信息而出现的从原材料到成品的转化，使物流和信息流过程达到增值。具体来讲，处在中间环节的分销商担负着确保库存、整合运输、传达信息，以实现流通上的快进快出，并在一吞一吐之间实现产销联盟的功能，将松散的独立制造商、零售商个体变为一种致力于提高效率和增加生产力的合作力量。从本质上讲，它完成了从制造商到零售商的物流控制及从零售商到制造商的信息流控制，实现了一种渠道的整合，从而实现流通环节的高速、低成本交流和协作。这种一体化的、协调的供应链具有快速响应的能力，无疑将成为企业的主要竞争优势。

（三）服务功能的准确定位

目前，分销商将“以客户为中心”的营销理念具体应用于自身的经营创新中。从供应链管理角度来看，分销商的客户有两个层次：一个是直接服务对象——零售商；另一个是最终服务对象——消费者。成功的分销商都是客户导向型的，通过与零售商结成供应链战略联盟巩固双方之间的合作，使自己立足于供应链系统中，把满足最终客户的需求作为企业经营活动的出发点和归宿，通过把握消费者需求来赢得主动权。这又正好与供应链管理的客户导向性一致，与零售商的理念不谋而合。共同的价值取向使越来越多的分销商致力于成为“零售商支持型的服务提供商”。在竞争日益严峻的情况下，分销商的很多功能已经被制造商或零售商内部化，因此，分销商必须从单一功能向多功能升级，定位为“商业后勤”，为零售商提供更为全面的支持性服务，帮助其更好地实现功能转型。其中，物流服务和信息流服务是其核心优势的体现。强化分销商的物流功能，为零售商提供高效率的配送服务，是分销商功能转型的关键。

（四）系统增值性

分销商是典型的买进卖出的流通中介，如果企业基于自身利益低买高卖，无疑会损害零售商及终端消费者的利益，不仅供应链不会增值，反而会损失公平和效率。实际上，卓越的供应链领导者会把供应商提供的各种优惠让利给下游企业和消费者，放弃“红海战略”，另辟蹊径，把利润增长点放在高效的物流配送和深化服务上，找到整个供应链的增值点。

分销商主导的供应链是将产品开发、供应、生产、营销、市场直到服务都联系在一起的整体。分销商应从系统观点出发思考增值过程：一方面，要根据客户的需求，不断增加产品的技术含量和附加值；另一方面，要不断地消除客户不愿意支付的一切无效劳动与浪费，为客户带来真正的效益和满意的价值，同时使客户认可的价值大大超过总成本，从而为企业带来应有的利润。

三、零售商主导的供应链特征

零售商主导的供应链是现代流通产业发展的必然趋势。零售商主导的供应链是以一个实力强大的零售商为核心企业的供应链。这个核心企业在整条供应链中处于主导地位，对供应链上其他企业发挥领导力。零售商主导的供应链在运作上具有以下特征：

（一）零售商对供应商的选择更加自由

在零售商主导的供应链中，零售商掌握供应链的控制权，能够更加自由地选择分销商或者制造商，分销商更多地依赖零售商的销售渠道扩大自己的市场份额。在供应链中，零售商作为强势一方，可以先做决策，再将信息传递给制造商，由制造商选择满足零售商的需求。零售商主导的供应链与制造商主导的供应链的区别在于，零售商在供应链中具有先动优势，决定订货形式、订货价格和订货质量的优先权不在制造商一方。

（二）高度的信息共享

信息共享是供应链管理的基础，可以使供应链企业更好地协调生产、销售、库存和物流配送计划，降低供应链的总成本，加快供应链整体及各个成员对市场变化的响应速度。零售商主导的供应链的信息共享主要是指零售商将销售、市场等信息与供应商实现共享。

信息共享对主导零售商至关重要，供应链上伙伴间信息的相互共享会降低供应链的信息成本，提高整个供应链的竞争力。因此，应加强以大型零售商为核心的供应链节点企业间的联系，消除供应链节点企业间的信息障碍，减少内耗，提高信息共享程度，以形成由客户需求驱动的无缝供应链，实现整个供应链的良好协调，降低供应链中各环节信息沟通的时间延迟，消除信息波动的放大效应，最终提高供应链的运作效率。

（三）协同商务的建立

零售商要巩固自己在供应链上的主导地位，必须与各个环节保持稳定的协作关系，建立协同商务，才能实现供应链整体效益的最大化。

协同商务包括协同规划、协同供应、协同开发和协同市场关系。协同规划可以让供应商和零售商共同制定生产规划，使生产更有目的性；协同供应可以为供需双方建立真正完整的库存管理，达到供应链库存费用最低；协同开发可以提高创新水平，缩短产品周期；协同市场关系可以让供应链企业采用联合推广的方式推出产品，甚至可以分摊流通费用。

四、物流商主导的供应链特征

对于整个供应链来说，物流系统跨越了原材料供应商、制造商、分销商、物流服务提供商和消费者各自的物流系统边界，在物流商的主导下，基于供应链的整合、优化与网络化运作，形成的集成优化能力、统筹能力及信息平台、培训平台所带来的扩大的价值支持能力，能为供应链联盟提供一体化物流服务。物流商主导的供应链主要特征如下：

（一）产品对物流具有相当的依赖性

物流商主导的供应链对其供应链产品特性有一定的要求：首先，要求供应链产品具有很高的同质化程度，如书、新鲜蔬菜、水果等，而物流将成为其产品差异化的唯一来源；其次，通过第一利润源和第二利润源降低其产品成本已很难达成，而通过第三利润源——物流，能为降低成本提供广阔的空间，如彩电、冰箱、洗衣机等，而且这种成本优势只有通过物流商在供应链中高效运作才能实现；再次，产品具有差异化或成本优势，但是可能由于价值问题而本身的品牌效应不够强大，而物流商具有强大的品牌效应。上述产品对物流均具有相当的依赖性。物流商主导的供应链可能最先出现在满足上面特性的产品领域。

（二）突出供应链的一体化与信息的融合

在物流商主导的供应链中，具有专业化组织和管理优势的物流商最终能达到单一的第三方物流所达不到的结果。在建设具有信息资源集成功能的信息平台基础上，突出供应链的整体化设计，结合各方优势的供应链能保证产品质量的可靠性及物流服务的完善性。在这种模式中处于主导地位的第三方物流企业通过运用各种先进理论和信息技术，能够真正实现供应链的无缝连接，最大限度地发挥供应链的整合优势。

（三）作为主导者的物流商拥有强大的品牌效应

回顾前三种供应链模式可知，成为供应链的主导者必须具备吸引供应链其他成员的核心竞争力，无论主导者是制造商还是分销商、零售商，都拥有强大的品牌优势，如 IBM、沃尔玛等。同样，在物流商主导的供应链中也需要一个强大的品牌，因为物流商的品牌是整个供应链价值凝聚的体现，也是整个供应链核心竞争力的体现。当这种品牌被整合进供应链时，它实际上已是供应链品牌，这种品牌的优势要比前三种品牌大得多，因为它是整个供应链整合后有形产品和无形质量的双重标准。

（四）作为主导者的物流商对供应链物流系统的集成是一个动态的过程

物流商的核心是为供应链提供最优的物流服务，具备实现产品链或产业链整体优化的物流能力。在这一能力实现的过程中，第三方物流发展经历了简单物流阶段、综合物流阶段、综合集成阶段、全面扩大阶段和全面优化阶段。在阶段性发展中，供应链物流系统的运作主体、能力等随着集成方式、外部环境、要素的变化而发生变化，即供应链物流系统集成是一个动态的过程。

第二节　供应链战略规划与构建

一、供应链战略规划

（一）竞争战略与供应链战略

1. 竞争战略

所谓竞争战略，就是根据顾客对产品的质量、价格、交货时间、产品多样性的不同要求，针对一个或多个顾客群设定目标。其目的在于提供能满足顾客需求的产品和服务。

基本的竞争战略主要有三种：

（1）总成本领先战略，即通过有效途径，使企业的全部成本低于竞争对手的成本，以获得同行业平均水平以上的利润。

（2）差异化战略，是指为使企业产品与竞争对手产品有明显的区别、形成与众不同的特点而采取的战略。重点是创造被全行业和顾客都视为独特的产品和服务以及企业形象。

（3）集中战略，即企业把经营的重点目标放在某一特定购买者集团，或某种有特殊用途的产品，或某一特定地区上，以建立企业的竞争优势及市场地位。

2. 供应链战略

所谓供应链战略，是指对供应链中资金流、信息流及物流的流动过程进行全局性规划设计与优化，以确定原材料的获取和运输、产品的制造或服务的提供，以及产品配送和售后服务的方式与特点。供应链战略突破了一般战略规划仅仅关注企业本身的局限，通过在整个供应链上进行规划，进而实现为企业获取竞争优势的目的。供应链战略管理所关注的重点不是企业向客户提供的产品或服务本身给企业增加的竞争优势，而是产品或服务在企业内部和整个供应链中运动的流程所创造的市场价值给企业增加的竞争优势。

供应链战略关注原材料的获取、物料的运输、产品制造或所提供服务的运作、产品的分销、后续的服务，以及这些流程是由企业自行解决还是外包。供应链战略要求生产经营、分销和服务这些职能，无论是本企业履行还是外包，都要做得尤其出众。例如，戴尔公司最初的决策是直销，其 2007 年的决策是通过零售商销售个人计算机。思科公司的决策是使用合同制造商，这些决策界定了它们供应链的主要结构，而且是其供应链战略的组成部分。供应链战略还包括关于库存、运输、运作设施和信息流的供应链设计决策。例如，亚马逊公司选择修建仓库来储存某些重点产品，同时继续雇用分销商来提供另一些产品，这也是供应链战略的一部分。类似的还有丰田公司决定在其某个主要市场区域内建立生产厂，这样的决策也是供应链战略的一部分。

3. 竞争战略与供应链战略的关系

竞争战略属于企业经营层面的最高战略，而供应链战略则如同新产品开发战略、市场营销和销售战略一样，属于企业职能层面的战略。竞争战略决定职能战略，不同的竞争战略要求不同职能战略的匹配，因此，不同的竞争战略要求与之相匹配的供应链战略也是不一样的。大部分企业先制定竞争战略，再决定供应链战略应该是什么样的。供应链战略决定了供应链在效率和响应性方面如何运作。然后，供应链运用物流驱动因素和跨职能驱动因素达到供应链战略规定的绩效水平并使供应链利润最大化。供应链战略决策框架模型如图 7-2 所示。

下面以沃尔玛为例来分析这一模型。沃尔玛的竞争战略是要成为一个可靠的、低成本的、经营多品种大规模消费品的零售商。这一战略决定了其理想的供应链战略不仅要强调效率，而且在产品可得性方面要维持足够水平的响应性。沃尔玛有效地利用物流驱动因素和跨职能驱动因素实现了这种理想的供应链战略。就库存而言，沃尔玛通过保持低水平库存来保证供应链高效。例如，沃尔玛首创了越库（Cross Docking）体系。这是一种不将货物存放在仓库，而是由制造商直接运往门店的系统。这些货物仅在分销中心做短暂停留，并被转移到货车上，再转运到指定门店。这样可以大大减少产品库存，因为货物仅在门店储存，而不是既在门店储存又在仓库储存。对于库存因素，沃尔玛重视效率超过响应性。在运输方面，沃尔玛拥有自己的车队，保持了快速响应性。这固然增

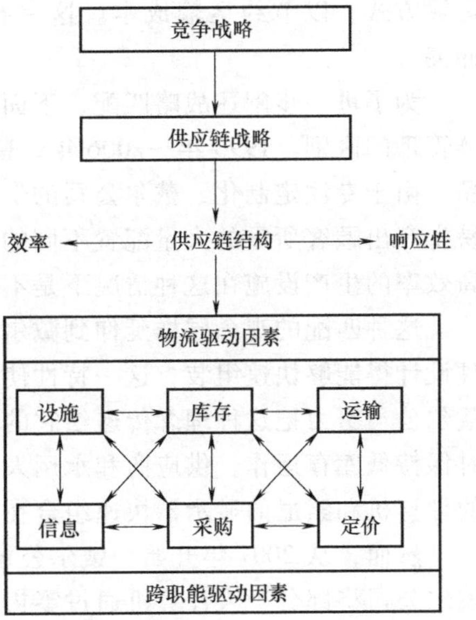

图 7-2　供应链战略决策框架模型

加了运输成本，但减少了库存，提高了产品可得性。这些好处说明这一成本是合理的。至于设施因素，沃尔玛利用位于门店网络中心的分销中心来减少设施数量和提高效率。沃尔玛只在需求充足的地方建立零售门店并由一个分销中心提供支持，提高了运输资本的效率。沃尔玛在信息技术方面的投资大大超过竞争对手，因此在供应链中，它可以向那些只按需求生产的供应商提供需求信息。所以，沃尔玛在使用信息技术改善响应性、降低存货方面居于领先地位。对于采购因素，沃尔玛确定了它所销售的每项产品的有效供应源之后，便开始大量订货，使得这些供应源能够利用规模经济而更有效率。最后，对于定价因素，沃尔玛的产品实行“天天低价”策略。这样可以确保顾客需求稳定，不会随价格变化而发生波动。整条供应链则侧重于有效满足需求。沃尔玛利用所有供应链的驱动因素来达到响应性与效率之间的恰当平衡，从而使竞争战略与供应链战略保持和谐。

（二）供应链的战略匹配

1. 战略匹配的意义

战略匹配意味着竞争战略和供应链战略要有共同目标。共同目标是指竞争战略所要满足的顾客至上理念和供应链战略旨在建立的供应链能力之间的一致性。因此，对于一家企业而言，要想实现战略匹配，需做到以下三点：

（1）竞争战略要与所有的职能战略相互匹配，以形成协调统一的总体战略。任何一个职能战略必须支持其他职能战略，帮助企业实现竞争战略目标。

（2）企业的不同职能部门必须恰当地构建本部门的流程及配置资源，以成功执行这些战略。

（3）整体供应链战略的设计和各环节的作用必须协调一致，以支持供应链战略。

一家企业可能因为缺失战略匹配而失败，也可能因其整体供应链的设计、流程和资源无法支持所需的战略匹配而失败。考虑下面这种情况：营销部门正在宣传企业能够快速供应很多不同产品，与此同时，分销部门正在把采用最低成本的运输方式作为目标。在这种情况下，分销部门极有可能延误订单，而把多个订单组合起来运输或者采用相对便宜但比较慢的运输方式，以节约运输成本。这一行为就与营销部门宣称的快速供应不同产品的目标相冲突。

为了进一步阐述战略匹配，下面探讨一下戴尔公司的变革及其在1993年和现在的供应链管理的区别。1993年—2006年，戴尔公司的竞争战略是以合理价位提供多种定制化的产品。由于专注定制化，戴尔公司的供应链设计得极具响应性。公司的装配设备很灵活，很容易生产出顾客所需的大量配置不同的产品。而专注于通过生产大量配置相同产品的低成本、高效率的生产设施在这种情况下是不合适的。

这种匹配的观念同样延伸到戴尔公司的其他职能战略。戴尔的产品使用通用的零部件而且设计得能够快速组装，这一特性使戴尔公司可以针对顾客订单快速组装出个性化的产品。戴尔公司努力把这种理念传递给它的供应商。如果戴尔公司要提供个性化程度很高的配置同时保持低库存运作，供应商和承运人的响应性就至关重要。比如，如果承运人有能力把戴尔的计算机和索尼的显示器快速组合在一起，戴尔公司就不用持有索尼显示器的库存。

然而，从2007年开始，戴尔公司改变了竞争战略和供应链。随着硬件定制顾客的减少，戴尔公司将部分个人计算机通过零售商，如沃尔玛进行销售。但是，零售商那里的分类与专注于定制化的直销渠道是不同的。通过沃尔玛，戴尔公司提供的台式计算机和笔记本计算机的种类很有限。及时得到显示器和其他外部设备是必需的，因为想购买个人计算机的顾客不会等到显示器出现再购买。显然，与顾客个性化需求一致的、具有满足定制化所需要的柔性和响应性的供应链，并不一定适用于不追求定制化的而关注低价位的顾客。基于顾客需求的改变，戴尔公司将其生产战略转变为生产-储存模式，以支持其战略匹配。设备承包商富士康聚焦于低成本，为戴尔公司生产了许多产品。为了维持匹配战略，戴尔公司的供应链已从聚焦于顾客响应性转向聚焦于低成本。

2. 实现战略匹配

要实现供应链战略与企业竞争战略之间最重要的战略匹配，企业应该做些什么呢？一项竞争战略会明示或暗示企业希望满足的一个或多个顾客群。要实现战略匹配，企业必须保证其供应链能力支持企业满足目标顾客群的需求。

实现战略匹配有以下三个基本步骤：

（1）理解顾客：必须理解每个目标顾客群的需求，以及在满足这些需求的过程中所面临的不确定性。这些需求帮助企业确定预期成本和服务要求。

（2）理解供应链：供应链有很多种类型，每一种都根据不同的工作要求进行设计，用来完成不同的任务。企业必须明确其供应链用来做什么。

（3）实现战略匹配：如果供应链运行方面与顾客需求仍然存在不匹配的地方，企业要么重新配置供应链以支持其竞争战略，要么改变其竞争战略以适应供应链。

第一步：理解顾客。

（1）顾客群的需求。要理解顾客，企业必须甄别所服务顾客群的需求。下面比较一下 7-11 便利店和山姆会员店（沃尔玛的一部分）。顾客走进 7-11 便利店购买洗涤用品，是因为商店就在附近，很方便，而不一定要找最低价的产品。相反，价格低廉对山姆会员店的顾客十分重要。因为只要价格低，这个顾客就能忍受品种少，甚至购买大包装产品。即使顾客去这两个地方购买洗涤用品，其需求在特定的属性上也会不同。在 7-11 便利店的例子中，顾客很匆忙，需要的是便利；而在山姆会员店的例子中，顾客需要低价格，并且愿意花费时间获得低价格。

总之，不同顾客群的需求表现出以下几种不同的属性：顾客每次需要购买的产品数量；顾客愿意忍受的响应时间；顾客所需的产品种类；顾客所需的服务水平；产品的价格；产品预期的更新速度。特定群体里的顾客倾向于有相似的需求，而不同群体的顾客其需求差别很大。

（2）潜在需求不确定性。潜在需求不确定性是由于供应链只是针对部分需求而不是完整需求而造成的需求不确定性。为此，需要区分一下需求不确定性和潜在需求不确定性。需求不确定性反映的是顾客对一种产品需求的不确定性；潜在需求不确定性仅是供应链计划满足的那部分需求以及顾客期望的那部分特性所产生的不确定性。例如，仅提供紧急订单商品的公司要比提供同种商品但交货期更长的公司所面对的潜在需求不确定性更高，因为后者有机会在更长的交货期内履行订单。

服务水平的冲击从另一侧面说明了做这个区分的重要性。随着供应链服务水平的提高，必须满足的实际需求的比例越来越高，迫使供应链要为不常见的需求骤增做准备。这样，服务水平的提高增加了潜在需求的不确定性，但是附着于产品上的需求不确定性并没有变化。

潜在需求不确定性既受到产品需求不确定性的影响，也受到供应链试图满足的不同顾客需求的影响。顾客需求对潜在需求不确定性的影响如表 7-1 所示。

表 7-1　顾客需求对潜在需求不确定性的影响

顾客需求	潜在需求不确定性的变化	原因
需求数量范围扩大	增大	因为更大的需求数量范围意味着更大的需求变化
提前期缩短	增大	因为只有较少的时间响应订单
需求的产品种类增多	增大	因为对每种产品的需求更加分散
获取产品的渠道增多	增大	因为顾客总需求分散于更多的供货渠道
创新速度加快	增大	因为新产品会有更多的不确定性
需求的服务水平提高	增大	因为企业不得不处理偶然出现的需求高峰

由于每个顾客需求都对潜在需求不确定性产生重大影响，因此可以将潜在需求不确定性作为一种测量工具，用来区分不同类型的需求。苏尼尔·乔普拉（Sunil Chopra）根据潜在需求不确定性的程度绘制了潜在需求不确定性图谱，如图 7-3 所示。

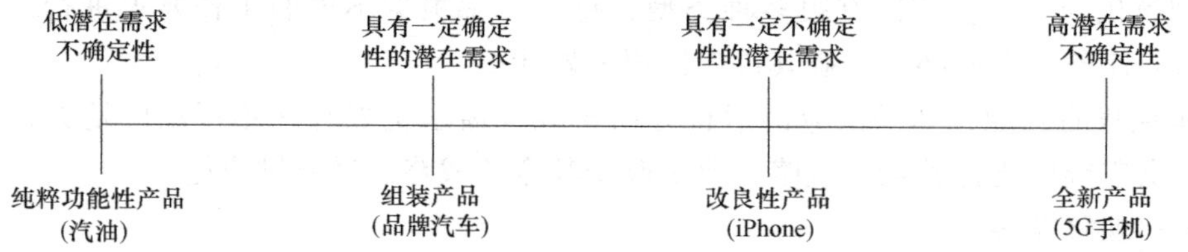

图 7-3　潜在需求不确定性图谱

企业实现供应链战略和竞争战略匹配的第一步是理解顾客，通过找出所服务的顾客群的需求类型在潜在需求不确定性图谱上的位置，来理解顾客的需求。

第二步：理解供应链。

理解企业面临的不确定性之后，接下来的问题就是企业在这个不确定的环境中如何最大限度地满足顾客需求？实现战略匹配需要建立一个供应链战略，以便企业在面临不确定性时，能最好地满足其设定的需求。

供应链主要有两类功能：①实物功能，即能以最低的成本将原材料加工成零部件、半成品及产成品，并将它们从供应链的一个节点运送到另一个节点。②市场协调功能，即能对市场需求做出迅速反应，确保以合适的产品在合适的地点和时间来满足顾客的需求。一般意义上的供应链是在这两个功能之间的权衡，即在响应能力与盈利水平之间进行权衡。

（1）响应能力。供应链响应能力是指供应链完成下列各项任务的能力：应对范围变化很大的需求；实现短期交货；经营品种繁多的产品；生产具有高度创新性的产品；提供高水平服务；处理供给不确定性。供应链越具备这些能力，其响应能力越强，柔性越强，周期越短，创新性越强，服务水平越高。

（2）盈利水平。供应链盈利水平用产品销售收入减去产品生产及送达顾客的成本后的利润高低来度量。供应链的盈利水平与供应链的效率成正比，而与制造和向顾客交付产品的成本成反比。因此，随着成本的增加，盈利水平会降低。盈利水平越高，越要求成本精细化，强调其运营的有效性。

从盈利水平到响应能力存在能力过渡带，组成供应链响应能力图谱，如图 7-4 所示。实现供应链战略和竞争战略匹配的第二步是理解供应链并将其描绘在供应链响应能力图谱上。

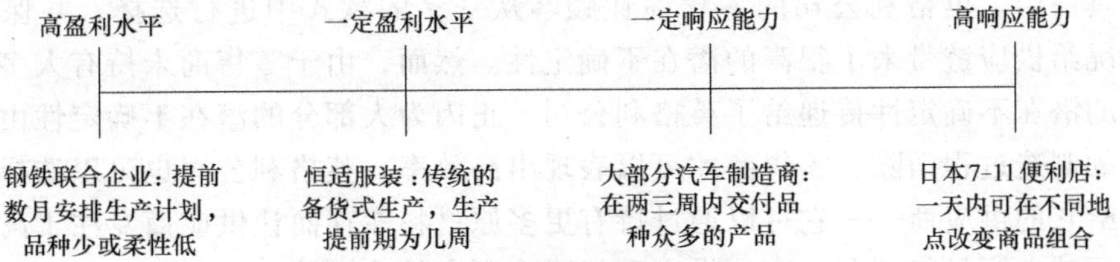

图 7-4　供应链响应能力图谱

第三步：实现战略匹配。

实现供应链战略匹配，就是要确保供应链响应性与潜在需求不确定性保持协调一致。目标就是给面临高潜在不确定性的供应链设定高响应性，而给那些面临低潜在不确定性的供应链设定高效率。

以供应链的运作能力为纵坐标，往上表示强调供应链的响应能力，往下表示强调供应链的运作效率；以潜在需求不确定性为横坐标，往右表示需求不确定性强，往左表示需求确定性强。

随着供应链响应性的增加，顾客和供应源的潜在不确定性也随之提高。这种关系可以用战略匹配区域来描述，如图 7-5 所示。要获得高水平业绩，企业应该沿着战略匹配区域调整其竞争战略（会提高潜在不确定性）和供应链战略（会提高响应性）。

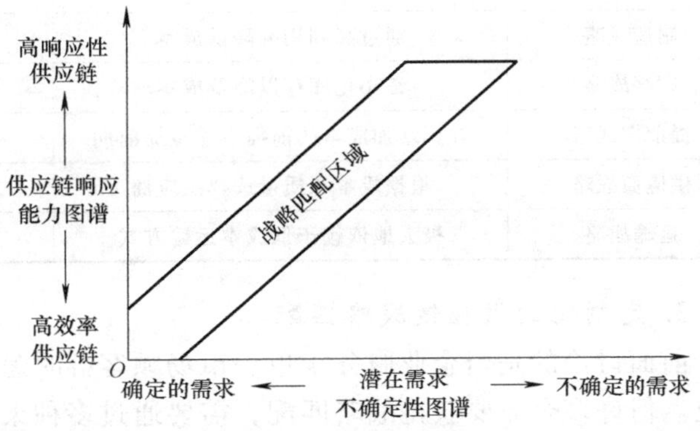

图 7-5　战略匹配区域

实现战略匹配的下一步是根据供应链的不同环节分配不同角色，以保证适度的响应水平。更重要的是，通过给供应链各个环节分配不同的响应性和效率水平，就会获得整条供应链所需要的期望响应水平。下面举例说明：

宜家（IKEA）是一家瑞典的家具零售企业，在 40 多个国家和地区拥有大型商场。宜家的目标顾客群需要价位合理的时尚家具。该公司通过模块化设计对其销售的家具款式和数量加以限制，每个商场的规模很大，但家具品种（通过模块化设计）有限，从而降低了供应链面临的潜在不确定性。宜家拥有所有款式的库存，并通过库存服务顾客。因此，它是通过库存方式来消除供应链所面临的所有不确定性。因为宜家各大商场库存的存在，向制造商发出的补货订单更加稳定和可预知。这样的结果是宜家向其制造商传递的不确定性微乎其微，而这些制造商通常位于低成本国家和地区，专注于效率。宜家在供应链中提供了响应性，商店消除了大部分的不确定性并且响应迅速，而供应商也消除了较少的不确定性并且提高了效率。

相反，另一种处理响应性的方法就是零售商持有较少的库存。在这种情况下，零售商对供应链响应性的贡献不大，大部分的潜在需求不确定性都转移给了制造商。此类供应链要提高响应性，就需要制造商灵活应对并且缩短响应时间。这种方式的典型例子是英格利公司——一家家具制造商。每周该公司都要按订单生产数千件沙发和椅子，并在3周内送到美国各地的家具商店。英格利公司的零售商让顾客从众多的款式中进行选择，并保证较快送货。这种情况给供应链带来了很高的潜在不确定性。然而，由于零售商未持有太多库存，因此将大部分的潜在不确定性传递给了英格利公司。正因为大部分的潜在不确定性由英格利公司通过柔性的制造过程消除，零售商才可以表现出高效率。英格利公司也可以选择把部分不确定性转移给它的供应商——它可以通过持有更多原材料库存而让供应商专注于高效率。如果英格利公司减少原材料库存，它的供应商就要有更高的响应性。

为实现战略匹配，企业要保证所有职能部门战略决策的一致性以支持竞争战略，即所有职能战略都要支持竞争战略。所有供应链内的下一级战略，如制造、采购与库存，都要与供应链响应水平保持一致。表7-2将效率型供应链与响应型供应链进行了比较。

表7-2　效率型供应链与响应型供应链的比较

比较项目	效率型供应链	响应型供应链
主要目标	以最低成本满足需求	对需求做出快速响应
产品设计战略	以最低成本产生最大绩效	利用模块化方法，通过延迟实现产品差异化
定价战略	价格为最主要驱动力，边际收益较低	价格不是主要驱动力，边际收益较高
制造战略	通过高利用率降低成本	维持产能的柔性来缓冲需求/供应的不确定性
库存战略	最小化库存以降低成本	维持缓冲库存以应对需求/供应的不确定性
提前期战略	在不增加成本的前提下缩短提前期	即使增加成本也要最大限度缩短提前期
供应商战略	根据成本和质量选择供应商	根据速度、柔性、可靠性和质量选择供应商
运输战略	极大地依赖于低成本运输方式	极大依赖于快速运输方式

3. 定制化的供应链战略匹配

前面讨论的是当企业服务于单一市场顾客群时怎样实现战略匹配，结论是清晰界定战略定位。但许多企业要获得战略匹配，需要通过多种渠道提供多种产品，以服务更多顾客。在这样的情形下，“以一概全”的供应链模式是无法实现战略匹配的。例如，飒拉公司同时售卖时尚单品和基本款产品（白衬衫），时尚单品的顾客需求不确定性较高，而基本款产品的顾客需求稳定。飒拉公司在欧洲采用响应型供应链生产时尚单品，而在亚洲则通过效率型供应链生产基本款产品。由此，根据实际情况定制的供应链为飒拉公司提供了更好的战略匹配。

当企业所销售的产品和所服务的顾客群都存在不同的潜在需求不确定性的情形下，企业进行战略匹配的关键是要采取定制化供应链战略，即企业需要通过设计一条有效的供应链，使得该供应链在潜在不确定性低时具有较高的效率，在潜在不确定性高时具有较高的响应性。通过这种定制化的供应链战略，企业能够对快速增长的产品、顾客群和渠道提供响应性，而对成熟稳定的产品和顾客群维持低成本。

在生命周期的初始阶段，产品具有以下特征：

（1）需求非常不确定，供给也可能不可预测。

（2）边际收益通常会很高，就获得销量而言，时间至关重要。

（3）就占领市场而言，产品可得性至关重要。

(4) 成本通常是次要的考虑因素。

试想一下，一家制药公司推出一种新药，最初的需求非常不确定，边际收益非常高，产品可得性是获取市场占有率的关键。处在生命周期导入期的产品，相应的潜在需求不确定性高，导致对需求的高不确定性，从而对产品可得性水平要求也高。在这种情形下，快速响应性就成为供应链最重要的特征。

在产品生命周期的后期，当其成为日常产品后，其需求特征和供给特征都改变了。在此阶段，会出现以下典型特征：

(1) 需求变得更加确定，供给可预测。

(2) 竞争压力加大，边际收益降低。

(3) 价格成为影响顾客选择的重要因素。

在上述制药公司的案例中，随着产品需求稳定、制药技术发展成熟、供给可预测，这些变化就会发生。这个阶段是与低潜在不确定性相对应的，因此，供应链需要改变。在这种情况下，效率成为供应链最重要的特征。制药行业已经建立了灵活且高效率的供应链以应对产品生命周期的不同阶段。在产品生命周期的初期，新产品的研发是基于产品的灵活性。虽然费用比较高，但对于产品稳定性较低的阶段却有足够的响应性。高需求的成熟产品要求转变为高效率的专用产能，因为它可以处理低水平不确定性，共享大规模生产优势。定制化的产能战略使得制药公司在产品生命周期的不同阶段生产范围广泛的产品以维持战略匹配。

二、供应链的构建

(一) 供应链构建的体系框架

整个供应链体系的构建包括供应链管理组织机制的建立、运营管理流程的设计与优化、物流网络的建立、合作伙伴的选择、信息支持体系的选择等内容。图 7-6 是供应链构建体系的框架模型。

1. 供应链管理的组织架构模型

供应链的构建必须同时考虑本企业和合作伙伴之间的管理关系，形成合理的组织关系以支持整个供应链的业务流程。因此，在进行供应链设计时，需要考虑的内容之一就是供应链上企业的主客体关系。根据核心企业在供应链中的作用，恰当设计主客体的责任、义务及利益。然后就是完成组织设计，建立绩效评价与激励机制及供应链企业协同运作机制，支持主客体关系的运作。

2. 供应链环境下的运作组织与管理

供应链整体绩效能超过单个企业绩效之和，关键之一就在于它动员和协调了整个产品设计、制造与销售过程的资源。为此，其核心问题在于能否将所有企业的生产过程实现同步运作，最大限度地减少由于不协调而产生的停顿、等待、过量生产或者缺货等方面的问题。因此，供应链构建的问题之一是如何构造适应供应链环境的生产计划与控制系统。

完成这一过程需要考虑的主要内容包括：①客户需求管理，准确把握市场对本企业产品的需求特征；②建立供应链环境下的生产计划与控制模式，主要涉及基于多阶供应链响应周期的资源配置优化决策、基于成本和提前期的供应链订单决策、面向同步制造的供应链流程重构、基于 CPFR 的多企业联合计划决策；③与同步生产组织匹配的库存控制模式，如何应用自动补货系统（Automatic Replenishment，AS）、供应商管理库存、接驳转运、虚拟仓储、

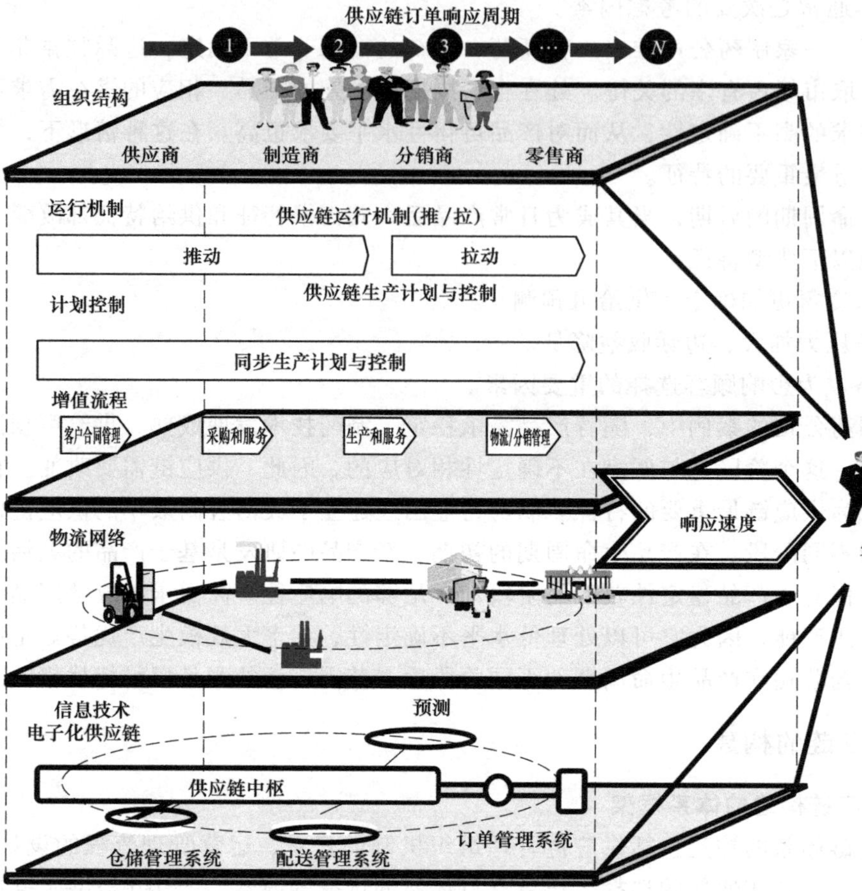

图 7-6 供应链构建体系的框架模型

提前期与安全库存管理等各种技术，实现整个供应链的生产与库存控制目标。

3. 供应链环境下的物流管理

与同步制造相呼应的是供应链环境下的物流组织模式。它的目标是如何寻找最佳物流管理模式，使整个供应链上的物流管理能够准确响应各种需求（包括来自客户的需求和合作伙伴的需求等），真正体现物流是“第三利润源”的本质。为此，在构建供应链时，必须考虑物流网络设计与优化、物流中心/配送中心的选择、运输路线的优化、物流作业方法的选择与优化等方面的内容，充分应用各种支持物流运作管理决策的技术与方法。

4. 基于供应链的信息支持系统

供应链管理离不开信息技术的支持，因此，在设计与构建供应链时，一定要注意如何将信息技术融入整个系统之中，以支持整个供应链的协同运作。

（二）供应链构建的原则

为了保证供应链管理思想能够在供应链构建过程中得以贯彻和实施，有必要探讨一下供应链构建过程中所应遵循的原则。

1. 战略性原则

在供应链竞争时代，企业的竞争战略是依托供应链战略来实现的。因此，供应链的构建一方面应有战略性视野，即要从战略的视角考虑减少不确定性的影响；另一方面应与企业的战略规划（如产品规划和市场规划）保持一致，并在企业战略的指导下进行。

2. 系统性原则

供应链构建是一项复杂的系统工程，在构建中必然会牵涉方方面面的关系，尤其是要考虑战略合作伙伴关系的选择，如链上成员如何在以后的实践中实现协同，如何实现共赢的目标，如何进行成本分摊和利益分配等具体的问题。此外，在供应链构建中，还要系统地研究市场竞争环境、企业现状及发展规划、供应链构建目标等战略性问题。

3. 简洁性原则

为了使供应链具有灵活、快速、响应市场的能力，供应链的每个节点都应是精简且具有活力的，能够实现业务流程的快速组合。比如，供应商的选择应以少而精为原则，有时甚至可以选择单一供应商（即一种零配件只有一个供应商）。通过与少数的供应商建立战略合作伙伴关系，有利于减少采购成本，以及实施准时化采购和准时化生产。生产系统的设计更应以精益思想为指导，从精益的制造模式到精益的供应链是企业努力的目标。

4. 互补性原则

供应链各个节点的选择应遵循“强-强”联合的原则，以达到资源利用的目的。每个企业只集中精力于各自核心的业务过程，就像一个个独立的制造单元。这些所谓单元化企业具有自我组织、自我优化、面向目标、动态运行和充满活力的特点，能够实现供应链业务的快速重组。

5. 协调性原则

供应链绩效的好坏取决于供应链合作伙伴关系是否和谐，因此，建立战略合作伙伴关系是实现供应链最佳效能的根本保证。和谐描述的是系统充分发挥了其成员及其子系统的能动性、创造性及系统与环境的总体协调性。只有供应链上所有的合作伙伴协调一致，才能发挥出整体最佳效能。

6. 动态性原则

由于供应链处于动态的环境中，各种不确定性因素随处可见，而不确定性因素的出现容易干扰供应链的稳健运营，稍有不慎，就可能导致供应链运营中断。因此，要及时预见各种不确定性因素对供应链运营的影响，主动采取措施减少信息传递过程中的延迟和失真，增加透明性，减少不必要的中间缓冲环节，提高预测的精度和时效性，从而降低不确定性因素对供应链整体绩效水平的影响。

7. 创新性原则

没有创新性思维，就不可能有创新的管理模式。因此，在供应链设计过程中，创新性是很重要的一个原则。要产生一个创新的系统，就要敢于打破各种陈旧的思维框框，用新的视角审视原有的管理模式和体系，进行大胆的创新设计。为此，要注意以下几点：

（1）创新必须在企业总体目标和战略的指导下进行，并与战略目标保持一致。

（2）要从市场需求的角度出发，综合运用企业的能力和优势。

（3）发挥企业各类人员的创造性，集思广益，并与其他企业共同协作，发挥供应链的整体优势。

（4）建立科学的供应链和项目评价体系及组织管理系统，进行技术经济分析和可行性论证。

（三）供应链构建的策略

1. 基于产品的供应链构建策略

供应链构建和管理的目标是降低成本、提高利润，其前提是供应链能保证产品在流通中畅通无阻，供应链对客户的需求变化能做出迅速反应。这体现了以产品为中心的供应链构建策略。不同的产品在供应链中的流通特性不一样，对供应链构建有不同的要求，按供应链所提供产品的需求性质不同，可将其分为功能性产品和创新性产品。

（1）功能性产品。功能性产品是指需求相对稳定且可预测、产品生命周期长、顾客购买频率高、价格稳定而边际利润低的日常生活所需的大众化商品。顾客对此类产品的价格敏感度较高，如汽油。

（2）创新性产品。创新性产品是指需求不稳定且不可预测、产品生命周期较短、边际利润较高的商品。顾客对此类产品的及时获得性要求较高，如流行服装。

表 7-3 是这两类产品的比较。

表 7-3　功能性产品与创新性产品的比较

需求特征	功能性产品	创新性产品
需求预测	可预测	不可预测
产品生命周期(年)	>2	1～3
边际贡献	5%～20%	20%～60%
产品多样性(类/产品目录)	低(10～20)	高(数以千计)
预测的平均编辑错误率	10%	40%～100%
平均缺货水平	1%～2%	10%～40%
季末降价率	0	10%～25%
按订单生产的前置期	6 个月～1 年	1 天～2 周

美国宾夕法尼亚大学沃顿商学院的费舍尔（M. L. Fisher）教授提出了供应链设计要以产品为中心的观点。他认为，产品需求的性质不同，供应链的构建策略也不同。相比较而言，在供应链中，向最终客户转嫁创新性产品的成本往往比较容易，即最终客户更容易接受；但是，向最终客户转嫁功能性产品的成本却是一件比较困难的事情。对于功能性产品，由于市场需求比较稳定，比较容易实现供求平衡。因此，对供应链各成员来说，最重要的是如何利用供应链上的信息协调企业之间的活动，以实现供应链的低成本和高效率。供应链的重点在于降低生产、运输、库存等环节的费用，实现原材料到产成品的有效转换。对于创新性产品，市场需求的不确定性是问题的关键。它要求供应链生产和流通企业有很强的产品研发能力和市场应变能力，生产交货周期短。供应链重点应该考虑的是对市场需求的响应速度和柔性程度。

当了解产品和供应链的特性之后，就可以设计出与产品需求性质一致的供应链系统。供应链设计与产品类型策略矩阵如图 7-7 所示。策略矩阵的四个元素代表四种可能的产品和供应链的组合。显然，对于功能性产品，应匹配以效率型供应链，如图 7-7 的左上角；对于创新性产品，应匹配以响应型供应链，如图 7-7 的右下角。

	功能性产品	创新性产品
效率型供应链	匹配	不匹配
响应型供应链	不匹配	匹配

图 7-7　供应链设计与产品类型策略矩阵

2. 基于信息的供应链构建策略

在供应链构建策略中，除了基于产品的供应链构建策略外，还有人对基于信息、基于产品生命周期和基于成本核算等的供应链构建策略进行了研究。这里讨论基于信息的供应链构建策略。

在基于信息构建供应链时，应强调以下策略：

（1）应强调信息技术基础设施的建设和信息系统的开发。针对功能性或创新性产品，应分别开发不同的信息系统。对既生产功能性产品又生产创新性产品的企业（更何况，创新性产品和功能性产品在一定条件下会发生互变），有必要开发集成的信息系统

（2）应强调通过信息分析和数据仓库解决供应链中的信息供应问题。在供应链运作中，包含着丰富的业务内容，如信息模型、报告、数据内容、公司基准等，均与信息有关。因此，在构建供应链时，为有效地提取数据，以支持信息分析活动的顺利进行，应当考虑为系统提供最佳数据仓库方案。此外，应当考虑为系统提供强大的信息分析能力，包括联机分析处理、数据挖掘等。

（3）应注意通过高效的信息系统的开发、信息分析能力的设计和最佳数据仓库解决方案的选择，生产出能为整个供应链带来绩效和竞争优势的信息，扩大信息共享的程度，减少供应链中不增值的环节，使供应链充分享受信息优势带来的利益。如通过有效的信息管理，促进产品的顺畅流通和客户需求变化的满足。

（4）基于信息的供应链构建需要相当大的投资，特别是信息系统和一些应用软件，开发周期长，而淘汰速度又非常快，因此需要供应链构建者具备敏锐的战略目光和高度的责任感。

（四）供应链构建的流程

在上述原则和策略的指导下，可以认为，供应链构建的流程包含以下几个关键步骤，如图 7-8 所示。

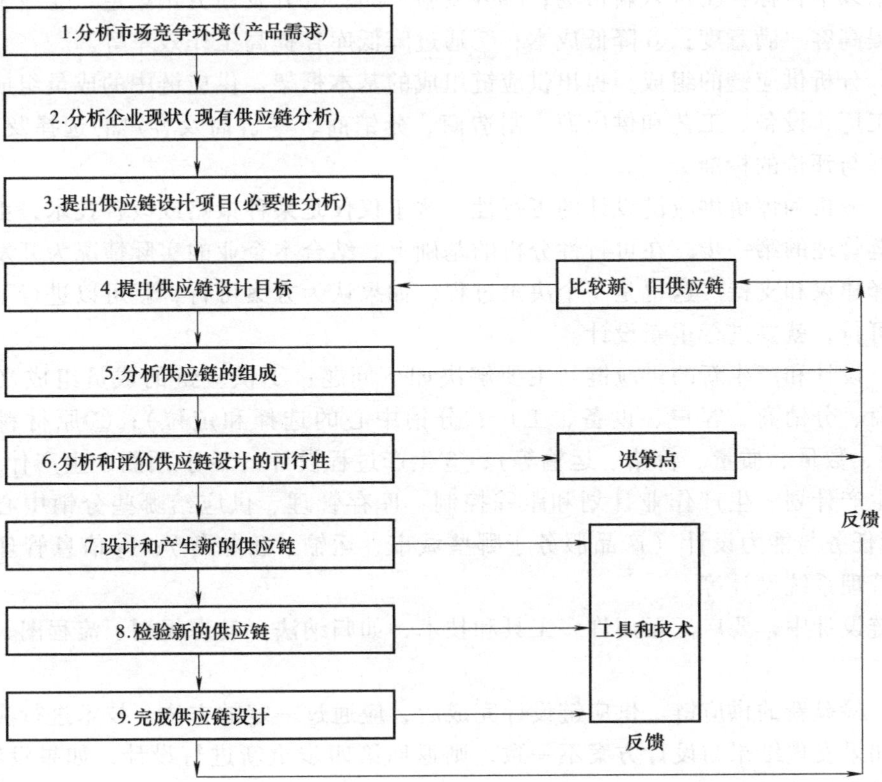

图 7-8　供应链构建的流程

第一步：分析市场竞争环境（产品需求）。分析市场竞争环境就是要分析目前市场（要具有全球市场的战略眼光）上急需什么产品、需求量有多大，决定是开发功能性产品还是开发创新性产品。如果开发功能性产品，那么要进行竞争对手分析，包括了解谁是对手，对手的实力如何，对手能做什么、正在做什么和将要做什么，以及本产品未来可能的市场占有率等；如果开发创新性产品，要注重分析客户需求偏好。这个环节是供应链构建的第一步，需要花费相当大的人力、财力和时间。在市场分析中，要善于利用先进的数据处理软件，如经营环境扫描、技术跟踪软件包等，在复杂的市场环境中发现具有前瞻性的规律。分析的输出是按需求量排列的产品类型和每一产品按重要性排列的市场特征，同时对市场不确定性和需求变化趋势应做出分析和评价。

第二步：分析企业现状（现有供应链分析）。主要是分析企业的供需管理现状（如果企业已有供应链，则重点分析现有供应链的现状），包括供应链管理效率和所带来的利润，以及供应链的发展前景，如现有的供应链能否实现客户响应最优化、成本最小化、效率最佳化和资产使用结构最优化。此外，还要分析企业在供应链中的地位、企业自身的适应能力和发展能力。目的是通过分析找到并总结企业存在的问题及影响供应链构建的阻力等因素。

第三步：针对存在的问题提出供应链设计项目，分析其必要性。

第四步：根据基于产品的供应链设计策略，提出供应链设计目标。主要目标在于获得高客户服务水平及低库存投资和低单位成本两个目标之间的平衡（这两个目标往往有冲突），同时还应包括以下目标：①进入新市场；②开发新产品；③开发新分销渠道；④改善售后服务水平；⑤提高客户满意度；⑥降低成本；⑦通过降低库存提高工作效率等。

第五步：分析供应链的组成，提出供应链组成的基本框架。供应链中的成员组成分析主要包括制造工厂、设备、工艺和供应商、制造商、分销商、零售商及客户的选择及其定位，以及确定选择与评价的标准。

第六步：分析和评价供应链设计的可行性。这不仅仅是某种策略或改善技术，更是开发和实现供应链管理的第一步。在可行性分析的基础上，结合本企业的实际情况为开发供应链提出技术选择建议和支持。这也是一个决策过程，如果认为方案可行，就可以进行下面的设计；如果不可行，就要进行重新设计。

第七步：设计和产生新的供应链。主要解决如下问题：①供应链的成员组成（包括供应商、制造商、分销商、客户、设备、工厂、分销中心的选择和定位）；②原材料的采购（包括供应商、数量、质量、价格、运输等）；③生产过程设计（需求预测、生产什么产品、生产能力、生产计划、生产作业计划和跟踪控制、库存管理、供应给哪些分销中心、价格等）；④分销任务与能力设计（产品服务于哪些城市、运输、价格等）；⑤信息管理系统设计；⑥物流管理系统设计等。

在供应链设计中，要广泛运用许多工具和技术，如归纳法、动态规划、流程图、模拟和设计软件等。

第八步：检验新的供应链。供应链设计完成后，应通过一定的方法、技术进行测试检验或试运行。如果发现结果与设计方案不一致，则返回第四步重新进行设计；如果没有问题，则可以进入日常运营阶段。

第九步：完成供应链设计。

第三节　供应链合作伙伴的选择

一、供应链合作伙伴关系

（一）供应链合作伙伴关系的定义

供应链合作伙伴关系（Supply Chain Partnership，SCP）就是供应商、制造商与零售商之间的关系，或者称为卖主-买主关系。供应链合作伙伴关系可以定义为供应商与制造商之间、制造商与零售商之间在一定时期内共享信息、共担风险、共同获利的协作关系。

供应链合作伙伴关系是在集成化供应链管理环境下形成的。建立供应链合作伙伴关系的目的在于通过提高信息共享水平，减少整个供应链产品的库存总量，降低成本和提高整个供应链的运作绩效。随着市场需求不确定性的增强，合作各方要尽可能减少需求不确定性的影响和风险。因此，供应链合作伙伴关系的建立应以企业间的信任和合作为基础。

（二）供应链合作伙伴关系的产生

建立基于合作的供应链合作伙伴关系是供应链管理模式与传统管理模式的根本区别。企业关系从以技术与管理创新为特征的传统企业关系（20 世纪 60 年代到 70 年代），经历了从以制造创新与技术研发为特征的物流同步关系（20 世纪 70 年代到 80 年代），过渡到以战略协作为特征的合作伙伴关系（20 世纪 90 年代以后）的演变过程，如图 7-9 所示。

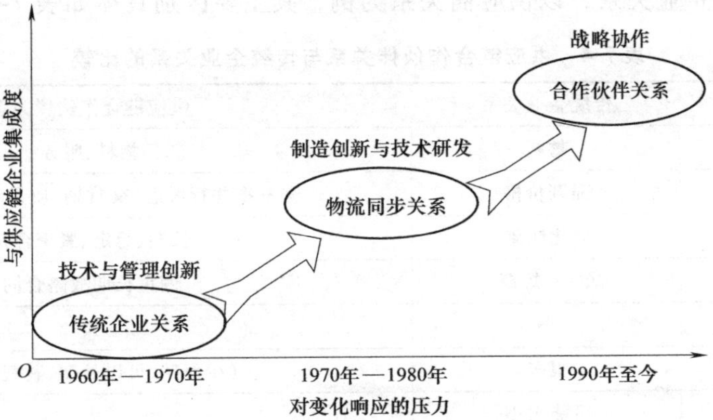

图 7-9　企业关系演变过程

（1）传统企业关系。在 20 世纪 60 年代到 70 年代，企业与企业之间只是一种买卖关系。在这种传统企业关系下，企业力求以最便宜的价格买到最好的东西，相互之间讨价还价。企业把供应商看成是自己的竞争对手，相互之间存在的是竞争关系。面对当时供不应求的市场环境，企业与企业之间是成本的竞争，企业不断进行技术与管理创新，以生产为中心，改进工艺技术以提高生产率，扩大规模以降低成本。企业与企业很少合作，企业之间的集成度比较低。

（2）物流同步关系。到了 20 世纪 70 年代至 80 年代，企业之间的竞争由基于成本的竞争转变成基于质量的竞争，供应链的合作关系也由传统的以生产为中心的企业关系向物流同步关系模式转化。JIT 等管理思想在此过程中起到了催化剂的作用。供应链企业通过制造模式与技术研发创新，运用先进的生产模式，如准时制（JIT）生产方式、全面质量管理，企业之间开始进行作业层面和技术层面的合作与沟通，以实现生产的均衡化和物流运作的同步化。但是，企业之间在信息共享（透明性）、服务支持（协作性）、并行工程（同步性）、群体决策（集智性）、柔性化与敏捷性等方面还不能很好地适应越来越激烈的市场竞争的需要。企业之间的合作程度虽有提高，但层次较低，基本属于合作性的竞争关系。

（3）合作伙伴关系。自20世纪90年代以来，具有战略合作伙伴关系的企业体现了企业内外资源集成与优化利用的思想。基于这种企业运作环境的产品制造过程，从产品的研发到投放市场的周期大大地缩短了，而且顾客定制化程度更高，模块化、通用化、标准化组件的生产模式使企业在多变市场中的柔性和敏捷性显著增强，虚拟制造与动态联盟加强了业务外包策略的应用。企业集成从原来的中低层次的内部业务流程重构（BPR）上升到企业之间的战略协作，这是一种最高级别的企业集成模式。在这种企业关系中，市场竞争策略最明显的变化就是基于时间的竞争和供应链之间的竞争。在多变的市场中，企业从竞争走向竞合。

（三）供应链合作伙伴关系与传统企业关系的区别

供应链合作伙伴关系的主要特征就是从以产品/物品为核心转向以集成/合作为核心。在集成/合作逻辑思想指导下，双方共同参与产品和工艺开发，以实现相互之间的流程集成、信息集成、资源集成和物流集成。这样就减少了信息不对称带来的不确定性影响及其造成的风险，减少了运作成本，提高了资产利用率，实现了双方共同的期望和目标。因此，供应链供需双方之间的交换不仅仅是物质上的交换，而且包括一系列服务的交换。

供应链合作伙伴关系强调直接的、长期的合作，强调共同努力实现共有的计划和解决共同的问题，强调相互之间的信任和合作。这与传统企业关系模式有着很大的区别。供应链合作伙伴关系与传统企业关系，以供应商关系为例，其主要区别具体如表7-4所示。

表7-4 供应链合作伙伴关系与传统企业关系的比较

比较项目	传统企业关系	供应链合作伙伴关系
相互交换的主体	物料	物料、服务
供应商选择标准	强调价格	多标准并行考虑（交货期、质量和可靠性等）
稳定性	变化频繁	长期、稳定、紧密合作
合同性质	单一、短期	侧重长期战略合同
供应批量	小	大
供应商数量	很多	少（少而精，可以长期、紧密地合作）
供应商规模	可能很小	大
供应商的定位	当地	国内和国外
信息交流	信息专有	信息共享（电子化连接、共享各种信息）
技术支持	被动提供	主动提供甚至介入产品开发
质量控制	入库验收、检查控制	质量保证（供应商对产品质量负全部责任）
选择范围	每年一次投标评估	广泛评估可增值的供应商

二、供应链合作关系的重要性与意义

（一）供应链合作伙伴关系的重要性

随着供应链合作伙伴关系的建立，合作各方都将受益。具体表现为良好的合作伙伴关系可以降低供应链成本、降低库存水平、增强信息共享、保持战略伙伴之间操作的一致性、改善相互之间的交流状况，最终创造更大的竞争优势。供应链合作伙伴关系的重要性有以下几个方面：

1. 提高客户满意度

在供应链管理模式下，企业通过与供应商建立战略合作伙伴关系，通过与供应商的重新分工，外包其非核心业务，以提高产品对需求的响应速度；通过共同的零缺陷努力，提高产品的质量；在制造商与供应商之间进行协调，消除其存在的目标冲突，与少量的供应商建立战略伙伴关系，可减少交易费用、管理费用、库存，以降低成本，从而降低产品价格；通过这些来争取客户，及时、高效、准确地满足客户的需求，提高客户满意度，进而培养、增强客户忠诚度。

2. 提高需求响应速度

随着信息技术的快速发展，传统的竞争模式将转变为基于时间的竞争模式。产品比竞争者早上市，企业将获得竞争者难以比拟的优势；反过来，产品比竞争者晚上市，企业就可能失去绝大部分市场。因此，速度将是企业赢得竞争的关键所在。制造商与供应商建立良好的战略合作伙伴关系，则制造商不必通过昂贵而风险巨大的垂直一体化降低成本、提高响应速度，相反，可以充分利用供应商的专长，将大量自己不擅长的零配件等的设计和生产外包，而集中力量于自己的核心竞争优势。这让双方都能充分发挥各自的优势，并行开展新产品的设计和制造，从而使新产品的上市时间明显缩短。供应链成员企业之间通过建立战略联盟，能大大缩短产品开发时间，可以快速及时地响应市场需求，实现“速度经济”，供应时间的缩短，使得生产的提前期也大大缩短；同时，针对客户个性化需求选择合适的合作伙伴，为客户提供“个性解决方案”，对需求变化做出有效反应。

3. 提高质量和技术含量

在供应链管理模式下，与供应商建立战略合作伙伴关系后，制造商与供应商作为一个“共同体”为实现产品零缺陷而共同努力，降低了制造商生产过程中的不确定性，保证了生产的连续性。供应质量的提高使得制造商可以在正确的时间、恰当的地点获得符合质量要求的正确数量的零配件，从根本上提高产品质量。在战略合作伙伴关系环境中，制造商通常把不擅长的业务交给供应商去做，自己集中精力去巩固和发展自身的核心能力和核心业务，而供应商在其所擅长的领域通常具有竞争对手无法比拟的优势，所以制造商和供应商的合作伙伴关系将保证供应链产品在从原料供应、零配件加工到成品加工的各个环节上都具有一流的质量和技术。

4. 降低企业成本

供应链战略合作伙伴关系的建立，将使得供应商更多地参与产品的设计、工艺及生产过程。为此，制造商也不再仅仅是被动地接受供应商的产品，而是通过与供应商开展紧密的合作，使供应商对产品设计和制造过程有更多、更深入的了解。供需双方本着“双赢”的原则，对彼此在设计和生产中存在的缺陷和问题及时提出改进意见，从而使生产成本大大降低。供应链企业在建立战略伙伴关系后，由于互相之间达成了相互信任的关系，所以没有必要每次交易都进行类似的谈判和讨价等重复性工作的过程，其结果必然会节省交易费用；并且由于供应商的数目较少，也会大大降低管理费用。供应链中合作伙伴关系的建立要求成员企业之间能够共享有关信息。特别是随着信息技术的发展，信息在供应链成员企业之间的传递变得更加及时、可靠。信息的便利畅通，大大降低了企业彼此间的沟通成本。供应链战略合作伙伴之间通过合作开展供应商管理库存和联合库存管理等新型库存管理模式，库存成本显著降低。

（二）供应链合作伙伴关系的意义

能否快速地响应市场的需求变化已经成为企业能否获得生存和发展空间的关键。建立供应链合作伙伴关系，制造商可以要求供应商加快生产运作速度，通过缩短供应链总周期，达到降低成本和提高质量的目的。

从图 7-10 中可以看出，要缩短供应链总周期，主要依靠缩短采购时间、流入物流时间、流出物流时间和设计与制造时间（客户、制造商与供应商共同参与）来实现。很显然，加强供应链合作伙伴关系运作的意义重大。

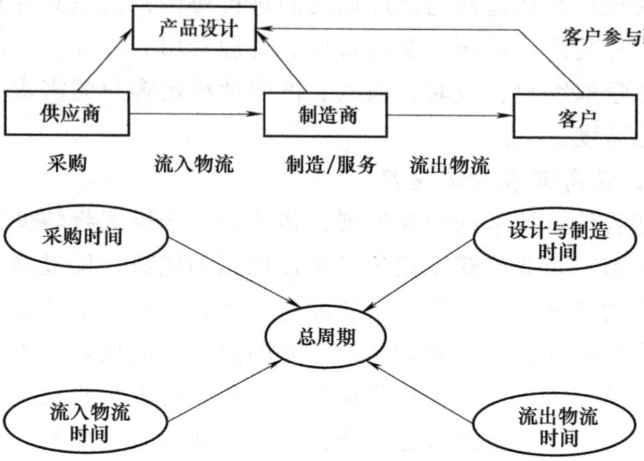

图 7-10　供应链总周期

总之，供应链上下游企业之间建立以合作和信任为基础的合作伙伴关系，通过信息共享、协同运作等实现供应链的整体效益最大化，增强供应链的整体竞争力，并给各参与方均带来的益处。具体如表 7-5 所示。

表 7-5　战略合作伙伴关系给参与方带来的益处

参与者	战略合作伙伴关系给参与方带来的益处
供应商（卖方）	保证有稳定的市场需求 更好地了解客户需求 提高运作质量 提高零部件生产质量 降低生产成本 提高对买方改变交货期的反应速度和柔性 获得更高的利润（相比非战略合作关系的供应商）
制造商（买方）	降低成本（降低合同成本） 实现数量折扣、稳定而有竞争力的价格 提高产品质量和降低库存水平 改善时间管理 缩短交货提前期和提高可靠性 提高面向工艺的企业规划 实现更好的产品设计和更快的对产品变化的反应速度 强化数据信息的获取和管理控制
供应商（卖方）与制造商（买方）	改善相互之间的交流 实现共同的期望和目标 共担风险和共享利益 共同参与产品和工艺开发，实现相互之间的工艺集成、技术和物理集成 减少外在因素的影响及其造成的风险 降低投机思想和投机行为的可能性 增强矛盾冲突解决能力 在订单、生产、运输上实现规模效益以降低成本 减少管理成本 提高资产利用率

三、供应链合作伙伴评价与选择指标

（一）供应链合作伙伴的类型

在供应链管理环境下，供应链合作关系的运作需要减少供应商的数量，但是，供应链合作关系并不意味着单一的供应源，而且制造商会在全球市场范围内寻找杰出的合作伙伴。因此，可以把合作伙伴分为两个层次：重要合作伙伴和次要合作伙伴。重要合作伙伴是少而精的、与制造商关系密切的合作伙伴；而次要合作伙伴是相对多的、与制造商关系不是很密切的合作伙伴。供应链合作关系的变化主要影响重要合作伙伴，对次要合作伙伴的影响较小。

根据合作伙伴在供应链中的增值率及其竞争力，可将合作伙伴分为不同的类别，分类矩阵如图 7-11 所示。图中，纵轴增值率代表合作伙伴在供应链中增值的作用，对于一个合作伙伴来说，如果它不能对增值做出贡献，它对供应链的其他企业就没有吸引力；横轴竞争力代表某个合作伙伴与其他合作伙伴之间的区别，主要是设计能力、特殊工艺能力、柔性、项目管理能力等方面的区别。

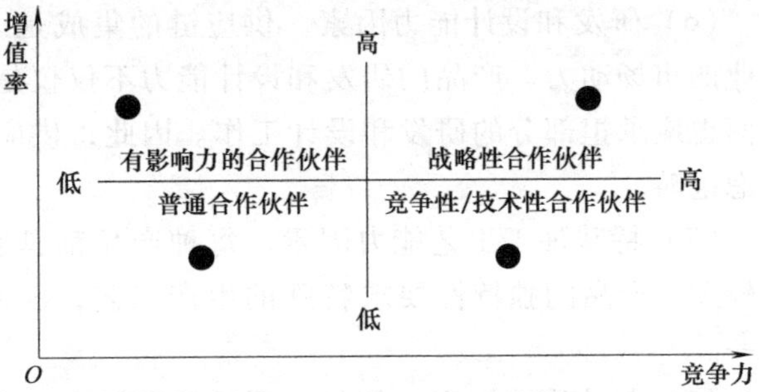

图 7-11　供应链合作伙伴的类型

在供应链企业的实际运作中，应根据不同的目标选择不同类型的合作伙伴。对长期合作而言，要求合作伙伴能保持较高的竞争力和增值率，因此最好选择战略性合作伙伴；对短期合作或某一短暂市场需求而言，只需选择普通合作伙伴满足需求即可，以保证成本最小化；对中期合作而言，可根据竞争力和增值率对供应链的重要程度不同，选择不同类型的合作伙伴（有影响力的或竞争性或技术性的合作伙伴）。

（二）供应链合作伙伴选择的影响因素

由于供应链是一个复杂开放的系统，因此影响供应链合作伙伴选择的因素很多，一般认为主要有以下因素：

（1）价格因素。它主要是指供应商所供给的原材料、初级产品（如零部件）或消费品组成部分的价格。供应商的产品价格决定了消费品的价格和整个供应链的投入产出比，对制造商和零售商的利润率产生一定程度的影响。

（2）质量因素。它主要是指供应商所供给的原材料、初级产品或消费品组成部分的质量。原材料、零部件、半成品的质量决定了最终产品的质量，这是供应链的生存之本。产品的使用价值是以产品质量为基础的。如果产品的质量低劣，则该产品缺乏市场竞争力，就会很快退出市场。而供应商所提供产品的质量是消费品质量的关键之所在，因此，质量是一个重要因素。

（3）交货提前期因素。对供应链企业而言，市场是外在系统，它的变化或波动会引起供应链企业需求或供给的变化与波动。市场的不稳定性也会导致供应链各级库存的波动，由于交货提前期的存在，必然造成供应链各级库存变化的滞后性和库存的逐级放大效应。交货提前期越短，库存量的波动越小，企业对市场的反应速度越快，对市场反应的灵敏度越高。

由此可见，交货提前期也是重要因素之一。

（4）交货可靠性因素。交货可靠性是指供应商按照订货方所要求的时间和地点，将指定产品准时送到指定地点的能力。如果供应商的交货可靠性较低，必定会影响制造商的生产计划和零售商的销售计划及时机。这样就会引起整个供应链的连锁反应，造成大量的资源浪费并导致成本上升，甚至会致使供应链解体。因此，交货可靠性也是较为重要的因素。

（5）品种柔性因素。在全球竞争加剧、产品需求日新月异的环境下，企业生产的产品必须多样化，以适应客户的需求，达到占有市场和获取利润的目的。因此，多数企业采用了JIT生产方式。为了提高企业产品的市场竞争力，就必须发展柔性生产能力。而企业的柔性生产能力是以供应商的品种柔性为基础的，供应商的品种柔性决定了产品的种类。

（6）研发和设计能力因素。供应链的集成是未来企业管理的发展方向，产品的更新是企业的市场动力。产品的研发和设计能力不仅仅是制造商的分内之事，集成化供应链要求供应商也应承担部分的研发和设计工作。因此，供应商的研发和设计能力也属于供应商选择的考虑范畴。

（7）特殊加工工艺能力因素。每种产品都具有其独特性，没有独特性的产品市场生存力较差。产品的独特性要求特殊的生产工艺，因此，供应商的特殊工艺能力也是影响因素之一。

（8）其他影响因素。例如，项目管理能力、供应商的地理位置、供应商的库存水平等。

（三）供应链合作伙伴选择的评价指标

1. 评价指标体系的设立

以上所列的影响因素在实际的供应链选择过程中的重要性是不同的。为了准确地评价和选择合作伙伴，必须建立一个评价指标体系。在这方面人们做了很多探讨。例如，迪克森（Dickson）在对美国数百家企业的经理调查后，认为产品的质量、价格和交货行为历史是选择合作伙伴的三大重要标准。他建立了一个包含21个评价准则的供应商选择指标体系，如表7-6所示。迪克森的供应商选择准则虽然很全面，但是它没有设置权重，不易区分不同指标的重要性。这一问题被后来的很多学者加以改进和完善，提出了分层次的评价指标体系，如表7-7所示。不同的企业在选择合作伙伴（如供应商）时，可以根据自己的需要设计不同的评价指标。我国企业采用得比较多的评价指标主要是产品质量，其次是价格。

表7-6 迪克森的供应商评价指标体系

序号	指标	序号	指标	序号	指标
1	质量	8	财务状况	15	维修服务
2	交货	9	遵循报价程序	16	态度
3	历史效益	10	沟通系统	17	形象
4	保证	11	美誉度	18	包装能力
5	生产设施/能力	12	业务预期	19	劳工关系记录
6	价格	13	管理与组织	20	地理位置
7	技术能力	14	操作控制	21	以往业务量

表 7-7　分层次、有权重的供应商评价指标体系

序号	评价指标	子指标
1	质量水平(0.25)	客户拒收度(0.60)
		工厂检验(0.40)
2	响应性(0.03)	紧急交货(0.70)
		质量水平(0.30)
3	纪律性(0.04)	诚实(0.75)
		程序遵循度(0.25)
4	交货(0.35)	—
5	财务状况(0.06)	—
6	管理水平(0.05)	企业制度执行情况(0.75)
		业务水平(0.25)
7	技术能力(0.08)	解决技术问题的能力(0.80)
		产品线宽度(0.20)
8	设备设施(0.14)	机器设备完好率(0.60)
		基础设施水平(0.20)
		布局合理性(0.20)

2. 评价指标体系的设置原则

(1) 系统全面性原则。评价指标体系必须全面反映合作伙伴企业目前的综合水平，并包括企业发展前景的各项指标。

(2) 简明科学性原则。评价指标体系的大小必须适宜，即指标体系的设置应有一定的科学性。如果指标体系过大、指标层次过多、指标过细，势必将评价者的注意力吸引到细小的问题上；而指标体系过小、指标层次过少、指标过粗，又不能充分反映合作伙伴的水平。

(3) 稳定可比性原则。评价指标体系的设置还应考虑到易于与国内其他指标体系相比较。

(4) 灵活可操作性原则。评价指标体系应具有足够的灵活性，以使企业能根据自己的特点以及实际情况，对指标灵活运用。

对供应商来说，要想在所有的内在特性方面获得最佳是相当困难的，或者可以说是不可能的。例如，一个高质量产品的供应商不可能有最低的产品价格。因此，在实际的选择过程中，必须综合考虑供应商的所有主要影响因素。

3. 评价指标体系的一般结构

根据企业调查研究，影响合作伙伴选择的主要因素可以归纳为四类：企业环境、质量系统、生产能力和企业业绩。为了有效地评价、选择合作伙伴，可以框架性地构建三个层次的综合评价指标体系（见图 7-12，其中第三层次省略了具体的指标）：第一层次是目标层，包含以上四个主要因素；影响合作伙伴选择的具体因素建立在指标体系的第二层次；与其相关的细分因素建立在第三层次。

需要强调的是，第三层次指标应该是可观测指标，也就是说，合作伙伴选择评价人员可以通过这一层次的细分指标，观测到（或计算出）各个指标的分值，包括客观评价值和主

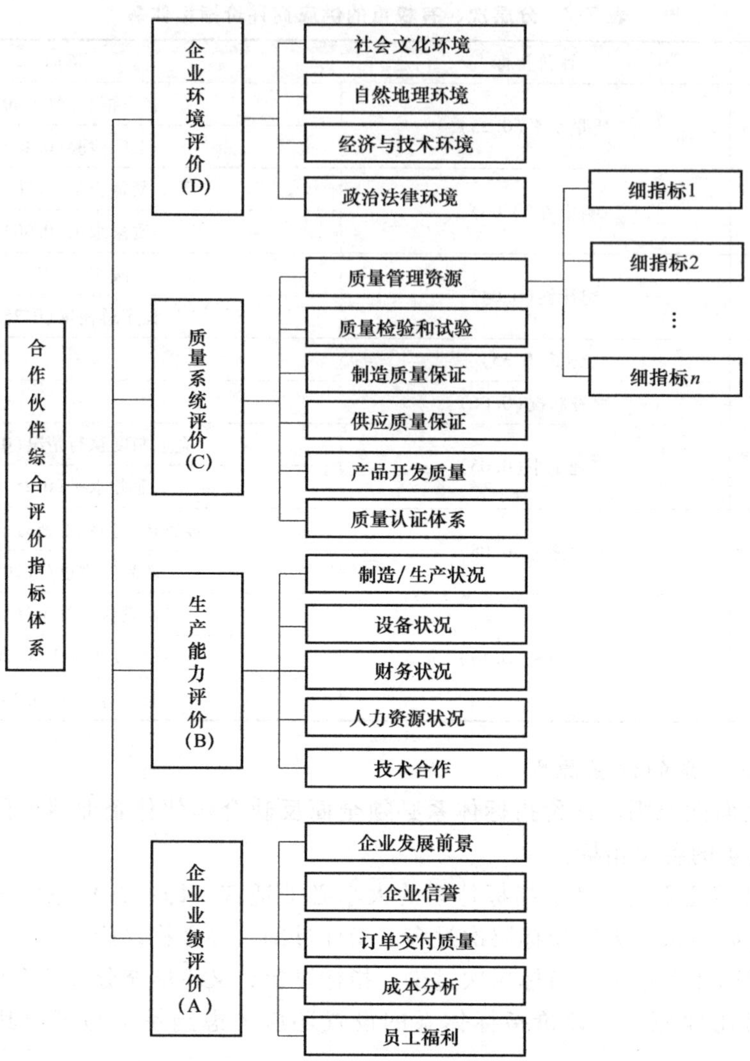

图 7-12　合作伙伴综合评价指标体系结构

观评价值，然后再做进一步分析。

四、供应链合作伙伴的选择流程

对合作伙伴的评价、选择是供应链合作关系运行的基础。如今，合作伙伴的业绩对制造企业的影响越来越大，在交货期、产品质量、提前期、库存水平、产品设计等方面都影响着制造企业。合作伙伴的评价、选择对企业来说是多目标的，包含多层次的因素。

合作伙伴的评价、选择可以归纳为以下几个步骤，如图 7-13 所示。企业必须确定各个步骤的开始时间，每一个步骤对企业来说都是动态的，并且每一个步骤对企业来说都是一次改善业务的过程。

步骤 1：分析市场竞争环境（需求、必要性）。

市场需求是企业一切活动的驱动源。建立基于信任、合作、开放性交流的供应链长期合作关系，必须首先分析市场竞争环境。其目的在于找到针对哪些产品市场开发供应链合作关

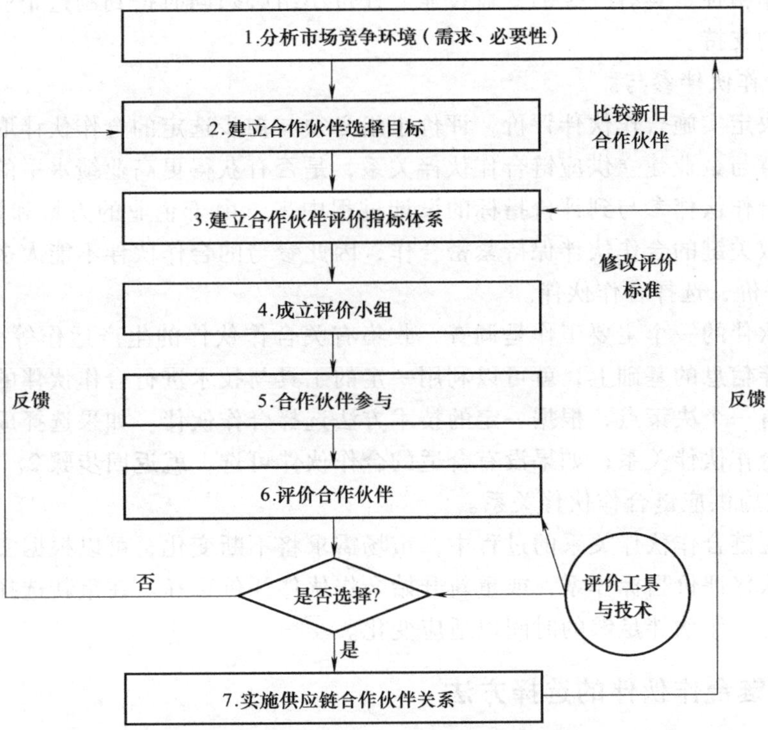

图 7-13 合作伙伴评价、选择的步骤

系才有效，必须知道现在的产品需求是什么，产品的类型和特征是什么，以确认客户的需求，确认是否有建立供应链合作伙伴关系的必要。若已建立供应链合作关系，则需要根据需求变化确认供应链合作伙伴关系变化的必要性，以及确认是否有必要重新选择合作伙伴，同时分析现有合作伙伴的现状，分析、总结企业存在的问题。

步骤 2：建立合作伙伴选择目标。

企业必须确定合作伙伴评价、选择流程如何实施，信息流程如何，谁负责，而且必须建立切合实际的目标。合作伙伴的评价、选择流不仅仅是一个简单的评价、选择过程，也是企业自身与其他企业之间的一次业务流程重构过程，如果实施得好，还可带来一系列的附加利益。

步骤 3：建立合作伙伴评价指标体系。

合作伙伴评价指标体系是企业对合作伙伴进行综合评价的依据和标准，是反映企业本身和环境所构成的复杂系统不同属性的指标，是按隶属关系、层次结构有序组成的集合。要根据系统全面性、简明科学性、稳定可比性、灵活可操作性的原则，建立集成化供应链管理环境下的合作伙伴综合评价指标体系。不同行业和企业、不同产品需求、不同环境下的合作伙伴评价指标应是不一样的，但不外乎都涉及合作伙伴的业绩、设备管理、人力资源开发、质量控制、成本控制、技术开发、客户满意度、交货协议等可能影响供应链合作关系的内容。

步骤 4：成立评价小组。

企业必须建立一个小组以组织和实施合作伙伴评价工作。小组成员以来自采购、质量、生产、工程等与供应链合作伙伴关系密切的部门人员为主，兼有外聘的评审专家。小组成员必须有团队合作精神、具有一定的专业技能。评价小组必须同时得到制造企业和合作伙伴企业最高领导层的支持。

步骤5：合作伙伴参与。

一旦企业决定实施合作伙伴评价，评价小组必须与初步选定的合作伙伴取得联系，以确认它们是否愿意与企业建立供应链合作伙伴关系，是否有获得更高业绩水平的愿望。企业应尽可能早地让合作伙伴参与到评价指标的设计过程中来。由于企业的力量和资源是有限的，企业只能与少数关键的合作伙伴保持紧密合作，因此参与的合作伙伴不能太多。

步骤6：评价、选择合作伙伴。

评价合作伙伴的一个主要工作是调查、收集有关合作伙伴的生产运作等全方位的信息。在收集合作伙伴信息的基础上，就可以利用一定的工具与技术进行合作伙伴的评价了。在评价过程的最后有一个决策点，根据一定的技术方法选择合作伙伴。如果选择成功，就可以开始实施供应链合作伙伴关系；如果没有合适的合作伙伴可选，就返回步骤2。

步骤7：实施供应链合作伙伴关系。

在实施供应链合作伙伴关系的过程中，市场需求将不断变化，可以根据实际情况的需要及时修改合作伙伴评价指标体系，或重新开始合作伙伴评价选择。在重新选择合作伙伴的时候，应给予原有合作伙伴足够的时间以适应变化。

五、供应链合作伙伴的选择方法

通过多年理论与实践的发展，目前选择合作伙伴的方法较多，企业一般根据供应商的数量多少、对供应商的了解程度，以及对物资需要的时间是否紧迫等要求来确定。目前，国内外企业常用的方法如下：

（一）直观判断法

直观判断法是根据征询和调查所得的资料并结合人的分析判断，对合作伙伴进行分析、评价的一种方法。这种方法主要是倾听和采纳有经验的采购人员意见，或者直接由采购人员凭经验做出判断。它的缺点是带有明显的主观性，因此常用于选择企业非主要原材料的合作伙伴，或用于选择合作伙伴时的初期淘汰过程。

（二）招标法

当采购数量大、合作伙伴竞争激烈时，可采用招标法来选择适当的合作伙伴。它是由企业提出招标条件，各招标合作伙伴进行竞标，然后由企业决标，与提出最有利条件的合作伙伴签订合同或协议。招标法可以是公开招标，也可以是指定竞标。公开招标对投标者的资格不予限制；指定竞标则由企业预先选择若干个可能的合作伙伴，再进行竞标和决标。招标方法竞争性强，企业能在更广泛的范围内选择适当的合作伙伴，以获得供应条件有利的、便宜而适用的物资。但招标法的手续较繁杂、时间长，不能适应紧急采购的需要；主要是因为供应商对投标者了解不够，双方没有时间充分协商，可能造成货不对路或不能按时到货的后果。

（三）协商选择法

在供应商较多、企业难以抉择时，也可以采用协商选择法，即由企业先选出供应条件较为有利的几个合作伙伴，同它们分别进行协商，再确定适当的合作伙伴。与招标法相比，协商选择法由于供需双方能充分协调，在物资质量、交货日期和售后服务等方面较有保证；但由于选择范围有限，不一定能得到价格最合理、供应条件最有利的物资来源。当采购时间紧迫、招标单位少、竞争程度低、订购物资规格和技术条件复杂时，协商选择法比招标法更为合适。

（四）采购成本比较法

对质量和交货期都能满足要求的合作伙伴，则需要通过计算采购成本来进行比较分析。采购成本一般包括售价、采购费用、运输费用等各项支出的总和。采购成本比较法是通过计算分析各个合作伙伴的采购成本，以选择采购成本较低的合作伙伴的一种方法。但这种方法容易造成唯“低价中标论”，从而牺牲必要的质量水平，形成质量事故隐患。

（五）ABC 法

作业成本法（Activity Based Costing）也称为 ABC 法，通过计算合作伙伴的总成本来选择合作伙伴。总成本模型为

$$S_i^B = (P_i - P^{\min}) \times q + \sum_j c_j^B \times D_{ij}^B$$

式中，S_i^B 为第 i 个合作伙伴的成本值；P_i 为第 i 个合作伙伴的单位销售价格；$P^{\min}$ 为合作伙伴中单位销售价格的最小值；q 为采购量；c_j^B 为因企业采购相关活动导致的成本因子 j 的单位成本；D_{ij}^B 为因合作伙伴 i 导致的在采购企业内部的成本因子 j 的单位成本。

这个成本模型用于分析因企业采购活动而产生的直接和间接成本的大小。一般而言，企业将选择 S_i^B 值最小的合作伙伴。

（六）层次分析法

层次分析法（Analytic Hierarchy Process，AHP）是 20 世纪 70 年代由著名运筹学家萨蒂（Saaty）提出的，韦伯（Weber）等提出利用层次分析法选择合作伙伴。它的基本原理是根据具有阶梯结构的目标、子目标（准则）、约束条件、部门等来评价方案，采用两两比较的方法确定判断矩阵，然后把判断矩阵的最大特征根对应的特征向量的分量作为相应的系数，最后综合给出各方案的权重（优先程度）。由于该方法让评价者对照相对重要性函数表，给出因素两两比较的重要性等级，因而可靠性高、误差小。不足之处是遇到因素众多、规模较大的问题时，该方法容易出现问题，如判断矩阵难以满足一致性要求，往往难以进一步对其分组。层次分析法作为一种定性和定量相结合的工具，目前已在许多领域得到了广泛应用。

（七）人工神经网络法

人工神经网络（Artificial Neural Network，ANN）是 20 世纪 80 年代后期迅速发展起来的一门新兴学科。ANN 可以模拟人脑的某些智能行为，如知觉、灵感和形象思维等，具有自主学习、自适应和非线性动态处理等特征。

这里将 ANN 应用于供应链管理环境下合作伙伴的综合评价选择，旨在建立更加接近于人类思维模式的定性与定量相结合的综合评价选择模型。通过对给定样本模式的学习，获取评价专家的知识、经验、主观判断及目标重要性的倾向，当对合作伙伴做出综合评价时，该方法可再现评价专家的经验、知识和直觉思维，从而实现定性分析与定量分析的有效结合，也可以较好地保证合作伙伴综合评价结果的客观性。

基于人工神经网络的合作伙伴综合评价选择的总体流程结构模型如图 7-14 所示。

在选定评价指标组合的基础上，对评价指标做出评价，得到评价值之后，由于各项指标

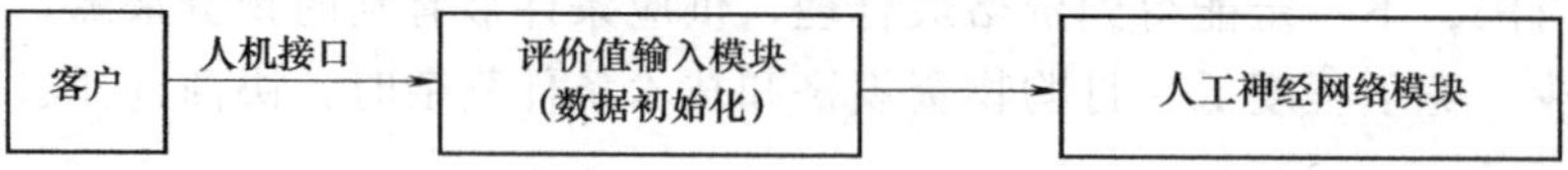

图 7-14　基于人工神经网络的合作伙伴综合评价选择总体流程结构模型

间没有统一的度量标准，难以进行直接的分析和比较，也不利于输入神经网络计算。因此，在用人工神经网络法进行综合评价之前，应首先将输入的评价值通过隶属函数的作用转换为[0，1]之间的值，即对评价值进行标准无纲量化，作为人工神经网络的输入，以使 ANN 可以处理定量和定性指标。

评价值输入模块处理功能结构如图 7-15 所示。

其中，χ_{pi} 表示第 i 个指标的评价值（输入值）；γ_{pi} 表示第 i 个指标经量化后的评价值（输出值），它是 B-P 人工神经网络（简称 B-P 网络）的输入值。

人工神经网络模块是综合评价系统的重要组成部分，由 B-P 网络组成，主要完成网络结构的定义、样本的学习，以及通过 B-P 算法进行合作伙伴的综合评价计算等功能。

用于合作伙伴评价选择的 B-P 网络可以采用具有一个输入层、一个隐层和一个输出层的网络结构。各层具有多个节点，每相邻两层之间单向互连，如图 7-15 所示。

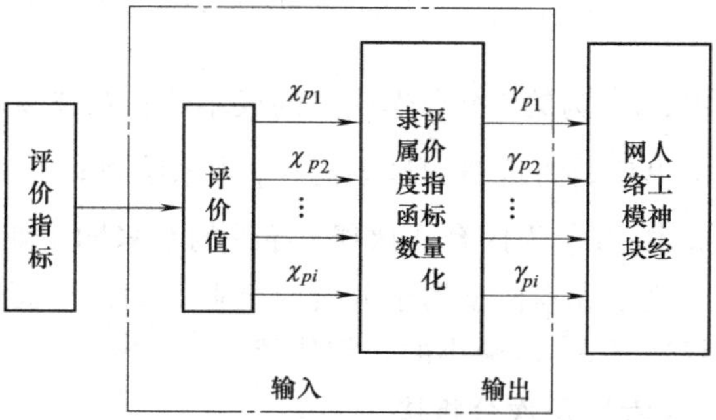

图 7-15　评价值输入模块处理功能结构

B-P 网络结构参数的选择是一项十分重要的工作，输入层和隐层个数的增加会增强网络的表达能力，但也会影响其收敛速度。B-P 网络结构参数可在网络运行前设置定义，相应设置存于网络结构文件。

在通过计算得到网络的权值和阈值后，就可将经过初始化的企业评价值作为网络输入值进行计算，得到评价输出。

第四节　供应链网络设计与优化

一、供应链网络结构的组成

对于供应链网络结构的组成有明确的了解是至关重要的。从原材料供应商到最终客户，所有节点企业都处于供应链中，供应链管理的难度取决于产品的复杂程度、有效供应商的数目及原材料的利用程度等因素。供应链的节点不同，供应链与其节点的关联程度也不同，因此，管理时需要选择适合特定供应链连接的协作层次。在整个供应链中，并不是所有连接的协调和整合程度都很高，最适合的连接是那些最能适应具体环境变化的连接。因此，供应链重点部分的确定必须仔细地对节点企业的生产能力和企业的重要性进行权衡。

具体而言，供应链网络由以下三个基本方面组成：

（一）供应链成员

在确定供应链网络结构时，识别谁是供应链成员是非常必要的。但是，对成员进行全盘考虑很可能导致整个供应链网络的复杂化。因此，必须分类并确定哪些成员对企业以及供应链的成功起着决定作用，以便对它们给予关注和合理分配资源。

供应链成员是由与核心企业相连的组织构成的，这些组织直接地或间接地与它们的供应商或客户相连。为了使错综复杂的供应链网络更便于管理，有必要将基本成员与支持成员分开。供应链基本成员是指在专门为客户或市场提供专项输出的业务流程中，所有能进行价值增值活动的自治公司或战略企业单元；支持成员则是指那些简单地提供资源、知识及设施的供应链成员。

尽管供应链基本成员与支持成员之间的区别并不明显，但这些微小的差异却可以简化管理并确定供应链的核心成员。在某种程度上，对供应链成员的这种分类方法与迈克尔·波特的价值链框架中对基本活动和支持活动的区分类似。

供应链基本成员和支持成员的定义有助于理解供应链中起始点和消费点的定义。供应链的起始点和消费点出现在没有基本成员的位置，所有作为起始点的供应商仅是支持成员，消费点不仅不会进一步产生附加值，而且还要消耗产品和服务。

（二）网络结构变量

在描述、分析和管理供应链时，有三种重要的网络结构，分别是水平结构、垂直结构和供应链范围内核心企业的水平位置，由此构成了供应链网络的结构维数，如图 7-16 所示。

第一维，水平结构，是指供应链范围内的层次数目。供应链可能很长，拥有很多层次；或很短，层次很少。第二维，垂直结构，是指每一层中供应商或客户的数目。一家企业可能有很窄的垂直结构，其每一层供应商或客户很多。第三维，是指供应链范围内核心企业的水平位置。核心企业最终被定位在供应源附近、终端客户附近或供应链终端节点间的某个位置。

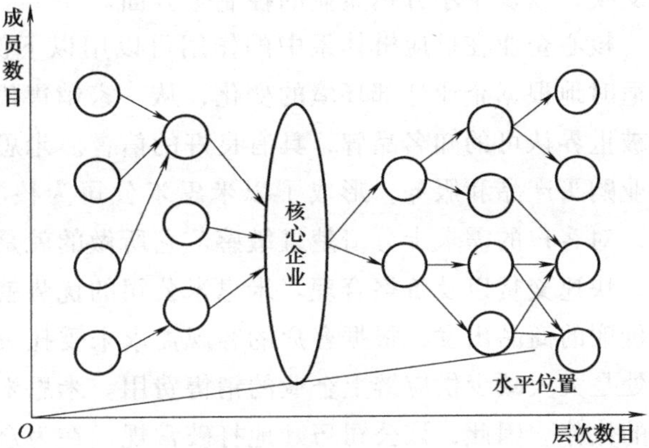

图 7-16　供应链网络结构维数

核心企业除了能创造特殊价值、长期控制比竞争对手更擅长的关键性业务工作外，还要协调好整个供应链中从制造商、供应商、分销商直到最终客户之间的关系，控制好整个价值链的运行。为了能够管理好整个供应链，核心企业必然要成为整个供应链的信息集成中心、管理控制中心和物流中心。核心企业要将供应链作为一个不可分割的整体，打破存在于采购、生产和销售之间的障碍，做到供应链的统一和协调。因此，供应链的组织结构应当围绕核心企业来构建。

一般来说，成为核心企业的企业，要么为其他企业提供产品或服务，要么接受它们的产品或服务，要么在供应商与客户之间起连接作用。以核心企业为中心建立的组织结构有以下几种：

（1）核心企业作为客户企业的组织结构。作为客户企业的核心企业，本身拥有强大的销售网络和产品设计等优势，销售、客户服务这些功能可以由核心企业自己的销售网络来完成。因此，供应链组织结构的构建主要集中在供应商这一部分。供应链管理的中心转移到供应商的选择，以及信息网络的设计、生产计划、生产作业计划、跟踪控制、库存管理及供应商与采购管理等方面。

（2）核心企业作为产品或服务供应者的结构。这类核心企业本身享有供应和生产的特权，或者享有在制造、供应方面不可替代的优势，如能源、原材料生产企业；但其在分销、客户服务等方面则不具备竞争优势。因此，在这种结构中，供应链管理主要集中在分销商和客户的选择、信息网络的设计、需求预测计划与管理、分销渠道管理、客户管理与服务等方面。

（3）核心企业同时作为产品或服务的供应者与客户。这类核心企业主要具有产品设计、管理等方面的优势；但是，在原材料的供应、产品的销售及各市场客户的服务方面，缺乏足够的力量。因此，它必须通过寻求合适的制造商、供应商、分销商和客户构建成整个供应链。因此，在这种结构中，供应链管理主要是协调好采购、生产和销售的关系，如信息网络的设计、计划控制和支持管理、物流管理、信息流管理等。

（4）核心企业作为连接组织。这类核心企业往往具有良好的商誉和较大的规模，并且掌握着本行业大量的信息资源。它主要通过在众多中小分销企业和大供应商之间建立联系，代表中小分销企业的利益取得与大供应商平等的地位，从而建立起彼此合作的战略伙伴关系。因此，在这种结构中，供应链管理主要集中在中小分销企业与大供应商之间的协调、信息交换，以及中小分销企业的控制等方面。

核心企业在供应链体系中的作用可以用以下例子来说明。日本的米思米（MiSuMi）公司适时地根据企业外部环境的变化，从一家销售代理商转变为客户购买代理商。米思米公司是被世界认可的知名品牌，具有良好的信誉。米思米公司替将近 3 万家企业从 280 余家生产企业购买产品和服务，形成了以米思米公司为核心的供应链。米思米公司作为一家流通企业，对客户的需求十分清楚且敏感。它所做的就是按客户的需求来要求生产企业保证优良品质、快速交货以及价格合理。米思米公司的优势就在于它能从为客户方便、及时地购买到物美价廉的商品出发，根据客户的客观需求来委托关系企业，客观上帮助了生产企业，附带的好处是大大减少供应链上企业的销售费用。米思米公司就是利用其品牌信誉成为供需双方信赖的伙伴。因此，该公司巧妙地打破常规，在为众多客户带来相对丰厚利益的同时，带动了其他生产企业的发展，也为自身带来了巨大的利益。

东风日产的钢材采购是以集中采购模式进行的。虽然东风日产拥有广州花都、郑州、襄阳、大连四个生产基地，但是所有钢材采购管理均由位于广州花都的总部进行集中采购，根据数据的决策相对统一。同时，由于国内钢厂生产供应的特殊性，国内钢材供应体系较多，可与宝武集团体系、鞍钢集团体系、首钢体系，日本的三井、伊藤忠、丸红，韩国的浦项等联系合作。这些钢厂体系不仅生产制造汽车用钢，同时包括钢材贸易、仓储、加工配送等业务，利于东风日产汽车量的增大。

此外，耐克、阿迪达斯等公司也可视为典型的核心企业。这些企业本身并无生产线，其产品全部来自分布在世界各地的关系企业，尤其是发展中国家。在这些国家生产产品，既可以降低生产成本，又可以使公司专注于产品设计、品牌推广和市场开拓，通过不断提高和强化自身形象来维系和推进供应链的生存和发展。通过这种方式，耐克、阿迪达斯等公司不仅自身获得了巨大收益，也带动了供应链上的相关企业发展。

（三）供应链工序连接的方式

在众多研究中，人们可以发现不同的结构变量能够合并。有这样一个案例：供应商那边是一个窄而长的网络结构，而客户那边是一个宽而短的网络结构，但它们却联系在一起。在这一供应链中，增加或减少供应商和客户的数目都会影响供应链的结构。例如，当一些企业从多源供应商向单源供应商转变时，供应链可能变得越来越窄，开放物流、制造、销售及产品开发活动是另一个很可能改变供应链结构的决策实例。因此，它们可能增加供应链的长度和宽度，并同样会影响供应链网络中核心企业的水平位置。

由于每个企业都将自己作为核心企业，并对其成员和网络结构有着不同的看法，所以，表面上供应链与每个企业的目标不一致，然而，因为每个企业都是供应链的一员，理解它们的地位关系和前景对每个企业的管理来说尤其重要。只有每个企业都清楚供应链的前景，才有可能成功实现跨企业边界的业务流程重组和管理优化。

二、供应链网络的设计

（一）供应链网络设计决策

供应链网络设计决策包括供应链设施功能的定位，制造、仓储或运输等相关设施的布局，以及每个设施的产能分配和市场分配。供应链网络设计决策分为以下几种：

（1）设施功能。每个设施有什么作用？在每个设施中将有哪些作业流程或操作？

（2）设施布局。设施应该定位在何处？

（3）产能配置。每个设施应该配置多大的产能？

（4）市场和供给配置。每个设施应服务哪些市场？每个设施由哪些供应源供货？

供应链网络设计决策对供应链绩效有着相当重要的影响，因为它决定了供应链的配置并设置了约束条件，其他供应链驱动因素只能在约束条件内被用来降低供应链成本或提高响应性。供应链网络设计决策会相互影响，必须基于这一事实来做决策。关于每个设施功能的决策是非常重要的，因为这些决策决定了供应链在改变其满足需求的方式上所具有的柔性。例如，丰田公司在全球范围内为它所服务的每个主要市场都设有工厂。1997 年以前，每个工厂只能服务当地市场，这使得丰田公司在后来的亚洲经济危机中受到了很大的损失：在亚洲当地工厂出现空闲产能却不能用来服务其他有过量需求的市场。于是，丰田公司提高了每个工厂的柔性，使其能够服务当地之外的市场。这种柔性化生产使丰田公司能更有效地应对日益动荡的全球市场环境。

设施选址决策对供应链的绩效有着长期影响，因为关掉一个设施或将其转移到其他地方的代价是十分昂贵的。好的选址决策能帮助供应链在保持低成本的同时具有响应性。例如，丰田公司 1998 年在美国肯塔基州列克星敦市建立了其在美国的第一个装配厂，并从那时起就不断在美国新建工厂。当日元坚挺及在日本本土生产的小型汽车因费用太高而不能与在美国生产的小型汽车进行成本竞争时，这些美国工厂证明了它们对丰田公司的有利价值：当地的工厂使丰田公司能够在保持低成本的同时对美国市场做出最迅速的反应。

产能配置决策比设施选址决策容易改变，但一般来说产能决策常常数年不变。因为在一个区位配置过高的产能会导致设施利用效率偏低、成本过高；相反，在一个区位配置过低的产能，需求得不到满足，又会导致响应性差，而如果由较远的设施来满足需求，则会导致成本过高。

设施的供应源及市场配置决策对供应链绩效有重要影响，因为它们会影响整个供应链为满足客户需求所发生的生产、库存及运输成本。这种决策应该定期进行重新审议，以便生产和运输成本、市场条件或工厂产能变化时该配置可以进行调整。当然，只有当决策有足够的柔性、能够服务不同市场及接收不同来源的供应时，才能考虑改变供应源和市场的配置。

（二）供应链网络设计的影响因素

1. 战略因素

企业的竞争战略对供应链网络设计决策有着重要的影响。强调成本领先的企业倾向于在成本最低的区位布局制造设施，即使这样做会使制造设施远离其所服务的市场。电子制造服务供应商，如富士康公司和伟创力公司，通过将其工厂设在低成本的国家，在提供低成本的电子装配上获得了成功。相反，强调响应能力的企业倾向于将设施设立在更靠近需求市场的地方，如果这种选择能使该企业快速响应变化的市场需求，甚至可以选择一个高成本的地点。例如，飒拉公司是一家西班牙服装制造商，其大部分产能设在葡萄牙和西班牙，尽管那里的成本相对较高。当地的产能使得该公司快速地对欧洲变化的流行趋势做出响应。这种响应能力使飒拉公司成为世界上成长最快的服装零售商之一。

连锁便利店将为顾客购物提供便利作为其竞争战略的一部分。所以，便利店网络包括很多连锁商店以覆盖一个地区，每个商店相对较小。相反，折扣店（如山姆会员店）采用的是则专注于提供低价格商品的竞争战略。所以，它们的网络中有很大的商店，而顾客通常可能需要走很远的距离才能到达其中一个商店。一个山姆会员店覆盖的地理区域内可能包括几十个便利店。

全球供应链网络通过在不同国家发挥不同设施的作用，能够很好地支持企业的竞争战略。例如，飒拉公司在欧洲以及亚洲都有生产设施。其中，在亚洲的生产设施关注的是低成本，主要生产大量销售的标准化、低价值的产品；而在欧洲的设施则关注响应性，主要生产需求不可预测的时尚设计产品。这种设施组合使飒拉公司能够以利润最大化的方式生产很多品类的产品。

2. 技术因素

产品的技术特征对供应链网络设计决策有着重要影响。如果生产技术能带来显著的规模经济效益，布局数量少但规模大的设施是最有效的。以计算机芯片的生产为例，由于计算机芯片的生产需要很大一笔投资，因此，大多数企业都选择建立数量极少但规模很大的芯片生产厂。

相反，如果设施建设的固定成本较低，那么就可以建立为数众多的当地设施，因为这样有利于降低运输成本。例如，可口可乐瓶的罐装厂固定成本较低，为了减少运费，可口可乐在世界各地都建有可口可乐罐装厂，各自服务于当地的市场。

3. 宏观经济因素

宏观经济因素包括税收、关税、汇率和其他一些经济因素，这些因素是独立于单个企业的外部因素。随着贸易的增长和市场的全球化，宏观经济因素对供应链网络的成败产生了重要影响，因此，企业在进行供应链网络设计决策时必须考虑这些因素。

（1）关税和税收减让。关税是指当产品或设备经过国界时必须支付的税收。关税对供应链网络设施选址决策有着非常大的影响。如果一个国家的关税很高，企业要么放弃这个国家的市场，要么在该国建立制造厂以规避关税。高关税导致供应链网络在更多的地方布局制造设施，而配置在每个地方的制造设施的产能都较小。随着世界贸易组织（WTO）的成立和地区性协议的签订，关税已逐渐降低，企业现在可以通过建立在一国以外的厂家向该国提供产品而无须支付高额的关税。因此，企业开始集中布局其制造和配送基地。对全球化企业来说，关税降低导致了制造基地的减少和每个制造基地生产能力的扩大。

税收减让是指国家、地区或城市的关税或税收的削减，以鼓励企业布局于某一特定区域。许多国家不同地区之间的税收减让不一样，以鼓励企业在发展水平较低的地区投资。对许多企业来说，这种减让往往是供应链网络设施布局决策的最终决定因素。

（2）汇率和需求风险。汇率波动对服务于全球市场的任何供应链的利润都有着重要影响。例如，一家企业在美国销售其在日本生产的产品，就面临着日元升值的风险。在这种情形下，生产的成本用日元衡量，而收益却用美元衡量。因此，日元升值将造成生产成本的增加，从而减少企业的利润。20 世纪 80 年代日元升值时，许多日本制造商都面临着这个问题，因为它们大部分的产能在日本并服务于广阔的海外市场，日元升值减少了它们的收益，利润也随之下降。因此，大多数日本厂商对此做出了反应：在世界各地建立了生产基地，以此来应对日元升值。

人们可以运用金融工具化解汇率风险，因为金融工具可以限制或规避汇率波动带来的损失。所以，设计良好的供应链网络，提供了利用汇率波动增加利润的机会。一个有效的方法是，在供应链网络中多规划一部分产能，以使产能更具有柔性，从而能满足不同市场的需求。这种柔性使得企业可以通过改变供应链中的产品流向来应对汇率的波动，从而使利润最大化。

企业还必须考虑到由于不同国家经济的变化而导致的需求波动。例如，2009 年美国和西欧经济萎缩，而中国经济的增长超过 8%，印度大约是 7%。在此期间，在中国和印度设有办事处，以及具有将资源从萎缩市场转移到增长市场的灵活性的全球化企业，比那些在这些市场没有办事处或没有此灵活性的企业要好得多。随着巴西、中国和印度经济的持续增长，除了追求服务于多个市场的灵活性，全球化供应链也将在这些新兴市场国家设立更多的当地办事处或分支机构。

（3）货运与燃料成本。货运与燃料成本的波动对任何全球化供应链的利润都有显著的影响。例如，仅在 2010 年，波罗的海干散货综合航运指数（衡量原材料如金属、谷物和矿物燃料运输成本的指标）在 5 月达到 4187 的最高点，而在 7 月则创下 1709 的最低点。原油价格在 2009 年 2 月低至每桶约 31 美元，而到 2020 年 12 月则升至每桶约 90 美元。即使充分利用供应链的柔性，想应对这种程度的价格波动也会很困难。这样的波动最好是通过对冲商品市场的价格或签署合适的长期合同来应对。例如，在 21 世纪的第一个 10 年，美国西南航空公司相当大一部分利润归因于它以优惠价格购买的燃油期货。

4. 政治因素

政治因素在供应链网络设施选址决策中起到了关键作用。企业通常倾向于将设施选址在政局稳定的国家，因为这些国家的经济贸易规则较为完善，拥有独立而明确的法制，这使得企业更愿意在这些国家投资建厂。但是，政治风险很难量化，所以企业在供应链网络设施选址决策时只能以主观分析、判断及评价为主。

5. 基础设施因素

良好的基础设施是在特定区域进行供应链网络设施选址的先决条件。糟糕的基础设施会使得在这一区域进行商务活动的成本增加。供应链网络设施理想的周边基础条件包括高素质而价格低廉的劳动力资源、充足而价格合理的土地和矿产资源、优良的海陆空交通条件及齐备的城市基础建设。例如，在华各大跨国公司都喜欢把其对华事业总部设在北京、上海这样的特大城市，关键原因在于这些城市的周边基础建设发展历史长、条件相对优越，尽管这些特大城市的地价要比中国其他城市高出很多。周边基础条件与设施选址倾向的关系如图 7-17 所示。

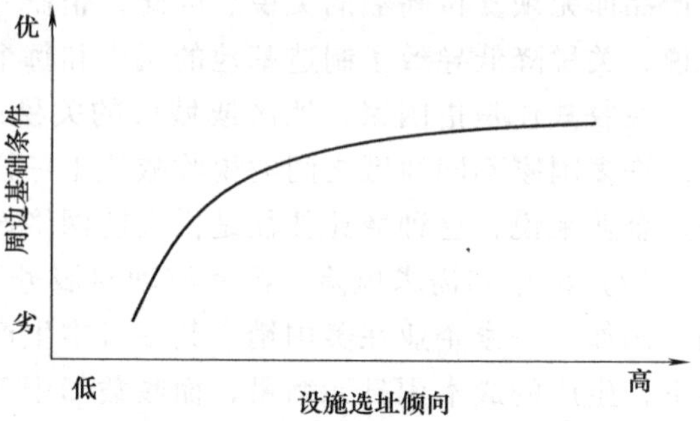

图 7-17　周边基础条件与设施选址倾向的关系

6. 竞争性因素

企业在设计供应链网络时，必须考虑到竞争对手的战略、规模和设施布局。如果市场竞争氛围是倡导共赢，则企业会把设施建在竞争对手的附近。这种情况的一个典型示例是思科公司，这家总部位于美国硅谷的公司是世界最大的网络产品供应商之一，它的竞争特点很大限度地影响了整个网络产品市场的竞争氛围。该公司并不热衷于野蛮吞并周边的中小型竞争企业，相反，它会主动向市场上的新秀企业提供技术和财力支持，因而壮大起来的新秀企业都乐意与这家公司开展广泛的技术共享，结果是促进了共赢发展。如果处在以瓜分市场为主的竞争环境下，企业会尽量把设施建在尚待开发的新市场中。这样做的目的首先是避免其他已瓜分市场的进入风险，其次是尽快抢占新市场的市场份额，形成对竞争对手的进入壁垒。

7. 顾客因素

设计供应链网络时，企业必须考虑到顾客要求的响应时间。如果企业定位于那些注重响应时间的顾客，则供应链网络设施选址应尽量靠近顾客，而且在区域内必须设置足够多的设施，才能满足顾客的需求。所以，对于便利店来说，最好是在一个区域内设立很多门店以使大多数人就近拥有一家便利店。相反，如果企业定位于那些注重成本的顾客，则供应链网络设施选址可以距离顾客远一些。因为如果商店提供的商品价格足够低，这些注重购物成本的顾客宁愿去较远的商店购物。所以，像山姆会员店这样的连锁企业更倾向于在一个区域内建立比便利店更大但分布密度低的连锁门店。

8. 物流和设施成本因素

供应链的物流和设施成本会随着供应链网络设施的数量、布局及产能配置的变化而变化。企业在设计其供应链网络时，必须考虑库存、运输和设施成本。

（1）库存成本。当供应链网络中设施数量增加时，库存及由此引起的库存成本就会增加，为了减少库存成本，企业经常会合并设施以减少设施数量。

（2）运输成本。进货运输成本是指向设施运进原材料时所发生的成本。单位送货成本一般比单位进货成本高，因为进货量一般较大。举例来说，在进货方面，亚马逊公司的仓库收到整车装运的书，但送货时却只向顾客寄出一个小包裹，一般只有几本书。增加仓库数量就能更接近顾客，从而缩短送货距离。因此，增加设施数量能减少运输费用，但如果设施数量增加到一定数目，使得批量进货规模很小时，设施数量的增加也会使运输费用增多。随着自身的发展，亚马逊网上书店已经在其供应链网络中增加了仓库数量，以便节省运输费用，缩短响应时间。

（3）设施成本。任何企业在设施内消耗的成本分为两类：固定成本和变动成本。建设成本和租赁成本被当作固定成本，因为短期内它们并不随着通过设施的货流量的改变而改变。与生产或仓库运营相关的成本随加工或储存数量的变化而变化，因此被看作可变成本。设施成本随着设施数量的减少而减少，设施的合并能使企业在固定成本和变动成本两方面获得规模经济效益。

供应链中的总物流成本包括库存、运输和设施成本之和。随着设施数量的增加，总物流成本先减后增，如果一家企业拥有最少的设施数量，可使总物流成本最小化。例如，亚马逊网上书店已经在增加它的仓库数量，主要是为了减少物流成本并提高响应速度。作为一家想进一步缩短顾客响应时间的企业，它可能不得不增加设施数量，以至超出最小物流成本对设施数量的要求。只有管理人员确信响应速度提高所带来的收益比设施增加带来的成本要大时，企业才会在低成本点以上仍增加设施数量。

供应链网络设计的一个主要因素就是对存货数量进行限定。储存地点的存货总量遵循下面的公式

$$\mathrm{AS}(N_2)=\mathrm{AS}(N_1)\times\sqrt{N_2/N_1}$$

式中，N_2 为未来计划的设施数量；N_1 为现有设施数量；$\mathrm{AS}(N_i)$ 为设施数量为 N_i 时的总存货量。

【例 7-1】 英国的 G 公司计划把服务范围向欧洲大陆进一步扩展。目前该公司拥有 12 个仓库，总存货量价值为 1200 万英镑左右，并计划把仓库数量增加到 16 个。以每年的存货持有成本为 20%计算，仓库数量增加后成本如何变化？

解： 已知 $N_1=12$ 个；$N_2=16$ 个；$\mathrm{AS}(N_1)=1200$ 万英镑。

带入数据得：$\mathrm{AS}(N_2)=\mathrm{AS}(N_1)\times\sqrt{N_2/N_1}=1200$ 万英镑$\times\sqrt{16\text{ 个}/12\text{ 个}}=1390$ 万英镑

因此，额外增加的 4 个仓库将会使得年存货持有成本上升为

$$(1390\text{ 万英镑}-1200\text{ 万英镑})\times 20\%=38\text{ 万英镑}$$

（三）供应链网络设计决策框架

供应链网络设计的目标是在满足客户需求和响应方面要求的同时使企业的利润最大化。为了设计一个有效的供应链网络，管理者必须在充分考虑上述因素的影响。一般而言，一个全球化的供应链网络设计决策可以通过以下四个阶段来制定，如图 7-18 所示。

1. 第一阶段：明确供应链战略

供应链网络设计第一阶段的目标是明确企业的供应链战略。供应链战略详细说明供应链应该由哪些环节构成，应该具备哪些功能，这些功能是内部执行还是外包，以便有效支持企业竞争战略的实现。

第一阶段是从明确界定企业竞争战略开始的。竞争战略旨在对供应链所要满足的客户需求组合给出一个清晰的定义。接下来，管理者必须预测全球竞争很可能的演变趋势以及每个市场的竞争对手是当地还是全球的商家。管理者还必须明确可运用资本的限制，以及企业是否可以通过利用现有设施、建立新设施或者联合使用设施来实现发展。

管理者必须在企业竞争战略、竞争分析、任何规模经济或范围经济及所有限制条件的基础之上决定供应链决策，进而明确供应链网络必须具备哪些能力来支撑竞争战略。

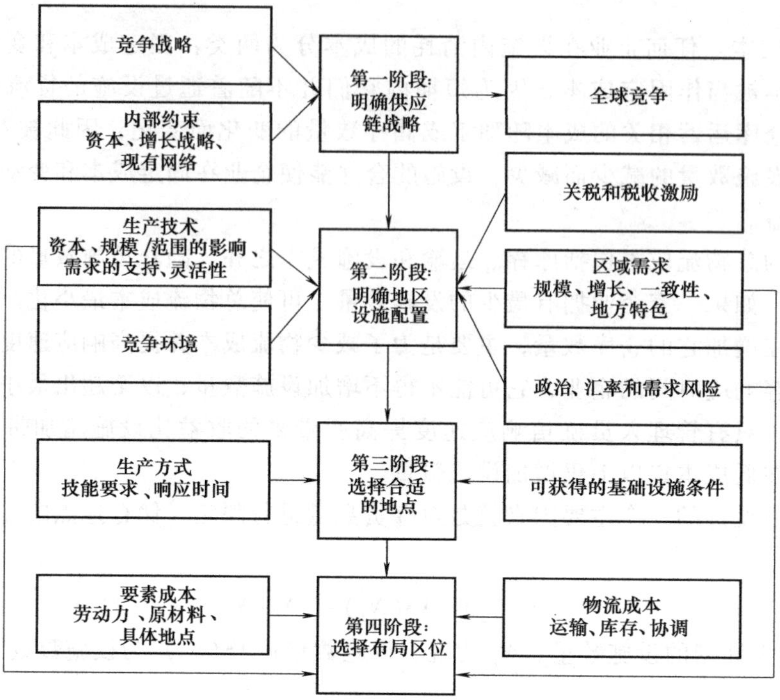

图 7-18　供应链网络设计决策框架

2. 第二阶段：明确区域设施配置

供应链网络设计第二阶段的目标是选择设施布局的区域，明确设施潜在的功能及其大概的产能。

第二阶段的分析从每个国家的需求预测开始。这种预测必须包括对需求规模的估计，并确定各个国家之间的客户要求是一致的还是存在国际变化。一致的需求对集中布局设施有利，而不同国家的不同需求则适合较小的地区性设施的布局。

接下来管理者要弄清楚在既定生产技术条件下，规模经济或范围经济能否起到很大作用，如果规模经济或范围经济效益明显，用较少的设施满足较大的市场可能会更好一些。如果规模经济或范围经济效益微不足道，那么就比较适合每个市场拥有自己的供应源。例如，可口可乐公司在它的每个市场区域都设有包装瓶生产厂，因为包装瓶的生产并没有多大的规模经济性。相反，像英特尔之类的芯片制造商，考虑到生产中的规模经济性，就只拥有少量的服务于全球市场的生产厂家。

然后，管理者要明确与不同地区市场相关的需求风险、汇率风险和政治风险，还必须认识到地区关税、地区对产品的任何特殊要求、税收减免以及每一市场的进出口限制；同时，要弄清楚每一地区内的竞争者，并给出设施应当临近或远离竞争者布局的理由以及每一市场的理想响应时间。

依据上述信息，管理者将描绘出供应链网络中地区性设施的架构。这种地区性架构将决定网络中设施的数量和布局区位，并决定某项设施应当为网络中某个特定市场生产全部产品，还是应当生产所有市场需求产品的一部分。

3. 第三阶段：选择合适的地点

供应链网络设计第三阶段的目标是在将要布局设施的区域范围内选择一系列的地点。理想地点的数量比将要建立的设施数量要多，以便在第四阶段找出精确的区位。

地点的选择应当依据基础设施的状况进行，以便确保预想的生产方式能正常进行。其中，硬件设施要求包括供应商的存在、运输服务、通信、公用事业及仓储设施；软件设施要求包括可雇用的熟练劳动力、劳动力转换及当地社区对工商业的接受程度。

4. 第四阶段：选择布局区位

供应链网络设计第四阶段的目标是选择精确的设施布局区位，并为每一个设施配置产能。管理者在第三阶段选出的一系列理想的地点中进行科学筛选，找出设施布局区位。供应链网络设计是为了实现供应链总利润最大化，并考虑每个市场的预期边际效益，以及不同的物流和设施成本。

三、供应链网络的优化

（一）供应链网络优化的理论基础

供应链网络由不同的节点企业构成，进行供应链网络优化，必须在动态优化过程中寻找供应链的薄弱环节，优化资源配置，将企业内的价值转换成供应链的价值，才能维持可持续的竞争优势。

供应链的强度等于这条供应链最薄弱环节的强度。这意味着最弱的环节往往也是最强的，因为它蕴涵着使整个供应链提升的巨大潜力。因此，应该全面考虑整条供应链的竞争优势。生产管理中的约束理论（Theory of Constraints，TOC）对供应链管理有很好的借鉴价值。

1. 约束理论的定义

约束理论是以色列物理学家伊利雅胡·高德拉特（Eliyahu M. Goldratt）博士创立的。美国生产及库存管理协会又称它为约束管理，它可以应用到生产、分销、供应链和项目管理等领域，而且获得了很好的成效。

约束理论认为，任何一个由多个阶段构成的生产系统，如果其中一个阶段的产出取决于前面一个或几个阶段产出的话，那么，某个产出率最低的阶段决定着整个系统的产出能力。换句话说，任何连续的系统都可以想象成一个环环相扣的链，这个系统的强度取决于链中最薄弱的环节，而不是最强的环节。因此可以认为，在整个企业的经营流程中，任何一个阻碍企业有效扩大产出能力、降低库存和运行成本的环节，就是一个“约束”。“约束”是一个广义的概念，通常也称作“瓶颈”，主要由来自企业内部的“内部约束”和来自市场或外在环境的“外部约束”构成。任何系统至少存在着一个约束，否则，它就可能获得无限的产出能力。因此，要提高一个系统的产出能力，必须要打破系统的约束。

对于整个供应链网络，可以从企业和供应链两个不同的视角分析供应链的约束问题。在一个具有 n 个成员的供应链中，企业 $f(f=1,2,\cdots,n)$ 的业务活动集为 A_f^I，且

$$A_f^I=A_f^1A_f^2\cdots A_f^m$$

定义 1：如果企业只有一项业务活动，那么，这项活动既是核心业务活动，也是约束。

定义 2：如果企业内部业务活动可以构成一个网络结构，这个网络结构中存在一个关键路径，并且关键路径上的一个环节 $A_f^I(I=1,2,\cdots,m)$ 能够聚集较大“能量”，那么环节 A_f^I 就是企业业务活动的一个约束。

定义 3：如果企业 f 是供应链的基本成员，并且在供应链运作过程中成为聚集较大“能量”的环节，那么，企业 f 就是供应链的一个约束。

包含核心环节和瓶颈环节的业务流程，构成了企业价值增值的关键业务流程链。对于供应链网络，核心企业和瓶颈成员构成了供应链的关键企业链。约束不仅在供应链中存在，而且会随着时间产生漂移，从一个业务活动转移到另一个业务活动，从一个基本成员转移到另一个基本成员。供应链管理的一项职能就是不断地对整个供应链进行诊断，及时发现将会成为下一个约束的环节或企业，从而制定克服这个新约束的决策。

2. 约束理论的管理原则

约束理论的基本思想具体体现在它的管理原则上，已经成为实施约束理论的基石。约束理论的管理原则指出：

（1）物流平衡代替生产能力平衡。追求生产能力的平衡是为了使企业的生产能力得到充分利用。因此，在设计一个新厂时，自然会追求生产过程中各环节生产能力的平衡。但是，对于一个已投产的企业，特别是多品种生产企业，如果一定要追求生产能力的平衡，即使企业的生产能力已经充分利用了，但产品并不都能恰好满足当时市场的需求，必然会造成一定数量的积压。约束理论主张在企业内部平衡物流，认为平衡生产能力实际是做不到的。因为波动是绝对的，市场每时每刻都在变化，生产能力总是相对稳定的。因此，必须接受市场波动及其引起的相关事件这个现实，并在这种前提下追求物流平衡。所谓物流平衡，就是使各个工序都与瓶颈设备同步，以求生产周期最短、在制品最少。

（2）系统的约束决定着非瓶颈资源的利用程度。系统的约束就是瓶颈。因为系统的产出是由所能经过瓶颈的量决定的，即瓶颈限制了产销量。非瓶颈资源的充分利用不仅不能提高产销量，而且会使库存和运行成本增加。

在如图 7-19 所示的瓶颈资源，与非瓶颈资源四种基本关系中，关系 a、b、c 中非瓶颈资源的利用程度是由瓶颈资源来决定的。

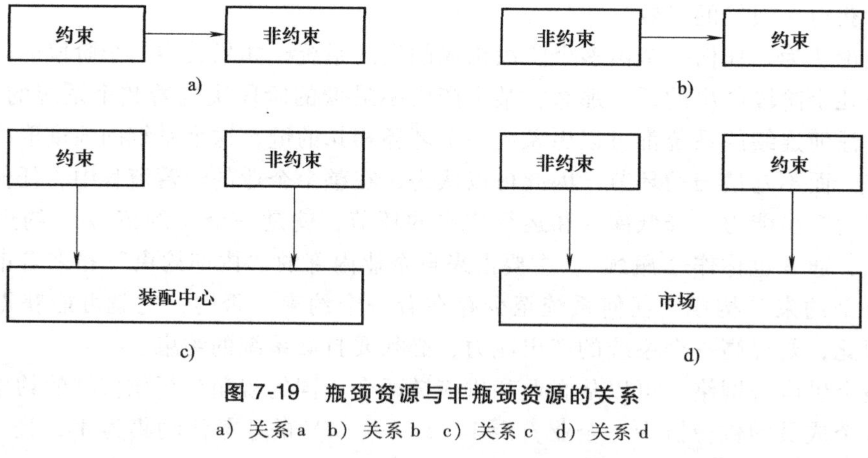

图 7-19　瓶颈资源与非瓶颈资源的关系

a）关系 a　b）关系 b　c）关系 c　d）关系 d

1）关系 a。非瓶颈资源为后续工序，只能加工由瓶颈传送过来的工件，其使用率自然受瓶颈的制约。

2）关系 b。虽然非瓶颈资源为前道工序，能够充分使用，使用程度可达 100%，但整个系统的产出是由后续工序，即瓶颈决定的，因此非瓶颈资源的充分使用只会造成在制品的连续增加，并不改变产出。

3）关系 c。由于非瓶颈与瓶颈资源的后续工序为装配，此时非瓶颈也能充分使用，但受装配配套性的限制，必然受到瓶颈产出的制约，因此多余部分也只能增加在制品库存。

4）关系 d。非瓶颈资源的使用程度虽不受瓶颈的制约，但显然应由市场的需求来决定。

从以上分析可以看出，非瓶颈资源的使用率一般不应该达到 100%。

（3）瓶颈上的损失则是整个系统的损失。一般来说，生产时间包括加工时间和调整准备时间，但在瓶颈资源与非瓶颈资源上的调整准备时间的意义是不同的。因为瓶颈控制了产销率，在瓶颈上中断 1h，是没有附加的生产能力来补充的；而如果在瓶颈资源上节省 1h 的调整准备时间，则将能增加 1h 的加工时间，相应地，整个系统也增加了 1h 的产出。因此，瓶颈必须保持 100% 的"利用"，尽量增大其产出。为此，对瓶颈还应采取特别的保护措施，防止其因管理不善而中断或窝工。

（4）非瓶颈获得的优化毫无意义。因为在非瓶颈资源上的生产时间除了加工时间和调整准备时间外，还有闲置时间，节约 1h 的调整准备时间并不能增加产销率，而只能增加 1h 的闲置时间。当然，如果节约了 1h 的加工时间和调整准备时间，可以进一步减少加工批量，加大批次，以此降低在制品的库存和缩短生产提前期。

（5）瓶颈控制了库存和产销率。产销率是指单位时间内生产出来并销售出去的量，很明显它受到企业或供应链产能和市场需求量的制约。无论是企业还是供应链，产销率都是由瓶颈控制的。如果瓶颈存在于企业或供应链内部，表明企业或供应链的产能不足，因受到瓶颈能力的限制，产销率也会相应地受到限制。如果企业具有高于市场需求的产能，那么，市场需求就成了瓶颈，即使企业能多生产，但由于市场承受能力不足，产销率也不能增加。

同时，由于瓶颈控制了产销率，所以企业的非瓶颈应与瓶颈同步，它们的库存水平只要能维持瓶颈上的物流连续稳定即可，过多的库存只是浪费。这样，瓶颈也就相应地控制了库存。

（二）供应链网络优化的模型

供应链网络优化的模型与方法是供应链管理中经常被研究并付诸实践的问题，通过这些模型与方法可以找到具有较好经济性、较高服务水平的供应链结构，从而为未来供应链的运行奠定基础。在供应链网络结构中，针对不同的物资有两种物流模式：经中转和直供。在这两种模式下可以分别建立相应的供应链网络优化模型，进而对两种优化模型的求解结果进行综合比较，根据比较结果对供应链网络结构做出相应的决策。

1. 经中转物流模式下的供应链网络优化模型

假设经中转物流模式下的供应链网络中包括 I 个供应商、K 个中转储备系统、J 级电站，供应商供应物资到设定的不同的中转储备系统完成交货，再由中转储备系统将物资发往相应的电站，如图 7-20 所示。

项目建设周期为 T，在项目周期内的 t 时段（这里通常取为年），电站 j 的物资需求为 Q_{jt}，供应商 i 的供应能力为 D_{it}。供应链网络优化需要考虑成本问题，用 SC_{ik} 表示供应商 i 向中转储备系统 k 供应物资的物资到货单价；SET_{ik} 表示相应的采购启动费用；β_{kj} 表示中转储备系统 k 中转物资到第 j 级电站的运营费率；p_{rk} 表示中转储备系统 k 的开办费用。同时设定每级水电站的物资供应商数量上限为 A_j，每个供应商供应电站的数量差异上限为 B，银行贴现率为 α。

供应链网络优化的目标为最小化供应链总成本，总成本中考虑的成本项目包括物资到货

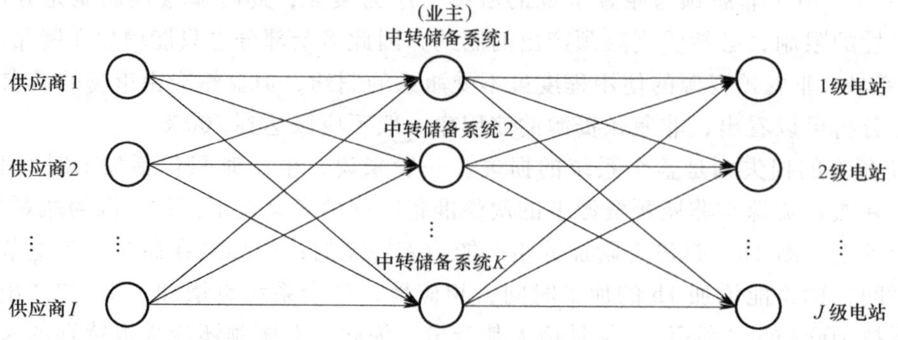

图 7-20　物资经中转的供应链网络

费用（物资到货单价包括物资出厂单价和物资运输费率）、采购启动费用、中转储备系统的运营费用（包括仓储管理及物资运输等费用）和中转储备系统开办费用（静态成本），对于这些成本计算其净现值。

定义三个决策变量：

$x_{ikjt} \in \{0,1\}$，$x_{ikjt}=1$ 表示在 t 时段由供应商 i 运输物资经中转储备系统 k 至第 j 级电站的情况。

q_{ikjt} 表示在 t 时段为满足第 j 级电站的需求，供应商 i 经中转储备系统 k 的物资供应量；同时，中转储备系统直接将该物资量配送到第 j 级电站。

则该优化模型的目标函数为

$$\min \sum_{t=0}^{\bar{T}} \sum_{i=1}^{I} \sum_{k=1}^{K} \left(\sum_{j=1}^{J} q_{ikjt}\mathrm{SC}_{ik} + y_{ikt}\mathrm{SET}_{ik} \right) (1+\alpha)^{-1} + \sum_{t=0}^{\bar{T}} \sum_{j=1}^{J} \sum_{k=1}^{K} \sum_{i=1}^{I} q_{ikjt}\beta_{kj}(1+\alpha)^{-1}$$

考虑如下约束：

$$\sum_{t=0}^{T} \sum_{i=1}^{I} \sum_{k=1}^{K} q_{ikjt} \geqslant \sum_{t=0}^{T} Q_{jt}, \forall j \in \{1,2,\cdots,J\}, T \in \{1,2,\cdots,\bar{T}\} \tag{7-1}$$

约束式（7-1）表示截至任意时段 T 内，中转储备系统的物资供应链必须满足多级电站在该时段内的物资需求量。

$$\sum_{k=1}^{K} \sum_{j=1}^{J} q_{ikjt} \leqslant D_{ik}, \forall i \in \{1,2,\cdots,I\}, t \in \{1,2,\cdots,\bar{T}\} \tag{7-2}$$

约束式（7-2）表示每个供应商任意时段的供应量不能超过其供应能力（供应能力赋值可以根据该供应商市场供应态势以及产能的变化而动态调整）。

$$\sum_{k=1}^{K} \sum_{i=1}^{I} x_{ikjt} \leqslant A_j, \forall j \in \{1,2,\cdots,J\}, t \in \{1,2,\cdots,\bar{T}\} \tag{7-3}$$

约束式（7-3）表示每级电站任意时段的物资供应商数量不能超过最大供应商数量。

$$\sum_{k=1}^{K} \sum_{j=1}^{J} x_{ikjt} - \sum_{k=1}^{K} \sum_{j=1}^{J} x_{i'kjt} \leqslant B, \forall i,i' \in \{1,2,\cdots,I\}, t \in \{1,2,\cdots,\bar{T}\} \tag{7-4}$$

约束式（7-4）是针对每个供应商供应的电站数量差异给出的约束，保证供应商供应数量的平衡。

$$\sum_{K}^{k} x_{ikjt} \leqslant 1, \forall i \in \{1,2,\cdots,I\}, j \in \{1,2,\cdots,J\}, t \in \{1,2,\cdots,\bar{T}\} \tag{7-5}$$

约束式（7-5）表示当某个供应商和某个电站存在物资供应关系时，只通过一个中转储备系统进行中转。

$$x_{ikjt}D_{it} \geqslant q_{ikjt}, \forall i \in \{1,2,\cdots,I\}, k \in \{1,2,\cdots,K\}, j \in \{1,2,\cdots,J\}, t \in \{1,2,\cdots,\overline{T}\} \tag{7-6}$$

$$x_{ikjt}m \leqslant q_{ikjt}, \forall i \in \{1,2,\cdots,I\}, k \in \{1,2,\cdots,K\}, j \in \{1,2,\cdots,J\}, t \in \{1,2,\cdots,\overline{T}\} \tag{7-7}$$

约束式（7-6）和式（7-7）是针对供应商的供应链和电站的供应关系一致给出的约束，其中 m 为一非零极小值。

$$y_{ikjt}M \geqslant \sum_{j=1}^{J} x_{ikjt}, \forall i \in \{1,2,\cdots,I\}, k \in \{1,2,\cdots,K\}, t \in \{1,2,\cdots,\overline{T}\} \tag{7-8}$$

$$y_{ikjt}m \geqslant \sum_{j=1}^{J} x_{ikjt}, \forall i \in \{1,2,\cdots,I\}, k \in \{1,2,\cdots,K\}, t \in \{1,2,\cdots,\overline{T}\} \tag{7-9}$$

约束式（7-8）和式（7-9）是针对供应商、中转储备系统和电站的供应关系一致给出的约束，其中 M 为一极大值。

$$x_{ikjt} \in \{0,1\}, \forall i \in \{1,2,\cdots,I\}, k \in \{1,2,\cdots,K\}, j \in \{1,2,\cdots,J\}, t \in \{1,2,\cdots,\overline{T}\} \tag{7-10}$$

$$y_{ikt} \in \{0,1\}, \forall i \in \{1,2,\cdots,I\}, k \in \{1,2,\cdots,K\}, t \in \{1,2,\cdots,\overline{T}\} \tag{7-11}$$

$$q_{ikjt} \geqslant 0, \forall i \in \{1,2,\cdots,I\}, k \in \{1,2,\cdots,K\}, j \in \{1,2,\cdots,J\}, t \in \{1,2,\cdots,\overline{T}\} \tag{7-12}$$

约束式（7-10）~式（7-12）是针对决策变量的取值范围给出的约束。

2. 直供物流模式下的供应链网络优化模型

直供物流模式下的供应链网络也考虑 I 个供应商和 J 级电站，供应商将物资直接运输至现场完成交货。同样针对各电站给出供应商供货的优先级顺序，其网络结构如图 7-21 所示。

同样考虑成本问题，用 SC_{ij} 表示供应商 i 向第 j 级电站直接供应物资的到货单价，用 SET_{ij} 表示相应的采购启动费用。

在这种网络下主要考虑的成本费用为物资采购费用、物资运输费用以及采购启动费用。定义两个决策变量：x_{ijt} 表示在 t 时段由供应商 i 运输物资到第 j 级电站；q_{ijt} 表示在 t 时段供应商 i 向第 j 级电站的物资供应量。

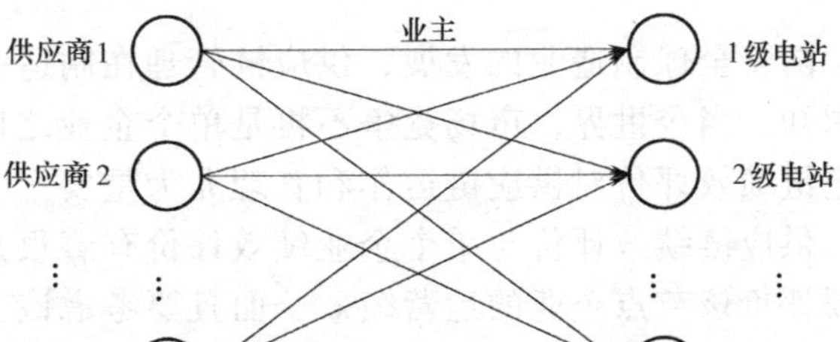

图 7-21　物资直接现场的供应链网络

则该优化模型的目标函数为

$$\min \sum_{t=0}^{\overline{T}} \sum_{i=1}^{I} \sum_{j=1}^{J} (q_{ijt}SC_{ij} + x_{ijt}SET_{ij})(1+\alpha)^{-1}$$

考虑如下约束：

$$\sum_{t=0}^{T} \sum_{i=1}^{I} q_{ijt} \geqslant \sum_{t=0}^{T} Q_{jt}, \forall j \in \{1,2,\cdots,J\}, T \in \{1,2,\cdots,\overline{T}\} \tag{7-13}$$

约束式（7-13）表示截至任意时段 T 内供应商的物资供应量必须满足第 j 级电站在该时间段内的物资需求量。

$$\sum_{j=1}^{J} q_{ijt} \leqslant D_{it}, \forall i \in \{1,2,\cdots,I\}, t \in \{1,2,\cdots,\overline{T}\} \tag{7-14}$$

约束式（7-14）表示每个供应商在任意时段的供应量不能超过其供应能力。

$$\sum_{i=1}^{I} x_{ijt} \leqslant A_j, \forall j \in \{1,2,\cdots,J\}, t \in \{1,2,\cdots,\overline{T}\} \tag{7-15}$$

约束式（7-15）表示每级电站在任意时段的物资供应商数量不能超过最大供应商数量。

$$\sum_{j=1}^{J} x_{ijt} - \sum_{j=1}^{J} x_{i'jt} \leqslant B, \forall i,i' \in \{1,2,\cdots,I\}, \forall j \in \{1,2,\cdots,J\}, t \in \{1,2,\cdots,\overline{T}\} \tag{7-16}$$

约束式（7-16）针对每个供应商供应电站数量的差异给出约束，保证供应商供应数量的平衡。

$$x_{ijt}D_{it} \geqslant q_{ijt}, \forall i \in \{1,2,\cdots,I\}, j \in \{1,2,\cdots,J\}, t \in \{1,2,\cdots,\overline{T}\} \tag{7-17}$$

$$x_{ijt}m \leqslant q_{ijt}, \forall i \in \{1,2,\cdots,I\}, j \in \{1,2,\cdots,J\}, t \in \{1,2,\cdots,\overline{T}\} \tag{7-18}$$

约束式（7-17）和式（7-18）是针对供应量和供应关系一致给出的约束。

$$x_{ijt} \in \{0,1\}, \forall i \in \{1,2,\cdots,I\}, j \in \{1,2,\cdots,J\}, t \in \{1,2,\cdots,\overline{T}\} \tag{7-19}$$

$$q_{ijt} \geqslant 0, \forall i \in \{1,2,\cdots,I\}, j \in \{1,2,\cdots,J\}, t \in \{1,2,\cdots,\overline{T}\} \tag{7-20}$$

约束式（7-19）和式（7-20）是针对决策变量的取值范围给出的约束。

第五节　供应链绩效评价

一、供应链绩效评价的内涵

随着全球制造业的发展，供应链管理在制造业中普遍应用，成为一种流行管理模式。众所周知，当今世界，市场竞争不再是单个企业之间的竞争，而是供应链之间的竞争。因此，供应链绩效评价对供应链运作和管理尤为重要。

供应链绩效评价与单个企业绩效评价有着很大的不同：评价供应链运行绩效的指标，不仅要评价该节点企业的运营绩效，而且要考虑该节点企业的运营绩效对其上下游节点企业乃至整个供应链的影响。所以，对供应链绩效的界定要求更多的是强调企业和合作伙伴之间的沟通与协作。

从价值角度给出供应链绩效的定义为：供应链各成员企业通过信息协调和共享，在供应链基础设施、人力资源和技术开发等内外资源的支持下，通过物流管理、生产操作、市场营销、客户服务、信息开发等活动增加和创造的价值总和。

上述定义具有以下特点：

（1）完整性。该定义包括三层意思：第一层意思是绩效包括信息、基础设施、人力资源、技术开发等内外资源，可以称之为支持绩效；第二层意思是绩效可以对创造的价值进行评价，可以称之为结果绩效；第三层意思是对各种活动的评价，可以称之为运作绩效。这三层意思形成了一个整体的供应链绩效概念

（2）静态性和动态性结合。供应链绩效既可以是一个静态的结果（结果绩效），也可以是产生该结果的活动和过程（运作绩效）。两者可以单独评价，也可以一起作为考核指标，充分体现了应用灵活的特点。

供应链绩效评价是指围绕供应链的目标，对供应链整体、各环节（尤其是核心企业运营状况及各环节之间的运营关系等）所进行的事前、事中和事后分析评价。评价供应链的绩效，是对供应链节点企业、整体运行绩效及节点企业之间的合作关系所做出的评价。因此，供应链绩效评价指标是基于业务流程的绩效评价指标。供应链绩效评价是供应链管理的重要内容，对衡量供应链目标的实现程度及提供经营决策支持都具有十分重要的意义。

二、供应链绩效评价的特点

根据供应链管理运行机制的基本特征和目标，供应链绩效评价应该能够真实地反映供应链的整体运营状况以及上下游企业之间的运营关系，而不是孤立地评价某一个节点企业的运营状况。供应链的绩效评价，不仅涉及该节点企业的运营绩效，而且涉及该节点企业的运营绩效对其上下游节点企业及整个供应链的影响。

供应链绩效评价具有以下特点：

1. 供应链绩效评价的整体性

传统的企业绩效评价侧重于单个企业，注重对企业内部各职能部门及员工个人的工作过程及其结果的考核与评价。这种评价容易造成各部门各自为政，不考虑整体效益。而供应链绩效评价注重的是供应链的整体效益，反映整个供应链的优化状况。供应链绩效评价除了对每个节点企业内部运作进行基本评价外，重点是对供应链的整体运营状况及上下游企业之间运营关系真实客观地反映，以保证企业内外在绩效上达到一致，追求的是各成员企业之间利益的均衡。

2. 供应链绩效评价的时效性

传统企业绩效评价指标的数据来源于财务结果，在时间上略为滞后，导致企业对运营过程中的问题反应迟缓，不能及时、准确应对市场变化，很大限度地制约了企业的发展。供应链绩效评价要求能反映供应链的动态运营状况，适时地调整策略。因为供应链是由多个节点企业构成的系统，各节点企业之间的信息传递速度远远比不上在一个企业内部迅速，因此，某节点企业在生产或送货方面的延误很有可能影响下游多个节点企业形成“牛鞭效应”，影响供应链成员合作关系的长期稳定。所以，供应链绩效评价必须注重时效性。

3. 供应链绩效评价的多维性

这是由供应链空间多维度的特性所决定的。其多维性体现在两个方面：一是供应链的系统空间已远远突破单个企业的界限，通过电子商务、虚拟供应链、战略联盟等模式由点向线、由线向面，再向立体空间拓展，使供应链的资源、生产和销售范围扩大；二是由于各供应链主体之间没有明确的界限，且不同主体之间相互影响，使供应链的影响范围扩大，因此供应链必须在更大的范围内制定产供销战略、规划产供销活动。

4. 供应链绩效评价的科学性

传统的企业绩效评价主要针对企业职能部门的工作完成情况，而不能对企业流程进行评价，因此，不能做到科学、客观、准确地反映企业的真实经营效果。供应链绩效评价指标采用的是基于业务流程的绩效衡量标准，这样能够真正做到科学、客观、准确地反映整个供应链运营的真实情况。

三、供应链绩效评价的作用

在供应链管理中，通过绩效评价来衡量供应链的运营情况，使供应链能保持健康稳定运行，为所有成员企业带来效益。供应链绩效评价的作用主要体现在以下几个方面：

1. 有利于提高整个供应链的运营效果

供应链管理形成了跨企业的动态联盟，覆盖了从产品设计、生产、消费到变成废品回收的过程。供应链是否能够实现整体优化，取决于供应链各节点企业之间的协调运作。通过对整个供应链的运营状况进行绩效评价，可以消除整个供应链中不必要的动作和消耗，集中精力开发高效率、高效益的物流资源，提高整个供应链的运营效果。

2. 有利于约束供应链内各节点企业

根据约束理论，绩效评价是寻找约束的重要途径，也是消除约束、优化资源配置的前提。因此，通过对节点企业为供应链绩效所做贡献的评价，形成约束机制，可以引起供应链内各节点企业的重视，从而达到吸收优秀企业加盟、剔除不良企业的目的，实现供应链的优化组合。

3. 有利于激励供应链内各节点企业

供应链绩效评价可以对供应链内各节点企业起到激励的作用，使各节点企业自觉地根据指标内容检查自己的行为和运行状况，加强供应链各企业之间的合作。激励既包括核心企业对非核心企业的激励，也包括供应商、制造商和零售商之间的相互激励。

4. 有利于加强供应链企业间的合作关系

供应链绩效评价从客户满意度的角度，评价上游企业对下游企业提供的产品和服务质量，从而引导上下游企业建立良好的合作伙伴关系，增加协调能力。为了确保整个供应链的可持续竞争优势，每个节点企业不能再以追求企业利润最大化为目标，而应以追求整个供应链利润最大化为目标。

四、供应链绩效评价的原则

供应链绩效评价是一项复杂的系统工程，涉及供应链上的每一个企业，每一个企业都是独立的经济实体，有自己的发展目标和生存原则。因此，要对供应链绩效做出客观、公正、科学、合理的评价，必须遵循以下原则：

1. 整体性原则

当今市场竞争已由企业之间转向供应链之间的竞争，供应链绩效评价将代替企业绩效评价。供应链绩效评价不应只局限于对局部成本的考察与控制，除了对企业内部运作的基本评价外，还要把注意力放在对外部供应链的监控上，以保证供应链内部和外部在绩效上达成一致，通过从整体上对供应链管理效率进行评价，反映整个供应链的运营状况。

2. 多渠道、多层次和全方位评价原则

多渠道收集信息，进行多层次和全方位的评价，有助于全面和有重点地反映供应链绩效，同时也有助于提高绩效评价的准确性。实践中，经常综合运用上级评价、专家评价、同级评价、下级评价、职员评价、客户评价等多种形式进行全方位、多角度、多层次的评价，以确定供应链在市场中的竞争优势。

3. 短期绩效与长期绩效、近期绩效与远期绩效相结合原则

短期绩效与长期绩效、近期绩效与远期绩效是分别就供应链绩效涉及的时间按长短、远近而言的，其间均存在辩证统一的关系。在进行绩效评价时，不仅要考虑短期的、近期的绩效，更要重视长期的、远期的绩效。在供应链管理中，某些行为从短期或近期的角度来看，可能绩效甚微或无绩效可言；但从长期或远期的角度考虑，它对规范供应链上下游企业的行为、促进企业间的资源共享和共赢、推动供应链的协调发展无疑具有重大意义。因此，在供应链绩效评价中，将短期绩效与长期绩效、近期绩效与远期绩效有机地结合起来，关注供应链的有效组合，实现两个目标之间的有效衔接，有助于供应链企业提高自觉性、减少盲目性。

4. 静态评价与动态评价相结合原则

在供应链绩效评价过程中，不仅要对影响供应链绩效的各种内部因素进行静态的考察和分析评价，而且要动态地研究这些因素之间以及这些因素与外部因素之间的相互影响关系。作为一种新兴的管理模式，在供应链管理过程中会不断地遇到新情况和新问题。在进行绩效评价时应重视对供应链业务流程的动态评价，要能够随时随地跟踪供应链流程运作，及时做出调整和动态优化，应尽可能采用实时分析评价的方法，把绩效度量范围扩大到能反映供应链实时运营状况的信息。因此，在进行绩效评价时，一定要在相对稳定的基础上应用动态和发展理念，只有这样才能解决所面临的问题。

5. 宏观绩效与微观绩效相结合原则

从所涉及的范围看，供应链绩效可分为宏观绩效与微观绩效。宏观绩效是供应链管理活动从全社会的角度考察时的总绩效；微观绩效是供应链管理活动从企业与供应链系统本身的角度考察时的绩效。两者既相互矛盾，又彼此统一。从矛盾性来看，微观绩效为了显示自己的基础性作用，必然会努力突出个体，包括要求减少来自宏观层面的控制和干预；而宏观绩效为了发挥自己的主导作用，也必然会对微观层面施加种种限制，以抑制其个性化发展。从统一性来看，微观绩效是宏观绩效的基础，离开了微观绩效，宏观绩效就要落空；宏观绩效又对微观绩效起导向作用，微观绩效只有在符合宏观绩效的前提下，才能得到有效发挥。

6. 责、权、利相结合原则

供应链绩效评价的主要目的是改善和提升供应链绩效。为此，在绩效评价过程中，应分清责任归属和权力范围，做到责、权、利明晰，只有这样才能赏罚分明、及时将评价结果落实到节点企业，才能促进供应链的健康发展。这是因为供应链的每一个节点企业都是独立的经济实体，出于个体经济理性，它们可能会为自己小利而损害供应链大利。面对这种情况，在绩效评价中必须本着责、权、利相结合的原则，审慎处理，否则可能因赏罚不公而损害供应链上下游企业间的战略合作伙伴关系，阻碍供应链战略目标的实现。

五、供应链绩效评价的内容

（一）内部绩效的衡量

内部绩效的衡量主要是对供应链上企业的内部绩效进行评价。常见的评价指标如下：

(1) 成本。绩效评价最直接的反映是完成特定运营目标所发生的真实成本。绩效成本代表的是以金额表示的销售量百分比或每个单位数量的成本。

(2) 客户服务。客户服务指标是考察供应链上企业满足客户或下游企业需求的能力。

(3) 生产率。生产率是衡量组织绩效的一个指标，用于评价生产某种产品的投入与产出之间的相对关系，通常用比率来表示。

(4) 资产衡量。资产衡量的焦点是为了实现供应链的目标对该设施和设备的资产及其流动资本的使用进行评价。资产衡量指标着重对诸如存货等流动资本如何能快速周转，以及固定资产如何能产生投资回报率等方面进行衡量。

(5) 质量。质量指标是全过程评价的最主要指标，它用来确定一系列活动的效率。然而，由于质量的范围太广阔，所以很难加以衡量，目前人们通常用完美订货代替质量指标。供应链实现完美订货必须符合以下标准：①圆满完成所有的配送；②订发货周期短，发货偏差控制在最小范围之内；③精确无误地完成所有文件、票据，包括标签、提货单及发票等；④状态良好，如安装无误、外观无损等。

(二) 外部绩效衡量

外部绩效衡量主要是对供应链上企业之间运行状况的评价。外部绩效衡量的主要指标有客户满意度和最佳实践基准。

(1) 客户满意度。客户满意度评价可以使用物流绩效评价迈向最高层。这种评价可以由企业或行业协会组织调查或者系统的订货跟踪，主要询问关于供应链企业与竞争者的绩效，如可靠性、订发货周期、信息可用性、问题的解决和产品的支撑等。

(2) 最佳实践基准。最佳实践基准是综合绩效评价的一个重要方面。最佳实践基准评价是将目标企业的运作状况与该行业或相关行业甚至非相关行业的优秀企业进行比较的方法。越来越多的供应链企业应用最佳实践基准，将它作为企业运行于相关行业与竞争对手或最佳实践企业比较的一种技术。特别是一些核心企业，常在重要的战略领域以最佳实践基准作为检验供应链运行的工具。

(三) 供应链综合绩效衡量

供应链之间的竞争引起人们对供应链总体绩效的日益重视，要求提供能衡量供应链综合绩效的方法。供应链综合绩效的衡量主要从客户服务、时间、成本、资产等几个方面展开。

(1) 客户服务。客户服务的衡量包括完美订货、客户满意度和产品质量。它衡量供应链企业所能提供的总的客户满意程度。

(2) 时间。时间主要衡量企业对客户需求的反应能力，也就是从客户订货开始到客户用到产品为止，需要多少时间，包括装运时间、运输时间和客户接收时间。

(3) 成本。供应链的总成本包括订货完成成本、原材料获取成本、库存运输成本、与物流有关的财务和管理信息系统成本、制造劳动力和库存的间接成本等。

(4) 资产。物流管理对包括库存、设施及设备等相当大的资产负责，资产评价基本上集中在特定资产水平支持下的销售量水平，主要测定资金周转时间、库存周转天数、销售额与总资产的比率等资产绩效。

六、供应链绩效评价指标体系

为了客观、全面地评价供应链的运营情况，从以下几个方面来分析和讨论供应链绩效评价指标体系的基本构成：

(一) 反映整个供应链业务流程的绩效评价指标

在这里，整个供应链是指从最初供应商开始直至最终客户为止的整条供应链。综合考虑指标评价的客观性和实际可操作性，提出以下反映整个供应链运营绩效的评价指标：

1. 产销率

产销率是指在一定时间内已销售出去的产品数量与已生产的产品数量的比值，其计算公式为

$$产销率=\frac{一定时间内已销售的产品数量(S)}{一定时间内已生产的产品数量(P)}$$

该指标反映供应链在一定时间内的产销经营状况，其时间单位可以是年、月、日。随着供应链管理水平的提高，时间单位可以选取得越来越小，甚至可以做到以“日”为单位。该指标还反映供应链资源（包括人、财、物、信息等）的有效利用程度，产销率越接近1，说明资源利用程度越高。同时，该指标还反映了供应链库存水平和产品质量，其值越接近1，说明供应链库存量越小。产销率指标又可分成以下三个具体的指标：

（1）供应链节点企业的产销率。该指标反映供应链节点企业在一定时间内的产销经营状况，其计算公式为

$$供应链节点企业的产销率=\frac{一定时间内节点企业已销售的产品数量}{一定时间内节点企业已生产的产品数量}$$

（2）供应链核心企业的产销率。该指标反映供应链核心企业在一定时间内的产销经营状况。其计算公式为

$$供应链核心企业的产销率=\frac{一定时间内核心企业已销售的产品数量}{一定时间内核心企业已生产的产品数量}$$

（3）供应链产销率。该指标反映供应链在一定时间内的产销经营状况。其计算公式为

$$供应链产销率=\frac{一定时间内供应链各节点企业已销售的产品数量}{一定时间内供应链各节点企业已生产的产品数量}$$

2. 平均产销绝对偏差

平均产销绝对偏差是指在一定时间内，所有节点企业已生产产品的数量与其已销售的产品数量之差的绝对值之和的平均值。其计算公式为

$$平均产销绝对偏差=\frac{\sum_{i=1}^{n}|P_i-S_i|}{n}$$

式中，n 表示供应链节点企业的个数；P_i 表示第 i 个节点企业在一定时间内生产产品的数量；S_i 表示第 i 个节点企业在一定时间内已生产的产品中销售出去的数量。

该指标反映在一定时间内供应链的总体库存水平。其值越大，说明供应链成品库存量越大，库存费用越高；反之，则说明供应链成品库存量越小，库存费用越低。

3. 产需率

产需率是指在一定时间内，节点企业已生产的产品数量与其上层节点企业（或客户）对该产品的需求量的比值。产需率指标又可具体分为以下两个指标：

（1）供应链节点企业产需率。该指标反映上下层节点企业之间的供需关系。其计算公式为

$$供应链节点企业产需率=\frac{一定时间内节点企业已生产的产品数量}{一定时间内上层节点企业对该产品的需求量}$$

该指标越接近1，说明上下层节点企业之间的供需关系协调，准时交货率高；反之，则说明下层节点企业准时交货率低或者企业的综合管理水平较低。

（2）供应链核心企业产需率。该指标反映供应链整体生产能力和快速响应市场能力。其计算公式为

$$供应链核心企业产需率=\frac{一定时间内核心企业已生产的产品数量}{一定时间内客户对该产品的需求量}$$

若该指标数值大于或等于1，说明供应链整体生产能力较强，能快速响应市场需求，具有较强的市场竞争能力；若该指标数值小于1，则说明供应链生产能力不足，不能快速响应市场需求。

4. 供应链产品出产（或投产）循环期

当供应链节点企业生产的产品为单一品种时，供应链产品出产循环期是指产品的出产节拍；当供应链节点企业生产的产品品种较多时，供应链产品出产循环期是指混流生产线上同一种产品的出产间隔。由于供应链管理是在市场需求多样化经营环境中产生的一种新的管理模式，其节点企业（包括核心企业）生产的产品品种较多，因此，供应链产品出产循环期一般是指节点企业混流生产线上同一种产品的出产间隔期。它可分为以下两个具体的指标：

（1）供应链节点企业（或供应商）零部件出产循环期。该指标反映了节点企业库存水平以及对其上层节点企业需求的响应程度。该循环期越短，说明该节点企业对其上层节点企业需求的快速响应性越好。

（2）供应链核心企业产品出产循环期。该指标反映了整个供应链的在制品库存水平和成品库存水平，同时也反映了整个供应链对市场或客户需求的快速响应能力。核心企业产品出产循环期决定着各节点企业产品出产循环期，即各节点企业产品出产循环期必须与核心企业产品出产循环期合拍。该循环期越短，说明整个供应链的在制品库存量和成品库存量都比较少，总的库存费用比较低；同时也说明供应链管理水平比较高，能快速响应市场需求，并具有较强的市场竞争力。缩短核心企业产品出产循环期，应采取如下措施：

1）使供应链各节点企业产品出产循环期与核心企业产品出产循环期合拍，而核心企业产品出产循环期与客户需求合拍。

2）可采用优化产品投产计划或采用高效生产设备或加班加点来缩短核心企业（或节点企业）产品出产循环期。其中，优化产品投产顺序和计划来缩短核心企业（或节点企业）产品出产循环期是既不需要增加投资又不需要增加人力和物力的好方法，而且见效快，值得推广。

5. 供应链总运营成本

供应链总运营成本包括供应链通信成本、供应链总库存费用及各节点企业外部运输总费用，它反映供应链运营的效率。具体分析如下：

（1）供应链通信成本。供应链通信成本包括各节点企业之间的通信费用，如EDI、互联网的建设和使用费用，供应链信息系统开发和维护费等。

（2）供应链总库存费用。供应链总库存费用包括各节点企业在制品库存和成品库存费用、各节点之间在途库存费用。

（3）各节点企业外部运输总费用。各节点企业外部运输总费用等于供应链所有节点企业之间运输费用的总和。

6. 供应链核心企业产品成本

供应链核心企业产品成本是供应链管理水平的综合体现。根据核心企业产品在市场上的价格确定该产品的目标成本，再向上游追溯到各供应商，确定相应的原材料、配套件的目标成本，只有当目标成本小于市场价格时，各个企业才能获得利润，供应链才能得到发展。

7. 供应链产品质量

供应链产品质量是指供应链各节点企业（包括核心企业）生产的产品或零部件的质量，主要包括合格率、废品率、退货率、破损率、破损物价值等指标。

（二）反映供应链上下层节点企业之间关系的绩效评价指标

1. 供应链层次结构模型

反映供应链上下层节点企业之间关系的绩效评价指标是以供应链层次结构模型为基础的。根据供应链层次结构模型，对每一层供应商逐个进行评价，从而发现问题，解决问题，优化整个供应链的管理。在该结构模型中，供应链可看成是由不同层次供应商组成的递阶层次结构，上层供应商可看成是其下层供应商的客户。供应链层次结构模型如图 7-22 所示。

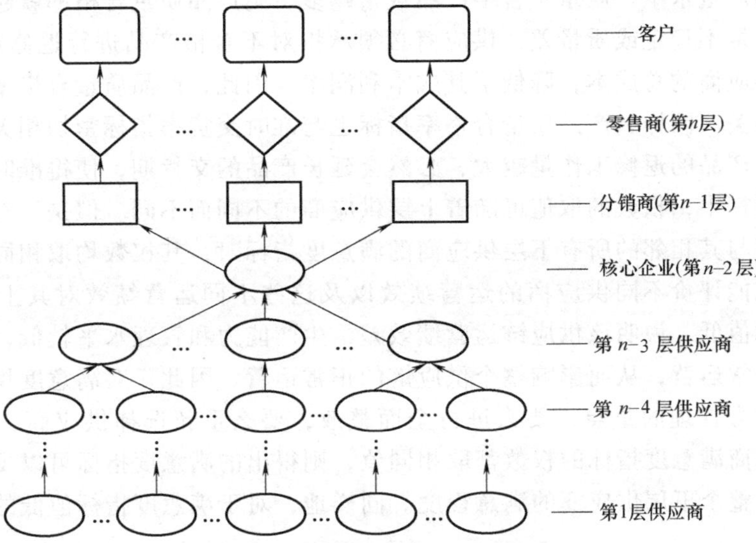

图 7-22　供应链层次结构模型

2. 反映供应链上下层节点企业之间关系的绩效评价指标

供应链是由若干个节点企业所组成的一种网络结构，如何选择供应商、如何评价供应商的绩效及由谁来评价等是必须明确的问题。根据供应链层次结构模型，这里提出相邻层供应商评价法，可以较好地解决这些问题。相邻层供应商评价法的基本原则是通过上层供应商来评价下层供应商。由于上层供应商可以看成是下层供应商的客户，因此，通过上层供应商来评价和选择与其业务相关的下层供应商更直接、更客观。如此递推，即可对整个供应链的绩效进行有效的评价。为了能综合反映供应链上下层节点企业之间关系，采用满意度作为衡量指标。

满意度指标是反映供应链上下层节点企业之间关系的绩效评价指标，即在一定时间内上层供应商 i 对其相邻下层供应商 j 的综合满意程度 C_{ij}。其计算公式为

满意度 $C_{ij}=\alpha_j\times$供应商 j 准时交货率$+\beta_j\times$供应商 j 成本利润率$+\gamma_j\times$供应商 j 产品合格率

式中，α_j、β_j、γ_j 为权数，且 $(\alpha_j+\beta_j+\gamma_j)/3=1$。

在满意度指标中，主要包括以下三个方面：

（1）准时交货率。它是指下层供应商在一定时间内准时交货的次数占其总交货次数的百分比。供应商准时交货率低，说明其协作配套的生产能力达不到要求，或者对生产过程的组织管理跟不上供应链运行的要求；供应商准时交货率高，说明其生产能力强、管理水平高。

（2）成本利润率。它是指单位产品净利润占单位产品总成本的百分比。在市场经济条件下，产品的价格是由市场决定的。在市场供需关系基本平衡的情况下，供应商生产的产品价格可以看成是一个不变的量。按成本加成定价的基本思想，产品价格等于成本加利润，因此，产品成本利润率越高，说明供应商的盈利能力越强，企业的综合管理水平越高。在这种情况下，由于供应链在市场价格水平下能获得较大利润，其合作积极性必然增强，会对企业的有关设施和设备进行投资和改造，以提高生产效率。

（3）产品质量合格率。它是指质量合格的产品数量占产品总产量的百分比，反映了供应商提供产品的质量水平。质量不合格产品数量越多，则产品质量合格率就越低，说明供应商提供产品的质量不稳定或质量差，供应商必须承担对不合格产品进行返修或报废的损失，这样就增加了供应商的总成本，降低了其成本利润率。因此，产品质量合格率指标与成本利润率指标密切相关。同样，产品质量合格率指标也与准时交货率指标密切相关，因为产品质量合格率越低，产品的返修工作量越大，必然会延长产品的交货期，使得准时交货率降低。

在满意度指标中，权数的取值可随着上层供应商的不同而不同。但是，对于同一个上层供应商，在计算与其相邻的所有下层供应商的满意度指标时，其权数均取相同值。这样，通过满意度指标就能评价不同供应商的运营绩效以及这些不同运营绩效对其上层供应商的影响。满意度指标值低，说明该供应链运营绩效差，生产能力和管理水平较低，并且影响了其上层供应商的正常运营，从而影响整个供应链的正常运营。因此，对满意度指标值较低的供应商的管理应作为管理的重点，要么进行全面整改，要么重新选择供应商。在整个供应链中，若每层供应商满意度指标的权数都取相同值，则得出的满意度指标可以反映整个上层供应商对其相邻的整个下层供应商的满意程度。同样地，对于满意度指标值低的供应商就应当进行整改或更换。

供应链的最后一层为最终客户层，最终客户对供应链产品的满意度指标是供应链绩效评价的最终标准。其计算公式为

$$最终客户满意度=\alpha\times零售商准时交货率+\beta\times零售商产品质量合格率+\gamma\times(实际的产品价格/客户期望的产品价格)$$

七、供应链绩效评价方法

（一）标杆法

1. 标杆法的内涵

标杆法（Benchmarking）又称为基准法，是美国施乐公司于 1979 年首创的支持企业不断改进和获得竞争优势的最重要的管理方法之一。供应链整体绩效标杆法是将供应链整体实际绩效与同行业中处于领先地位的供应链绩效进行比较，来评价供应链整体相对的绩效水

平。由于供应链整体绩效自我评价的主观随意性较大，所以对供应链整体绩效进行相对评价更有意义。与同行业中处于领先地位的供应链绩效进行比较，能客观地反映供应链绩效水平和供应链在市场中所处的竞争地位。因此，供应链整体绩效标杆法适用于行业中处于挑战者、追随者地位的供应链。

供应链效绩评价标准，有时称为“标杆”，是判断评价对象绩效优劣的基准。选择什么标准作为评价的基准取决于评价的目的。评价供应链绩效也必须有度量标准供评价时参考，其评价判断结果对决策者来说才有可比性。供应链评价标准一方面可以用供应链过去的绩效评价数据作为标准进行比较，来反映绩效的改进程度；另一方面也可以与同行业竞争者供应链绩效进行比较。在具体选用标准时，应与评价对象紧密联系。例如，评价对象是战术层或操作层对象时，应采用过去的历史和既定的目标作为评价标准；而评价对象是战略层对象时，应该以过去的历史、既定的目标和竞争者的情况作为评价标准。

2. 绩效标杆的种类

基本的绩效标杆有以下三种：

（1）战略性标杆。战略性标是指针对竞争对手强调的市场、竞争对手的市场战略、支持竞争对手市场战略的资源水平、竞争对手的竞争优势集中于哪些方面等问题，将一个企业的市场战略与其他企业的市场战略进行比较，使企业获得领先的市场战略。

（2）操作性标杆。操作性标杆以职能性活动的各方面为重点，找出有效的方法，以便在各个职能上都能获得最好成绩。

（3）支持活动性标杆。企业内的支持功能应该显示出比竞争对手更好的成本效益，通过支持活动性标杆控制内部费用的上升。

3. 标杆法的实施

供应链标杆法的实施过程主要包括五个阶段，如表 7-8 所示。

表 7-8 供应链标杆法的实施过程

阶段	工作内容
第一阶段 计划	确定任务、产品、职能等 确定实施标杆的目标 确定对数据和信息的要求
第二阶段 分析	怎样使标杆的目标更好 怎样把标杆企业的做法用于供应链企业 确定未来的趋势和绩效水平
第三阶段 整合	主要负责人交换标杆实施中的情况 建立运作层的工作目标和具体的职能目标
第四阶段 行动	确定具体行动负责人 制订一套标杆计划和目标进行评审和修改的程序 建立标杆进程的沟通机制
第五阶段 正常运作	在供应链各企业中继续坚持标杆活动 坚持绩效的持续改进

构建体系相对完整的供应链标杆法实施过程如图 7-23 所示。

（二）综合评分法

1. 综合评分法的概念及步骤

综合评分法是一种常用的绩效评价方法，是指用无量纲的分数针对评价指标无法用统一

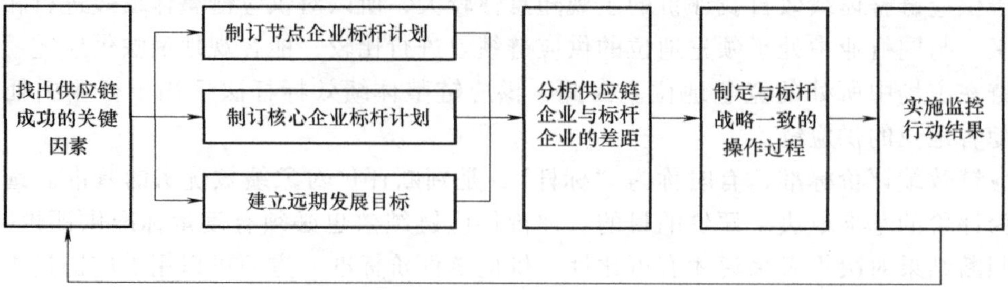

图 7-23 供应链标杆法的实施过程

的量纲进行定量分析的场合所实施的综合评价方法。其基本思想是先分别按不同指标的评价标准对各评价指标进行评分，再根据专家评价法确定各项指标的权重，然后加权求和得到总分，用评分反映评委对各项指标的评价，通过对数据的综合处理，用一个量化的结果表达评价的结论。采用综合评分法评价供应链绩效通常包括以下六个步骤：

（1）确定评价指标和评价等级。评价指标的确定前面已做介绍，而综合评分法的评价等级一般分为优、良、中、差、劣五个级别。其划分依据是某一预先制定的评价标准。等级的区分是通过不同的分值体现的，分值常有小数制、十分制和百分制三种形式。其中，百分制评分的范围较宽，能够区分同一等级内部的细微差别，因而使用比较普遍，如表 7-9 所示。

表 7-9 评价等级的分差

等级 / 指标	优 80～100 分	良 60～79 分	中 40～59 分	差 20～39 分	劣 0～19 分	权数	该项得分	评分说明
A_1						P_1	$A_1 \times P_1$	
A_2						P_2	$A_2 \times P_2$	
A_3						P_3	$A_3 \times P_3$	
⋮						⋮	⋮	
总分							$\sum_{i=1}^{n} A_i \times P_i$	

（2）聘请专家，通过专家讨论确定每项评价指标在供应链绩效评价中的权数。

（3）给各项评价指标打分。每个评委根据评价标准对每项评价指标给出一个具体的分值。

（4）计算各项指标加权分数。将各项评价指标的打分和专家给出的权数相乘。计算公式为

$$\text{各项指标加权分数} = A_i \times P_i$$

（5）加权求和得出总分。先将每项评价指标的评分值与该指标所对应的权重相乘，得出各项指标的加权评分值，再将这些加权评分值相加求和得出总分。计算公式为

$$\text{供应链绩效评分} = \sum_{i=1}^{n} A_i \times P_i$$

（6）根据各项指标加权分数和得到的总分进行供应链绩效分析评价。

2. 综合评分法的优缺点

综合评分法引入了权重的概念，有利于发挥专家的作用，具有更科学、可量化的优点。

但专家确定权数时，由于专家组成员属于临时抽调性质，在短时间内充分熟悉被评项目资料、全面正确掌握评价因素及其权重有一定困难。再加上评价指标及权重的确定比较复杂，评价指标及权重难以合理界定，真正做到科学、合理是很困难的。另外，由于赋予了评委较大的权力，所聘请评委的业务水平不尽相同，如果对评委没有有效的约束，就可能出现人情关系的干扰。

八、供应链企业激励机制

在市场竞争环境中，供应链是涉及众多成员企业的竞争主体，其中核心企业在整个供应链中处于支配地位。但由于供应链中的所有参与者都具有独立的法人地位，彼此之间不存在任何行政上的隶属关系，只是靠某种共同利益所产生的凝聚力暂时维系在一起的，因此不存在真正完整的组织机构和严格的等级制度。供应链中的企业，从本质上说都是供应与需求的关系，其中的任何一个企业偏离整体约束的任何行为，都将或多或少地损害供应链的整体利益。因此，供应链中的各企业实际上处于一个动态的利益战略联盟之中，它们之间必须遵守共同的约束，在目标上达成共识，将方向各异的分散力量形成一致的合力，尽可能减少成员之间的冲突，这是供应链管理的基本要求。但由于供应链中核心企业与外部供应链企业之间是典型的委托-代理关系，两者拥有的信息不对称，容易导致逆向选择和道德风险问题。因此，必须建立有效的供应链激励机制，处理好供应链企业之间由于信息不对称引起的委托-代理问题，充分发挥供应链的整体优势。该机制将直接影响到供应链成员企业的利益和积极性，进而决定供应链的运作效率。从某种意义上讲，供应链是否具有强大的竞争力，能否有机协调运作，将主要取决于供应链企业的激励机制是否公正、合理和有效。

（一）供应链管理的委托-代理问题

在供应链关系中，核心企业为委托人，外部供应链企业为代理人。核心企业追求自身利益的最大化（总成本最低、货物交付的及时性、可靠性及服务质量等），同时它知道外部供应链企业同样追求自身利益的最大化。显然，两者存在着潜在的利益冲突，可以说，两者之间本质上是一种既合作又竞争的关系。外部供应链企业为了建立与核心企业持久的合作关系，有可能有意或无意地向核心企业传递失真甚至错误的信息，以表明其具备较高的能力水平；而核心企业对外部供应链企业的评价标准不仅包括容易观察的价格要素，而且包括质量、服务、交期等诸多核心企业无法甄别的要素。显然，两者存在着信息不对称。由此可以看出，核心企业与外部供应链企业不仅存在委托-代理关系，而且还存在委托-代理问题，即存在逆向选择和道德风险问题。两者都是由于信息不对称而引发的。前者是指在签订契约前，外部供应链企业不具备提供某种质量产品或服务的能力，而做出错误的质量承诺，而核心企业又难以正确地辨识其能力，从而损害核心企业的利益；后者是指外部供应链企业可能在签约后采取欺骗核心企业的行为，最终直接影响供应链整体效益。解决逆向选择问题的关键就是要尽可能多地了解代理人，对其评价指标体系要全面，不仅包括战略层指标，还要包括运作层指标，如价格、质量、交货提前期、交货准时性、交货可靠性、品种柔性、设计能力、管理能力、地理位置等，利用多要素的评价指标体系弥补委托人在获取代理人私有信息方面的劣势；对于道德风险问题则需要通过一定的激励措施，促使代理人采取有利于委托人的行为，以此来约束供应商的欺骗行为。

正是由于供应链企业间是一种合作竞争关系，而且存在委托-代理关系引发的逆向选择和道德风险问题，所以居于支配地位的核心企业除了要订立严密的契约外（以规范和约束合作企业的行为），还必须设计合理的激励机制，协调供应链企业之间的交易活动，节约交易费用，使供应链的运作更加顺畅，实现供应链企业的共赢。

（二）供应链企业的激励过程

激励是一个心理学范畴。在管理学的应用中，对激励的研究一般限于个人行为的范围。供应链激励因其对象包括个人（管理者和一般员工）和团体（供应链和企业）两部分，而将研究范围扩大为个人心理和团体心理。一般地讲，供应链涵盖的社会范围很大，具有社会性，因此供应链的团体心理即是社会心理。供应链的社会心理作为一个整体，具有个人心理的一般特性，即需要产生动机进而产生某些行为以达到目标；但是，整体毕竟不是个人的简单相加，因此供应链的社会心理同时又具有其独特的一面。

供应链企业的激励过程可以借用传统的激励过程模型来描述，如图 7-24 所示。从图中可以看出，供应链的激励机制包含激励对象（激励的客体，代理方）、激励目标、供应链绩效测评（包括评价指标、指标测评和评价考核）和激励方式（正激励和负激励，物质激励、精神激励和情感激励）等内容。

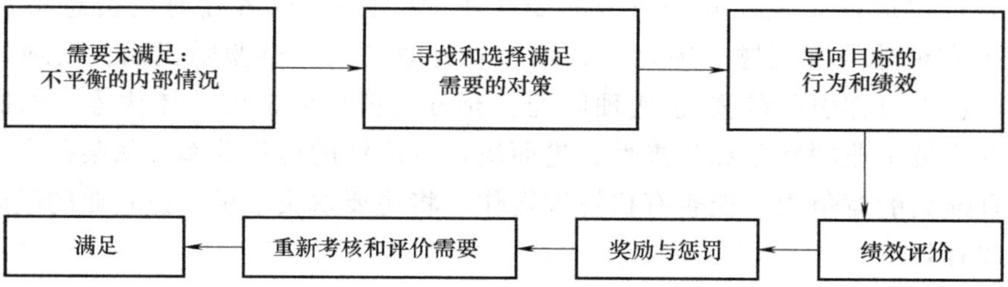

图 7-24　供应链企业的激励过程

激励的主体是指激励者；激励的客体是指被激励者及激励对象。供应链激励的主体从最初的业主转换到管理者、抽象的委托人；供应链激励的客体主要是其成员企业，如上游的供应商、下游的分销商等，也包括供应链企业内部管理者和员工。

供应链环境下激励的主体和客体主要涉及以下几个方面：

（1）核心企业对成员企业的激励。

（2）制造商对供应商的激励，即下游企业对上游企业的激励。

（3）制造商对分售商的激励，即上游企业对下游企业的激励。

（4）供应链对成员企业的激励。

（5）成员企业对供应链的激励。

激励的目标是调动主体与客体的积极性，兼顾双方的共同利益，消除各种因素带来的风险，使供应链运作更加顺畅，实现供应链企业共赢的目标。

（三）供应链企业的激励方式

在供应链企业间，核心企业为了维护供应链的高效运营，应该采取一些合理的机制激励合作企业。良好的激励机制具有激励相容特征。激励相容是指即使在没有外在强制力的条件下，合作企业也愿意自觉实施，因为它能够同时符合合作企业的利益最大化。

（1）价格激励。不可否认，价格激励仍然是最有效的激励方式之一。在供应链环境下，供应链企业间的利益分配主要体现在价格上。价格包含供应链利润或损失，以及因供应链优化产生的额外收益在所有企业间的分配。高价格能增强企业的积极性，不合理的低价会挫伤企业的积极性。供应链利润的合理分配有利于供应链企业间合作的稳定和供应链运行的顺畅。

（2）合同激励。合同是用来详细说明并约束采购商的订购行为，以及供应商满足其订购合同要求的法律文本。近年来美国学者对合同设计中的柔性进行了深入的研究，总结出几种具有实践指导意义的模型，如备货合同、最低购买价格/数量合同、带期权的分期承诺合同和滚动水平柔性合同等。这些合同将数量柔性作为一种商品在供应商和采购商之间进行交易，共享合作利润和共担风险，实现供应链总体利益的最大化。目前国内也有部分企业采用回购合同和弹性数量合同激励采购商。这两种合同激励方式的目的都是针对分销商，特别是零售商予以激励，以提高它们的平均订货数量，从而提高供应链整体绩效，但同时也必须注意防范牛鞭效应的产生。

（3）商誉激励。商誉是企业的无形资产。委托-代理理论认为：在市场竞争中，代理人的代理量取决于其过去的代理质量与合作水平。即使没有显性激励合同，代理人也有努力工作的积极性，因为这样做可以改进自己在代理人市场上的声誉，从而提高未来收入。供应链核心企业应加强合作企业的商誉意识，充分发挥商誉的激励作用。

（4）淘汰激励。为使供应链整体的竞争力保持在较高水平，供应链必须建立成员企业的淘汰机制。淘汰激励就是在供应链管理体系中形成一种危机激励机制，使合作企业产生危机感，这样绩效较差的企业为了避免淘汰必然积极努力，从而使供应链获得整体竞争优势。

（5）新产品、新技术的共同开发与投资。新产品、新技术的开发按照团队方式在供应商、制造商、分销商之间开展全面合作，其成败将影响到整个供应链的所有企业。上下游企业通过共同开发与投资，不仅可以降低新产品、新技术开发的风险，同时也缩短了开发周期，提高了供应链企业的团队意识。因此，新产品、新技术的共同开发与投资就形成了对整个供应链的激励作用。

（6）信息共享激励。信息流是供应链管理的重要环节，而信息共享是实现供应链管理的基础。信息共享可以弱化供应链上不可避免的信息扭曲现象，如牛鞭效应，改善供应链上由于信息不对称而导致的供应链失调。建立良好的供应链信息共享条件及有效的信息共享管理激励机制，可以提高供应链的性能，实现供应链成员企业的共赢。互联网和现代物流信息技术的迅速发展，给信息共享提供了便利条件。目前可以采用电子数据交换（EDI）、共享销售时点（POS）数据、联合库存管理（JMI）等手段实现信息共享。供应链企业通过畅通的信息共享，能更为便利、快捷地获得合作企业的供需信息，便于迅速提供优质的产品和服务，使供应链的运营绩效得到保证。这样也会提高供应链成员企业的满意度和合作意愿，从而起到一定程度的激励作用。

（7）组织激励。一个具有良好组织的供应链对其成员企业也是一种激励。减少供应商的数量，同主要供应商和分销商保持长期稳定的合作伙伴关系，是以制造商为核心企业的供应链所采用的组织激励的主要措施。如果不能从组织上保证供应链管理系统的运行环境，供应链的绩效也会受到影响。

第六节　供应链风险与防范

一、供应链风险管理概述

近年来，随着供应链全球化的飞速发展，供应链的复杂程度越来越高，供应链的脆弱性正在逐渐增加，各种供应链风险事件让很多企业损失惨重，有些企业甚至破产倒闭。在面对各种风险或突发事件冲击时，供应链如何保持稳健运行，并能尽快从各种危机和冲击中恢复，尽量减少损失，已经成为21世纪供应链管理的重要内容。因此，必须特别重视供应链风险管理问题。

（一）供应链风险的含义

GB/T 24420—2009《供应链风险管理指南》对风险的定义为：风险是指不确定性对目标实现的影响。供应链所面临的市场竞争环境存在着大量的不确定性，只要存在不确定性，就存在一定的风险。所谓不确定性，是指当引入时间因素后，事物的特征和状态不可充分地、准确地加以观察、测定和预见。在供应链企业之间的合作过程中，存在着各种产生内在不确定性和外在不确定性的因素，因此需要进行风险管理。

供应链系统是一个复杂的系统，其风险是很难界定的，不同学者从不同角度做出了定义。供应链风险包括所有影响和破坏供应链安全运行，使之不能达到供应链管理目标，造成供应链效率下降、成本增加，导致供应链合作失败或解体的各种不确定因素和意外事件，既包括自然灾害带来的风险事件，也包括人为因素产生的风险事件。

（二）供应链风险的特性

与一般风险相比，供应链风险具有以下特性：

1. 动态性

供应链管理目标的实现是供应链整合优化的过程。实现供应链目标的过程受到内部和外部各种因素的影响，不同的成员企业和业务面临的风险因素不同，其中有些因素随着环境和资源的变化及供应链管理目标的调整，可能会转化为供应链风险因素。供应链因外部客观环境或内部结构而产生风险，这些风险绝不会静止、僵化不变，而是随着风险处理的正确性与及时性降低或升高。因此，供应链风险因素将与供应链的运作相伴存在，具有动态性特征。

2. 复杂性

供应链网络的复杂性导致供应链风险的来源也呈现复杂性特性。供应链从构建起就面对许多风险，它不仅要面对企业自身的系统风险与非系统风险，还要面对由于供应链特有组织结构所决定的企业之间的合作风险、技术与信息资源的传递风险、文化冲突风险及利润分配风险等。因此，供应链风险相比一般企业的风险类型多、范围广，也更为复杂。另外，供应链结构呈现层次化和网络化，不同层次的供应链成员，如核心企业、供应商、分销商、协作层企业对供应链运作的影响程度不同；同样的风险对不同层次供应链成员的影响程度也不同。

3. 传递性

风险的传递性是供应链自身组织结构所决定的最显著的特征之一。由于供应链从产品开发、原材料采购、生产加工到仓储配送的整个过程，都是由多个节点企业共同参与完成的，根据流程的顺序，各节点企业的工作形成了一个交错的混合网络结构。其中某一项工作既可能由一个企业完成，也可能由多个企业共同完成；某一个企业既可能参与一个环节，也可能参与多个环节。因此，各节点环环相扣，彼此依赖和相互影响，任何一个节点出现问题，都可能波及其他节点，进而影响整个供应链的正常运作。供应链是链式生产结构，源头企业可以通过这种结构把一定的风险传递到下游企业，下游企业也可能通过信息流、资金流等途径把风险传递给上游企业。一个企业发生风险，造成生产、销售等运营困难，那么，整条供应链都要受到牵连。牛鞭效应便是由这种传递性引起的。传递性会通过供应链系统的联动性，使风险对供应链系统造成破坏，给上下游企业及整个供应链带来损害和损失。供应链的效率、成本、质量指标取决于节点指标。由于各节点均存在风险，供应链整体风险由各节点风险传递而成。

4. 此消彼长性

各个风险之间往往是相互联系的，采取措施消除一种风险可能会导致另一种风险加剧，同样，供应链上某个企业采取的措施可能会增加供应链上其他企业的风险。供应链中的很多风险是此消彼长的，一种风险的减少会引起另一种风险的增加。一方面，企业内部一种风险的减少会导致另一种风险的增加，比如为了加强与供应商的长期战略合作，减少交易成本，可能会选择比较少的供应商，而这无疑增加了供应中断的风险；另一方面，供应链系统内各节点企业之间风险的此消彼长性，即某一企业风险的减少可能会导致相关企业风险的增加，比如制造商为了减少自身的库存风险，要求上游供应商采用 JIT 方式送货，而这势必导致上游供应商增加送货成本和库存积压。因此，在加强供应链风险控制时要充分考虑风险之间的相互影响，对此消彼长的风险进行权衡，以确保供应链整体风险最小。

（三）供应链风险管理

由以上论述可知，供应链在日常运营中的风险是客观存在的，而且随着供应链全球化的发展，这种风险会越来越大。为了降低由于各种不确定性因素引发供应链中断或其他危机而导致的损失，企业要加强对供应链风险的管理，提高供应链弹性或柔性，使得供应链始终稳健地运行。

所谓供应链风险管理，就是为了提高供应链运营的稳健性，而在对风险环境分析、风险识别、风险应对及供应链危机恢复过程中，所采取的风险应对计划、组织、协调和控制活动的总称。

二、供应链风险的识别

供应链风险的识别是风险管理的前提和基础，通过风险识别可以审视供应链中的不确定性，并找到可能发生的风险。但由于认识水平的局限性和风险因素的多样性，不可能发现所有能想到的风险。因此，在识别风险的过程中，识别那些最有影响力的风险是整个识别过程的重要任务。

（一）供应链风险的类型

一般而言，供应链风险按照供应链内部结构和运作环境可分为供应链内部风险和外部风险两类。供应链内部风险主要来自组成供应链系统各环节之间的关系，它是由各环节之间潜在的互动博弈与合作引起的，主要表现为系统风险、信息风险、管理风险和合作风险。系统风险是指由供应链自身系统结构决定的，使供应链系统不能发挥其功能并遭受损失的可能性。信息风险主要是由于信息传递导致的不确定性所引起的。管理风险是指由于管理机制弱化而给供应链运作带来的风险。合作风险是指供应链合作企业之间由于沟通不畅造成的信任缺失而导致的不确定性所引起的。供应链外部风险是指外部环境因素所产生的风险。供应链外部环境风险包括自然环境和市场环境风险。自然环境风险主要是指由自然环境因素，如水灾、火灾地震等各种不可抗力所造成的风险。这些风险的发生及其结果一般都是不可控的，也称不可控风险。市场环境风险主要是指影响市场的各种环境因素，如政治、经济、法律、技术等风险。供应链风险的分类如图 7-25 所示。

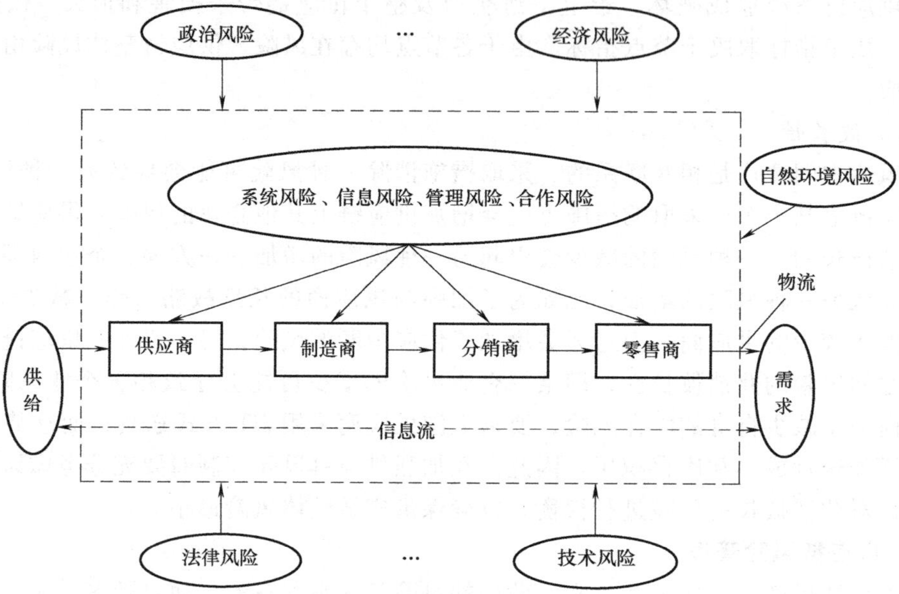

图 7-25　供应链风险的分类

在各种有关供应链风险类型的研究文献中，乔普拉（Chopra）和索迪（Sodhi）对各种供应链风险进行的总结对供应链风险及其来源描述比较全面。他们把风险的类型归纳为中断风险、延期风险、信息风险、预测风险、知识产权风险、采购风险、应收账款风险、库存风险、生产能力风险，如表 7-10 所示。

表 7-10　供应链风险的类型

风险的类型	风险因素
中断风险	自然灾害 劳动纠纷 供应商破产 战争与恐怖事件 依赖唯一供应商，同时后备供应商的生产能力和敏捷性差
延期风险	供应商的生产利用率高 供应商的敏捷性差 产品质量差或供应失败 过境或中转时处理环节过多
信息风险	信息基础设施崩溃 系统整合或系统网络过于庞杂 电子商务

（续）

风险的类型	风险因素
预测风险	前置时间长、季节性因素、产品多样性、生命周期短、客户基础薄弱等造成预测不准确 促销、激励、供应链缺乏可见性及产品短缺使需求夸大、信息失真，导致牛鞭效应
知识产权风险	供应链垂直整合 全球外包和全球市场
采购风险	汇率波动 依赖单一供应源的主要零部件及原材料百分比 行业的生产利用率 长期合同与短期合同
应收账款风险	客户的数量 客户的财务实力
库存风险	产品报废率 产品库存持有成本 产品价值 需求与供给的不确定性
生产能力风险	生产力成本 生产力弹性

资料来源：Chopra 和 Sodhi（2004）。

（二）供应链风险识别的程序和方法

对供应链风险的识别过程，首先是对供应链上各节点的构成与分布进行全面分析归类；其次是对各节点所面临的和潜在的风险，以及发生风险损害的可能性进行识别与判断；最后是对风险可能造成的后果与损失状态进行归类和分析。必须强调的是，风险识别不仅要识别所面临的风险，更重要且更困难的是对各种潜在风险的识别。在此基础上，还要鉴别可能发生的风险的性质，即可能发生的风险是动态风险还是静态风险，是可管理风险还是不可管理风险等。只有这样，才能针对不同的风险采取有效的应对措施。

1. 供应链风险识别的程序

供应链风险识别的过程有以下五个主要步骤：

第一步：定义整体供应链流程。

第二步：将整体流程细化为一系列彼此独立又相关的运作活动。

第三步：系统地审视每一项运作活动的细节。

第四步：识别存在于每一项运作活动中的风险及其特点。

第五步：描述出最具影响的风险。

识别风险绝非易事，尤其是在第四个步骤中，许多正式的工具被开发利用以识别现实中所发生的风险。其中，有些工具具有普遍使用意义，可以用来识别任何一种风险，如历史数据分析法、头脑风暴法、因果分析法、事故树法、流程图法、可能性冲击矩阵、情景规划等；另外一些工具则是专门用来识别供应链风险的，如供应链图视图法和审计、关键路径识别、与上游供应商与客户的相关重要性。

2. 供应链风险识别的方法

以上这些识别风险的工具，有的需要通过分析过往事件，有的需要集思广益，有的则需要直接分析运作活动，得以充分发挥作用。接下来列举几类常用的方法。

（1）分析过往事件。具体包括以下几种方法：

1）根本原因分析法。当风险事件确实已经发生，那么识别未来可能发生的风险最简单的方式就是，对过往事件发生的原因不断地提出问题和进一步挖掘，从而确定这种风险在未来发生的可能性。这些问题可能会是：

提问：发生风险的事件是什么？

回答：一个顾客投诉我们不能为他提供满意的服务。

提问：为什么呢？

回答：因为我们缺货。

提问：为什么缺货？

回答：因为我们的供应商没有按时送货。

提问：为什么没按时送货？

回答：因为我们的订单送出去晚了。

提问：订单为什么送出去晚了？

回答：因为采购部门将所有的订单都延迟递交了。

提问：为什么延迟递交？

回答：因为新招聘的人员工作失误。

提问：为什么会出现工作失误？

回答：因为新招聘的人员没有经过充分的培训。

通过这样的谈话，到最后就能很明确地知道问题出在采购部门，尤其是负责招聘和培训的员工。此时管理者可以评估类似事件再次发生的概率，明确这个风险事件是否是一个具有重要影响的风险。这种方法也被称为根本原因分析法。

根本原因分析法的目标是找出问题（发生了什么）、原因（为什么发生）及措施（什么办法能够阻止问题再次发生）。

根本原因分析法是一项结构化的问题处理方法，这种方法不仅关注问题的表面，还逐步找出问题的根本原因并加以解决。根本原因分析法是一个系统化的问题处理过程。在组织管理领域内，根本原因分析法能够帮助利益相关者发现组织问题的症结，并找出根本性的解决方案，主要包括确定和分析问题原因，找出问题解决办法，并制定预防措施等。

这种方法的优点在于分析调查现实中所发生的风险，并且清晰地显示出问题与原因之间的关联性；其局限性在于，这种方法认为问题的根本原因比较单一，而实际情形往往要复杂得多。

2）帕累托分析法。这种方法是根据以往发生的风险事件频率图，归纳出在将来最有可能再次发生的风险事件。帕累托图的绘制基础是80/20法则，即80%发生的风险后果是由20%的主要原因造成的。

帕累托分析法首先将导致某种风险结果的各种可能原因按照其数量的大小，递减排序，横坐标表示原因，纵坐标表示结果数量或累积百分比，分析出主要原因供决策者作为参考。

根据帕累托法则，20%的原因往往导致80%的问题。如果由于条件限制，不能100%解决问题，那么只要关注全部原因20%的部分，就能够解决80%的问题。因此，在风险识别的过程中，帕累托分析法常被用来找出问题的主要原因，是一种有效并得到广泛应用的方法。

(2) 集思广益。具体包括以下几种方法：

1) 访谈。如果有关过往风险事件的分析还是无法为未来风险的发生、防范提供更多的信息，那么管理人员就要开始着手准备收集新的信息。最为直接的方法就是与相关知识背景、经验丰富的人员进行访谈。他们对风险的发生状况最为了解和熟悉，从他们那里收集风险的详细信息，不仅组织起来简单方便，并且迅速。但是，由于个人观点取决于个人的知识积累，因此，访谈方法的缺点在于还要考虑到人员的个人偏见、技能缺乏，总体而言，缺乏预测力。

2) 专家会议。如果个人的观点不具有可信度，那么取而代之的是组织专家小组，让他们研究讨论企业的各项运作活动，并最终形成一份重要风险的列表。这种专家小组的形式多种多样，可以是严谨、正式的，也可以是非正式和非结构化的。

正式的专家小组讨论，首先是个人陈述，接下来是围绕陈述的要点展开讨论，并最终得出结论。这种正式的讨论形式并不适合那些在会议中不善言辞以及在正式的组织中容易感到局促紧张的人，同时，正式小组的讨论结果往往趋向于保守而无创意。研究发现，相比个人访谈，小组讨论所得到的结果往往更冒进、更具风险性。其原因在于：一方面，“集体”的形式容易导致责任分散；另一方面，在小组讨论中，相比性格温和或沉默寡言的成员，个性坦率、更有影响力的成员的观点更为极端。

避免正式讨论所带来的副作用的方法就是要减少正式的程序，比如可以展开更为宽松、接受度更高的头脑风暴的形式。头脑风暴通过会议形式，采用自由畅谈、禁止批评的规则，鼓励所有参加者在自由愉快、畅所欲言的气氛中，通过相互之间的信息交流，毫无顾忌地提出自己的各种想法。没有了拘束的规则，参加成员没有心理压力，有助于在短时间内得到更多创造性的成果。

3) 德尔菲法。任何一个专家会议都难免遇到权威人士的意见影响他人的情况，有些专家碍于情面，不愿意发表与其他人不同的意见，或者发言时间过长导致偏题。要解决这样的问题，可以通过问卷调查的方法来收集信息。

一般的做法是，组织 15 名供应链方面的专家成立专家小组，通常不超过 20 人。向所有专家发出问卷，收集他们对供应链风险的看法。将各位专家第一次的问卷意见汇总、分析整理后，再分发给各位专家，让专家比较自己同他人的不同意见，修改自己的意见和判断。所有的回复均采用匿名或“背靠背”的方式，使得每一位专家都能独立自主地做出自己的判断。

将所有专家的修改意见收集起来，汇总，再次分发给各位专家，以便做第二次修改。逐轮收集意见并向专家反馈信息是德尔菲法的主要环节，收集意见和信息反馈一般要经过三四轮。在向专家进行反馈的时候，只给出各种意见，并不说明发表意见的专家的具体姓名。这一过程重复进行，直到每个专家不再改变自己的意见或者专家们的意见逐渐趋同。

(三) 供应链风险评估

在对供应链风险进行识别后，必须对供应链风险进行评估，其步骤如下：

1. 调查表格的设计

首先将供应链的内外部指标确定为调查表格中的一级指标，二级指标有系统风险、管理风险、信息风险、合作风险、自然环境风险与市场环境风险等。在二级指标的基础之上又可细分出众多易获得数据的三级指标。例如，管理风险可分为采购价格过高、供应商选择不当、采购品质量不合格、客户关系管理能力差、库存控制不严格等；信息风险可分为合作伙伴扭曲信息、IT系统和软件选择不当、信息共享水平低等；合作风险可分为合作伙伴的自利行为、合作伙伴间不信任、合作伙伴间利益分配不均等；自然环境风险包括发生自然灾害与疾病、公用事业提供不足、行业限制及产业政策限制等；市场环境风险可分为需求大幅度波动、客户财务状况不好等。由以上确定的指标体系设计调查表格，根据抽样调查原则，对各行业供应链企业进行问卷调查，对收集到的数据进行预处理，使之规范化、标准化。然后在预处理的基础上再进行数据挖掘，以确定重要数据间的潜在联系，发现奇异值，总结出特征指标，并对其进行归纳、分析和筛选，从而确定影响企业供应链风险识别的初级指标体系。

2. 企业供应链风险识别指标体系的构建

把所确定的初级指标体系中的指标先进行简单的定性分类，使每一类指标都大概反映企业供应链风险的某个方面，再以此为基础对每一类指标进行主成分分析，以选出的主成分作为新的分析变量，以各企业在各个主成分上的得分作为新的分析数据再进行因子分析。通过因子分析，找出影响企业供应链风险的几个主要因素，并以此作为构建企业供应链风险最终评价指标体系的依据。接下来，计算出各企业在每个因子上的得分，作为判断企业在供应链风险某个方面强弱的标准，再以每个因子的贡献率作为权重，得到加权因子的得分和，便可作为评价整个企业供应链风险强弱的标准。

3. 企业供应链风险评估模型的构建

首先，对统计分析中确定的不同因素研究影响供应链企业风险的方式、范围和程度，按相关程度大小对各因素进行筛选，将筛选出的最主要几个因素作为评估模型的构成要素，根据数据挖掘过程中确定的各种数据之间的潜在联系，确定评估模型的结构和各个要素在模型中的地位与相互关系。利用多元统计分析方法，根据不同行业的特点，确定该模型各个要素取值的有效范围、测试标准和适用场合。然后在各种不同类型的企业中随机抽取足够大的样本，使用这些样本企业的数据对构建的模型进行测试，根据测试的结果对模型做出必要的修正。最后，就可以通过模型对供应链企业风险进行动态的测定，以利于企业实施有效的风险管理。

三、供应链风险防范策略

需要强调的是，对不同的风险应该采用不同的响应策略和方法，而不能用统一的管理策略和方法去应对所有风险事件。因此，供应链风险管理的主要任务是建立起管理体系，用最合适的策略和方法去处理各种不同的供应链风险，并应有相应的措施来实施这些应对策略。通过对供应链风险的有效管控，尽可能保证供应链持续地正常运作，或者使供应链中断达到最少。它体现了企业对待风险的态度，以及有效处理各种供应链风险的策略。

（一）供应链风险防范机制的建立

供应链风险管理者通过大量的研究发现，供应链企业面临的主要风险因素一般分为两类：未知的不确定性因素和可知的不确定性因素。

对于未知的不确定性因素，由于人们无法观测到，因此根本预计不到什么时候将发生风险。针对这类风险事件，应建立有效的风险应急机制。也就是说，在风险爆发之后，企业能够做出快速响应，不至于因为没有应急机制而手足无措，错失风险处理良机。

对于可预测的某些不确定性因素，可以建立风险防范机制，将可能发生的风险消除在萌芽状态。实际上最好的风险管理就是不要让风险真正爆发，因为一旦形成风险了，再有效的处理也无法避免损失，只是尽量减少损失而已。如果能够防范危机发生，则可以大大减少不必要的损失。具体做法包括以下几个方面：

1. 建立正式的风险管理部门

与供应链企业内的其他管理职能一样，真正了解和重视供应链风险管理的组织，首先要做的就是在组织内建立一个专门负责风险管理的部门。有的企业建有风险管理小组这类临时性机构，虽然对风险管理有一定作用，但缺乏长效机制。因此，最有效的风险管理机制是在企业内建立一个专司供应链风险分析和管理的部门。

据此，如果企业中有专门的部门来防范和处理供应链风险问题，在最初设计和构建供应链时就会认识到供应链存在的风险，然后根据其结构、环境等特点分析风险因素，区分风险类别，有利于制定风险管理目标，合理选择风险工具。企业之间在合同设计、契约订立中互相提供柔性设计，可以消除由外界环境不确定性引起的变动因素，及时准确传递供给和需求的信息。

2. 确定供应链风险管理部门的职能

（1）制订风险应急计划，系统进行风险分析。供应链风险管理部门要对企业及供应链系统所处内外部环境进行风险因素分析，详细掌握各种风险因素的动态，然后定期或不定期地进行企业运营风险分析，并将分析报告及时提交给最高决策者。

（2）做好应对风险爆发后的“被害预测”。有些风险事件是无法预测的，其爆发时无任何征兆。对这类事件引发的重大风险，供应链风险管理部门要事先制订预案，然后进行风险分级管理。一旦真的发生重大风险，要迅速做出“被害预测”，根据每一项风险的解决方案，明确责任人与责任完成时间。

（3）处理风险事件的模拟训练。根据“被害预测”，做出应对的预案措施，另外还要不定期举行不同范围的风险爆发处理的模拟训练。不仅要对高层管理者进行应对风险的训练，还要对全体员工进行各种风险事件爆发后的应对训练。平时的训练非常重要，可以让企业员工建立起风险防范意识，知道一旦发生风险如何应对。否则，风险爆发后将给企业和个人都造成巨大损失。

（二）供应链风险防范措施

在建立供应链风险防范机制后，对于供应链企业所面临的各种不同风险，就要采用行之有效的措施来处理和规避。主要措施包括以下几种：

1. 建立战略合作伙伴关系

供应链企业要实现既定的战略目标，客观上要求供应链企业彼此互相合作，形成风险共担、利润共享的双赢局面。因此，与供应链中成员企业建立紧密的合作伙伴关系，成为供应链成功运作与风险防范的一个非常重要的先决条件。这不仅包括制造商与制造商之间的横向合作，也包括供应商与制造商之间的纵向合作，这两种合作都对降低供应链的脆弱性和减少风险起着举足轻重的作用。节点企业之间要建立和保持长期的战略合作伙伴关系，应该注意以下几点：①要求供应链的节点企业相互之间加强信任；②应该加强节点企业之间信息的交流与共享；③必须建立正式的合作机制，在供应链节点企业之间实现利益共享和风险共担；④要选择正确的具有核心竞争能力的合作伙伴加盟供应链，并在恰当的范围内开展合作。

2. 提高供应链弹性

供应链的弹性是指整个供应链作为一个整体对客户需求变化的适应程度，与刚性相对立。一般来说，增加供应链的弹性与供应链的低成本运营存在矛盾，关键问题是如何在这两者之间找到一种平衡。通常情况下低成本运营所带来的利益是直接的、明显的。如库存费用的降低将直接增加企业的利润；而由此造成的服务水平的降低（如出现缺货）所带来的负面影响（如市场份额丢失、商誉降低等），对企业利益的损失是潜在的、长期的。无论如何，市场需求总是变化的，富有弹性的供应链仍旧是降低供应链风险的有效手段。供应链的弹性一般包括以下几个方面：

（1）合理的库存。供应链上各个节点企业合理的库存是防止短缺风险的最简单和有效的办法。尽管供应链上每个企业在成本的压力下都在追求零库存，但如果因为个别节点企业的短缺而造成整个供应链的中断，每个企业都将蒙受损失，因此建立合理的库存必不可少。

（2）保持一定的生产冗余。供应链企业保持协调一致的生产能力冗余（这里的生产能力是广义的，包括运输能力等），一方面，减少了由于满负荷运转带来的各自设施可靠性方面的风险；另一方面，提高了对客户需求变化的适应性。因此，作为供应链的核心企业，应不断重新评价合作伙伴，审视供应链的薄弱环节，即能力瓶颈，通过施加压力，令其加以改进或直接取消其成员资格。

（3）提高供应链企业的柔性。整个供应链应能为客户提供多种产品选择，而且能够随客户需求的变化不断地进行快速调整。因此，要求供应链企业，尤其是供应链上的核心企业，尽可能地提高自身的柔性，应能对产品变型、工程更改等做出反应，以及缩短新产品投放市场的时间等，避免因不断重新选择供应商带来的风险和低效率，以提高供应链的整体竞争力。传统的企业供应链往往是单一的供应商机制，整个供应链缺乏柔性。为确保产品供应稳定，重要产品应该有两个以上的供应商，而不能单单依靠某一供应商，否则一旦该供应商出现问题，势必影响整个供应链的正常运行，使整条供应链变成一条“危机链”。设计柔性的多头供应链是解决供应链瓶颈、预防供应链风险的重要措施。多头的供应链机制不仅使供应链具有足够的柔性，而且还能在供应商之间形成竞争态势，保证产品的稳定供应。

3. 建立信息共享平台

供应链各企业之间的信息共享一方面提高了供应链运作的协同性和运作效率；另一方面有利于及时发现供应链上潜在的风险，为规避风险、及早采取补救措施赢得宝贵时间。这些共享的信息至少包括以下几类：

（1）库存信息。供应链成员企业各自的库存信息对其他供应链成员应该是透明的，供应商、制造商、分销商应通过共享库存信息，对需求做出一致的、有效的和必要的反应，防止反应迟钝或反应过激（牛鞭效应）。

（2）可供销售量信息。可供销售量是指除分配给特定订单以外的商品存量，是随时可以承诺给客户的部分。由于组成供应链的企业都是独立的经营主体，它们之间实际上是一层层的买卖关系，各个环节的可供销售量是缓解突发需求的有效资源，因此，供应链各个环节可供销售量信息的共享，对供应链各成员企业正确应对突发需求具有重要意义。

（3）订单信息。如允许合作伙伴查询订单的执行状态，以便于对延期订单及早采取措施，能保证供应链的服务水平。

（4）计划信息。任何需要协调一致的行动离开了正确的计划都是不可想象的。供应链成员之间的供需关系决定了它们的生产、发货计划必须协调一致。

（5）最终客户的需求信息和历史信息。供应链的最终客户，即消费者的需求信息是供应链反应源。供应链的每个成员企业都需要将最终客户的需求转化为自己计划的依据，与其他成员协调，共同做出预测并分担风险。

(6) 货物运输状态信息。运输是供应链物流中的一个重要环节，也是容易受不确定因素影响的环节。随着现代物流系统的发展，特别是第三方物流的兴起，对运输环节的控制有了更先进有效的平台和方法，如利用地理信息系统（Geographic Information System，GIS）和全球定位系统（Global Positioning System，GPS）能够对运输物流进行动态的监控。

4. 注重供应商选择

供应商选择是预防供应链风险的重要手段。如何选择供应商是每一家进行供应链管理的企业都必须面对的问题。供应链节点企业如果想与供应商建立信任、合作、开放性交流的长期合作关系，必须首先分析市场竞争环境。目的在于找到针对哪些产品市场开发供应链合作伙伴关系才有效，必须知道现在的产品需求是什么，产品的类型和特征是什么，以确认客户需求，以及是否有建立供应链合作关系的必要。如果已建立供应链合作关系，则应根据需求的变化确认供应链合作关系的必要性，同时分析现有供应商的现状和供应上存在的问题，对供应商的业绩、设备管理、人力资源开发、质量控制、成本控制、技术开发、客户满意度和交货协议等方面也要做充分的调查，它很可能成为影响供应链安全的因素。一旦发现某个供应商出现问题，应及时调整供应链战略。

5. 建立供应链预警机制

在供应链风险管理中，竞争中的企业时刻面临着风险，因此对风险的管理必须持之以恒，建立有效的风险防范体系。应构建合适的评估模型，建立一整套完善的预警评价指标体系，当其中一项以上的指标偏离正常水平并超过某一临界值时，就会发出预警信号。其中临界值的确定是个难点：临界值偏离正常值太大，会使预警体系不敏感；而临界值偏离正常值太小，则会使预警系统发出错误信号，过度敏感。因此，要根据各项指标的具体分布情况，选择一个合适的临界值，使该临界值具有较高的参考价值。

6. 制定危机应急处理预案

在预警系统超出临界值发出警告后，应急系统应及时对紧急、突发的事件进行应急处理，避免给供应链企业带来严重后果。由于供应链系统自身的复杂性和层次性，应急处理预案的制定是一项复杂的系统工程，需要从多方面、多层次考虑。应急处理系统可以化解供应链合作中出现的各种意外情况带来的风险，减少由此造成的实际损失。

7. 打造敏捷供应链

敏捷供应链是指以核心企业为中心，在竞争、合作和动态的市场环境中，通过对知识流、物流、资金流的有效集成与控制，将供应商、制造商、分销商、零售商直至最终客户整合到一个具有柔性与快速反应能力的动态供需网络中，以形成一个极具竞争力的动态联盟，进行快速重构和调整。针对供应链进行流程重组，对各企业的采购、生产、营销和物流等过程采取跨职能部门的平行管理，将多余的交接工作、垂直管理的弊病、不确定性和延误降到最低；对产品的生产、包装和运输进行全面质量管理；对生产设备和运输工具进行管理和维护，降低故障率，增强可用性；对分销网络和运输路线进行优化，采用专用运输工具和路线；采用第三方物流，将包装和运输服务外包给专业物流公司，安排充足的提前期和时间限度，加强运输过程实时跟踪控制和及时信息反馈，通过这些方式保证供应链的安全和高效运行。

8. 加强对供应链企业的激励

为了加强对供应链企业间出现的道德风险的防范，应建立和完善成员企业间的监督机制，尽可能消除信息的不对称性，减少不道德行为出现；同时，要积极采用一定的激励手段和机制，使合作伙伴能获取比不道德行为更大的利益，以消除代理人的道德风险。

本章内容结构图

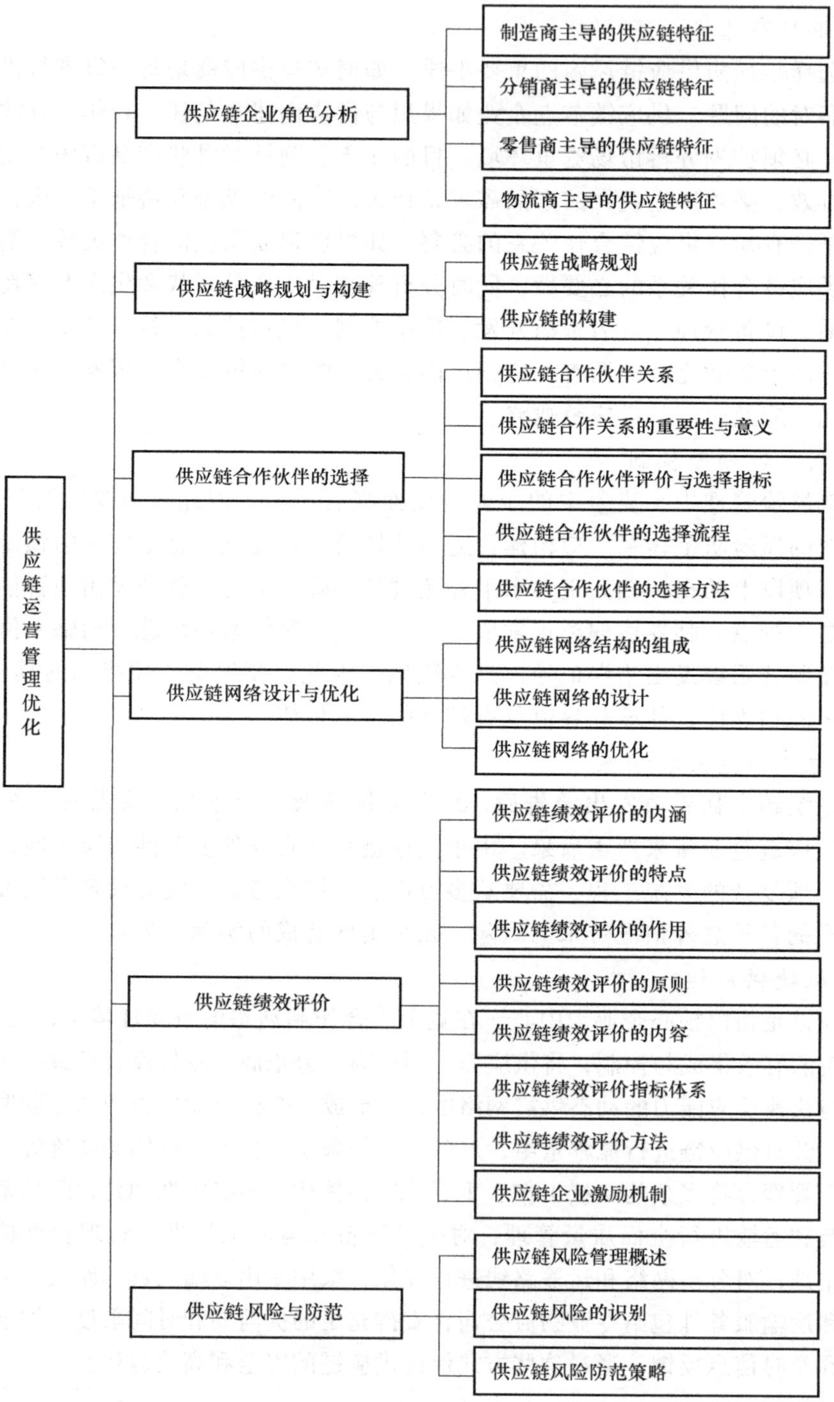

本章重点概念

竞争战略　供应链战略　战略匹配　供应链构建体系　供应链合作伙伴关系　供应链网络设计　供应链绩效评价　标杆法　层次分析法　供应链风险管理

课后习题

1. 如何理解不同角色主导的供应链特征？
2. 效率型供应链与响应型供应链有什么区别与联系？
3. 供应链构建的原则有哪些？
4. 如何理解供应链合作伙伴关系的重要性？
5. 供应链网络设计的影响因素有哪些？
6. 如何理解供应链绩效评价的特点、作用及原则？
7. 如何识别供应链风险？防范的措施有哪些？

本章实训任务

具体见后面的实训任务一和实训任务二。

实训任务一　供应链运营管理优化方案设计

供应链运营管理优化方案设计任务书	
任务目标	以小组为单位扮演供应链制造商、分销商、零售商和物流商中的一种类型企业角色。通过对供应链优化运营管理方案进行设计，学习者能够运用所学的供应链管理相关知识，优化供应链企业及企业之间的运营决策，提高供应链企业自身及整个供应链的运营绩效，以增强其市场竞争力和竞争优势
任务成果	供应链优化运营管理方案
任务要求 （人人对抗模式）	近年来，随着生活水平的不断提升，人们对生活质量的追求也日益提高。随着家电行业步入智能化时代，像冰箱这样的传统白色家电产品开始重新焕发生机，智能冰箱成为现代家庭中不可或缺的标配用品。这也使得冰箱产品的市场竞争日益激烈。为此，作为一家位于上海的以经营智能冰箱产品为主的家电企业，将如何把握商业机会并有效地利用资源开展业务，以期在激烈的市场竞争环境下取得良好的经营绩效呢？ 本次小组对抗任务以冰箱作为企业经营产品，并提供两种产品类型选择，分别为普通冰箱和智能冰箱。其中，普通冰箱是系统起始阶段就有市场需求的产品；智能冰箱为新产品。 （一）制造商任务要求 1. 产品定位：通过系统相关调研，为普通冰箱和智能冰箱划分产品类型并给出划分依据（功能性产品、创新性产品），在此基础上确定本企业的产品定位 2. 战略规划：根据产品类型划分结果制定供应链类型匹配战略（效率型供应链、响应型供应链），并给出对应的战略目标 3. 需求预测：根据供需市场的相关调研数据，选择合适的预测方法进行需求预测 4. 企业定位：根据市场中竞争对手的数量和需求预测结果，选择合理的企业规模和生产设施位置，并进行相应的固定资产投资 5. 生产方式选择：推式生产方式、拉式生产方式、推-拉混合式生产方式 6. 生产计划制订：根据需求预测结果及市场竞争状况合理设置产能，制订生产计划 7. 采购计划制订：依据产品生产计划，制订原材料采购计划

（续）

供应链运营管理优化方案设计任务书	
任务要求 （人人对抗模式）	8. 供应商选择：根据产品定位和产能安排，合理选择各类原材料供应商 9. 采购策略制定：定期订货采购策略、定量订货采购策略 10. 库存控制策略制定：对原材料进行 ABC 分类，确定订货点、订货提前期、订货周期、安全库存等 11. 销售渠道设计：依据产品定位和产能，安排合理设计销售渠道（线上、线下） 12. 产品销售决策：产品定价和价格调整决策 13. 订单管理：订单接受和执行（运输服务选择） 14. 协同管理：与上下游企业建立紧密的存货控制与补充协作关系，并制定相应的管理策略 15. 风险预案制订：针对供应商供货不足、库存堆积、客户合同超期等运营风险制订相应的防范预案 （二）分销商任务要求 1. 产品定位：通过系统相关调研，为普通冰箱和智能冰箱划分产品类型并给出划分依据（功能性产品、创新性产品），在此基础上确定本企业的产品定位 2. 战略规划：根据产品类型划分结果制定供应链类型匹配战略（效率型供应链、响应型供应链），并给出对应的战略目标 3. 需求预测：根据供需市场相关调研数据，选择合适的预测方法进行需求预测 4. 企业定位：根据市场中竞争对手的数量和需求预测结果，选择合理的企业规模和分销设施位置，并进行相应固定资产投资 5. 分销网络规划：设计合理的分销渠道网络（线上、线下） 6. 产品计划制订：制订产品组合计划和产品采购计划 7. 供应商选择：根据产品组合计划和产品采购计划，合理选择供应商 8. 采购策略制定：定期订货采购策略、定量订货采购策略 9. 产品销售决策：商品定价和价格调整决策 10. 订单管理：订单接受和执行 11. 物流服务选择：选择合适的仓储与运输物流服务商 12. 协同管理。与上下游企业建立紧密的存货控制与补充协作关系，并制定相应的管理策略 13. 风险预案制订：针对供应商供货不足、库存堆积、客户合同超期等运营风险制订相应的防范预案 （三）零售商任务要求 1. 产品定位：通过系统相关调研，为普通冰箱和智能冰箱划分产品类型并给出划分依据（功能性产品、创新性产品），在此基础上确定本企业的产品定位 2. 战略规划：根据产品类型划分结果制定供应链类型匹配战略（效率型供应链、响应型供应链），并给出对应的战略目标 3. 需求预测：根据供需市场的相关调研数据，选择合适的预测方法进行需求预测 4. 企业定位：根据市场中竞争对手的数量和需求预测结果，选择合理的企业规模和零售设施位置，并进行相应的固定资产投资 5. 销售方式选择：选择合理的销售方式（线上、线下） 6. 产品计划制订：制订产品组合计划和产品采购计划 7. 供应商选择：根据产品组合计划和产品采购计划，合理选择供应商 8. 采购策略制定：定期订货采购策略、定量订货采购策略 9. 产品销售决策：商品定价和价格调整决策 10. 订单管理：订单接受和执行 11. 协同管理。与上下游企业建立紧密的存货控制与补充协作关系，并制定相应的管理策略 12. 风险预案制订：针对供应商供货不足、库存堆积、客户合同超期等运营风险制订相应的防范预案 （四）物流商任务要求 1. 服务定位：通过系统相关调研，根据本企业所提供的物流服务业务内容和范围确定服务定位

（续）

供应链运营管理优化方案设计任务书	
任务要求 （人人对抗模式）	2. 物流网络规划：根据物流服务定位和客户需求状况制定物流网络规划（仓储节点布局与运输路线规划），并给出相应的规划目标（仓库和运输路线数量） 3. 市场需求预测：根据供需市场相关调研数据，选择合适的预测方法进行需求预测 4. 企业定位：根据市场中竞争对手的数量和需求预测结果，选择合理的企业规模和物流服务设施位置，并进行相应的固定资产投资（仓库建设与车辆购置） 5. 物流作业管理：订单执行和仓储作业管理及运输作业管理 6. 供应商管理库存（VMI）、联合库存管理（JMI）及协作计划、预测与补货（CPFR）等委托服务业务的实施 7. 根据市场需求预测结果及成本加成定价法，制定仓储服务及运输服务价格 8. 风险预案制订：针对运营中存在的各种潜在风险制订相应的防范预案

实训任务二　供应链运营管理优化方案实施

方案实施指导书

一、任务选择

双击桌面ITP图标进入用户登录界面，输入用户账号和密码（默认密码与账号一致），单击【登录】按钮，登录 ITP 一体化教学管理平台，如图 7-26 所示。在【我的课程】模块单击选择【“供应链管理”理实一体化课程】→【项目三 供应链运营优化管理】→【子项目七 供应链运营优化管理】→选择【任务七 供应链运营优化方案设计与实施】，并在右侧单击【供应链运营优化方案实施】，单击【进入任务】按钮，如图 7-27 所示。

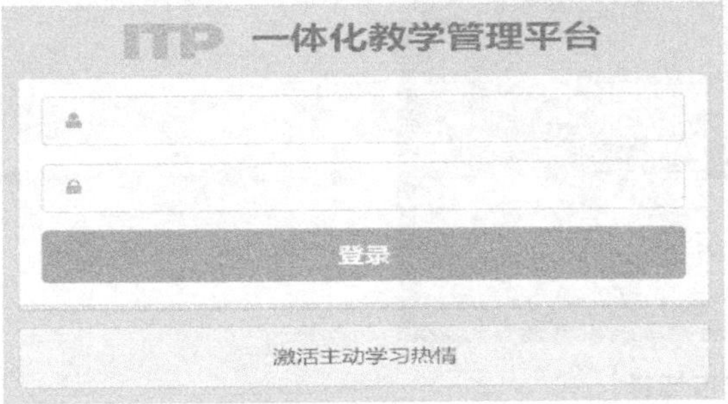

图 7-26　登录界面

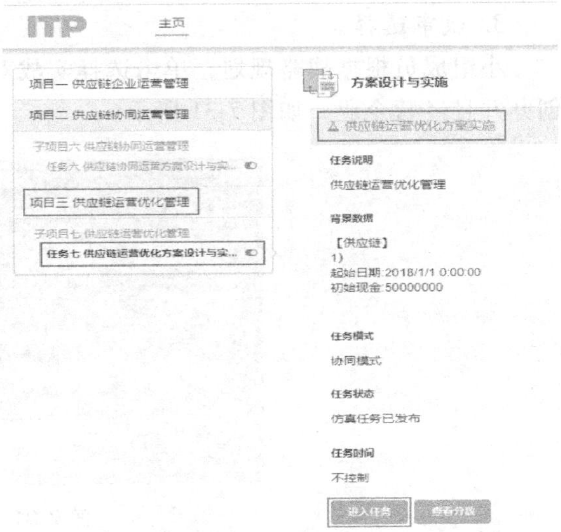

图 7-27　任务选择

二、任务实施

1. 集团企业注册

小组组长注册集团企业，具体操作方法参考第一章“实训任务二　供应链运营管理企业调研方案实施”，这里不再赘述。

注意：组员必须等待组长完成集团企业注册之后，才可以单击【进入任务】按钮。

2. 行业选择

（1）等待参加实战对抗的队伍全部进入行业选择界面，如图7-28和图7-29所示。

（2）等待行业选择倒计时结束后，在“请选择”下拉菜单中，根据战略规划选择行业（包括制造业、分销业、零售业、物流业），然后单击【提交】按钮，如图7-30所示。

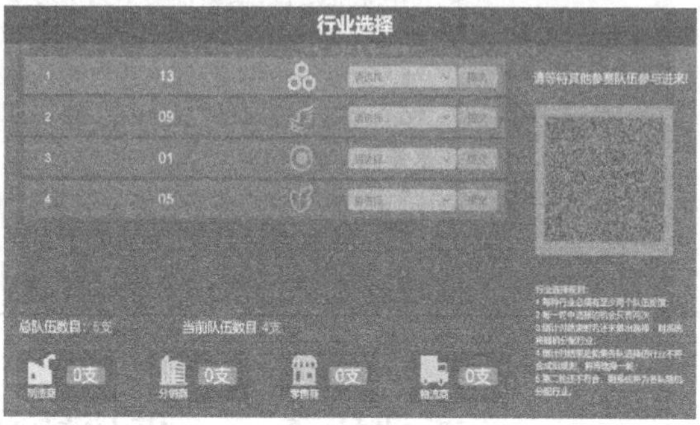

图7-28　行业选择（一）

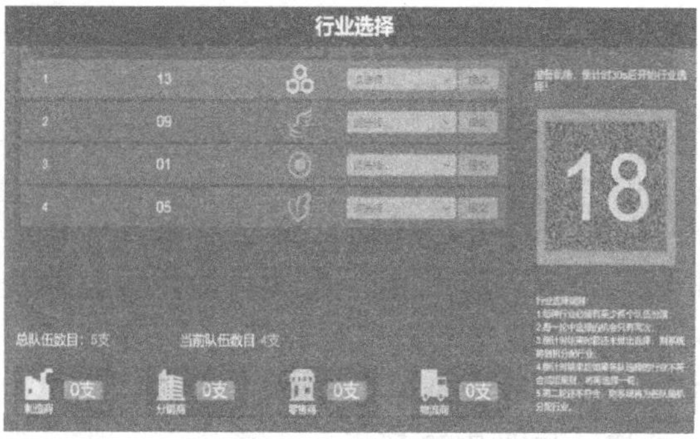

图7-29　行业选择（二）

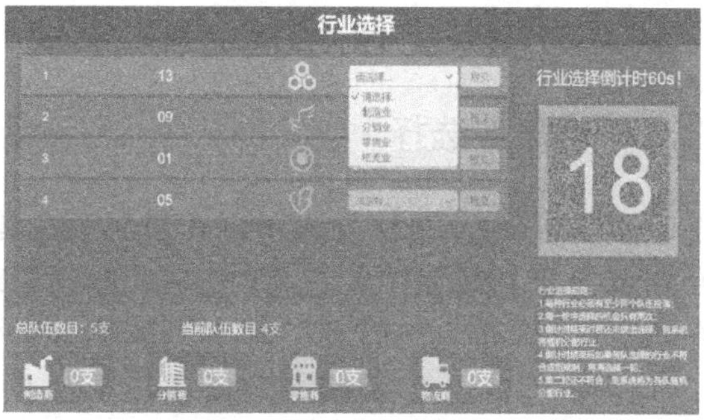

图7-30　行业选择（三）

3. 城市选择

小组成员根据战略规划，单击选择实战对抗规定的任意一座城市名称，点击进入城市，创办并且经营企业，如图7-31所示。

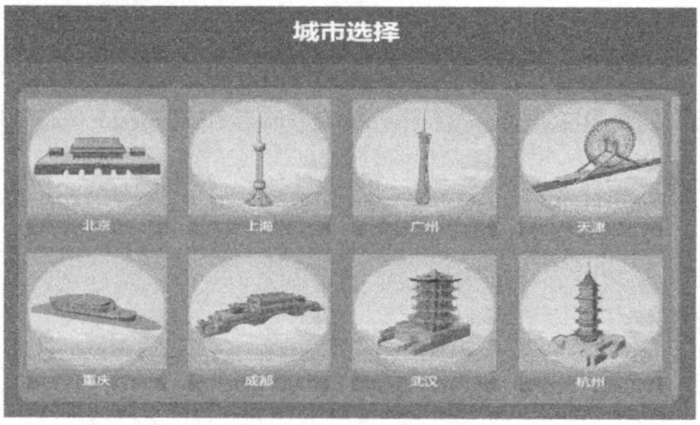

图7-31　城市选择

注意：小组成员既可以聚集在同一城市，也可以分布在不同城市。（建议：完全熟悉并

且掌握供应链四种类型企业的经营范围之后，再跨城市经营）

“项目三”任务中可以切换城市，单击主界面右上角“选项”按钮，在窗口中单击【切换城市】按钮，如图 7-32 所示。

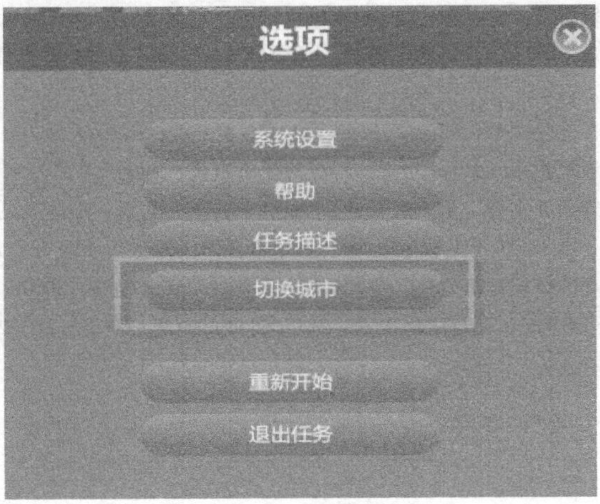

图 7-32　切换城市

4. 建立企业

小组四人共同经营供应链网络中一种类型节点企业。因此，根据企业定位和经营规模等谨慎建立企业。企业建立之后，小组成员均可进入企业内部，参与经营。

5. 实战对抗

依据设计方案等，在模拟我国 34 个主要城市经济发展形态的虚拟商业生态环境中，与其他队伍进行实战对抗。

6. 注意事项

（1）制造商企业的产品销售业务可以跨城市进行，即既可以销售给同城分销商企业，也可以销售给其他城市分销商企业。

（2）分销商企业的采购业务可以跨城市进行，即既可以采购所在城市制造商定价产品，又可以采购其他城市其他制造商定价产品。

（3）分销商企业租赁同一个物流商企业的同一类型仓库，仓库容量可以叠加。

（4）零售商企业的采购业务只能同城市进行，即只能采购所在城市分销商定价产品。

（5）物流商企业跨城市开展运输业务必须建立相应的物流专线。

（6）物流商企业可以在任意城市，只要其他城市（如北京、广州等）向制造商所在城市（如上海）有采购需求，就可以开展运输业务。

参考文献

［1］ 马士华，林勇．供应链管理［M］．5版．北京：机械工业出版社，2016．

［2］ 朱占峰，陈勇．供应链管理［M］．3版．北京：高等教育出版社，2019．

［3］ 乔普拉，迈因德尔．供应链管理：第6版［M］．陈荣秋，等译．北京：中国人民大学出版社，2017．

［4］ 鲍尔索克斯，克劳斯，库珀，等．供应链物流管理：原书第4版［M］．马士华，张慧玉，等译．北京：机械工业出版社，2014．

［5］ 陈荣秋，马士华．生产运作管理［M］．3版．北京：机械工业出版社，2011．

［6］ 王道平，鲍新中．供应链管理教程［M］．北京：经济管理出版社，2009．

［7］ 罗森布洛姆．营销渠道：管理的视野　第8版［M］．宋华，等译．北京：中国人民大学出版社，2014．

［8］ 伯曼，埃文斯．零售管理：第11版［M］．吕一林，宋卓昭，译．北京：中国人民大学出版社，2011．

［9］ 姜方桃．集成化供应链管理的绩效评价研究［M］．北京：中国大地出版社，2009．

［10］ 董海．网络化制造模式下供应链设计与优化技术［M］．北京：冶金工业出版社，2017．